指文® 战争艺术 / 011

俾斯麦战争中的
普鲁士军队

1860—1867

【英】布鲁斯·巴塞特–珀威尔 著

王骏恺 译

 吉林文史出版社
JILINWENSHICHUBANSHE

ARMIES OF BISMARCK'S WARS: PRUSSIA,1860–67 by BRUCE BASSET–POWELL
Copyright:2013 by CASEMATE PUBLISHERS
This edition arranged with Casemate Publishers through BIG APPLE AGENCY, LABUAN, MALAYSIA.Simplified
Chinese edition copyright:2019 ChongQing Zven Culture communication Co., Ltd.All rights reserved.

中文简体字版权专有权属吉林文史出版社所有
吉林省版权局著作权登记图字：07-2019-0020

图书在版编目（ＣＩＰ）数据

俾斯麦战争中的普鲁士军队：1860-1867 /（英）布
鲁斯·巴塞特－珀威尔著；王骏恺译 . -- 长春：吉林文
史出版社，2019.6
　　ISBN 978-7-5472-6418-8

Ⅰ.①俾… Ⅱ.①布… ②王… Ⅲ.①军事史－史料
－德国－ 1860-1867 Ⅳ.① E516.9

中国版本图书馆 CIP 数据核字（2019）第 140228 号

BISIMAI ZHANZHENG ZHONG DE PULUSHI JUNDUI : 1860-1867

俾斯麦战争中的普鲁士军队：1860—1867

著 /【英】布鲁斯·巴塞特－珀威尔　　　译 / 王骏恺

责任编辑 / 吴枫　特约编辑 / 刘博予

装帧设计 / 周杰

策划制作 / 指文图书　出版发行 / 吉林文史出版社

地址 / 长春市福祉大路 5788 号　邮编 / 130118

印刷 / 重庆共创印务有限公司

版次 / 2019 年 7 月第 1 版　　2019 年 7 月第 1 次印刷

开本 / 787mm×1092mm　1/16

印张 / 29　字数 / 390 千

书号 / ISBN 978-7-5472-6418-8

定价 / 129.80 元

目 录

CONTENTS

谨以此书献给我的父亲

图尔斯坦·巴塞特 - 珀威尔（Thurstan Bassett-Powell），

作为一名英国皇家炮兵军官，

他曾在 1939—1945 年与最后的普鲁士军队作战。

声明

为了完成这本书，我花费了数年时间。在此期间，向我伸出援手的个人或学术机构颇多。在他们当中，拉施塔特（Rastatt）博物馆的温菲尔德·孟什博士（Dr. Winfried）、柏林（Berlin）军械库的艾蕾娜·布罗宁斯基（Elena Brosninsky）、皇家炮兵博物馆、美国罗德岛州普罗维登斯市"安妮·S. K. 布朗"图书馆（Anne S. K. Brown Library in Providence, Rhode Island, USA.）的彼得·哈灵顿（Peter Harrington）等都为我提供了极有价值的资料与信息。他们给我的帮助很大，我在此特别表示感谢。

除此之外，我还要列举以下诸位的名字，并致以最为真挚的感谢。正是在他们的帮助下，我才能最终完成这部著作：赫尔穆特·布尔（Helmut Bauer）、山姆·布勒（Sam Buhler）、拉金·康纳利（Larkin Connolly）、菲利普·克兰斯（Philip Cranz）、迈克尔·埃姆布雷（MIchael Embree）、齐德内克·芬克（Zdenek Fink）、威尔·弗罗斯特（Will Forester）、菲尔·哈钦斯（Phil Hutchens）、里克·菲利普斯（Rick Philips）、罗伯特·鲁曼（Robert Ruman）、丹尼斯·肖特豪斯（Dennis Shorthouse）、彼得·索伦森（Peter Sorensen）、布鲁斯·维格勒（Bruce Weigle），以及数年来一直都在默默支持我的家人们。

前言

　　历史上很少有人能够同时具备政治天赋与军事天赋，并将这两种天赋完美结合起来，最终彻底改变历史进程。但1866年7月3日的欧洲却涌现出了这般杰出的人物，那就是奥托·冯·俾斯麦（Otto von Bismarck）与赫尔穆特·冯·毛奇（Helmuth von Moltke）①，在两个人的完美合作下，普鲁士（Prussian）王国的军队最终在波希米亚（Bohemia）②易北河（River Elbe）畔的广阔山谷中的柯尼希格雷茨（Königgrätz）③成功地重创奥地利（Austrian）军队，最终取得"七周战争"的胜利。

　　最初，普鲁士比奥地利要小得多。但幸运的是，这个王国在历史上从不缺乏军事天才。早在1675年，勃兰登堡（Brandenburg）选帝侯腓特烈·威廉一世（Frederick William Ⅰ）④就凭借费尔贝林（Fehrbellin）之战⑤的胜利而为未来的王国打下了坚实基础。同时他也因此正式获得了普鲁士东部各省份的彪悍地主们的效忠——他们将一直为普鲁士输送无数优秀的军官与战士，这些人

---

　　①译注："德意志统一铁三角"之一，或称其为"老毛奇"，普鲁士元帅和德意志帝国总参谋长，一战德军总参谋长小毛奇的叔叔。

　　②译注：今日捷克共和国中西部地区的古称，历史上波希米亚国王一直是神圣罗马帝国的选帝侯之一，该头衔也一直为哈布斯堡（Hapsburg）家族的君主所把持。

　　③译注：此地距离奥地利首都维也纳仅240公里。

　　④译注：1640—1688年在位，后世尊称他为"大选帝侯"。

　　⑤译注：波瑞战争期间发生的一场重要战役，选帝侯在此役中击败强敌瑞典，迫使瑞军一度撤离波美拉尼亚。

便是现代人所常说的容克贵族。①此后不到 50 年的时间里，普鲁士就又涌现出了一位世所罕见的军事天才——"大选帝侯"的曾孙腓特烈二世（Frederick Ⅱ，1740—1786 年在位），也就是后世闻名的"腓特烈大帝"。他凭借独到的战略眼光以及强大的军队威震全欧，光是罗斯巴赫（Rossbach）②与洛伊滕（Leuthen）③这两场战役便足以证明他的伟大与天才。尽管他和他的王国在"七年战争"的最后几年里承受了前所未有的严峻考验以及苦难，但在最后还是幸运存活并取得了意想不到的胜利。在历史上，很少有国家能做到像普鲁士这样，在经受了像 1806 年的耶拿 - 奥尔施塔特（Jena and Auerstadt）会战④这般惨痛的失败之后又重新振作起来。就在经历这场惨败短短 6 年之后，普鲁士便利用拿破仑一世（Napoleon Ⅰ）在俄国全军覆没这一大好时机，再度加入（第六次）反法同盟，并在 1813—1814 年的"解放战争"⑤期间再一次同拿破仑展开了殊死拼杀。在这个年代，普鲁士涌现出四位杰出人物，他们分别是格尔哈德·冯·沙恩霍斯特（Gerhardt von Scharnhorst）⑥、奥古斯特·冯·格奈泽瑙（August von Gneisenau）⑦、军事理论家卡尔·冯·克劳塞维茨（Karl

---

①译注：容克阶层在历史上长期垄断德意志地区的军政大权，直至二战结束后才算彻底消亡。这一贵族阶层在历史上被划分为作战容克、海上容克以及乡村容克等若干种类。在所有的容克贵族中，对德意志历史影响最大的是乡村容克。他们主要是征服易北河以东地区并在那里进行殖民的德意志骑士领主的后裔。

②译注：发生于 1757 年 11 月 5 日，普军以绝对劣势兵力战胜了几乎两倍于己的法奥联军。

③译注：发生于 1757 年 12 月 5 日，腓特烈大帝在此役中开创性地运用"斜进战斗序列"，成功击败了兵力占绝对优势的奥军。

④译注：发生于 1806 年 10 月 14 日第四次反法同盟期间，拿破仑所率领法军 6 天之内便瓦解了普鲁士主要作战力量。普鲁士在开战之后仅仅 19 日，就被迫退出反法同盟。这场战役的惨败，也使当时因循守旧的普军高层意识到全面改革的重要性。

⑤译注：Befreiungskriege，为了推翻拿破仑对德意志地区的奴役而进行的民族解放战争。这一时期，德意志民间出现了"以金换铁"运动，并诞生了著名的铁十字勋章，所以在德语世界中也被称作"铁的年代"。

⑥译注：1755—1813，普鲁士军事改革的主导人物，军事总参谋部的创始人。

⑦译注：1760—1831，普鲁士军事改革的另一位主导人物，1813 年任普军参谋，沙恩霍斯特死后任布吕歇尔元帅的参谋长。

von Clausewitz）①，以及在战场上指挥普鲁士军队并最终取得滑铁卢战役的胜利的传奇将军冯·布吕歇尔（von Blucher）。②

维也纳（Vienna）会议使整个欧洲重回大革命爆发前的旧有秩序，获胜诸国恢复了此前被拿破仑吞并的各个王国、大公国和公国。在克莱门斯·冯·梅特涅（Klemens von Metternich）③与夏尔·莫里斯·德·塔列朗-佩里戈尔（Charles Maurice de Talleyrand-Périgord）④两个人的谋划下，波旁（Bourbon）王朝再一次在法国复辟。在此后 30 多年时间里，整个欧洲的局势都基本处于和平无事的状态，法国大革命给全欧带来的巨大动乱与冲突已渐渐褪去，好似成了久远的历史记忆一般。然而，在民间思潮中，这场战争却还远没有结束，法国大革命已经将自由主义的理念传遍整个欧洲。最终，在 1848 年，法国率先爆发革命。短短数周时间，革命浪潮席卷了整个欧洲，意大利（Italy）、匈牙利（Hungary）和波希米亚（Bohemia）的自由主义者们也相继发动针对奥地利的革命。在此后的一年多时间里，哈布斯堡的军队还曾一度被迫撤离上述几个爆发革命的地区，但旋即发动了反扑，以极为血腥与高效的手段顺利扼杀了这股革命浪潮，专制及保守主义者仿佛再一次占据了上风。就连革命思潮的策源地法国也在七月王朝被推翻后，重回帝制及个人专制。⑤至于同时期的普鲁士王国，则一边同丹麦（Denmark）进行争夺石勒苏益格（Schleswig）公国统治权的战争，一边还要调集人马镇压黑森-卡塞尔（Hesse-Kassel）伯国与柏林街头的骚乱。国王腓特烈·威廉四世（Frederick William Ⅳ，1840—1861 年在位）发现自己正处于一个十分尴尬的位置，当时的德意志邦联国民议会邀请他担任"德意志皇帝"，他选择了直言拒绝。虽说国王并

---

① 译注：1781—1831，普鲁士将军，《战争论》的作者。

② 译注：1742—1819，普鲁士元帅。

③ 译注：1773—1859，第一任奥地利帝国首相，坚持维护"维也纳体系"的保守政治家。

④ 译注：1754—1838，法国著名政治家和外交家，因他的缘故，后世将狡猾的外交态度称作"塔列朗式外交"。

⑤ 译注：这里指的是 1852 年 12 月 2 日路易·拿破仑登基称帝，成立法兰西第二帝国，自任"拿破仑三世，法国人的皇帝"。

没有接受"皇帝"这一头衔，但仍然企图兼并德意志的其他邦国并主宰德意志事务。他的野心不可避免地激怒了奥地利当局。最终，哈布斯堡家族进行了大规模动员与军事行动，狠狠地羞辱了普鲁士一番，迫使威廉四世在1850年签订《奥尔米茨条约》（Treaty of Olmütz），承认奥地利在整个德意志的绝对权威。①

就在霍亨索伦家族的事业再一次陷入低谷的时候，又有数位杰出人物登上了历史舞台，并在随后20年时间里彻底改变整个欧洲大陆的面目。腓特烈·威廉四世自1857年开始出现中风症状，身体局部瘫痪并患上精神病，不再适合继续统治，所以他的弟弟，军事保守派的威廉便从1858年开始出任摄政王，并于1861年正式即位，是为威廉一世（William Ⅰ）②。正是在威廉一世统治的年代，奥托·冯·俾斯麦开始步入政坛并当选为国会议员，赫尔穆特·冯·毛奇也开始掌管普军的总参谋部。他们的事业并不孤独，因为此时的普军还出现了一名能将，即杰出的军事行政官阿尔布雷希特·冯·罗恩（Albrecht von Roon），他为普军进行了新一轮军事改革，将整个普军从原先那支以地方民兵③为基础的迟缓军队彻底改造成一支纪律严明、高效强大，可以随时听候调遣的现代化强军。而在军事技术上，当时的普军又得到两位技术天才的助力，即发明了德莱塞后装击针线膛枪的尼古拉斯·德莱塞（Nikolas Dreyse）和创制了后装铸钢线膛炮④的阿尔弗雷德·克虏伯（Alfred Krupp）⑤。当时的普鲁士王国在兼具了最富有远见的政治领袖与最为英明的军队统帅的同时，还获得了当时世界上最先进的兵器，可谓如虎添翼。这支继承了沙恩霍斯特、格奈森瑙与克劳塞维茨军事遗产的军队，已然蓄势待发，只差一个发动战争的理由即可开赴前线。

①译注：史称"奥尔米茨之耻"，由于俄国沙皇及各邦国王公在此次事件中公开支持奥地利，导致普鲁士被彻底孤立，最终只能暂时放弃领导其他德意志邦国的计划，并向奥地利称臣。

②译注：1861—1888年在位，他在位期间完成了德意志统一事业，成为未来德意志帝国的第一任皇帝。

③译注：德语写作Landwehr或者Landeswehr，是专门负责防卫地方的民兵组织。

④译注：也就是中国人常说的克虏伯大炮。

⑤译注：1812—1886，著名军火制造商，克虏伯公司的创始人。

尽管此时的普鲁士已经具备如此多的先进因素，其战略环境却依旧同腓特烈大帝时代一样恶劣，可谓强敌环伺。北有沙俄，东有奥地利，南有法国。由于地势平坦没有任何天然屏障，这些敌人甚至都可以在数小时内快马加鞭攻入柏林。当俾斯麦开始步入政坛，进入人们的视野之后，他便开始主张强化普鲁士的武力，将这个王国打造为一个可以主导德意志地区事务的区域性强权。阻挡他实现目标的敌人自然是奥地利，这个邻居统治的大部分疆域并不是德语区。普鲁士在奥尔米茨所遭受的耻辱被这位铁血宰相视为两国最后一次全面摊牌，而他也将竭尽自己所能彻底改变现有的不利局面。但比较讽刺的是，第一个受到俾斯麦"重点关注"的敌人，并不是老对头奥地利或者法国，而是西面的邻居丹麦王国。1848—1850 年的第一次石勒苏益格 - 荷尔施泰因(Schleswig-Holstein)战争并没有彻底消弭当地的矛盾与冲突，反倒是将其进一步激化。于是，普丹两国为了这个问题在 1864 年再次进行了一场战争。在这次战争中，俾斯麦充分利用普鲁士的内外优势，同奥地利结为盟友，成功地掌控了整场战争的局势。经过长达 6 个月的战事，普鲁士从丹麦手中夺取了这两个公国。随后，普奥两国就新近征服的这两个公国的归属问题发生了严重的分歧。俾斯麦利用这个机会，对奥地利发动了战争。不过，奥地利可是一个丹麦所不能比拟的危险对手，普鲁士王国在其东面进行的任何军事行动，都会伴随各种巨大的政治与军事风险。老毛奇为此制订了一份极为大胆、近乎赌博的军事计划。相比之下，俾斯麦操控奥地利的政治手段，就要比这份作战计划简单得多。不过幸运的是，意大利此时成了普鲁士的盟友，在同一时刻也向奥地利宣战。[①] 这使奥军不得不分散宝贵的兵力，将大批军队派往南部战线对付意军。不过，奥地利也有自己的盟友，那就是南德意志地区的绝大部分邦国。因此，普鲁士不得不分散自己的战争资源。波希米亚是普奥战争的主要战区。正当全世界的观察家认为老毛奇的赌博会彻底失败，奥地利可以永远取代普鲁士的地位之时，老毛奇的军事计划却在短短 7 星期内奇迹般地生效了，彻底颠覆了世人的认知。普

---

① 译注：这场战争在意大利国内被称作第三次独立战争，战争结束后意大利王国取得了威尼西亚，在意大利统一事业中又进了一步。

鲁士取得了战争的胜利，其力量强大到足以在未来建立统一的德意志帝国。

笔者撰写此书的初旨是介绍当时普鲁士军队的制服，但几经考虑之后，最终决定用详细篇幅介绍这一时期普军的编制、兵器以及战争进程。这是因为，仅仅介绍制服，对于了解这段历史是远远不够的。本书的第一部分，旨在专门介绍从 1815 年到 19 世纪中叶整个普鲁士王国的历史进程，主要讲述的是这一时期的社会史与政治史，其中包括了俾斯麦掌权前后的故事，以及他在 1848 年欧洲大革命、第二次石勒苏益格战争和七周战争（尤其是攸关两国命运的柯尼希格雷茨会战）期间的所作所为。本书的中心主题是介绍当时的普鲁士军队及其整个军事架构，为此笔者将着墨于克劳塞维茨、老毛奇、罗恩以及其他几位将领的故事，详细阐述普鲁士军事总参谋部的进化过程，同时还会描述军官和士兵的招募、训练以及他们的军旅生活。至于武器方面，本书将讲述尼古拉斯·德莱塞如何发明击针枪，以及阿尔弗雷德·克虏伯如何改进火炮的故事。这一时期普鲁士陆海军的详细情况，在本书最后一部分会有专文描述。至于丹、奥、意等国军队的情况，本书将不会做过多描述，但会提及这些军队的作战计划与战役经过。

柯尼希格雷茨会战可以称得上是世界历史上重要的会战之一，但遭到历史的遗忘与世人的忽视，其光芒被 4 年之后的色当（Sedan）会战 [1] 彻底掩盖。之所以出现这种现象，很可能是由于色当会战本身就是俾斯麦的三场统一战争中的最后一次决定性大会战。但笔者有充足的理由认定，柯尼希格雷茨会战比色当会战更重要。首先，它是当时规模最大的战役，双方在战场上前后共投入 46 万军队；其次，它是世界军事史上第一次大规模运用栓动步枪，实现速射火力的战役；最后，正是在这场战役中，后装铸钢线膛炮第一次登上战争舞台。

综上所述，我们可以断定，这是一场彻底改变战争方式乃至整个历史进程的伟大战役。如果普鲁士在这场战役中落败，奥地利就完全有可能成为整个欧洲大陆最强大的政权。同时，意大利自然就不会得到威尼斯（Venice）与伦

---

[1] 译注：发生于 1871 年 9 月 27 日，普军在此役中彻底击败拿破仑三世，取得了普法战争的胜利，最终建立统一的德意志帝国。

巴底（Lombardy）。届时，意大利的民族统一进程将被彻底打断。此外，北德意志邦联就更不可能出现，这就意味着几百年来无数仁人志士为之献身的德意志统一事业会"竹篮打水一场空"！如果历史朝这个方向发展，俾斯麦可就真成了别人口中的"全欧第一大恶棍"！甚至还可以说，如果没有普鲁士在七周战争的胜利，普法战争就不会爆发，德意志帝国也不会建立，整个世界近现代史都将无从谈起！

第一部分

序曲

1815—1850 年的欧洲

经过长达 26 年的武力冲突，由法国大革命引起的全欧政治剧变，最终在 1815 年 7 月拿破仑·波拿巴（Napoleon Bonaparte）被放逐到圣赫勒拿（St Helena）岛后彻底告终。为了决定拿破仑战争结束之后的欧洲命运，欧陆各国召开了维也纳会议。拿破仑"百日王朝"复辟之后，会议还曾一度被打断，直到滑铁卢战役前夕才做出最终决议。在富有魅力的奥地利帝国首相克莱门斯·冯·梅特涅的主导下，欧陆各国封建君主恢复了自己在大革命以前的统治。波旁王朝再一次在法国、西班牙与那不勒斯复辟，奥地利恢复了自己在意大利半岛的领土，不幸的波兰再一次被俄、普、奥三国瓜分，就连疆域狭小的比利时（Belgium）也成了荷兰王国的一部分。

早在 1806 年就已被拿破仑彻底摧毁的神圣罗马帝国（Holy Roman Empire）[1] 演变成了德意志邦联。最初的邦联成员，共有大大小小 39 国与 4 个自由城市，主席为奥地利帝国，副主席为普鲁士王国。邦联议会在自由城市法兰克福（Frankfurt）定期举行。整个邦联都是由奥地利设计好的，哈布斯堡家族的皇帝掌握着邦联的大权。然而，帝国统治下的"非德意志"地区[2] 以及普鲁士王国治下的波兰数省，都被排除在这个邦联之外。当时正处在丹麦王国统治下的

---

① 译注：1806 年 7 月 12 日，在拿破仑的威逼利诱下，16 个原属神圣罗马帝国的成员邦签订《莱茵邦联条约》，加入了莱茵邦联。此后，他又逼迫弗朗茨二世于 1806 年 8 月 6 日放弃神圣罗马皇帝的头衔，仅称奥地利皇帝，神圣罗马帝国自此名实俱亡。

② 译注：诸如波希米亚、匈牙利、克罗地亚、奥属波兰与意大利等地。

荷尔施泰因公国①也于1819年加入邦联，并对整个邦联产生了一定程度的经济影响。

这一整套新秩序的设计师，是当时欧洲的三大强国：奥地利、沙俄和英国。为战胜拿破仑而付出惨重牺牲的普鲁士王国，也在维也纳会议中享受到列强待遇。波旁王朝统治下的法国，于1818年正式接受维也纳体系。至此，五大强国主宰了欧洲大陆的秩序。在此之后的30年里，欧洲一直处于相对和平的状态。但在民间社会，一场史无前例的大变革正在酝酿。

然而，维持整个维也纳体系的稳定并不轻松。南美解放战争不仅使西班牙王国失去了除古巴与波多黎各以外的几乎所有海外殖民地，更使骚乱与自由主义思潮蔓延至整个伊比利亚半岛，最终招致法国的军事干预。②此外，那不勒斯与撒丁（Sardinia）岛的"历史遗留问题"，也招致奥地利军队的强力干预。③革命与民族解放的浪潮并未就此被奥地利当局打断。1821年，希腊（Greece）爆发了反抗奥斯曼土耳其（Ottoman Turks）的独立战争。革命浪潮又一路向东，进入沙皇的统治中心。1825年12月14日，十二月党人（Decembrist）在圣彼得堡（St. Petersburg）起义，3000多名官兵乘皇位更替之际聚集在元老院广场，宣布临时政府成立。新沙皇尼古拉一世（Nicholas Ⅰ）刚刚继承皇位，甚至还没有举行加冕仪式，便匆忙调集军队镇压了这场起义。

到了1830年，整个欧洲的经济又发生了天翻地覆的变化。由英国率先发起的工业革命，促进了欧洲商贸业的又一次飞速进步，进一步壮大了资产阶级在全欧各地，尤其是巴黎这样的大城市中的势力。他们的政治诉求与日益高涨的自由主义思潮结合在一起，彻底搅乱了梅特涅建立的"和谐"秩序。

1830年7月，自由主义者与城市资产阶级率先在巴黎发动起义。在波旁

---

　①译注：居民几乎全是德意志人，丹麦人与挪威人居于绝对少数。

　②译注：指"十万圣路易之子"事件。1823年，叛乱蔓延至西班牙首都马德里。五大列强为此召开会议，允许法国干预西班牙内战。次年4月，法国波旁王室组成了一支号称"十万圣路易之子"的部队攻入西班牙，彻底终结了自由派政府，恢复了波旁王室在西班牙的统治。

　③译注：1820年，主张意大利统一的烧炭党在两西西里王国暴动，并对那不勒斯王国发动进攻，要求国王实行由烧炭党草议的新宪法，引来了以奥地利为首的神圣同盟的强力镇压。暴动结束后，新宪法被完全废除，大批革命者流亡海外。

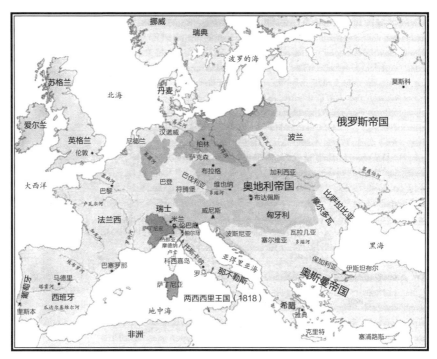

◎ 1815年的欧洲示意图

王朝覆灭前3天，查理十世（Charles X）国王逃离法国，王位由他的堂弟奥尔良（Orléans）公爵路易·菲利普（Louis Philippe）继承，法国进入七月王朝统治时期。其他各国的革命者受到七月革命的鼓励，也发动了起义。比利时起义反抗荷兰，波兰起义反抗沙俄，意大利半岛诸国也全都发生了起义。比利时成功脱离荷兰统治，成为一个新生的君主立宪国，但不幸的波兰人与意大利人再一次遭到武力镇压。

　　哪怕是最保守的政治家，也能明显察觉到此时此刻欧洲的政治变化，"神圣同盟"的绝对秩序已经动摇。尽管各个国家的资产阶级与自由主义者之间都或多或少存在分歧，但他们对立宪的政治诉求非常坚定。此时的欧洲列强中，只有英国能置身局外，因为英国最先在政治领域完成变革。正当梅特涅为维持秩序而忙得焦头烂额的时候，英国率先通过《改革法案》（Reform Bill）以及后来的《谷物法》（Corn Laws），拉拢并稳定住国内中产阶级。在南美与希腊爆发革命之际，又是来自英国的志愿者率先加入革命者队伍。这一时期的英国，凭借日益壮大的皇家海军，成长为世界上第一个全球性霸权。"英国模式"获得全欧洲自由主义者的瞩目，一时的失败也不会彻底消灭革命者的激情。维也纳体系下的欧洲像一个"巨大的锅炉"，它将在15年后再次发生大爆炸，对整个人类历史产生持久影响。

◎ 克莱门斯·冯·梅特涅（1773—1859）

1848年欧洲大革命

19世纪40年代后期，度过了"漫长的和平时光"的欧洲又诞生了一个新的热门词汇，即"社会主义"。当时的欧洲社会各界，乃至位于政治光谱两极的政客们，都对它产生了极大兴趣。1848年2月，正是社会主义者率先关注民间疾苦，关注老弱者权益，关注整个社会普遍存在的犯罪与贫困问题，进而获得巴黎城内工人与市民阶级的普遍拥护。2月22日中午，民众选择以上街游行的方式进行抗争。他们高唱《马赛曲》，在街上构筑工事，点燃杂物。士兵向示威人群进行了一轮排枪齐射，造成35人死亡。至此，民众情绪越发高涨。路易·菲利浦一世的任何挽救措施都无济于事，最后只能放弃王位逃亡英国，法国的君主制再一次告终。在之后的几个月里，整个法国都处于争吵以及一波又一波的社会革命之中。直到当年12月，拿破仑一世的侄子路易·拿破仑·波拿巴（Louis Napoleon Bonaparte）当选为共和国总统，整个动荡局势才算初步告终，法国进入第二共和国时代。

奥地利的问题复杂得多。在路易·菲利浦一世的七月王朝走向覆灭的那几天，维也纳发生了学生骚动，到了 3 月份更是演变为公开暴动①，民众筑起街垒与士兵展开战斗。奥皇统治下的波希米亚也好不到哪里去，民众为实现政治改革进行了长时间抗议，最终演变成布拉格（Prague）的暴乱。当时的维也纳已经几近无政府状态，梅特涅与身体状况欠佳的奥皇斐迪南一世（Ferdinand Ⅰ）②只好悄悄逃走。

意大利革命者见奥地利陷入困境，断定这是摆脱哈布斯堡统治，实现意大利民族统一的大好时机，在米兰、威尼斯和热那亚相继发动叛乱。革命者选择皮埃蒙特 - 萨丁尼亚（Piedmont-Sardinia）王国的国王查理·阿尔贝托（Charles Albert）作为意大利统一事业的领袖。3 月下旬，被奥皇统治了 300 年之久的匈牙利也发生了叛乱，民众选举科苏特·拉约什（Kossuth Lajos）作为革命事业的领导人。

至此，奥地利帝国的每一块土地都燃起了革命之火。那位缔造"30 年漫长和平"的天才设计师逃离了维也纳，与他的皇帝一起藏在蒂罗尔（Tyrol）州。此时，奥地利看上去已是难逃灭顶之灾。然而，两个关键要素拯救了奥地利。首先，需要明确的是，奥地利陆军仍然忠于哈布斯堡皇室，此时的奥军高层尚有两位经验老到而冷酷无情的高级将领，他们是北部战区的陆军元帅温迪施 - 格雷茨亲王阿尔弗雷德（Field Marshal Alfred, Prince of Windisch-Grätz），以及意大利战区的陆军元帅约瑟夫·文策尔·拉德茨基·冯·拉德茨（Field Marshal Josef Wenzel Radetzky von Radetz），他们帮助奥地利顺利渡过了难关；其次，拯救奥地利的另一要素是梅特涅的失势，他在千万人的唾骂中被迫辞职，整个维也纳都为他的倒台弹冠相庆，接替他的是施瓦岑贝格的菲利克斯亲王（Prince Felix zu Schwartzenburg），这是个机敏灵巧的政客与外交家，其才能胜过同时期德意志地区的大部分人物。

革命爆发后，温迪施 - 格雷茨亲王立即采取强硬行动，命令炮兵对布拉格

---

①译注：3 月 13 日上午，更多学生加入到集会队伍中，一边高呼皇室口号，一边要求梅特涅立即下野。当天下午出现了流血事件，到了夜里，骚乱全面升级。

②译注：1835—1848 年在位，患有严重的癫痫症，智力很低，且头部过大、四肢过短。退位之后，他的身体状况才有所好转。他在位时并无实权，完全由梅特涅摆布。

◎ 陆军元帅温迪施-格雷茨亲王阿尔弗雷德一世
（1787—1862）

进行狂轰滥炸（他的妻子在早些时候的起义中不幸被流弹打死），这座名城遭到毁灭性破坏。在用这种无比残酷的方式检验手下官兵的忠诚之后，亲王在 10 月率军开进维也纳。此时，他麾下兵力已达到 60000 人之众。他成功击败了匈牙利人，使他们援助暴动学生的革命计划彻底告吹。在控制维也纳的局势后，他枪毙了数名起义领袖，并实行军事戒严。此后，要过很长一段时间，这座城市才能重新变回那座生机勃勃的哈布斯堡首都。与此同时，精神失常且身体畸形的斐迪南一世皇帝正式退位，将皇位让与侄子弗朗茨·约瑟夫（Francis Joseph）[①]，后者将在接下来的 66 年漫长岁月里统治奥地利。

皮埃蒙特-萨丁尼亚王国的查理·阿尔贝托认为，统一意大利的时机已成熟，于是向奥地利宣战，一度把拉德茨基麾下奥军逼入明乔（Mincio）河与奥迪杰（Adige）河之间的四要塞防御区。[1] 但是，这位经受过拿破仑战争考验的 82 岁老将很快扭转了局面，并在当年 7 月 24 日的库斯托扎（Custozza）战役中击败意大利人。查理·阿尔贝托并未气馁，于一年后的 1849 年 3 月再开战端，但在诺瓦拉（Novara）战役中被拉德茨基彻底击败。这场战事的失利，直接导致阿尔贝托退位，王位由其子维托里奥·埃马努埃莱二世（Vittorio Emanuele II）继承。拉德茨基随后率军攻占威尼斯，还恢复了哈布斯堡家族出身的托斯卡纳（Tuscany）大公在佛罗伦萨的统治。至于在梵蒂冈土地上出现的罗马共

---

　　①译注：斐迪南一世的弟弟，弗兰茨·卡尔大公的长子，1848—1867 年任奥地利皇帝兼匈牙利国王，1867—1916 年任奥匈帝国皇帝。

和国 ①，则被驻扎于此的法国军队彻底镇压。至此，轰轰烈烈的 1848 年意大利革命彻底失败，但这并不能打断意大利实现民族独立与统一的事业，反倒是加速了革命进程。大约 10 年之后，整个意大利半岛将再次燃起燎原之火。

意大利战线的胜利，使奥地利当局终于可以腾出兵力，毫无后顾之忧地解决匈牙利问题。在沙俄军队的帮助下，奥军成功恢复旧有统治秩序，同时还对匈牙利人展开复仇，其中以海瑙（Haynau）元帅的手段最为残忍，这位将军早在一年前就因在意大利战场的嗜血表现而恶名远扬。

◎ 陆军元帅约瑟夫·文策尔·拉德茨基·冯·拉德茨

在经历了大崩溃后，哈布斯堡帝国终于取得了胜利。这个帝国的将领们冷酷无情，而它的疆域是如此广阔，统治的民族又是如此繁杂。帝国甚至可以动用一个民族的军队去镇压另一个民族！鲁塞尼亚人（Ruthenian）与克罗地亚人属于斯拉夫民族，他们对战场上的匈牙利人与意大利人没有半点好感，德意志与斯洛文尼亚士兵对捷克人同样也毫无怜悯之心。奥地利最终在军事与政治层面取得的胜利，都是由新任帝国首相菲利克斯·施瓦岑贝格一手铸就。

---

① 译注：这是一个由最激进的革命者建立的国家，只存在了 4 个月。

注释：

1. "四要塞防御区"，指位于曼图亚（Mantua）、佩斯基耶拉（Pesciara）、维罗纳（Verona）、莱尼亚诺（Legnano）的 4 座呈四边形布局的要塞。

普鲁士与德意志
（1848—1862）

第二章

　　德意志在维也纳体系确立之后的 30 年里都显得平安无事，无数起义与革命都发生在邦联（除了奥地利）的边境之外。自由主义者与民众在这一时期并不是没有政治诉求，他们曾一度要求国王腓特烈·威廉三世（Frederick William Ⅲ）召开国民议会。这一举措受到梅特涅的猛烈抨击，再加上作为普鲁士主心骨的容克地主的强烈反对，很快遭到"冷处理"。国王拒绝给予该国会任何宪法上的权力，自由主义者因而失望地解散。自解放战争结束以后，德意志弥漫着一股强烈的民族主义思潮，民众普遍渴望民族统一。但是，当时德意志各个邦国的亲王、国王与邦伯显然都不会放弃自己的权力，对这种愿望自然是嗤之以鼻。更为讽刺的是，在当时很多邦联成员国境内，悬挂红黄黑三色国旗①都遭到立法禁止。坐落于自由城市法兰克福的邦联议会完全没有任何效率，各个成员国君主的嗜好也不尽相同。尽管议会成员都是中产阶级或受过良好教育的专业人士，但他们每天都只能泛泛而谈，不能做出任何决定。唯一令人比较欣慰的成就，是 1819 年德意志关税同盟②的成立。在接下来的 25 年时间里，邦联绝大部分成员都加入了这个同盟。这一时期，邦联在海外的军事行动十分罕见。1832 年希腊实现独立之后，国会选举巴伐利亚（Bavaria）的奥托王子为

---

　　①译注：这是德意志邦联旗帜的颜色，也是现代德国国旗的颜色，带有民族主义与自由主义色彩。

　　②译注：德语为 Deutscher Zollverein，普鲁士自 1818 年开始实行改革，在境内废除关卡，废除消费税和国内关税，宣布商品流通自由。对进口工业品仅征收 10% 的从价税，同时允许原料免税输入，这是普鲁士实行的重大经济举措之一。

希腊国王。王子派出一支巴伐利亚军队前往希腊，并在那里驻守了 5 年之久。1847 年，瑞士爆发"分离同盟战争"，这是一场由 7 个州组成的独立联盟发动的战争，但这场战争在一个月时间内即宣告结束，甚至几乎没有流血。相邻的德意志邦联各国的军队自然没有卷进这场内战之中。因此，德意志在这 30 年里至少从表面上看起来仍然平安无事。但是，这虚假的"漫长和平"马上就要彻底走到尽头。

腓特烈·威廉四世与德意志自由主义的覆灭

1848 年，巴黎二月革命造成全德意志的政治恐慌。对于各邦国的君主来说，这场突如其来的大变革，简直就是没有任何预兆的大地震。到了这一年 3 月初，包括丹麦统治下的石勒苏益格 - 荷尔施泰因在内的绝大部分公国都发生了骚乱。德意志人占绝大多数的石勒苏益格公国自行起草宪法，公开反抗丹麦的统治。[①] 德意志邦联在普鲁士的领导下正式向丹麦王国宣战，普鲁士派遣了约 12000 名官兵，其他成员国共派出约 10000 人。至此，长达 3 年之久的第一次石勒苏益格战争在日德兰半岛爆发。

在这一时期的柏林，那位 1840 年刚继承父亲王位的腓特烈·威廉四世，自然也不会在大革命浪潮中独善其身。受维也纳学生起义的影响，愤怒的人群走上街头，整个普鲁士军队也处于互不信任的诡异气氛中，这一切导致了暴力事件的发生。3 月 18 日，正当这位国王走上住所阳台，准备抚平民众情绪的时候，龙骑兵很不合时宜地冲杀进人群当中。民众因此被彻底激怒，他们把家具丢到大街上，在柏林城内筑起街垒。不过，与巴黎的法国士兵不同，普军士兵在容克军官的率领下没有做出半点妥协，而是表现出极为冷酷的高效，直接朝革命者打了多轮排枪。但出乎士兵们意料的是，国王在此时选择了妥协。他发表声明，将自己那正在气头上的军队撤出柏林。此外，他还在民众注视下为死难者脱帽致哀。到了 21 日，国王搬出柏林。由于他此前曾宣布"普鲁士将会融入德意志"，

---

① 译注：3 月 21 日，丹麦国家自由党成功敦促新国王弗雷德里克七世接受自由主义者的要求，实现了君主立宪。但是，新宪法在南部的石勒苏益格公国并不适用，极大地刺激了当地德意志人的民族主义情绪，直接导致这场战争的爆发。

◎ 腓特烈·威廉一世

因此遍地都是欢迎他的人群，一路上各家各户都悬挂了红黄黑三色国旗。

然而，普鲁士的容克地主已是怒不可遏。这些土生土长的彪悍贵族，在此前近 200 年时间里为王国输送了无数军官，如今却遭到国王的无情背叛。王弟威廉[1] 逃亡到英国，并在那里"痛哭了三天三夜"。腓特烈·威廉四世在自己统治的最后几年里，招致了宫廷与军队的极度仇恨。

但不管怎么说，普鲁士最终还是成功召开了国民议会，并制订了新宪法。不过，国会几乎都是酷爱宣传自由主义的布道者与学究教授，而宪法的制衡力量极为薄弱，几乎全凭国王的个人同情才得以实现。1848 年 9 月，在维也纳学生起义失败之后，腓特烈·威廉四世开始有些动摇。等到哈布斯堡王朝恢复绝大部分原有领土后，这位国王终于反悔了。他任命一些极度强硬的保守人物组成新内阁，与议会中的自由派又一次争吵得不可开交。到了当年 11 月，他更是直接动用军队，将议会从柏林驱赶到勃兰登堡的小城之中。军队欣喜若狂地遵从了国王的命令，在柏林宣布军事戒严，并于 12 月 5 日强行解散议会。然而，反复动摇的国王还是答应为国民起草一部"除了自由主义以外，其他应有尽有"的宪法。与此同时，普鲁士王国的政治改革并没有就此结束。1849 年，在经过无数场"议会厅大战"之后，国王再一次立宪，从此确立了普鲁士乃至未来德意志帝国的专制原则。这套制度将会一直持续到 1918 年，给整个欧洲带来灾难性后果。

与此同时，位于法兰克福的德意志邦联议会也有了自己的新议程。自 1848 年 5 月开始的整整 8 个月时间里，他们都在就如何建立统一的德意志国家而展开一场无用的辩论。在这个时间点上，这些大演说家们仍旧在奢谈德意志各邦国人民的"基本权利"、教会与军队的地位以及各邦国立法等无关痛痒

---

①译注：即后来的威廉一世。他于 1814 年 2 月入伍参加反拿破仑战争，服役报告称他为"一名勇敢的士兵"。1848 年 3 月镇压起义的时候，他因自己的残酷手段而成为著名的"霰弹亲王"。

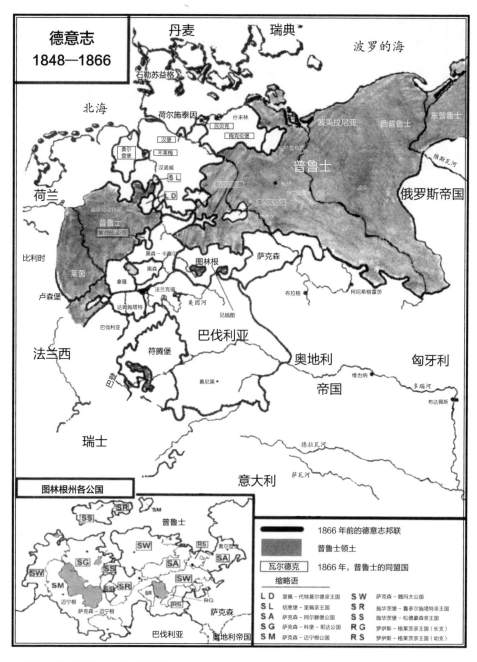

德意志
1848—1866

丹麦　　瑞典

波罗的海

北海

石勒苏益格

荷尔施泰因

什末林

吕贝克

梅克伦堡

波美拉尼亚　西普鲁士　东普鲁士

汉堡

奥尔登堡

不莱梅

汉诺威

S L

L D

维斯瓦河

普鲁士

俄罗斯帝国

荷兰

普鲁士

威斯特伐利亚

莱茵

比利时

卢森堡

黑森-卡塞尔

黑森

拿骚

法兰克福

达姆施塔特

巴伐利亚

图林根

见插图

美因河

萨克森

布拉格

柯尼希格雷茨

奥地利

匈牙利

法兰西

符腾堡

巴登

慕尼黑

巴伐利亚

瑞士

意大利

帝国

维也纳

多瑙河

布达佩斯

德拉瓦河

萨瓦河

图林根州各公国

SR

SM

SS

普鲁士

SW

奥尔登堡

RS

SG

SA

SW

SS

SA

SW

SM

萨克森-迈宁根

SS

SR

SR

RG

RS

迈宁根

萨克森

巴伐利亚

奥地利帝国

1866 年前的德意志邦联

普鲁士领土

瓦尔德克　1866 年，普鲁士的同盟国

缩略语

L D	里佩-代特莫尔德亲王国	S W	萨克森-魏玛大公国
S L	铝恩堡-里佩亲王国	S R	施华茨堡-鲁多尔施塔特亲王国
S A	萨克森-阿尔滕堡公国	S S	施华茨堡-松德豪森亲王国
S G	萨克森-科堡-哥达公国	R G	罗伊斯-格莱茨亲王国（长支）
S M	萨克森-迈宁根公国	R S	罗伊斯-格莱茨亲王国（幼支）

◎ 1848—1866年的德意志局势示意图

的细节问题。而在所有议题当中，争吵最激烈的便是奥地利问题。哈布斯堡帝国的民族成分是如此复杂，它能否成为未来德意志的领袖？还是说应该将它从德意志剔除出去？

随着讨论的继续，整个局势发生了微妙变化。奥地利代表发现，自己的主张在这个议会中越发站不住脚，于是开始渐渐失去耐心。此时，普鲁士也对自由主义者发起了反扑，留给法兰克福国民议会的时间不多了。法兰克福很快爆发市民骚乱，只能依靠普奥两国军队恢复秩序。最终，1849年3月28日，国民议会正式通过《全德帝国宪法》。不过，这个"帝国"的皇冠并没有送给哈布斯堡，而是落到普鲁士国王腓特烈·威廉四世的头上。当法兰克福的消息传遍德意志之后，立即引起许多邦国的政治恐慌，尤其是在南德地区。符滕堡（Württemburg）与萨克森（Saxony）声称霍亨索伦家族是"外来者"，对议会结果嗤之以鼻，表示只接受除霍亨索伦王室成员以外的其他君主。但更加出乎所有人意料的是，普鲁士国王把这一从天而降的皇位称为"沟渠里的皇冠"，拒绝接受它。

法兰克福议会的命运就此终结，议员们的任何恳求都已无法挽回局势。邦联中的四大王国萨克森、汉诺威（Hanover）、巴伐利亚与符腾堡（Württemburg）相继表示反对这部宪法，其他几个邦国的王公也随之表态。大难临头之际，绝大部分议会成员都选择"自行解散"（用"逃跑"一词更为确切），轰轰烈烈的1848年大革命至此进入最后阶段。普鲁士军队大举开进莱茵河畔的普法尔茨（Palatinate）、巴登（Baden）和萨克森王国，动用武力进攻当地议会。1849年8月18日，在拉施塔特城发动叛乱的最后一批共和者，也被正从巴登打道回府的普鲁士军队彻底消灭，当地大公恢复了统治。德意志自由主义革命宣告失败。

奥尔米茨之辱

在这场革命之后，普鲁士恢复了各地的旧秩序，并在王国内部通过了一部反对自由主义的宪法。此时，德意志还有一件大事未得到解决，那便是国家统一问题。尽管国王拒绝了"全德帝国"的皇冠，但他还是表示希望能成立一个新的德意志联盟，同时还主张这个联盟将奥地利排除。作为彻底失败的法兰克

◎ 费利克斯·施瓦岑贝格

福议会的替代品，这一有限联邦制的统一构想在 1849 年 5 月正式提出，获得邦联内许多小君主国的认同。然而，几个较大的王国仍旧表示反对，尤其是刚与新任奥地利首相施瓦岑贝格达成协议的巴伐利亚王国。这位头脑灵活的首相用整整一年时间在邦联各大成员国境内反复周旋。1850 年 9 月，他终于为自己创造了一个教训普鲁士的大好机会。

当时的黑森 - 卡塞尔选侯国发生了一场大规模叛乱，深受民众怨恨的选侯① 被赶下台，匆匆逃往法兰克福。受到刺激的奥地利当局决定使用武力维持旧邦联秩序，首相施瓦岑贝格下令奥军开赴选侯国，扶植流亡在外的选侯复位。对普鲁士王国来说，奥军在自己势力范围的这一举措，无异于一次直接挑衅。容克军官纷纷拔出自己的军刀，要求立即向奥地利宣战。国王腓特烈·威廉四世起初也同意开始军事动员，但他犹豫再三之后，最终还是没能做出宣战的决定。当普鲁士军队开进黑森 - 卡塞尔境内，国王就战争与和平的问题陷入骑虎难下的两难境地。普鲁士所要面对的不仅是士气正旺的奥地利军队，还有支持奥地利的南德各邦国。雪上加霜的是，普鲁士军队此时已经在石勒苏益格 - 荷尔施泰因战场落败，丹麦王国取得了第一次普丹战争的胜利。当时的普军基本由地方民兵组成，很难想象这样一支军队能够应付如此复杂的局面。

入驻选侯国的普奥两军不慎爆发武装冲突，造成 5 名奥地利士兵和 1 匹"普鲁士白色军马"死亡。紧接着，沙皇尼古拉一世也介入到这场争端中，

---

　　①译注：即弗里德里希·威廉一世（1802—1875），黑森选侯国的最后一任选侯。他的私生活极度混乱，同平民女士加特鲁德·法尔肯施泰因生有多名私生子，在政治上也是极端保守，很快失去民众支持。

并于当年 11 月 19 日在奥尔米茨召开紧急会议，讨论的最终结果是普鲁士解除动员并自行撤离选侯国，而选侯本人则将在奥地利与巴伐利亚的护送下复位。与此同时，新成立的联盟也将被强制解散，普鲁士王国此后只能派代表参加德意志邦联的会议。被彻底孤立的普鲁士，此刻只能满足奥地利的愿望，对会议结果表示无条件服从。亲王对这个结果深感欣慰，腓特烈·威廉四世则因自己的软弱错失多次机会，最终导致普鲁士的失败。

这次"奥尔米茨之辱"给当时锐意进取的普鲁士王国一记重创，普军高层中的鹰派更是对这一次屈辱经历怀恨在心，发誓在将来一定要向奥地利复仇。但对某个人来说，奥尔米茨并不是耻辱。这个人不仅对国王无比忠诚，还有远超同时代人的高瞻远瞩，以及钢铁般的意志。他将永久改变德意志与欧洲的历史，他的名字是奥托·冯·俾斯麦。

俾斯麦的崛起

奥托·冯·俾斯麦出生于 1815 年 4 月 1 日，正好是拿破仑开始进行最后一次赌博的日子 [①]。在他出生 3 个月后，拿破仑在滑铁卢一战中被联军彻底击败。普军在这场战役中的杰出贡献，极大地提高了王国在欧陆的地位，为未来的宰相提供了一个足以施展抱负的有利环境。

俾斯麦出身于普属萨克森的舍恩豪森（Schönhausen）庄园 [②] 的一个容克世家。在他出生仅仅一年之后，他的家族即搬往东波美拉尼亚（Eastern Pomerania）的奈弗夫（Kniephof），他在这个地方度过了自己的童年时光。他在当地学校读书时，就已表现得非比寻常，后来又只身前往柏林就学。1832 年 5 月，17 岁的俾斯麦入读当时自由主义氛围极为浓厚的哥廷根（Göttingen）大学，之后又转入柏林大学法学系。1835 年 5 月，在经过数月努力之后，他成功通过司法考试，取得法律见习生资格。一年后，他完成论文，取得了见习官头衔。尽管他的母亲不断向柏林城的达官显贵举荐他，但

---

① 译注：指拿破仑逃离厄尔巴岛，重返巴黎，复辟帝国。

② 译注：这个庄园从 1526 年起就是俾斯麦家族的世袭产业。

◎ 青年俾斯麦

他还是由于对权威的厌恶，在外交部与陆军处处碰壁。此时，24 岁的俾斯麦收到了母亲病逝的噩耗，决定辞去小公务员的职务，重回波美拉尼亚，与哥哥一起经营世袭庄园，这一干就是整整 10 年。在这 10 年间，他经常在喝醉酒后骑马狂奔，以此吓唬附近农户，并举行各种狂野派对，在当地可谓声名狼藉。1847 年，在感情方面屡遭挫折 ① 的俾斯麦最终还是结了婚。

就在这一年，俾斯麦决定再度从政。当时，联合议会的一名马格德堡（Magdeburg）议员生了病。俾斯麦接替他前往柏林，担任普属萨克森的代表。他一反少年时期的狂野态度，十分认真地对待这份工作，只定期回家照顾家族产业。1848 年欧洲大革命爆发的时候，正好在自家庄园的俾斯麦听闻柏林发生暴乱，便用步枪将家里的 70 个农民武装起来，起身前往柏林，准备"武力勤王"。可惜，这一热忱举动并没有为他带来任何成功。他亲自拜访了威廉的妻子、未来的帝国皇后奥古斯塔（Augusta），并就王弟流亡英国的决定发生极为激烈的争执。此举直接导致这位未来皇后对俾斯麦的敌视，这给他此后的政治生涯造成了一些不利影响。不过幸运的是，俾斯麦还是得到崭露头角的机会。他在国会发表了一篇极为出色的演说，全力支持国王在奥尔米兹做出不向奥地利宣战的决定，并对主战派的强硬主张进行有力反驳，这使他成为国王身边的红人。

---

① 译注：俾斯麦在亚琛做小公务员时，曾追求两位英国小姐，因此花光了积蓄。1841 年，他还曾向一位名叫奥托琳妮的女士求婚，遭到对方父亲的拒绝。

1852 年，俾斯麦被派往法兰克福邦联议会，担任议员一职。正是在这里，俾斯麦开始关注普鲁士以外的整个德意志的局势。他将在这个职位上充分发挥自己的政治天才，实现自己的抱负。他意识到奥地利终将成为自己的一块巨大绊脚石，誓将其从未来的德意志事务中彻底剔除。1858 年，普鲁士国王的中风病发作，已不适合继续统治，其弟威廉成为摄政王。完成了权力交接的柏林当局下令，将俾斯麦调回国内。此后，俾斯麦又在 1859 年担任普鲁士驻圣彼得堡公使，1862 年担任驻巴黎公使。两次异国经历使他得到历练，并对国际局势有了充分的认知，为未来政治生涯打下良好的基础。

俾斯麦、威廉一世与普鲁士王国（1858—1864)

从兄长手中接过大权的王弟威廉有两个主要目标：一是维持 1848 年宪法的权威；二是维持并提高普鲁士陆军的效率。前一个目标对这位未来的德皇而言并不困难，因为他是一个将履行使命与取得荣誉视作神圣职责的摄政王。但要实现第二个目标，可就没这么简单了。当时已升任将军的阿尔布雷希特·冯·罗恩在 1858 年撰写了一份备忘录，建议对普军进行全方位整顿。罗恩主张削减地方民兵规模，因为这些民兵不是职业军人，不能完全保证他们对王国的忠诚。如此激进的改革方案显然需要立法的支持，但当时的国会正变得越发自由主义，这份军事改革方案胎死腹中。军队训练仍然流于形式，效率也没有得到任何改观。

幸运的是，罗恩的主张得到威廉的青睐。为了推进这一重大军事改革，威廉正式任命罗恩为战争部长。1861 年，在兄长病逝后正式继承王位的威廉遭遇新一轮政治危机。当时的国会否决了他的提案，拒绝为国王的新军队通过如此庞大的军费预算。罗恩将军做出让步，决定将士兵的服役期限从原先计划的 3 年缩短为 2 年。但是，这位参过军的倔强国王不会轻易放弃。他甚至还声称，宁可退位也绝不接受短于 3 年的服役期限。就在决定军事改革命运的关键时刻，罗恩将军向国王提出一个重大建议——将俾斯麦召回国内。尽管国王和王后对俾斯麦的能力与性格深感疑虑，但他们最终还是采纳了罗恩的建议，正式任命俾斯麦为王国首相。

在此前的 10 多年中，俾斯麦一直都在规划德意志的统一。他在担任邦联议员时，就已彻底看透邦联主义者的本质，充分意识到松散的邦联制并不适合未来的德意志。而更为重要的是，他是一个地道的普鲁士容克，忠诚于统治普鲁士的霍亨索伦家族。在仇视自由主义的保守态度与忠君思想的作用下，一个全新的德意志统一方案在他脑海中形成——普鲁士王国是德意志所有邦国的绝对领袖，在政治地位上将会与宿敌奥地利完全平起平坐。

◎ 普鲁士国王威廉一世

如今，俾斯麦终于迎来属于自己的新时代。他用自己的冷酷性格与演讲天赋，把普鲁士王国的政治机器改造得井然有序。1862 年 9 月 30 日，他发表著名的"铁血演说"。在这场演说中，他充分论述了扩军备战的必要，同时还严厉批判自由主义者在 1848—1849 年犯下的天真错误，认为当时的重大问题无法通过演说与"多数决议"解决，而是要靠"铁和血"。[1]

俾斯麦的这一强硬就职演说，给普鲁士内外的反对者敲响了警钟。他们拒绝服 3 年兵役，还从预算中故意删减一部分军费开支，这使国王对俾斯麦能否胜任首相产生疑虑。此后，威廉与俾斯麦两人在前往波茨坦的头等列车的一间幽暗包厢中举行单独会谈，并最终达成协议。1862 年 10 月 13 日，俾斯麦以国王的名义宣布议会休会，而在次年 1 月议会再度召开之际，这位首相更是直接无视国家宪法的存在。[1] 从此以后，他成了普鲁士的绝对独裁者，仅对国王一人负责。

---

① 译注：此处指俾斯麦利用所谓"宪法漏洞"，在上下两议院不能达成一致的前提下，直接允许国王批准国家预算，擅自支出军费进行大规模军事改革。自 1863 年开始，这位首相便无视议会的任何反对声音，自行开支政府经费，而议会只能扮演类似于咨询机构的角色。

注释：

1. 这场演讲在德语世界被称为"Eisen und Blut"，在英语世界被历史学家翻译为"Iron and Blood"，即中文语境下的"铁血演说"。

第二次石勒苏益格战争与普奥终极博弈

自 1863 年 1 月开始，俾斯麦不仅成了普鲁士首相，还是普鲁士首席外交大臣，始终致力于将老邻居奥地利从德意志事务中剔除。在德意志民族统一问题上，俾斯麦并不是一个孤独的奋斗者，他的统一主张得到许多人的理解与认同。当时南北德意志绝大部分民众与王公，虽不一定支持统一，但都承认自己属于德意志民族。但奥地利是个例外，它的民族情况比这些德意志邦国复杂得多。为了整合与统一德意志地区的经济，普鲁士建立了关税同盟，将奥地利排除在外。奥地利在得知自己无法成为关税同盟成员之后，施展了各种政治手段，以阻止南德各邦国接受普鲁士的政治经济影响。

对于普鲁士王国与俾斯麦本人来说，1863 年都是极为关键的一年。这一年，欧洲发生了许多大事件，极大地考验了这位新首相驾驭局势的能力。当年春天，波兰人再一次发动反抗沙俄的起义。普鲁士议会以及英法等国的波兰流亡者对起义者持同情态度，俾斯麦则对此十分鄙夷。他当即与沙皇达成协议，派普军巡逻两国边境，并联合俄军镇压起义。在此后数个月时间里，俾斯麦又同议会展开了一系列极为激烈的争吵。议员们大举抨击这位首相的一切为政举措，包括擅自通过年度预算和肆意限制出版自由等。但俾斯麦最终还是凭借国王的"宪法漏洞"以及自己钢铁般的意志，战胜了这些反对他的人。到了当年 9 月，俾斯麦终于能腾出手来挑衅奥地利，他在国内外的成功早已令哈布斯堡王朝极为不满。奥皇弗朗茨·约瑟夫决定召集各邦王公，在维也纳召开一次邦联会议。威廉国王很想赴会，却遭到俾斯麦的极力反对。他甚至扬言，一旦国王动身赴会，他便当即辞职。紧接着，欧洲各国君主又在巴黎进行了一次气氛并不融洽的会谈。已经登基称帝的拿破仑三世，希望自己的法兰西帝国能在普奥之争中保持中立，同时还试图平衡两大势力，但他的建议未得到俾斯麦的认可。1863 年 11 月 15 日，丹麦国王弗里德里克七世（Frederick Ⅶ）突然驾崩，俾斯麦终于等到实现统一大业的时机。

第二次石勒苏益格战争

对于令无数人头疼的"石勒苏益格 - 荷尔施泰因"问题，当时的英国首相巴麦尊勋爵（Lord Palmerston）曾有一个幽默的评论："世界上只有三个人了解这个恼人问题的本质，第一个是已经去世的阿尔伯特亲王（Prince Albert）①，第二个是德意志的大学中发狂的教授②，而我是第三个能理解这个问题的人，只可惜我彻底忘记问题的症结。"

我们要了解以下基本事实：石勒苏益格与荷尔施泰因两大公国位于日德兰半岛南端，也被称为易北河两公国，在当时并不是丹麦王国领土的一部分。但是，它们与劳恩堡公国（Duchy of Lauenburg）都是丹麦国王的私有财产，丹麦王室对这三片土地的统治权在 1815 年维也纳会议中获得欧洲各国的正式承认。③ 出于某些极为复杂的历史原因，荷尔施泰因公国的居民几乎都是德意志人，并是德意志邦联的一员。石勒苏益格公国未加入德意志邦联，其半数居民为丹麦人，另一半是德意志人。此外，早在 1460 年，法律就已正式确立"两公国不可分治"的基本原则，这令易北河两公国在隶属关系上变得更加复杂。最终，在 1848 年欧洲大革命中，积累已久的矛盾正式爆发。荷尔施泰因居民发动武装起义，试图实现独立建国，但由于普鲁士王国的态度摇摆不定，这场起义很快宣告失败。1852 年 5 月 8 日，普丹等 6 国在伦敦达成协定，普鲁士在两公国问题上妥协。这份协议规定，在现任丹麦国王弗雷德里克七世（这位国王无子嗣）驾崩之后，两公国的统治权由他的

---

① 译注：英国维多利亚女王的表弟和丈夫。

② 译注：这句话暗指德意志邦联在第一次石勒苏益格战争中的失败刺激了德意志人的民族情绪。

③ 译注：早在 15 世纪前后，丹麦国王就已兼任易北河两公国的统治者。

丹麦王国
与
易北河两公国
1864

丹麦王国

哥本哈根

杜伯尔
石勒苏益格公国

北海

基尔港

波罗的海

荷尔施泰因公国

梅克伦堡

吕贝克自由市

汉诺威王国

劳恩堡公国

◎ 1864年，丹麦王国与三个公国

堂妹夫格吕克斯堡亲王克里斯蒂安（Prince Christian of Glücksburg）继承。这份协议一经公布，即遭到两地民众的强烈反对，他们主张由德意志贵族奥古斯滕堡公爵（Duke of Augustenburg）[1]继承公国统治者之位。

1863 年 10 月，丹麦国会起草并通过了一部新宪法。该宪法主张将整个石勒苏益格公国直接并入丹麦王国，这无疑是火上浇油。但这部宪法还未得到国王的正式签署，弗雷德里克七世便突然驾崩。在社会各界的催促下，新继任的克里斯蒂安九世（Christian IX）正式在草案上签字。丹麦王室的这一举动，直接破坏了各方在《伦敦条约》中达成的约定。法兰克福的德意志邦联议会深表愤怒，正式宣布支持奥古斯滕堡公爵，并对丹麦王国采取"必要的抵制措施"。汉诺威与萨克森两大王国在同年 12 月 5 日正式派遣军队进驻荷尔施泰因，以此支援当地民众。丹麦军队审时度势之后，明智地选择撤离这个公国，转而进入石勒苏益格。

---

①译注：他的家族曾统治丹麦。

◎ 奥地利陆军元帅路德维希·冯·加布伦茨（1814—1874）

◎ 1864年1月，开赴石勒苏益格战场的普奥联军

对于俾斯麦而言，易北河两公国的继承权问题，没有任何商量余地。早在弗雷德里克七世去世之前，他就已经起了吞并两公国的念头。之所以要这么做，一方面是为了扩大普鲁士王国的版图，另一方面是为了给当时正在急剧扩军的普鲁士海军寻找一个像基尔（Kiel）港这样的天然良港。这位首相很清楚，丹麦王国绝不会容忍奥古斯滕堡公爵的继承主张。于是，他决定同宿敌奥地利暂时结盟，共同派兵"支援"汉诺威与萨克森两军的行动。俾斯麦的这一行为，对于丹麦来说无异于宣战。在这场即将到来的战争中，俾斯麦有两件事要做：第一，通过实战来检验罗恩军事改革后的普鲁士军队的真正实力；第二，借助这场战争操控局势，创造一个对奥地利不利，但对普鲁士有利的局面。

1864 年 1 月 16 日，普奥两国向丹麦王室递交最后通牒，要求丹麦在 48 小时之内立即撤销刚签署的新宪法，但遭到了丹麦的拒绝。于是，2 月 1 日，普奥联军跨过艾德（Eider）河进入石勒苏益格公国境内，而汉诺威与萨克森军队则一直原地待命。第二次普丹战争就此爆发。

奥军由 4 个步兵旅（每个旅下辖 5 个步兵营）与 1 个骑兵旅组成，总兵力约有 25000 人，火炮共计 48 门。普军由 6 个步兵旅、1 个近卫步兵师与 2 个骑兵旅组成，总兵力达 45000 人，火炮共有 110 门。奥军指挥官为路德维希·冯·加布伦茨（Ludwig von Gablenz）元帅，普军指挥官为腓特烈·卡尔亲王。至于联军总指挥的担子，则很不幸地落在已是 80 岁高龄的弗里德里希·冯·乌伦格尔（Frederick von Wrangel）元帅肩上，这是一位亲历过拿破仑战争的老将。之所以会出现这种情况，是由于控制欲极强的俾斯麦竭力主张由普鲁士军人担任联军总指挥，而奥地利主张总指挥应是亲历过实战的老将。事实证明，普奥两国的人事决策，很大程度导致了后来战事的拖延。作为联军的敌人，丹麦军队自 1848 年开始就几经裁撤。到战争爆发前夕，其总兵力仅剩下原先的一半，约 25000 人。"两公国危机"爆发后，丹麦又紧急征召约 30000 至 40000 名青年入伍，这些临时入伍的后备兵，大多未接受过任何军事训练。从纸面上看，此时的丹麦军队共由 23 个步兵团和 8 个骑兵团组成。全军共有火炮 150 门，其中大约 40 门是用于要塞防御的 36 磅、84 磅与 168 磅城防炮。除此以外，丹军要塞里尚有一些臼炮。

为了防备联军的进攻，丹麦军队沿施莱（Schlei）河构筑防线，同早先驻守在丹内韦尔克（Dannewerke）要塞里的丹麦守军遥相呼应。这是一座始建于中世纪的坚固城堡，[1]经历过多次翻修，

◎ 弗里德里希·冯·乌伦格尔（1784—1877）

---

[1]译注：具体修建日期不详。有观点认为，这座要塞是玛格丽特女王在 15 世纪修建的，但也有可能更早。

◎ 1864年2月，普军在丹麦

专门用于防卫德意志人入侵。2月2日，普军率先对位于密松德（Missunde）村的丹军要塞发动攻势，在付出大约200人的伤亡之后，仍被守军击退。恼羞成怒的腓特烈·卡尔亲王甚至未等留在攻城壕中的己方步兵找好掩体，便匆忙命令炮兵开火轰击要塞。而在另一个方向，奥军凭借自己的兵力优势，于2月3日派贡德雷库托旅（Brigade Gondrecourt）向欧博尔-塞尔克村（Ober-Selk）发起进攻，成功驱逐当地守军，迫使丹军将战线后撤至科尼斯堡附近的崇山峻岭中。

尽管成功遏制住普军的攻势，但此时的丹军指挥官克里斯蒂安·德·梅萨（Christian de Meza）及其他高层将领，却出乎意料地决定后撤至弗伦斯堡（Flensburg）进行休整。于是，在2月5日，40000名丹军携带着火炮开始总撤退。奥军迅速发起追击，于2月6日在奥尔沃锡（Oerversee）湖畔的村庄与丹军后卫发生交火。战况十分激烈，一度出现惨烈的肉搏战，双方士兵甚至将手里的步枪当作棍子猛敲敌人的头。奥军诺斯蒂茨旅（Brigade Nostitz）在付出惨重的代价后，最终还是凭借刺刀成功占据这座村庄。丹军得知自己的殿后部队遭到攻击，立即做出了分兵的决定。丹军主力部队28000多人朝杜伯尔（Düppel）

◎ 正在开炮轰击杜伯尔要塞的普军第3炮兵连

方向退却，准备固守当地要塞群以待援。剩下的 14000 人往日德兰半岛退却，准备在弗雷德里卡（Frederica）镇构筑防线。

丹军出人意料的转进速度彻底震惊了联军，而奥军在先前战斗中所取得的一连串胜利，令普军感到芒刺在背。相比之下，普军在密松德村的行动只能用"失败"二字形容。更令普军高层气愤的是，在奥尔沃锡湖畔一役中，奥军将领甚至直言拒绝普军的任何协助，使普军最精锐的近卫师成为战役的旁观者。

俾斯麦意识到，普鲁士的荣誉在先前的战斗中受到羞辱。作为军队统帅的乌伦格尔元帅既无法预见丹军的动向，也无法做出任何有效的反制措施。于是，俾斯麦当即行动起来，派人四处游说，试图安抚立场已有些动摇的列强。[1] 为了避免英法的干预，普奥两国都没有进攻丹麦王国本土的计划，奥军更是完全没有任何朝日德兰半岛继续推进的意愿。普军总参谋长赫尔穆特·冯·毛奇得知战事已陷入对峙局面后，当即奔赴石勒苏益格视察前线。腓特烈·卡尔亲王也为局势所逼，与指挥部的其他人争吵得不可开交。但是，作为联军总指挥的乌伦格尔，此时却做出一个极为匪夷所思的决定，他不同意普军对坚固的杜伯尔要塞发动进攻。这使亲王只能对这座要塞围而

---

① 译注：俾斯麦劝说英法继续在这场战争中保持中立。此前，丹麦曾向英国求援，但由于当时欧陆并没有国家肯给予配合，英国并没有行动。普军战事不利，令英国的立场多少产生动摇。

不攻，眼睁睁地坐失战机。与此同时，乌伦格尔又命令奥军在普军近卫师的掩护下追击后撤的丹军。他的命令可谓自相矛盾，丝毫没有考虑到任何外交风险。由于司令部下达了极为混乱的命令，以及缺乏真实可靠的情报与地图，普军近卫师的前锋误打误撞地闯入日德兰半岛，并于 2 月 18 日占领柯灵村（Kolding）。[①] 普军攻入丹麦王国本土的举动，直接激怒了主张"势力均衡"的英法两国，甚至让他们一度起了干预这场战争的打算。俾斯麦不得不派出使者，向两国解释发生误会的具体原因。他在尽力维持局势的同时，还派出陆军中将

◎ 丹军总指挥克里斯蒂安·德·梅萨

埃德温·弗赖赫尔·冯·曼陀菲尔（Edwin Freiherr von Manteuffel）男爵赶赴维也纳同弗朗茨·约瑟夫皇帝见面。男爵的使命是说服奥皇，让他意识到唯有进攻杜伯尔要塞才是当务之急。这个进攻计划是老毛奇亲自制订的，虽然当时总参谋部中有很多人主张从海上对奥尔森（Alsen）岛发动奇袭，但作为总参谋长的老毛奇还是力排众议，始终坚持将攻取杜伯尔要塞作为普军的首要作战目标。曼陀菲尔中将出色地完成了这项艰巨任务，成功说服奥皇。在得知维也纳传来的消息后，普军开始着手进攻要塞群的棱堡工事。

丹军的主要防线坐落于奥尔森峡湾（Alsen Sound）至杜伯尔海岸线一带。此外，丹麦人还在这道防线上修筑了 10 座凸堡[②] 以强化防御。在这道防线之后，丹军还挖了数道壕沟，每隔一个壕道便有一座半月垒[③]。为了保护连接奥尔森

---

①译注：当天普丹双方爆发了一场遭遇战，一些普鲁士骠骑兵跨越了边界。

②译注：Redoubt，一种建造在大型要塞之外，专用于拱卫要塞的小型防御工事。

③译注：Lunette，一种呈半月状，类似于棱堡的防御工事，能够有效抵御攻城方的火炮，也便于守城方开炮还击。壕沟的走向与半月垒火炮的射击方向一致，一旦攻城工兵陷入壕沟，便会遭到守军的全方位火力打击。

◎ 1864年，第二次石勒苏益格战争

岛与大陆的桥梁，丹军还在对岸的森讷堡（Sonderburg）又修建了一座小型凸堡，整个杜伯尔要塞堪称固若金汤。

自2月中旬开始，双方便发生了一些零星的袭城战与反击战，也会偶尔炮击对方。到了3月15日，普军各炮兵连开始正式对要塞进行大规模炮击。与此同时，普军又有一个师的生力军携带重炮顺利抵达战场。在火炮与兵力得到补充后，腓特烈·卡尔亲王对丹军要塞群发动了一次更为猛烈的试探性攻击。值得一提的是，在这些攻城重炮中，有数门是克虏伯公司生产的最新式线膛炮。虽然普军有了新式火炮的助力，但攻城效果依旧不怎么理想。无数炮弹打在守军的半月垒上，扬起漫天尘土，隐蔽在工事之后的守军却没有多少伤亡。4月2日，普军得到一个旅的增援，再一次对要塞进行大规模炮击。4月18日凌晨，普军步兵分成若干纵队，分批次（第一批次约10000人）对丹军的1至7号凸堡发起进攻，战况极为惨烈。虽然丹麦守军进行了英勇抵抗，但各大凸堡还是由于寡不敌众而被普军接连攻陷。截至当天上午10点，6号堡被普军的"伊丽莎白"近卫掷弹兵团与"女王"近卫掷弹兵团合力击破，2号堡落入第35步兵团之手，3号堡被8团与18团合力攻陷，4号堡与5号堡也相继被24团与64团攻克。不甘失败的丹军又从海上发起反击，当时正停留在奥尔森峡湾中的丹麦海军"罗尔夫·库拉肯"（Rolf Krake）号铁甲舰，利用舰上的两门双联装舰炮，对普军步兵展开炮击，一时杀伤普军颇多。可惜此时地面战大局已定，丹麦人单凭一艘战舰的奋战，不能阻挡普军的脚步。下午2点，位于森讷堡的最后一座凸堡沦陷，这场围攻战就此结束。丹军在这场战役中共有672人阵亡，约3600人被俘，普军则付出了超过1000人的伤亡。

普军取得了战役的胜利，固执的老毛奇可谓居功至伟。假使普奥联军最初没有采纳他的意见，而是选择从海上发动进攻，那么战役的结局可能就要被彻底颠覆。早在普军强攻杜伯尔之前，丹麦海军的"罗尔夫·库拉肯"号铁甲舰就已在2月18日的战斗中成功突袭试图在艾恩松（Egernsund）架设浮桥横渡尼佩尔（Nüpel）河的普军。由于水深过浅（使战舰无法抵近开火）以及普军的及时开炮还击，这座浮桥并没有受到严重破坏，但该舰同样毫发无伤，成功地从战斗中全身而退。如果普军选择从水路发动进攻，一旦运兵船被这艘极具威胁的战舰发现，那后果极有可能是灾难性的。

战争爆发时，丹麦海军立刻对普奥两国进行海上封锁，同时还派舰队在海上四处巡逻，以防范试图打破封锁的普鲁士舰队。3月17日，普丹两国海军在亚斯蒙德（Jasmund）岛附近海域展开激烈交火，丹麦的线列战舰"坚盾"（skjold）号、蒸汽巡防舰"西兰岛"（Sjaelland）号与"托登施约德"（Tordenskjold）号与普鲁士海军展开血战并最终取得胜利，迫使普鲁士护卫舰"阿珂娜"（Arcona）号，"宁芙"（Nymphe）号连同其他6艘战舰朝希维蒙德（Swinemünde）港方向退却。杜伯尔要塞沦陷后，丹麦海军又派出一支由"尼尔斯·儒约尔"（NielsJuel）号巡防舰、"达格玛"（Dagmar）号与"海瞻达尔"（Hejdal）号护卫舰等3艘战舰组成的分舰队前往北海，准备对奥地利舰队发动反击。5月

◎ 腓特烈·卡尔亲王（1828—1885）

◎ 杜伯尔要塞之战中，普军第53步兵团猛攻4号凸堡

9 日，正当双方代表在伦敦会谈之际，丹奥两国舰队在黑尔戈兰（Heligoland）湾附近发生遭遇战。当时正坐镇于旗舰"拉德茨基"号的奥地利舰队总指挥威廉·冯·泰格霍夫（Wilhelm von Tegetthoff）下达了立即驶离港湾并对丹舰开火反击的命令，双方进行了一场短暂但十分激烈的战斗。奥舰"施瓦岑贝格"号

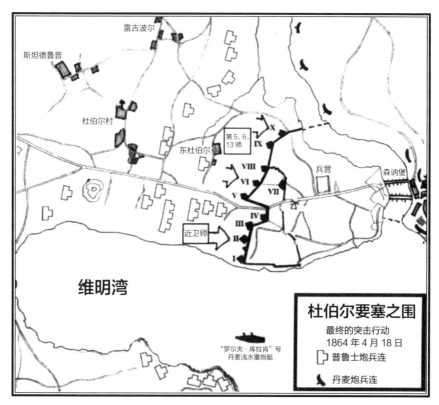

地图标注：
雷吉波尔
斯坦德鲁普
杜伯尔村
东杜伯尔
第5、6、13师
兵营
森讷堡
近卫师
维明湾
"罗尔夫·库拉肯"号
丹麦浅水重炮艇

杜伯尔要塞之围
最终的突击行动
1864年4月18日
普鲁士炮兵连
丹麦炮兵连

◎ 1864年，杜伯尔要塞攻防战

在同丹军旗舰"尼尔斯·儒约尔"号近距离缠斗时，突遭敌方舰队3艘战舰的齐射，舰身迅速起火。此时，丹舰的损伤依旧十分轻微。尽管有3艘普军小炮艇特地赶来为奥地利舰队助阵，但这点援助无异于杯水车薪。泰格霍夫只能下达全面撤退的命令，舰队随即逃往中立海域。丹麦海军又一次取得胜利，却无力扩大战果。正当丹麦人准备包抄拦截败退中的奥地利舰队时，中立海域突然出现了英国海军的"极光"号（Aurora）。英国人阻挠了丹麦海军的行动，使奥地利舰队最终顺利逃脱。

在杜伯尔取得胜利之后，普军高层就下一步该如何行动进行了一场激烈辩战。虽然此时丹麦陆军似乎已失去抵抗力，但倔强的老毛奇却认为，既然丹麦仍不肯主动求和，那联军就应该继续进攻，直接武力进占日德兰半岛来进一

◎ 1864年6月29日，正在奥尔森岛抢滩登陆的普军

步扩大战果。威廉一世亲自赶赴前线，与老毛奇等人进行了一次气氛愉快的会谈。他在会议中撤销了令他不满的乌伦格尔元帅的职务，任命老毛奇为联军总指挥。4月20日，害怕事态扩大的英国亲自出面，在伦敦召开国际会议，联军与丹军一度达成停火。然而，由于丹麦仍旧表示绝不妥协，双方最终在6月26日再开战端。6月29日，老毛奇正式发动他筹划数月之久的奥尔森岛进攻作战。岛上丹军的守备力量极为孱弱，仅有6个步兵团，根本无力抵抗兵力雄厚的普军。甚至还没到中午时分，整场战斗就宣告结束。丹军在此役中伤亡约300人，另有约2800人被俘或失踪，而普军的全部损失不到400人。

普奥联军正式改变作战方针，全面进攻日德兰半岛，并登陆北弗里西亚群岛（North Frisian Islands）。丹麦国王克里斯蒂安试图全面抵抗入侵本土的联军，但他的努力最终宣告失败。7月8日，新改组的丹麦政府被迫求和。由于英法已放弃支持丹麦，而民族主义情绪高涨的德意志人在易北河两公国问题上不会做出任何让步，此时的丹麦王国可以说是输光了所有底牌。最终，在1864年8月1日，丹麦国王正式宣布，将两公国割让给奥地利与普鲁士。10月30日，交战各方在维也纳签署停战条约，战争宣告结束。

在外国观察家眼中，奥军在这场战争中的表现要比普军优秀得多，尤其是在奥尔沃锡湖畔一战中，奥军表现出惊人的效率与素质。相比之下，普军简直就是不值一提的陪衬。这些军事观察家忽视了杜伯尔之战的重要性，认为这只是一场无足轻重的战役。这种观念进而导致当时欧美各界都产生一种幻觉，认为奥军将在两年后的普奥战争中具有压倒性优势。这些观察家忽视了普军的单兵武器德莱塞后装击针枪在这场战争中的表现。这种步枪只要由专门训练的士兵操作，就能成为主宰未来战场的利器。

《加施泰因温泉协定》

1864 年 8 月 2 日，在丹麦国王正式宣布割让易北河两公国短短一天之后，普鲁士国王威廉一世与奥地利皇帝弗兰茨·约瑟夫在维也纳城外的美泉宫①共用早餐。当时在场的除了这两人以外，还有普鲁士首相俾斯麦，以及坐在他正对面的奥地利国会主席雷希堡(Rechberg)伯爵。这顿早餐吃的并不愉快，情绪激动的奥皇更是直接大声质问餐桌对面的普鲁士国王是否有将两个公国全部私吞的政治野心。俾斯麦此时发挥了他惯有的老奸巨猾，当即声称"很想知道自己的君主对这个问题的看法"。威廉一世犹豫很长一段时间后，才领会首相的意思，宣称自己"并不享有两公国的任何权益"。奥皇看似在争论中占了上风，但这其实是俾斯麦为算计奥地利而说的谎话。会议结束不久之后，这位首相就毫不客气地将公国吞并为普鲁士的省。

在会议中，双方只达成了一项协议，那便是要求汉诺威与萨克森两个王国的军队全部撤出易北河两公国。当年 12 月，两国陆续撤走自己的军队。此时，易北河两公国境内只剩下普军 3 个旅与奥军 1 个旅，总兵力约 12000 人。至于当地的行政，则由双方共同组成的联合军政府负责。

第二次普丹战争之后，德意志各邦国及党派都支持奥古斯滕堡公爵统治两公国。俾斯麦公开放话威胁这位公爵，声称如果他不乖乖从命，就会罢黜

①译注：Schloss Schönbrunn，旧译申布伦宫，始建于 17 世纪的马蒂亚斯时代，是神圣罗马帝国、奥地利帝国与奥匈帝国的皇宫。

他的爵位，再从奥尔登堡（Oldenburg）王室 ① 或汉诺威王室甚至是沙俄皇室中找一位更合适的继承人。通过一系列政治操作，俾斯麦成功把持易北河两公国的一切军政大权，使其在实质上变成普鲁士王国的领土。有恃无恐的俾斯麦甚至还直接进占基尔港，在当地建设海军基地。公爵对此表示强烈抗议，但起不到任何作用。奥地利在此时突然发现，两公国的局势已彻底脱离自己的控制。为了避免战争，奥地利只能被迫做出让步，试图通过政治手段挽回颜面，殊不知已经落入一个更大的陷阱。

1865 年 8 月上旬，在两国首相的陪同下，普鲁士国王与奥地利皇帝在萨尔兹堡（Salzburg）州南部的小村庄加施泰因（Gastein）进行会晤，并于当月 14 日正式签订《加施泰因温泉协定》，以解决棘手且敏感的石勒苏益格 - 荷尔施泰因问题。这份协定旨在实现普奥双方对易北河两公国的联合统治，其中荷尔施泰因由奥地利管理，而普鲁士负责管理石勒苏益格。除了这一项以外，普奥双方还在这份协议中达成另外数项条款，其中包括：由德意志邦联各成员国共同组建邦联舰队，其驻地为基尔港，港口的建设与行政由普鲁士全权负责；开通一条连通北海与波罗的海的运河；在艾德河畔的伦茨堡（Rendsburg）修建邦联要塞；易北河两公国成为德意志关税联盟的成员国，依相关条约享受同盟次要成员的政治待遇并获得战争赔偿。至于疆域狭小且没有太大利用价值的劳恩堡公国，则被奥皇出售给普鲁士王国。

◎ 奥古斯滕堡公爵克里斯蒂安（1798—1869）

至此，曾经难倒全欧洲无数政客与外交官的"石勒苏益格 - 荷尔施泰因问题"，从表面上来看似乎已经有了一个皆大欢喜的结局。然而，这份协定实际上只是老谋深算的

---

① 译注：这是德意志北部的一个显赫家族，起源于奥斯纳布吕克地区。家族中的格吕克斯堡分支成员克里斯蒂安九世在 1863 年当选为丹麦国王，奥古斯滕堡则是该王室的另一个分支。

俾斯麦为引诱奥地利上钩而设下的一道陷阱。他本人更是在事后承认,这一协议只是"在巨大的裂痕上暂时糊点儿胶水"。

战争的准备

俾斯麦或许永远都当不了一名政治家,因为他根本不懂得如何讨取公众的欢心。此时,全德意志对他已是充满怨言。1865 年底,他彻底惹恼奥地利。从法兰克福的邦联议会,到普鲁士国内近一半的识字民众,就连一向容忍他的威廉一世,都已对他深感不快。因为这位国王并不是特别愿意同邦联其他成员国的君主彻底撕破脸皮。此时的俾斯麦正处于极危险的境地,他推行的任何一项政策,哪怕只在普鲁士境内推行,也会遭到邦联成员国的一致反对。

当然,这位很不受人欢迎的首相也有自己的盟友,尤其是在军队中。老毛奇与罗恩在国王面前表示支持俾斯麦。他们两人与俾斯麦曾在数年前的大规模军事改革中联合,成功造就当时世界上最高效的战争机器。自信满满的老毛奇向首相保证,一旦普奥战争爆发,只要意大利肯保持中立,他就可以在波希米亚迅速集结 20 万人马击败奥军。

意大利人已在 1859 年的索尔弗利诺(Solferino)战役中成功击败奥军,但为了彻底完成"意大利复兴运动"(Risorgimento)[1] 大业,他们还需要从奥地利帝国手中拿下威尼西亚(Venetia),并夺取罗马城(城里驻守着法国军队)。正在这时,俾斯麦向意大利人抛来橄榄枝。但在 1865 年初,维托里奥·埃马努埃莱二世国王拒绝了普鲁士使者的请求。当时,普方使者甚至还向这位国王保证,只要意大利肯在战争中支持普鲁士,普鲁士就会在战后将威尼西亚划给意大利。这一略显疯狂的提议,对意大利人来说实在太冒险了。签订这样一份条约,意味着意大利要为普鲁士承担盟友义务。事实上,意大利人更希望通过和平谈判方式从奥地利手中收回威尼西亚。然而,就在半年之后,奥皇弗朗茨·约瑟夫严词拒绝意大利人用 10 亿里拉赎买威尼西亚的请求。事实上,这是个相当有意思的提议,因为当时两国都已几近破产。

1865 年 10 月,身心疲惫的俾斯麦前往法国南部的比亚里茨(Biarritz)[2] 疗养。在这里,他"偶遇"了拿破仑三世。这位法国皇帝是他此时此刻最想见到的人。当时的法国仍旧拥有全欧洲规模最庞大的军队,可以在即将到来

◎ 意大利国王维托里奥·埃马努埃莱二世（1820—1878）

的战争中轻松地从背后刺普鲁士一刀。因此，俾斯麦必须得到这位皇帝的中立承诺。由于这次非正式会晤没有其他人在场，所以我们不知道他们两人到底说了什么，但俾斯麦似乎又用了他一贯的威逼利诱外加开空头支票的手段。在成功说服拿破仑三世保持中立后，他又再次督促使者尽快达成普意同盟。就这样，俾斯麦赢得了极为有利的外交局势，进一步完善了自己的布局。

　　普鲁士与奥地利的终极博弈即将到来，而俾斯麦此时面对的困难仍然艰巨。尽管他认为自己稳操胜券，但还需要说服许多大人物，其中包括国王与王储。事实证明，俾斯麦的政治天才与胆识世所罕见，他再一次完成一项看似不可能的任务。

　　在普鲁士国内，他对王室成员与反对派展开游说，凭借雄辩技巧让他们一个接一个接受自己的想法。最终，就连国王也确信，此时的外部局势对普鲁士有利，普军必能在战争中取胜。唯独王储自始至终不认同俾斯麦的作为，并将战争描述为"犯罪"。

　　相比之下，"处理"奥地利的问题就比较容易一些。这位普鲁士首相凭借自己的手段，不费吹灰之力就把哈布斯堡王室彻底激怒。当时驻荷尔施泰因公国的奥军总指挥加布伦茨，试图维护奥地利在此地的统治。但俾斯麦显然不乐于见到这样的情形。他声称，奥地利在荷尔施泰因的行政管理行为有悖于《加施泰因温泉协定》。双方随即就易北河两公国的通行权与秩序维持问题发生激烈争吵。最终，在1866年初，奥地利正式要求与普鲁士进行领土交换。[1]

　　1866年3月，威廉一世正式批准首相的普意同盟提案，两国在当月下旬私下达成一致，并于4月8日正式签署盟约。该条约规定，意大利的同盟义务仅在普鲁士进入战争状态后才生效，且同盟时效为战争爆发后的3个月。与此

①译注：奥地利将荷尔施泰因割让给普鲁士，以此换取普鲁士在西里西亚的部分领土。

同时，普鲁士国王又在法兰克福的德意志邦联议会上提议，进行一次全德意志范围的大规模普选。一旦这项提案被通过，那就意味着极度保守专制的普鲁士政治体制将在德意志蔓延，这令议会里的自由主义者深感恐慌。奥地利人对此表示激烈反对，痛斥威廉一世的举动是一个试图欺骗与孤立奥地利的政治阴谋。就在这时，奥皇得知普意两国已经结盟，当即察觉到普鲁士王国的战争企图，立刻召开军事会议。在会议中，奥军高层断定，普军只需 3 周时间即可实现全面动员，而奥军需要整整 7 周。奥地利决定先发制人，抢先将军队秘密调往普奥边境。

奥皇的举动都在俾斯麦的意料之中，普鲁士首相所需要的，是让奥地利承担率先发动战争的责任。俾斯麦当即声称，奥军的秘密调动是针对普鲁士的侵略，并派遣使者从柏林赶往维也纳，提交了一份抗议声明。普鲁士的行为立即招致德意志邦联几乎所有成员国的激烈抨击，慕尼黑（巴伐利亚王国的首都）等地相继发表声明，要求柏林立刻停止挑衅行为。当年 5 月 7 日，菩提树下大街 ① 发生了行刺首相俾斯麦未遂事件。事实证明，即使是人身威胁，也丝毫不能动摇这位"铁血宰相"的意志。在得到普鲁士军方与总参谋部的保证后，俾斯麦决定同宿敌奥地利进行决战。

战争爆发前夕，英、法、俄 3 个中立国进行了最后一次和解的尝试，他们提议普奥双方通过国际会议重新划分在易北河两公国的利益。尽管俾斯麦反感这次会议，但他还是在大骂一通后选择参会。然而，奥地利人却不领这个情，他们不想达成一个只能保留面子的协议，② 而是希望与普鲁士进行领土交换，并开出了一个所有人都无法接受的谈判条件。

6 月 8 日，谈判彻底破裂，普军横渡艾德河，自石勒苏益格攻入荷尔施泰因境内。当地奥军总指挥加布伦茨下令立即撤退，这是奥地利为维持和平而做的最后一次让步。6 月 11 日，作为邦联主席的奥地利召开邦联议会，投票反

---

①译注：Unter Den Linden，音译为"林登大街"，是柏林市区最著名的大街之一，俾斯麦每天都要途径这里。

②译注：指继续在名义上维持对荷尔施泰因的统治。

对普鲁士。一旦投赞成票的成员过半数，就意味着对普鲁士王国正式开战。大部分南德邦国都选择支持奥地利，在议会中投了赞成票。俾斯麦不甘示弱，单方面宣称"邦联议会的决定无效"。普奥战争正式爆发，德意志的命运将由一场发生在波希米亚偏僻小村庄附近的大会战决定。

注释：

　　1. 意大利复兴运动，也被称为"意大利统一战争"。始于大约 1803 年左右，并一直持续到 1848 年革命与 1859 年战争期间，直至意大利王国攻占罗马之后，这一历史进程才彻底宣告结束。

　　2. 俾斯麦本打算去见他爱慕的卡蒂·奥尔洛夫，他从 1862 年起就迷恋这位女子。但是，她拒绝了约会，可能是因为俾斯麦带着约翰娜与家人。此后，俾斯麦再也没有见到她。

第二部分

七周战争

向易北河进军

　　奥地利在 1866 年 6 月 11 日发起的邦联投票其实只是一个示威程序，当时的巴伐利亚王国甚至还在会议上主张双方立刻停止备战。议会中的一些成员国还主张，普鲁士王国应该立刻停止对荷尔施泰因的侵略。但在俾斯麦正式宣布议会决定无效并要求解散邦联议会后，全德意志都意识到战争已经不可避免。在经过会议上的短暂骚动后，德意志邦联的各个成员国很快各自站好了队。其中支持奥地利帝国的有：萨克森王国、巴伐利亚王国、汉诺威王国、符腾堡王国、① 黑森 - 卡塞尔选侯国、巴登大公国、黑森 - 达姆施塔特（Hesse-Darmstadt）大公国、拿骚（Nassau）公国、萨克森 - 迈宁根（Saxe-Meiningen）公国、罗伊斯 - 格莱茨（Reuss-Grez）亲王国、黑森 - 洪堡（Hessen-Homburg）邦与法兰克福自由市。而反对奥地利帝国的有：梅克伦堡 - 什末林（Mecklenburg-Schwerin）、梅克伦堡 - 施特雷利茨（Mecklenburg-Strelitz）、奥尔登堡、卢森堡（Luxemburg）以及萨克森 - 魏玛（Saxe-Weimar）等 5 个大公国；安哈尔特（Anhalt）、萨克森 - 阿尔滕堡（Saxe-Altenburg）、萨克森 - 科堡 - 哥达（Saxe-Coburg-Gotha）、布伦瑞克（Brunswick）以及劳恩堡等 5 个公国，瓦尔德克（Waldeck）、里佩 - 代特莫尔德（Lippe-Detmold）、绍恩堡 - 里佩（Schaumburg-Lippe）、施华茨堡 - 鲁多尔施塔特（Schwartzburg-Rudolstadt）、施华茨堡 - 松德豪森（Schwartzburg-Sonderhausen）与罗伊斯 - 施莱茨（Reuss-Schleitz）等 6 个亲王国以及吕贝克

---

　　① 译注：除了普鲁士，邦联成员还有 4 个王国，它们都在这场战争中支持奥地利。

（Lübeck）、不莱梅（Bremen）与汉堡（Hamburg）等3个自由市。

双方在议会上都表现得极为激动，普方代表更是在现场放声怒吼，放话称要用俾斯麦在1849年制订的"小德意志方案"来彻底改造德意志。但奥地利及其支持者们对这句后来真正应验的狠话采取了嘲讽态度。当年6月15日，普鲁士驻汉诺威王国、萨克森王国

◎ 赫尔穆特·冯·毛奇

以及黑森-卡塞尔选侯国三地的大使发表最后通牒，要求上述三国立刻停止军事动员，并无条件接受普鲁士提出的改革方案。但很明显，这三个邦联成员国不会接受如此蛮横的要求。于是，在短短一天之后，普军便迅速跨过边境入侵他们的国土。兵力弱小的三国军队在强大的普军面前毫无还手之力，很快开始撤退。刚举行完年度军事演习的汉诺威军队朝南方退却，撤至哥廷根城，希望能同邦联第7军及巴伐利亚军队联合，一同抗击普军。相比之下，没有做任何战争准备的黑森军队可就惨多了，他们在开战后迅速败退至法兰克福自由市境内。萨克森军队的情况要比上述两军好些，早在战争开始前，该王国就已充分进行战争动员，同时又得到王子阿尔伯特的有力指挥，所以这支军队没有一溃千里，而是进军至波希米亚境内，同当地奥军顺利会师。

正当普军朝波希米亚边境逼近时，普奥双方都正在进行兵戎相见前的最后准备。需要特别指出的是，普鲁士国王威廉一世是在战争爆发短短两周之前，才被他的首相彻底说服。这位意志十分坚定的"军人国王"，此时已经相信这场战争不可避免。6月20日，从4月下旬开始军事动员的意大利王国，正式向奥地利宣战。但在短短4天之后，奥军便在库斯托扎战役中重创意军。普军则在6月19日占领汉诺威，6月22日横扫黑森-卡塞尔。接连得胜的普军士气旺盛，对于即将到来的艾森纳赫（Eisenach）与埃尔福特（Erfurt）两场战役

（对手是汉诺威军队）可谓信心满满。

此时，普军已在腓特烈·卡尔亲王与卡尔·赫沃斯·冯·毕登菲尔德（Karl Herwarth von Bittenfeld）陆军中将的率领下直抵萨克森 - 波希米亚边境地带。6月22日夜里，亲王给全军下达最后的备战命令，同时给官兵进行了一次集体讲话："我的士兵们！不信上帝、毫无信用的奥地利背弃了与我们的条约……"他猛烈抨击哈布斯堡王朝对普鲁士边境领土的非分之想，同时还号召官兵向上帝祈求胜利。在讲话的最后一段，亲王还提到普鲁士鹰徽的传奇故事："……上帝在上，致我们的国王与祖国（这是鹰徽底下的文字）……"这篇演讲，正如他本人所说，是一份真正的对奥宣战布告！6月23日凌晨，普军正式越过边境，攻入奥地利境内。

普军的战争计划

普鲁士总参谋长老毛奇在同罗恩合作完成军事改革后，重新定义了王国的军事思想与普军的发展方向。由于王国东有沙俄，西有法国，南有奥地利，可谓强敌环绕。因此，普鲁士绝不能采取被动防御战略坐以待毙，而是必须时刻保持攻击态势，采取以攻为守的主动战略，以此应对随处都有可能发生的战争。同时，普军必须运用铁路等各种手段快速机动，保证兵力或兵器数量的优势，以谋取进攻战的胜利。老毛奇的这种军事思想得到了俾斯麦的赞同，在两人的规划下，普军决定在潜在敌人尚未完成准备前就先发制人，集中全力打一场计划周全的短期战争。普军高层认为，决战舞台离普鲁士边境越远越好，因为一旦战火波及普鲁士境内，就极有可能出现各种不可控的情况。这种决胜于国境之外的战略思想，同俾斯麦"铁血演说"中的武力统一路线可谓不谋而合。

为了迅速击败奥军，老毛奇必须集中手里的一切军事资源，无论是物质上的，还是信息情报上的。因此，他很早就将电报通讯与铁路视作军事发展的重中之重。他曾派遣多位军事观察员赶赴美国南北战争前线，撰写了数量可观的战场报告，因而对这两件新发明在战争中的功效有着极为透彻的认识。同时，老毛奇还主张使用一分钟可以发射 6 发子弹的连发步枪，[1] 以此取代一分钟仅能发射一发的前装滑膛枪。由于这种枪械采取后装设计，所以士兵还可以在匍匐时开火射击或装填弹药。对于当时许多军方人士来说，这些军事变革实在过于激进，因而不能实现全面普及。然而，在另一方面，拿破仑战争以来的传统战术在此时已略显老态，不得不同新技术进行部分结合，才能为当时的军方所接受。第二次普丹战争在某种程度上可以视作普军新兵器的处女秀，新式击针步枪在这场战争中暴露出许多缺陷，表明它有待改进。老毛奇承受的政治风险，并不少于军事风险。因此，这位总参谋长不得不频繁修改战争计划，以适应政治局势的变化。

老毛奇军事思想的核心之处在于"快速歼敌"，他希望自己能快速包围敌军，打一场"坎尼会战式"的围歼战。因此，他十分希望奥军总指挥贝内德克（Benedek）能与萨克森军队、巴伐利亚军队在波希米亚会合，并朝鲁萨提亚（Lusatia）方向主动推进。根据老毛奇的推演，普军在反普联军会合后就必须迅速行动，首先击溃萨克森军队。这位总参谋之所以如此胸有成竹，是因为他清楚普军的战略机动速度要比奥军快得多。普军能在奥军做出策应之前，吃掉联军中的萨克森军队。在彻底歼灭萨克森军队或迫使其撤退后，老毛奇将与奥军在布拉格北部地区进行决战。为了能集中兵力毕其功于一役，他命令普军主力从中央战线进行集中突破，同时还要在东部战线西里西亚地区分割包围联军一部，使其不能策应中央战线。为了实现这个计划，他必须在中央的鲁萨提亚集中绝大部分兵力，而在东部的西里西亚地区部署的兵力（第 2 集团军）则会相对少些。

早在 4 月 21 日，奥军便开始战争动员。由于普鲁士国王的压制，老毛奇不能立即做出应对。直到 5 月 12 日，国王才同意首相的决断，下达备战命令，开始分发武器与战马。普军高层将参战兵力划分为两个集团军，其中主力为第 3 军与第 4 军组成的第 1 集团军，专门负责中央战线（鲁萨提亚地区）的战事，指挥为威廉一世的侄子腓特烈·卡尔亲王。第 2 集团军由第 5 军与第 6 军组成，

---

① 译注：此指美国内战中的回转闭锁式枪机步枪。

负责西里西亚地区战事，指挥官为王储腓特烈·威廉。在完成这个令自己十分满意的指挥安排后，老毛奇决定执行下一步计划。

此时，老毛奇心中仍有顾虑，因为他害怕威廉一世心存同奥地利和谈的侥幸心理，暂缓军事动员的速度。这位国王在6月5日刚否决了老毛奇与罗恩两人制订的朝德累斯顿（Dresden）方向发动进攻的计划。事实证明，这位并不急于求战的国王，对于使用铁路大规模运调兵力所带来的复杂后勤问题缺乏足够认识。因此，老毛奇不得不再一次调整计划，这么做不仅是为了争取国王的同意，也是为了应对奥军在波希米亚的新动向。彼时，奥军正在奥尔米茨要塞附近进行大规模集结，似乎打算攻占西里西亚首府布列斯劳（Breslau）。为了防范奥军可能发动的攻势，老毛奇不得不将第2集团军东移至尼萨（Neisse）河附近，同时加派第1军与近卫军入驻西里西亚。他还以第7军和第8军为基干，新编成第3集团军。这支集团军被命名为"易北河集团军"，部署在萨克森边境地区，以策应第1集团军的行动，其指挥官为赫沃斯·冯·毕登菲尔德将军。

6月14日，老毛奇的包围计划出现重大危机。呈弧形部署的三个集团军彼此的间距过大，导致兵力过于分散。这一情况的出现，不可避免地招致普军高层的猛烈批评。当时有人主张，将三个集团军的兵力集中在一处，"像项链上的珠子一样串起来"。[1]然而，明知道如此部署会带来风险的老毛奇，在得知奥军并没有按照他预期的那样行动，且将在布拉格附近同盟友会师后，

◎ 三个集团军的指挥官，从左至右分别为第1集团军指挥官腓特烈·卡尔亲王，第2集团军指挥官腓特烈·威廉王储以及易北河集团军指挥官赫沃斯·冯·毕登菲尔德（1796—1884）

断定兵力分散所导致的风险已经减弱。他再一次修改计划，推断敌军的会师点为齐德利纳（Cidlina）河畔的基斯钦（Gitschin）镇附近。同时，他还十分自信地断定，敌军将在会合过程中与普军前锋遭遇。而在这场遭遇战中，奥军并不会像许多人估计的那样占优。为了击败普军前锋，奥军不得不主动出击。届时，奥军侧翼将受到同自己的距离不到一天行军路程的另一支普军的威胁。

老毛奇十分确信，一旦普奥交战，奥地利的盟友们会趁机跟普鲁士作对。为此，他只能再加派一个军与一些地方民兵部队，以应对这些德意志邦联成员国的军队。这一支军队将由沃格尔·冯·法尔肯施坦因（Vogel von Falckenstein）将军负责指挥。老毛奇希望法尔肯施坦因能快速肃清美因河以北的黑森与汉诺威两军，使巴伐利亚及其他南德邦国的军队失去左膀右臂，逼迫他们立即退出这场战争。在完成上述部署后，普军做好了行动的准备。6月22日中午，老毛奇致电腓特烈·卡尔亲王与王储，告知他们国王威廉一世已正式命令两个集团军于次日攻入波希米亚境内，"在基斯钦方向寻找会合点"。同时，他还令第6军继续留守在尼萨河附近。

奥军的初步行动

假如普鲁士人能提前预知奥地利的糟糕备战状况，他们或许就不会这么大费周章地制订出如此复杂的应对措施。奥皇弗朗茨·约瑟夫已将防御事务交给军械上将路德维希·冯·贝内德克。这是一名作战经验丰富的老将，是举世闻名的圣马蒂诺（San Martino）之战的大英雄。除了此役以外，他还取得过其他多场战役的胜利，其中大部分都是在意大利战场。早在意大利正式对奥地利宣战以前，奥皇已任命他为驻波希米亚的奥军总指挥。为了应对意大利的威胁，奥皇还派出皇室成员阿尔伯希特大公（Archduke Albrecht），此人对于伦巴底平原的地理情况并不了解。尽管奥皇的人事安排非常不合理，但不可否认的是，他们两人都是极为优秀的指挥官。

到了5月底，贝内德克麾下共有7个军的兵力。他构建了两道呈漏斗状的防线：从维也纳到西里西亚边境的东部防线，从维也纳到萨克森-鲁萨提亚边境的西部防线。其中，奥地利第3军与第8军负责防御布伦（Brünn），第2、

◎ 奥地利参谋长杰迪昂·冯·克里斯曼尼齐（1817—1876）

4与10军负责防卫摩拉维亚（Moravia）的要塞城市奥尔米茨，第1军则留守在波希米亚的布拉格北部。至于奥军的具体部署事宜，则交由参谋长杰迪昂·克里斯曼尼奇（Gideon Krismanic）少将负责。这位少将全然不顾维也纳方面的施压，拒绝在所有动员部队及后备军抵达之前，继续朝波希米亚方向前进。

少将的这一举动，揭露了当时奥地利几近瘫痪的军事动员体制的窘境。奥军开始军事动员的时间，比普军早了整整几周。但到战争爆发后，它的动员进度反倒远远落在普鲁士的后面。这是因为，奥地利的铁路建设远不如普鲁士发达，迟缓保守的奥军高层也根本没有意识到铁路的重要性。普军利用铁路运输，在萨克森与波希米亚边境地区完成了闪电一般的迅速集结，其速度远远出乎奥军参谋部的意料。这时，弗朗茨·约瑟夫已经意识到，迟缓的奥军北部方面军根本就不可能在迅猛的普军到来之前顺利完成集结，并赶到波希米亚。于是，他派出自己的幕僚贝克（Beck）中校，加急面见两位将军。这位富有远见且极具天赋的军官传达了奥皇的旨意，命令贝内德克立即朝波希米亚快速进军，以应对普军迫在眉睫的威胁。但是，克里斯曼尼齐的旺盛嫉妒心与贝内德克的优柔寡断，险些让贝克中校的这趟使命彻底失败。不管怎么样，中校还是成功说服贝内德克，让他命令第1军北进至萨克森边境地区。深知普鲁士狼子野心的贝克中校，甚至早在战争爆发之前，就对这场战争的到来做好了心理准备。他曾在战前向奥皇强烈建议，让奥军在西波希米亚地区同反普联军会合，在集结南德各邦的军队与萨克森王国的军队之后，再一鼓作气直取柏林。他甚至早在6月10日（距离普鲁士给三国下达最后通牒仅5天）就曾亲赴德累斯顿，要求萨克森国王为奥地利提供支援。但可惜的是，萨克森国王仍对普鲁士心存幻想，没有赞同他的想法。

很明显，无论是贝内德克本人还是他的参谋长，奥军高层制订的作战计划都有极大缺陷。尽管贝内德克是一名经验老到的优秀将领，但此时的他却对皇帝的命令表现出与其老资历不相符的抵抗情绪。面对普军在侧翼的夹击，他竟好似被麻痹了一般。尽管他和幕僚长此时已经得知更多关于普军动向的情报，但他们却并没有对情报加以充分利用，而只能对普军的攻势做出被动反应。在接下来的几天里，还没等双方交战，整个奥地利军队就已经被频繁且不间断的行军折腾得筋疲力尽。等到普军跨过边境攻进来的时候，迟钝的贝内德克这才听从奥皇的命令，将自己的指挥部搬至易北河畔的约瑟夫施塔特（Josephstadt）要塞，并命令自己的军队朝波希米亚进发。老毛奇认为，在奥尔米茨地区维持一个军的兵力就已足够，于是将近卫军抽调到尼萨河附近。

如果说贝内德克此时仍指望友军能快速机动策应自己，或是起码和自己麾下奥军的步伐一样快，那他就要大失所望了。事实上，当时的南德意志除了萨克森王国以外，没有一个邦国曾在战前进行动员。萨克森军队由于及早地进行了战争动员，因而得以摆脱普军的进击。巴伐利亚军队当时正在维尔茨堡（Würzburg）附近集结，但该军没有发动攻势的能力。黑森 - 卡塞尔选侯国军队的条件比这两个还要糟糕得多，他们连军服都配不齐，其步兵主要装备的是普鲁士制造的击针步枪，在战争爆发后甚至连适用的弹药都没有。面对普军的闪电攻势，他们只能仓皇逃入法兰克福自由市境内。整个黑森选侯国只有两支小规模骑兵部队顺利加入由幸存的南德意志邦国军队组成的邦联第 7 军中。事实证明，这支军队的指挥系统与隶属关系都极为混乱，队列不整，士气低下，难堪大任。巴登大公国的政府虽然亲普鲁士，但为了不跟自己的强邻奥地利彻底翻脸，还是十分不情愿地派出自己的军队。剩下几个邦国的部队同样毫无准备，汉诺威王国的军队在普军打击下一败再败，被迫撤离哥廷根。他

◎ 路德维希·冯·贝内德克（1804—1881）

们败退至图林根（Thuringia）北部的兰根萨尔察（Langensalza）镇，准备在当地构筑防线，同时还希望南部的巴伐利亚军队赶来支援。

通往柯尼希格雷茨之路

6月23日（周六）凌晨，腓特烈·卡尔亲王骑着他的战马，出现在象征萨克森与奥地利两地边境线的黄黑两色旗附近。当时的气温已经显著上升，天气如窒息一般酷热。亲王在这里亲自检阅了跨过边境线的第一个纵队，同时还见证了紧跟在第一横队之后的另外4个东进纵队所扬起的漫天尘土。他的首要目标便是横渡波迪尔（Podol）附近的伊萨尔（Iser）河，并估计到自己将在强渡过程中遭遇敌军的顽强抵抗。亲王计划在慕琛格拉茨（Munchengraz）附近与赫沃斯·冯·毕登菲尔德指挥的易北河集团军的头两个纵队会合。这两个纵队早在一天之前便已进入波希米亚地区，兵锋直指基斯钦镇。为了使读者能够更好地了解接下来几天各大战线的情况，笔者决定分出若干小节，对每一天的战况都进行详细叙述。

6月24日，周四

事实上，从战争开始阶段，弹药补给与粮食供应的问题就始终困扰着第1集团军与易北河集团军。对于易北河集团军来说，它在行军过程中途径的都是贫瘠的乡村地区，并不能为军队提供多少补给。这些农村地区的绝大部分人口，要么四处逃散避难，要么就像那些不愿离开自己土地的莱茵诸省农民一样应征入伍。补给问题同样困扰着第1集团军，明显拖慢了集团军的推进速度。从民间临时征召来的辎重马车的车夫们，在这场战争中暴露出许多问题。他们畏惧战场，不敢奔赴前线，很难像军人那般高效地执行命令。6月24日当天突降暴雨，使天气稍显凉爽了一些。腓特烈·卡尔亲王的军队正朝赖兴堡（Reichenburg）方向行进，并于当天傍晚顺利抵达该地。亲王决定在这里暂作休整，并将自己的指挥部设在当地的法式城馆。[2] 第1集团军的图林根枪骑兵在当天同奥军的一小股骠骑兵发生了一场遭遇战，双方都死伤了一些战马。

至于西里西亚方面，由王储指挥的第2集团军正在大规模集结，第1军的集结地为兰茨胡特（Landshut）与利珀（Libau），第 5 军的集结地为勒温（Lewin），第 6 军在尼萨河畔集结，近卫军的集结地则为弗兰肯施泰因（Frankenstein）与希尔伯堡（Silberburg）。

在西部战区的图林根森林附近，汉诺威军队已于当天抵达兰根萨尔察镇。在此前的战斗中，普军击败了汉诺威军队，并将其撵出汉诺威与明登（Minden）。这时已顺利到达撤退地点的汉诺威人，可以为自己彻底摆脱穷追不舍的普军而松一口气了。这一天，汉诺威军队摆脱了法尔肯施坦因将军的追击，即将与巴伐利亚军队会合。老毛奇在得知这一情况后，紧急致电法尔肯施坦因将军，命令他即刻派出自己麾下的地方民兵与一些正规军，前去火速拦截汉诺威军队。

对于普军在 48 小时后即将遭遇的挫败，普军柏林总部与身在波希米亚的军队指挥官都毫不知情。至于南部的意大利战线，奥军在明乔（Mincio）河畔的库斯托扎村附近击败了意大利军队。奥军的胜利一方面有赖于阿尔伯希特大公的领导，另一方面则是因为意军将领拉马尔莫拉（La Marmora）[3]的指挥无方。奥军的这场胜利，很有可能让意大利在战争初期阶段就被迫退出战争。一旦出现这种情况就不妙了，届时奥皇能从意大利抽调大批军队前往波希米亚，以支援贝内德克的北部方面军。

6 月 25 日，周一

老毛奇的整个战争计划，同历史上其他大获成功的战争计划一样，成功的关键便是能否做到兵贵神速。此时，他坐镇于柏林总参谋部，正在焦急地等待千里之外的战况消息。尽管第 1 集团军的腓特烈·卡尔亲王是一名成熟可靠且能够独当一面的指挥官，素来以用兵谨慎而闻名，但骑兵军官出身的他在这一天犯下的指挥错误，将在接下来的战役中给普军的战争计划造成诸多不利影响。此时，亲王并没有派出骑兵侦察敌军动向，而是做出了一个与常识相反的决定，将自己的所有骑兵部署在步兵纵队的后方，这一安排导致他的骑兵彻底放松了警惕。6 月 25 日，他命令麾下步兵在赖兴堡继续休息，等待落在大部队后面的骑兵。同时，他还期望易北河集团军能按照计划如约到达慕琛格拉茨同自己会师。

另一方面，萨克森军队在撤离德累斯顿之后，败退至荣格 - 博兹劳（Jung-Bunzlau）。他们在当地重整了队伍，准备与骑兵将军爱德华·冯·克拉姆 - 葛拉斯伯爵（Eduard von Clam-Gallas）麾下的奥地利第 1 军一起在伊萨尔河畔构筑防线。萨克森王国的王储阿尔伯特成了这两个军的总指挥。王储命令伯爵的奥军防御慕琛格拉茨与图尔瑙（Turnau）之间的东部防线，而将自己的萨克森军队部署在西部防线。

腓特烈·卡尔亲王事先并没有派出骑兵进行侦察，所以他对于奥萨两军在这一天的动向全然不知。他曾期望能与奥萨联军在赖兴堡展开交锋，可如今却彻底扑了个空。此时，他并不清楚伊萨尔河畔到底有多少敌军。

西里西亚的第 2 集团军已经做好穿越险峻的波希米亚北部山区的准备。老毛奇并不急于调遣这支军队，他希望能在贝内德克麾下的奥军主力与普军展开交战之后，再把这支军队派上场，帮助准备展开合围的易北河集团军与第 2 集团军，对奥军侧翼展开猛击。

汉诺威军队当天仍旧停留在兰根萨尔察镇休整，殊不知大难即将临头。由于前几天普军在追击过程中突然停顿，他们才得以顺利抵达该地。此时，镇子里的汉诺威军队弹尽粮绝，疲饿交加，已经无力再战。在他们的西面，巴伐利亚军队完全有能力赶来同他们会合或是提供支援。但令人匪夷所思的

◎ 萨克森国王约翰（1801—1873）

是，巴伐利亚军队对落难友军竟然采取坐视不管的态度，这使汉诺威军队始终处于孤立无援的状态。就在 6 月 25 日这一天，普军将领弗里德里希·古斯塔夫·冯·贝耶尔（Friedrich Gustav von Beyer）同他的混成旅已经顺利抵达艾森纳赫（Eisennach），切断了汉诺威军队向西撤退的道路。傍晚时分，爱德华·冯·弗列斯（Eduard von Flies）将军率麾下一个师赶到哥达（Gotha）。前一天刚被老毛奇催促的法尔肯施坦因将军也在奥古斯特·冯·戈本（August von Goeben）中将的陪同下，从哥廷根动身南下。小镇里

◎ 1866年6月26日，普军猎兵与奥军骠骑兵在波迪尔附近展开激战

的汉诺威军队在这一天已被普军三面合围，此时他们只剩下向东流窜或强行突围两条路可选。得知战况的威廉一世在当天夜晚派出古斯塔夫·冯·阿尔文斯莱本（Gustav von Alvensleben）中将作为特使，同此时已是山穷水尽的汉诺威国王商谈停战事宜。威廉一世下令暂缓对汉诺威军队的攻击，要求汉诺威国王在 6 月 26 日之前做出答复。

6月 26 日，周二

休整了一整天的普鲁士第 1 集团军本打算继续原地待命，但这一天凌晨突然传来的加急电报却打乱了亲王的计划。这份电报是老毛奇在 3 天前发出的，其内容为"只有在第 1 集团军积极推进的情况下，第 2 集团军才能尽可能避免战斗"。服从总参谋长命令的亲王，派出海因里希·弗里德里希·冯·霍恩（Heinrich Friedrich von Horn）中将的第 8 师前去攻取伊萨尔河畔的波迪尔及图尔瑙。当天凌晨，霍恩中将的前锋朝利贝瑙（Liebenau）方向推进时，与克拉姆 - 葛拉斯伯爵麾下的奥地利第 1 军的前哨部队不期而遇，双方随即展开十分激烈的炮战。在战斗中，普鲁士骑兵对正朝山丘地区后撤的奥军步兵进行了猛烈的追击，普鲁士步兵则继续向图尔瑙防线前进，但这些部队没有取得任何战果。下午4点半左右，曾在索尔弗利诺战役中一战成名的奥军将领利奥波德·冯·艾德勒谢姆（Leopold von Edelsheim）男爵率领骑兵突然出现在萨科洛（Sichrow）附近，给普军骑炮连造成巨大威胁。得知战况的腓特烈·卡尔亲王又派出爱德华·冯·弗兰泽基（Eduard von Fransecky）将军的第7师前去支援霍恩。正当霍恩的第8师由于奥军骑兵的顽强抵抗而陷入苦战的时候，弗兰泽基率领的第7师误打误撞进入图尔瑙，发现整个村子空无一人，而且两座桥梁已被奥军事先烧毁。此时的第7师，只能眼睁睁地看着河对岸的奥军在傍晚时分的幽暗光线中逐渐消失。

在西部战线，当天下午6点10分左右，由利奥波德·贡德雷库特（Leopold Gondrecourt）少将率领的两个奥军步兵营，在渡过伊萨尔河之后抵达慕琛格拉茨。不久之后，他们就同普军易北河集团军的前锋第14师在汉德瓦萨（Hühnerwasser）附近发生遭遇战。虽然这场战斗十分短暂，但普军的新式击针步枪却表现出惊人的威力，杀伤奥军极多。事实证明，这仅仅是这种新式兵器的一次小试牛刀而已。在此后更大规模的战役中，它还将斩获更多战果。战斗中的奥地利线列步兵与猎兵们，在数轮排枪齐射之后，便给手里的步枪上了刺刀，试图用冲锋驱散对面的普军步兵。当时仅有数个连兵力的普军却凭手里的击针枪，以精准而又不间断的猛烈火力给进攻中的奥军造成了重大伤亡。幸存下来的奥军步兵，在普军的反击下迅速落荒而逃。贡德雷库特在得知进攻彻底失败的消息后，不得不下达撤退的命令。

仍在慕琛格拉茨的萨克森王储，在这一天收到了贝内德克的"不计代价誓死守卫伊萨尔河"的命令。这道命令让王储感到十分意外，因为他深知自己的兵力有限，根本不可能完全守住伊萨尔河。此时，他所能做到的，只是尽可能拖延普军第1集团军的推进速度，并为奥北部方面军主力抵达基斯钦争取时间。

晚上8点30分，奥军珀斯查彻（Poschacher）旅携带着旅属炮，在弗兰茨·冯·博苟（Franz von Bergou）上校的率领下，顺利抵达波迪尔。该旅在抵达战场后，随即同普军展开了战斗。从波迪尔小镇的小屋与街道，到横跨伊萨尔河的石桥，一时间全都化为血腥的杀戮场。在这场战斗中，普军的击针枪再显神威。尽管奥军拼死反击，但在普军步枪的致命火力打击下，他们还是被成建制地击溃。两军激烈交火所产生的漫天火光与滚滚浓烟，甚至彻底掩盖了夜空中的满月。当天夜里，一些极为勇敢的奥军士兵不惧危险主动靠近敌人，同普鲁士步兵展开了惨烈的肉搏战，但最终还是以失败告终。经过几个小时的血战，普军在午夜到来之前将奥军逐出了波迪尔。此役普军损失了 130 名官兵，奥军伤亡则超过了 1000 人。阿尔伯特王子与克拉姆 - 葛拉斯伯爵的部队在此役中损失惨重，已无力夺回被普军占领的伊萨尔河，只得于次日（6 月 27 日）往基斯钦方向撤退。

在兰根萨尔察镇，阿尔文斯莱本与双目失明的汉诺威国王乔治五世的谈判正式破裂，两军的停火协议也在这一天的上午 10 点左右正式过期。在这一天的最后 10 多个小时里，普军做了进攻小镇前的最后准备。仍旧困守在镇中的汉诺威军队拒绝向普军投降，士气仍然高昂的他们只能默默地静候命运的安排。

就在这一天傍晚时分，西里西亚方面的普鲁士东部集团军已经开始横跨（波希米亚北部）山区的大行军。在接下来的一天里，战斗将从西边的图林根到波希米亚东部的乌帕（Aupa）河畔接连打响。

6月27日，周三

在昨夜的战斗中，腓特烈·卡尔亲王已将奥萨联军逐出了图尔瑙和波迪尔。他并不急于对慕琛格拉茨发起进攻，而是打算在原地休整，等易北河集团军到达后再一起进攻。亲王的决定表明，他对作战计划的紧要性缺乏认识，这再一次惹怒了老毛奇。因为这位总参谋长的作战计划的核心，是在短时间里通过接连不断的攻势，来迫使敌军的防御态势彻底失衡。至于奥萨联军方面，刚遭遇惨败的阿尔伯特王子与克拉姆 - 葛拉斯伯爵两人，已经放弃了保卫慕琛格拉茨的打算，准备退至基斯钦同即将赶来的北部方面军主力会合。

在这一天破晓之前，普鲁士王储率领的集团军已经翻越了西里西亚山区，南下至波希米亚境内。第 5 军在曾参加过拿破仑战争的老将卡尔·弗里德里希·冯·史泰因梅茨（Karl Friedrich von Steinmetz）的率领下攻入边境小镇纳霍德（Nachod）。在凌晨的茫茫黑夜中，无数辎重车拥挤在通往小镇的小道上，就连将军和他的参谋也被困于此。突然间，普军同奥军发生遭遇战的消息传来，但仍旧动弹不得的将军此时却不能做出任何有效的决定。在费尽千辛万苦才从拥挤的车马中脱身后,这位将军命令自己部队的前锋朝沃松寇(Wysokow)高地方向前进。然而,奥军第6军的第一批部队早已在副元帅威廉·弗列希尔·冯·拉明(Wilhelm Freiherr von Ramming)的率领下从奥波奇诺(Opocno)匆匆赶到这个地方。

当天上午9点,普奥两军在高地发生了一场会战。拉明副元帅的第1旅先行占据了制高点,试图据险抗敌。奥军进行了极具勇气的激烈抵抗,其中尤以拉明的猎兵表现最为突出。但是,普军还是凭借新式步枪的迅猛火力不断发起进攻。到了上午10点左右,第1旅在普军的打击下已是支离破碎,得知战况的副元帅又派出一个旅的兵力及时支援战线。但很不幸的是,这个旅很快就落了个同第1旅相似的下场。在战斗中,成排的奥军步兵被普军的击针枪与榴霰弹击倒,一批接一批地倒在草丛与荆棘中。此时,拉明错误估计了形势,以为普军在经过几番激战后已经彻底精疲力竭,于是派出自己的胸甲骑兵。奥军胸甲骑兵很快遭到史泰因梅茨的龙骑兵与枪骑兵的拦截,而更多的普军火炮在抵达战场后也加入到这场战斗中。到了当天下午2点左右,在英勇的胸甲骑兵近乎自杀式的数波冲锋彻底失败后,顽固的拉明最终下达撤退至斯卡利采(Skalitz)镇的命令。其实他根本就不需要特意下达这样一个撤退命令,因为士气已经低落到极点的奥军早已溃不成军。在这些溃败的奥军士兵中,有很多匈牙利人和波兰人,他们在惨败之后四处散布恐慌情绪,"普鲁士步枪恐怖至极"的神话很快传遍整个奥军,困惑的士兵们开始质疑将军的下一步行动。这场战斗中的伤亡数字更直白地体现出两军步兵基本武器的巨大差距:奥军总损失为5719人,其中有2197人死亡或失踪;普军损失仅为62名军官与1060名士兵,其中死亡人数为283人。

正当史泰因梅茨准备致电柏林,通报自己旗开得胜的喜讯的时候,他的同僚冯·博宁(von Bonin)将军在这一天的命运就大为不同了。冯·博宁指挥的第1军组成了第2集团军的右翼,这一天他率军进入乌帕峡(Aupa Valley),朝着特鲁特瑙(Trautenau)镇方向前进,该镇是他通往会师点基斯钦的道路上的第一站。为了攻取特鲁特瑙,他的前锋东普鲁士掷弹兵团当时正在峡谷中行军,结果其左翼突遭奥军的猛烈突袭。伏击他们的是在丹麦战争中一战成名的奥军副元帅路德维希·冯·加布伦茨麾下的数个先锋营。为了完成这次伏击,他从这一天凌晨起便从约瑟夫施塔特急行军赶到了这里。训练有素的掷弹兵在短暂的混乱之后，很快就重振旗鼓，摆脱了伏击。然而，对侦察的重要性缺乏认识的博宁将军，还是会在后面的战斗中付出极为惨重的代价。

伏击结束后，加布伦茨命令他的蒙代尔（Mondel）旅及时后撤，等待后续援军到来。这些部队是他在当天早上从约瑟夫施塔特出发时，因急行军而落在后面的，距离他的旅尚有约 3 个小时的路程。正当加布伦茨等待援军的时候，摆脱了袭击的普军继续朝小镇方向进发。博宁将军麾下第 2 师随后在霍芬堡（Hopfenberg）的山地中遭遇了蒙代尔旅的后卫，并对其发动了攻击。这些后卫部队在被普鲁士重兵彻底压垮之前，曾进行十分坚决的抵抗。自信过头的博宁将军认为，自己已经夺取小镇并胜券在握，因而回绝了一名刚从距离他 1 到 2 公里之外的埃佩尔（Eypel）小道前线赶回来的第 1 近卫师军官的救援。此时，普军依旧在特鲁特瑙北部狭隘而又危险的峡谷中继续前进。而在 3 个小时后，加布伦茨的后续数个师顺利同他的旅会师，并再一次对普军发起了进攻。博宁再一次因为没有事先做好侦察工作而受到惩罚，而这一次他不会像以前那样顺利脱身了。虽然他的军队凭借武器优势给奥军造成了惨重伤亡，但此时的他为了避免被奥军全面包围，还是下达了撤退命令。他的部队在退缩到乌帕峡附近之后，又在当天全面撤退至兰茨胡特，这是他早上 4 点动身出发的地方。

◎ 1866年6月27日，兰根萨尔察镇附近的萨克森-科堡公爵与普军炮兵

◎ 阿尔伯特·费迪南·阿道夫·卡尔·腓特烈·冯·博宁将军（1803—1872）

得知了博宁将军的失败，俾斯麦十分愤怒，他称这次失败为"打在普鲁士全军脸上的一记响亮耳光"。但不管怎么说，损失尚在可控范围之内，博宁将军的及时撤退使普军避免了更为糟糕的命运。奥军则在这一天的数场战斗里付出了极为惨重的伤亡，损失数目是普军的 4 倍，共有包括 191 名军官在内的 5000 人战死、负伤、被俘或是失踪，这是哈布斯堡军队不能持续承受的伤亡。然而，贝内德克又一次贻误了战机：位于东线的施泰因梅茨（Steinmetz）的动向完全暴露在奥军眼皮底下，而王储对于博宁将军作战失利的情况并不了解，仍带着他的近卫军在战线中央继续推进。奥地利陆军完全有可能争取到这一天的胜利。贝内德克本来有可能集结优势兵力，围歼出现在波希米亚高地上的普鲁士王储所率的近卫军。但是，这位奥军统帅仍旧坚持执行自己原先制订的"以 6 个军全力抵御普鲁士的第 1 集团军"的计划，这使他失去了最后一次反败为胜的机会。

当然，特鲁特瑙之役并不是普军在这一天遭遇的唯一败仗。就在西面的兰根萨尔察镇，孤立无援的汉诺威军队还是凭借坚强的意志成功抵御普军的进攻，以实际行动捍卫了王国那令人尊敬且历史悠久的军事荣誉。由于他们已经决定同前来攻城的普军血战到底，于是便在小镇周围构筑了数道防线。虽说当时的普军将领弗列斯麾下仅有一些留守部队与地方民兵，但他依旧对这座小镇势在必得，甚至还没等戈本与他的大部队就位，就抢先发动了这场攻城战。事实证明，这是一个代价高昂的错误，汉诺威军队十分轻易地击溃了弗列斯的部队。地方民兵的表现最为耻辱，他们甚至躺在地上假装负伤，或躲在大树后面逃避战斗。攻城方的最后一波冲锋，由普军一个常备步兵团发动，但他们还是在汉诺威王室警备骑兵（Hanoverian

◎ 1866年6月27日，普军强攻纳霍德镇的沃松寇高地的农庄

◎ 普奥两军的骑兵在纳霍德镇激烈交锋

Lifeguards）的壮丽冲锋下被彻底击垮。普军被迫后撤，只有普鲁士的盟友，身穿绿色制服的萨克森 - 科堡 - 哥达的军队守住了战线。

　　不管怎么说，此时局势依旧对普鲁士有利。镇中的汉诺威军队虽然成功抵御普军的这一次进攻，但敌人并不会就此给他们喘息的机会。普军在这一天彻底完成对小镇的包围，同时还耗尽了镇里守军的最后一点资源。彻底走投无路的汉诺威军队在 27 日晚上签署有条件投降协议。汉诺威王国率先退出这场战

◎ 奥古斯特·冯·戈本将军

争，给奥地利的盟友们敲响了警钟。

尽管在这一天里，战事仍没有出现任何明朗结果，但普军确实取得了不少进展。第 1 集团军同易北河集团军在这一天胜利会师。第 2 集团军在特鲁特瑙一战中遭遇了挫折，但还是如期出现在东波希米亚。此时，老毛奇与普军总部都在为自己的计划竟能取得如此显著的进展而激动万分。但是，他们心中仍旧存着两个疑虑：腓特烈·卡尔亲王明天到底能不能加快速度，如期推进自己的战线？奥军是否会分兵阻挠王储的集团军，使他们不能如期参加最后的关键性会战？

6 月 28 日，周四

由奥古斯特·冯·符腾堡（August von Württemberg）亲王 ① 率领的普鲁士近卫军在顺利穿过埃佩尔隘道后，于这一天夜里安营扎寨准备休息。在午夜时分，他从王储那里收到了博宁将军在特鲁特瑙不幸失败的消息。王储命令他立刻横渡乌帕河，并在 28 日早上切断当时仍停留在特鲁特瑙的加布伦茨的退路。加布伦茨副元帅最初希望趁普鲁士近卫军行军之时，利用有利地形一鼓作气将他们阻挡在埃佩尔隘道里面。但是，此时军队的士气已经彻底涣散，也没有任何援军，他最终只能放弃这个阻击计划。他将自己的炮兵阵地布置在博格斯朵夫（Burgersdorf）与新罗格尼茨（Neu-Rognitz）之间，与火炮一同部署在这道防线上的，还有奥军的 3 个步兵旅。当天，普军第 1 近

---

① 译注：他是符腾堡王国的第二任国王威廉一世的侄子，普奥战争时期的符腾堡国王卡尔一世的堂兄弟，1833 年加入普军。

◎ 普军与汉诺威军队在兰根萨尔察镇附近的温斯特鲁特（Unstrut）河畔交锋

卫师以近卫燧发枪兵（Guard Fusilier）营 ① 及近卫猎兵（Guard Jäger）营打头阵，在近卫骠骑兵（Guard Hussar）团的支援下，对这道防线发动了进攻。奥军炮兵进行猛烈反击，普军遭受了极为惨重的伤亡。此时，普军近卫师仅有 6 门火炮，根本不能为进攻中的友军提供有效炮火支援。在这一关键时刻，普军士兵一反常态，向奥军发起刺刀冲锋。这一豪赌取得了成功。从普奥士兵刺刀见红的这一刻起，双方军队便开始承受完全对等的伤亡，因为肉搏战发生后，奥军炮兵就不能随意对普军开火了。双方激战正酣之际，普军近卫师的剩余部队突然出现在奥军左翼。为了避免遭受两面夹击，加布伦茨当即命令麾下奥军朝索尔（Soor）② 方向退却。

---

①译注：需要注意的是，这里的"燧发枪兵"是对近代普鲁士乃至德意志帝国军队的一种轻步兵的称呼，而不是指真的用燧发枪作战的士兵。

②译注：奥地利王位继承战争期间，著名的索尔战役就发生于此。

◎ 在纳霍德之战结束后，普鲁士王储亲自探望负伤的奥地利军官

　　当加布伦茨的格列维茨旅（Grivicic Brigade）正朝索尔方向后撤，途经老罗格尼茨（Alt-Rognitz）的时候，普军第 2 近卫师突然出现在奥军右翼。两军随即发生交火，但在这场战斗中，双方的力量差距过于悬殊，在短短 1 个小时内，这个旅便被普军彻底消灭。幸存的奥军士兵一路西逃至博格斯朵夫山顶，同那些在先前的战斗中被普军击溃的残存友军会合。万幸的是，加布伦茨副元帅率领残部摆脱了普军，避免了更为惨重的损失。此时，他心情变得极为愤怒，一个疑惑在他的脑海中挥之不去：为什么贝内德克迟迟不肯派来援军？贝内德克本可以命令副元帅塔西洛·费斯特蒂奇伯爵（Tassilo Count Festetics）率领第 4 军驰援，解救身陷普洛斯尼茨（Prausnitz）的自己。

　　在战斗中遭遇惨败的拉明，在这一天沿乌帕河东行 35 公里后到达斯卡利采镇，此时他同样在生贝内德克的气。这位奥军总指挥刚在 28 日上午 10 点拜访了位于小镇火车站的拉明指挥部。贝内德克坚持认为，施泰因梅茨在取得昨天的会战胜利后，将继续在纳霍德附近逗留，等待普军第 6 军穿过山区。对自己的判断十分自信的贝内德克，决定将自己部队的后卫交由无能的利奥波德（Leopold）大公负责，同时又命令拉明的残存主力继续朝基斯钦方向西进，准备在该地同普军主力进行决战。事实证明，这位奥军统帅实在是太小瞧普军的推进速度了。当他和参谋骑马返回约瑟夫施塔特的时候，他们应该在半路上亲耳听见正在推进战线的普军与周边奥军战斗的震天响声。

普军老将施泰因梅茨并没有选择等候第6军。王储麾下的第2集团军的指挥官们表现得都极为果敢坚决，这同小心谨慎的第1集团军大不一样。尽管普军昨天在博宁将军的率领下发动了一次失败的进攻，但施泰因梅茨却并不似博宁这般鲁莽。他很清楚，一旦自己的部队出现最坏情况，那么将极有可能同右翼的近卫军挤到一起，导致战线失衡。为此，他只能孤注一掷，未等友军到来就先行对斯卡利采镇发起进攻。后来的事实证明，他的决定十分正确，他的部队很快与奥军的后卫部队发生了遭遇战。利奥波德大公麾下的指挥官们并没有组织任何有序的撤退行动，而是公然无视上级的命令，盲目朝前进中的普军发起冲锋。在击溃利奥波德大公的左翼之后，普军前锋第9师（由第37燧发枪兵团及第58步兵团组成）又在铁路线以北的杜布诺（Dubno）森林中同奥军弗拉格恩旅（Fragnern Brigade）发生遭遇战。这又是一场毫不留情的屠杀，弗拉格恩旅近半数的兵力都在短时间内被普鲁士燧发枪兵的猛烈火力击倒。不甘失败的奥军发动了反扑，对面的普军也是毫不示弱，双方就这样将越来越多的兵力投入到这片血腥战场之中。最后，落于下风的奥军先行崩溃，只留下成堆的尸体、伤员以及不停放声惨叫的溃兵。弗拉格恩旅的大部分军官都殁于此役，整个旅也被普军彻底歼灭。由于这次不听上级指挥的鲁莽冲锋，奥军又一次承受了极为惨重的伤亡。普军在打扫完战场后，便再度开始行进。到了这一天下午3点，普军的铁蹄踏进斯卡利采镇，老将军施泰因梅茨甚至还亲自骑马跑在了队伍的最前面，以胜利者的姿态占领了小镇的火车站。利奥波德大公麾下的几个旅的命运可就要悲惨多了，此时他们已经彻底陷入群龙无首的混乱中。奥军士兵涌出斯卡利采镇，与火炮、辎重车混在一起。匆忙间，许多士兵甚至把武器或军帽这样的随身装备都弄丢了。这群残兵败将追上了正要撤退至约瑟夫施塔特要塞的拉明副元帅的纵队，使恐慌情绪在奥军内部进一步扩散。在这场战斗中，奥军死亡人数将近3000人，另外还有近3000人被俘。在这些俘虏中，有半数以上的人毫发无伤，他们是在被普军吓坏后主动投降的。取胜的施泰因梅茨决定在斯卡利采镇暂作休整,等待右翼的近卫军从埃佩尔赶来会师。此外,在进行下一步行动之前,他还在等待第6军完成跨越山区的行军。

正当王储的集团军从特鲁特瑙一战的挫败中逐渐振作起来的时候,腓特烈·卡尔亲王与他麾下的两个军仍在忙于进占伊萨尔河渡口。这位亲王在与自己的参谋长康斯坦丁·伯恩哈德·冯·福格茨-雷提兹(Konstantin Bernhard von Voigts-Rhetz)将军交换意见之后,决定在通往慕琛格拉茨的路上同奥军进行一场大会战。毕登菲尔德率领易北河集团军也在这一天从汉德瓦萨南下,赶到了伊萨尔河畔。他派出自己的前锋部队(由第17、第20以及第56步兵团组成),在3个炮兵连的火力支援下,对此时仍在伊萨尔河西畔的孱弱奥军发起猛攻。奥军在打击下很快退出了战场,但他们在撤退前烧毁了最后一座可供渡河的桥梁。至于几天前在波迪尔之战中取得胜利的霍恩中将的第8师与弗兰泽基的第7师,则在这一天遭到了奥军1个炮兵连的火力打击。奥地利人将火炮部署在一座叫"狗鱼堡"(Muskey Berg)的小山上。普军当然不会对此坐视不管,弗兰泽基的部队很快就收拾了这些火炮。此时,腓特烈·卡尔亲王突发奇想,试图包围阿尔伯特王子与克拉姆-葛拉斯伯爵两人的军队。但是,他的这一期望很快落空——他的军队在慕琛格拉茨附近扑了个空。事实上,萨克森的阿尔伯特王子的有力指挥,使奥萨联军的这次撤退行动非常成功。同时,亲王的两个军为了围歼奥萨联军而花费了过长的时间做准备,最终贻误了战机,使整个围歼计划彻底告吹。这次失败给这位过于小心谨慎的亲王又一

◎ 卡尔·弗里德里希·冯·施泰因梅茨

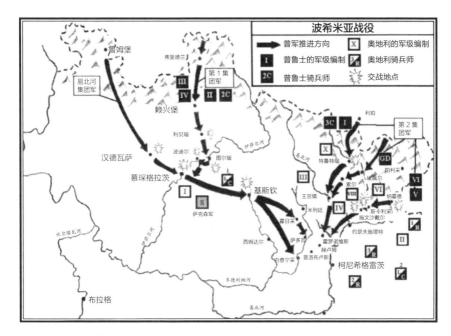

◎ 普军的波希米亚战役

◎ 1866年6月28日，斯卡利采之战中的施泰因梅茨将军

个惨痛教训，让他切身领会到在某些时候大胆冒险的必要性。

不管怎么说，普鲁士还是在这一天占据了人去城空的慕琛格拉茨，并将伊萨尔河的所有渡口掌控在自己手中。此时，通往基斯钦的道路可谓门户大开。胜利入城的亲王将自己的指挥部搬到了华伦斯坦（Wallenstein）生前待过的一座城堡中，同手里正拿着葡萄酒杯或啤酒杯的部下们碰杯庆贺。指挥部之外的第 1 集团军与易北河集团军的成千上万名普通士兵，此时此刻可就不像他们这样幸运了。他们只能拥挤并蜷缩在伊萨尔河弯曲处的一小块空地上暂作休息，享受不到任何啤酒或是热食，普军的后勤问题始终困扰着这些可怜人。由于后勤问题，易北河集团军决定留在原地等待补给。至于亲王的第 1 集团军，则在老毛奇的催促下朝着基斯钦方向继续进发。

这一天的胜利对普军的士气起了极大的鼓舞作用，一扫特鲁特瑙与兰根萨尔察两战失败所带来的阴霾。这时，普军高层也得知了盟友意大利在库斯托扎一战遭遇惨败的消息。总参谋部有人担心，奥皇会在解决完意大利王国的问题后，将大批军队从意大利战线调往波希米亚。虽然斯卡利采、索尔、慕琛格拉茨三场战役都不是什么决定性大胜，但普军高层（根据这三场战役的结果）已经知晓，所有战线上的奥军都在后撤。决定性的主力决战是否会在老毛奇预想的地点爆发，此时尚不确定。但有一点很清楚，普军必须马上抓住奥军主力，在其逃离之前将其围歼。由于当时东波希米亚地区的电报通信线路尚未建设完毕，所以身在柏林总参谋部的老毛奇对普军的详细情况知之甚少，而骑马信使仍需要 24 小时以上的时间，才能从前线赶回柏林，这令他十分不安。不过，这位统帅在这一天深夜还是收到了一个好消息：困守在兰根萨尔察镇中的汉诺威国王，在得知盟友巴伐利亚军队根本不会赶来救援自己后，最终选择向普军屈服以保全性命。汉诺威国王向围城的普军指挥官法尔肯施坦因将军派出特使，称自己将在明天正式投降。

6月 29 日，周五

6 月 29 日凌晨，在参谋军官们的陪同下，王储骑着战马行进在第 1 军的最前面，耀武扬威地穿过那座曾在几天前的战斗中羞辱了博宁将军的特鲁特瑙镇。仍未被解职的博宁将军在这一天收到了一个新任务，率领他的部队赶往皮尔尼考（Pilnikau）镇。通往这个小镇的道路上的敌人，都已经被近卫军清理干净了。

此时,近卫军仍在向易北河畔的王宫镇（Königinhof）①方向前进。作为该军团前锋的猎兵与燧发枪兵,已经在该地同奥地利的前哨部队交上了火。奥军弗莱什克旅（Fleishhacker Brigade）此时正镇守在王宫镇,他们收到防御命令后,便在小镇附近的农地中布置好防线。普鲁士近卫军在先对奥军进行一阵短暂炮击之后,派出数个燧发枪兵连对敌阵发起进攻。在普军的压倒性火力优势面前,这个奥军旅很快伤亡惨重。他们留下一个营掩护,主力则撤离了这个小镇。这个殿后营的幸存者赶上旅的残存主力后,又渡过了易北河,一同撤至米列廷（Militin）镇。就在这个小镇以东数公里之外,施泰因梅茨此刻正马不停蹄地向戈拉德利茨（Gradlitz）进发。在行军过程中,这位老将军同奥军副元帅费斯蒂奇伯爵麾下第4军的3个旅,在施文沙戴尔（Schweinschädel）附近发生了遭遇战。普军的猛烈炮击持续了3小时之久,为了避免自己的部队彻底毁于普军步兵的击针步枪之手,费斯蒂奇伯爵及时命令部队朝约瑟夫施塔特要塞方向撤退。

第1集团军的指挥官在当天早上收到了两封老毛奇发出的电报：其中一封电报通知亲王,普军在纳霍德一战中取得了胜利,而在特鲁特瑙遭遇了挫败;另一封则督促他立刻动身,以策应第2集团军的推进。这一次,腓特烈·卡尔亲王只需要外人的一丁点催促及怂恿,就做出了相当果断的行动。前一天傍晚,亲王和福格茨-雷提兹决定派出第5师与6个骑兵中队先行朝基斯钦方向进发。在当天上午9点30分左右,他又加派奥古斯特·冯·韦尔德（August von Werder）中将的第3师做前锋,准备对基斯钦发起大规模攻势。

此时,奥军对防御基斯钦可谓信心十足,这座小镇西北部的天然屏障对于守军来说是理想的防御据点。克拉姆-葛拉斯伯爵与他的副手贡德雷库特将军将全部96门火炮中的56门部署在普列维欣山（Privysin Heights）,剩下40门则部署于普列维欣山与艾森施塔德（Eisenstadl）之间,欧根·皮赖特（Eugene

① 译注：今天的名字为"拉贝河畔王宫镇",因1270年波希米亚王后曾统治此地而得名。

Piret）将军的旅守卫于此。克拉姆 - 葛拉斯伯爵对自己的部署十分满意，因为奥军已经先行占据了有利地形。为了拱卫这道天然屏障，伯爵还在普列维欣山的西侧部署了"银白杨"旅（Brigade Abele），珀斯查彻旅则被部署在战线中央的"胡须"村（Brada Village）①。同时，副元帅还希望萨克森军队能负责防卫位于普列维欣山与艾森施塔德之间的迪列茨村（Diletz Village）。但很不幸的是，萨克森王储为了躲避普军追击，采取了小心谨慎的迂回路线，所以来得相当晚。直到当天傍晚，第一个萨克森旅才匆忙抵达指定防御地点。至于在昨天的战斗中遭受重创的灵格尔谢姆旅（Brigade Ringelsheim），则被副元帅部署在慕琛格拉茨—基斯钦路的南部。此时，阿尔伯特王储与克拉姆 - 葛拉斯伯爵还预期，贝内德克的北部方面军至少有 3 个军的兵力能在今天午夜之前同自己会师。

从图尔瑙赶来的普军将领廷普林（Tümpling）的第 5 师，在当天下午 3 点 30 分左右率先出现在普列维欣山附近。前一天晚上，他们曾在基斯钦镇休息了大约两个小时，此时精力正旺，完全适合作战。廷普林将军的炮兵率先对奥军阵地开火。经过大约 1 个小时的炮击之后，普军的先锋营率先拿下"胡须"村。他们在清理一座名为珀度尔茨（Podultz）的小村庄里的奥军之后，攻上了普列维欣山。经过之前的几次交手，奥军对普军击针步枪⁴的威力有了较为理智与清醒的认识。奥军的猎兵们修改了自己的战法，他们隐蔽在山上的树丛中，每开完一枪后，就将手里的步枪交给身后的战友装填，自己则拿起战友已经装填完的另一杆步枪继续开火。奥军士兵希望通过这种不停开火的方式来抵消普军的武器优势。实战表明，这一新战法颇为有效，普军第 8、第 12、第 48 步兵团的燧发枪兵营在战斗中的死伤速度比以往快了很多，进攻变得疲软。在整场基斯钦战役中，这是普军最危险的时刻。奥军珀斯查彻旅甚至用激烈的肉搏战一度逼退了廷普林的第 10 旅的猛攻——整场战争期间，奥军很少像这次战役一样组织起如此有效的反击。在普军的猛烈火力面前，思维僵化的奥军将领们普遍还沿袭着拿破仑时代的密集步兵横队战术，

①译注：Brada 在捷克语中是"下巴"或"胡须"的意思。

74

导致无数士兵被敌人的新式击针枪成片撂倒。奥军各部队之间也缺乏有力配合，无论是撤退还是进攻，都不能实现彼此策应。尽管廷普林将军本人在战斗中负了伤，但他还是发现了敌人的薄弱环节，命令普军再一次发动进攻。这时，萨克森军队才匆匆赶到迪列茨村附近，立刻受到了沿齐德利纳河赶来的普军第48步兵团与第8掷弹兵营的猛攻。萨军伤亡惨重，狭窄的河岸边堆满了身穿矢车菊蓝制服的萨克森士兵的尸体。艾德勒谢姆男爵的骑兵们的命运同样悲惨，他们曾在赞姆斯（Zames）村附近对普军第8掷弹兵营发起了一场英勇却收效甚微的冲锋，承受了极为惨重的伤亡。

正当奥萨联军的防线逐渐崩溃的时候，韦尔德将军的部队开始对位于慕琛格拉茨公路上的灵格尔谢姆旅展开包抄。韦尔德的前锋——第3师的第2猎兵团以及第14与第42步兵团在听到了廷普林的部队所发出的炮声后，也对距离基斯钦战场大约1.6公里的下罗绰（Unter-Lochow）山上的奥军展开了攻击。灵格尔谢姆旅的抵抗十分激烈，普军花了整整3个小时都没能取得一点进展。就在这时，完成了迂回的第3师余部对奥军侧翼发起了攻击，灵格尔谢姆旅则突然收到了朝基斯钦方向撤退的命令。阿尔伯特与克拉姆-葛拉斯两人这么做有自己的苦衷，因为他们刚在不久之前收到了总指挥贝内德克的消息，得知北部方面军不可能赶来支援自己。求援无望的两人只得受命中断战事，朝易北河方向后撤。

事实证明，在激战正酣之际，给部队下达这样一个撤退命令是极为困难与危险的。当时奥萨联军的大部分部队都已收到这个命令，苦战已久的士兵们一听说战斗即将结束便兴奋过了头，无法有序后撤。基斯钦镇中的奥萨联军顿时陷入混乱，主干道上塞满了救护车、辎重车、士兵以及被吓坏的平民。普军自然不会放过这样一个天赐良机，立刻对奥军的殿后部队展开攻击。幸亏萨克森的王室警卫旅（Saxon Life Brigade）及时赶来，才避免了更大灾难的发生。这些顽强的后卫部队将普军牵制在河弯部，直至最后一名未负伤的奥军士兵撤离基斯钦后，他们才在6月30日凌晨1点左右陆续撤离。他们在西姆达尔（Smidar）路重新集结，以极为严整的队列离开了战场。

普军并没有对撤退中的联军展开追击。经过漫长的血战，普军士兵的体力已全部耗尽，只能就地躺倒呼呼大睡，并庆幸自己竟能在今天这场损失了那

◎ 1866年6月27日，兰根萨尔察之战中的普鲁士炮兵连长布洛特尼茨

么多战友的战斗中存活下来。刚刚结束的这场战役是普军迄今为止战况最激烈、伤亡最惨重的一场战役。此役普军的损失为：71 名军官、1482 名士兵与 56 匹马。当然，奥军伤亡要比普军惨重得多：181 名军官、4714 名士兵与 222 匹马。

◎ 奥地利骑兵将军爱德华·冯·克拉姆-葛拉斯伯爵（1805—1891）

至于士兵平均素质要比奥军稍好些的萨克森军队，在这一天的损失则为 27 名军官、586 名士兵与 58 匹马。除此之外，联军还有约 7000 名士兵被俘。需要注意的是，在这些俘虏中，有整整两个匈牙利步兵营，他们是在撤退时不慎走失后，主动向普军投降的。

基斯钦之战仍没能成为一场决定性会战。尽管腓特烈·卡尔亲王在此役中一改往常的谨慎风格，迅速发动了攻势，但奥萨联军的撤退打消了他发动决战的念头。到这一天结束为止，所有战线上的战况都对普军有利：第 1 集团军已经顺利拿下重要的会师地基斯钦镇；

王储的第 2 集团军已经巩固了易北河左岸王宫镇的阵地，时刻威胁着奥军的重要据点约瑟夫施塔特要塞。

话题转向西部战线。汉诺威军队在这一天正式签署投降协议。在举行完投降仪式后，全体汉诺威官兵都必须把自己的武器上缴给普军。至于那些赢得敌人尊敬的汉诺威骑兵，则获准保留佩刀（这是身份与荣誉的象征）。同时按照协议，汉诺威国王乔治五世与他的儿子将被流放海外。普鲁士安排了专列到兰根萨尔察镇，护送汉诺威王室回王宫收拾行囊。这份协议宣告汉诺威王国军队整整 200 年的光荣历史的彻底终结，这支军队在历史上曾以自己的英勇与忠诚为王室（主要是为海峡对岸的英国汉诺威王室而战）谱写过诸多传奇：七年战争期间，他们拼死守卫住了明登（Minden）。而在 20 年后，他们又坚决地守卫住了直布罗陀。[5] 拿破仑战争期间，他们组成了"国王德意志军团"，跟随英军统帅威灵顿公爵从伊比利亚半岛一路转战至滑铁卢。

◎ 1866年6月29日，基斯钦之战

汉诺威军人是幸运的，因为他们在自己的最后一场战斗中也取得了光荣的胜利，为传奇的结束画上了一个圆满的句号。

正当普鲁士士兵在此时已是满目疮痍的基斯钦镇附近倒头大睡，或是在易北河畔的松树林中乘凉休息的时候，克拉姆 - 葛拉斯麾下的奥军正趁着漆黑的夜幕朝柯尼希格雷茨要塞悄悄前进。这些奥军士兵或许仍会像几天前那样讨论敌军手里那无比恐怖的击针步枪，但他们此时此刻更关心热食、葡萄酒以及片刻的歇息。当这些败军来到霍日采（Höritz）附近的时候，天突然下起了雨。

6 月 30 日，周六

对于柏林的普军总参谋部来说，6 月 29 日的消息可以说是迄今为止最鼓舞人心的。汉诺威王国的军队已退出了战争，巴伐利亚王国及其盟友的军队此时已不能对美因河以北构成任何威胁。最为重要的是，奥萨联军已经开始全面撤退。如此巨大的成就，让老毛奇觉得是时候将总指挥部移至前线了。威廉一世在得知普军全面获胜的消息后，决定动身离开柏林赶赴前线。与普鲁士国王同行的，除了俾斯麦、老毛奇，还有参谋、副官、外国公使、侍从等一大堆人。专列用了整整 6 节车厢，才一次运载完所有旅客。在专列发车以及在列车上正式举办庆功会之前，这位国王还特地为前线将士下达了一道言辞极为浮夸的嘉奖令。

与奢华的王室专列相比，6 月 30 日早晨的整个基斯钦小镇的景象只能用人间地狱来形容。任何人只要看到这般惨烈的场景，都会像威灵顿那样潸然泪下。[①] 身穿灰色大衣的奥军士兵、身穿深蓝制服的普军士兵与身穿矢车菊蓝制服的萨克森士兵的尸体堆积在一处。士兵们生前所用的高筒军帽、矛尖盔、骑兵毡帽、步枪、挎包以及其他各类装备，散落在玉米田以及齐德利纳河两岸。尚未死去的伤兵们则在不停地发出求救的呻吟与惨叫，倒地的战马也不时发

---

① 译注：此指半岛战争期间，英军统帅威灵顿在攻占巴达霍斯后，因亲眼看到堆积如山的英军尸体而不禁落泪。

◎ 普鲁士陆军中将奥古斯特·冯·韦尔德（1808—1888）

出撕心裂肺的长嘶。整座小镇此时此刻已被伤员与俘虏挤满，被奥军遗弃的辎重车、手推车等各类物资四处可见。在这种情况下该如何处置伤员，成了一个大问题。由于普鲁士王国早在 1864 年就已签署《日内瓦公约》（the Geneva Convention），所以这场战争中的普军对伤兵的救护处理更为到位。普军派出了自己的医疗救护组，他们的左袖上都有一条十分显眼的白底红十字臂章。普军的每个军都配属了这样的担架组部队（Krankenträger），他们在战场上发挥了极为重要的作用，在关键时刻保住了无数士兵的生命。奥军伤员的命运就要悲惨得多了，他们并没有类似的担架组（虽说他们有自己的野战医院）。一旦有人负伤倒地，就只能靠身边的战友扛到后方。此外，由于奥地利没有签署《日内瓦公约》，所以这些护送伤员的士兵没有佩戴红十字臂章，只能冒着和其他士兵一样的风险运送伤员。[1] 因此，在这场战争中，有许多奥军伤兵（就像历史上绝大多数战争中被遗弃的伤员那样）是因为没有得到及时治疗，最终伤重而死的。血淋淋的事实表明，维也纳当局没有从克里米亚战争中吸取任何教训。[2] 此外，奥军的野战医院也在这场战争中暴露出许多问题：他们的医疗设备落后，救护水平低劣，药品也不足，而且其机动能力非常有限，无法及时赶到战场为伤兵提供有效救护。

---

[1] 译注：1864 年 8 月 22 日签订的日内瓦《改善战地武装部队伤者境遇的公约》做了如下规定："医院和野战医院的人员，包括管理人员、医务人员、行政人员、运送伤者的人员以及牧师，在执行任务期间，只要仍有伤者送入医院或得到救助，均应享有中立的权利。"由于奥地利不是公约的签署者，且其救护人员并未佩戴红十字标识，所以他们并不受这项条款的保护，普军甚至可以随意朝其射击。

[2] 译注：根据统计，在克里米亚战争的第一年里，死于斑疹、伤寒、霍乱等疾病的英军士兵是战死人数的 10 倍以上。

尽管这几天普军取得了一连串的胜利，但此时已筋疲力尽的士兵们一点也高兴不起来。整个军队的后勤补给问题就像慢性疾病一样从未得到根治。随着战争的深入，士兵们越发需要"自己想方设法"来填饱肚子。于是，他们开始四处劫掠房屋、农场甚至宫殿，搜寻一切可以拿来吃的东西，就连军官都无法阻拦这群饿汉，军纪越来越难以维持。此时仍在慕琛格拉茨的易北河集团军的补给供应状况最为糟糕，军需官们不停地给柏林发送电报，请求总参谋部尽快把补给送来，却得不到任何答复。更为可怕的是，有些士兵已经感染了痢疾。军队内部一时间人心惶惶，担心斑疹伤寒与霍乱等疫情爆发。除此之外，整个波希米亚北部地区都在这一天下起了倾盆大雨，但普军并没有携带足够的帐篷，士兵们的处境因此更加悲惨。

　　这一天，腓特烈·卡尔亲王与他的参谋把指挥部从城堡搬到基斯钦镇中，而王储仍在王宫镇附近逗留。两位集团军指挥官派出的骑兵都未能侦察到奥军的殿后部队，因此根本无法判断奥军主力此时身在何处。虽说亲王与王储的指挥部相距不到一天的行军路程，但两地并没有建立起任何通信，战场的消息无法在第一时间传达。直到这一天傍晚，王储才听闻普军在基斯钦镇取得胜利的消息。令老毛奇最为失望的是，这两个集团军制订的作战计划是完成会合之后，再对奥萨联军发动进攻。这种过于小心谨慎的态度，违背了总参谋部的速战速决理念，直接错过了歼灭联军的绝好机会。然而，等到 6 月 30 日这一天夜里，一切争论都没有任何实际意义，因为此时普军完全不知道贝内德克的北部方面军身处何方。

　　如果此时的普军将领能够鸟瞰基斯钦镇东面至易北河畔的大片区域，他们一定能发现一幕在 19 世纪战场上最常见不过的景象——奥地利北部方面军最精锐的 7 个军正忙乱地在这片区域四处乱晃。在杜别内克（Dubenec）高原上，5 个军陷入群龙无首的混乱状况。由于天降大雨，他们撤往约瑟夫施塔特要塞的道路已经变成完全无法通行的沼泽地。奥军总指挥贝内德克本人正身处杜别内克（Dubenec）镇的奥军指挥部，他从 6 月 29 日早晨开始就一直藏身于此处，与士兵一样情绪低落。尽管在一般情况下，杜别内克高原算是一座不错的天然要塞，但由于普军第 2 集团军已经在易北河东岸站稳脚跟，位于奥军西面不远处的普军第 1 集团军又随时可能发动突袭，所以贝内

◎ 弗兰茨·冯·克伦尼维尔

德克断定这里并不能抵挡普军的进攻。因此，他在 6 月 30 日下令全军撤至位于易北河要塞群最南端的柯尼希格雷茨。与此同时，他给奥皇弗朗茨·约瑟夫写了一封充满了自怜、抱怨与借口的长信。在这封信的末尾，奥军统帅竟恳求奥皇及时与普鲁士议和，以避免更大灾难的发生。一天之后，奥皇送来了一封极为直白的回信：奥军不可能投降认输，但后撤是可以接受的。为了鞭策这位统帅，奥皇甚至还在信的末尾附上了一句来自陆军副官长克伦尼维尔（Crenneville）的著名嘲讽：“（在想着投降之前）您有跟敌人打过一仗吗？”

7月1日，周日

为了进一步避免贝内德克分别击败第 1、第 2 集团军，腓特烈·卡尔亲王在 7 月 1 日早上派出他麾下的几个师继续前进。到了当天傍晚，普军第 6 师在第 5 师的支援下顺利抵达米列廷镇，第 7 师与第 8 师抵达霍日采，第 3 师、第 4 师、骑兵预备队以及炮兵部队则仍在从基斯钦赶往霍日采的路上。第 1 集团军右翼是毕登菲尔德的易北河集团军，他们在这一天南下到达比斯特日采（Bistritz）河畔的萨多瓦（Sadowa）村以北的西姆达尔。同时，卡尔亲王又将自己的指挥部搬到位于基斯钦与霍日采中间的一座名叫卡明尼茨（Kammenitz）的小村庄。王储的第 2 集团军在当天渡过了易北河，只不过他本人和他的指挥部仍然在王宫镇。

就在当天早上，威廉一世的专列正式抵达基斯钦。老毛奇刚一下车，就给第 2 集团军下达继续在易北河左岸待命的指令，同时命令第 1 集团军朝柯尼希格雷茨前进，"不要有任何停滞"。至于易北河集团军的任务，则是负责掩护上述两军的右翼。虽然老毛奇与三位集团军指挥官一样，尚不知道贝内德克的主力身处何方，但他凭敏锐的直觉判断，为了能在即将到来的决战中顺利包抄、打击敌军的侧翼与后方，王储的集团军必须继续停留在上易北河左岸原地待命。次日，他召开了一次军事会议，并在会议上向普军高层说明如此安排的原因。

　　此时，贝内德克仍逗留在柯尼希格雷茨。他的精神已经紧张到崩溃的边缘，唯一不变的是他仍旧像几天前那样优柔寡断。他发出一系列自相矛盾的命令，使奥军的后勤也像普军那样出现了巨大的问题。对于此时的奥军来说，如期到达指定地点本就是一项艰巨的挑战，而现在在食物与弹药供应也无法保证，就更不可能完成任务了。他的参谋们的情况同样也好不到哪里去。他们中的大部分人对于抵御普军进攻已经彻底绝望。当主战的贝克上校作为奥皇的特使再一次从维也纳专程赶到奥军指挥部时，立刻被奥军指挥部的不作为彻底惊呆。他立刻会见了贝内德克的参谋长克里斯曼尼齐，可惜这位已彻底绝望的参谋长对奥军的这些问题早已撒手不管了。

◎ 古斯塔夫·冯·阿尔文斯莱本
（1803—1881）

　　当然，此时普鲁士军队的补给状况同样不容乐观。尽管赖兴堡与弗兰肯施泰因的火车站的各类物资已是堆积如山，但由于火车最远只能抵达基斯钦镇，所以这些物资根本就不可能被及时运抵前线。令情况更加严峻的是，连天暴雨导致大量辎重车都陷进泥泞之中，满是士兵的拥挤道路进一步拖慢了后勤部队的速度。幸运的是，由于这一天普军选择在村庄中驻扎，所以士兵们大都有了可供遮风挡雨的过夜场所，比前几天稍微好受一些。

7月2日，周一

普军仍无法确定奥军主力的具体位置，所以在场的很多人都对老毛奇在军事会议中的观点提出了质疑。老毛奇坚持认为，奥地利北部方面军的主力已经渡过易北河并抵达柯尼希格雷茨附近。奥军选择这样部署，即使是在战斗中被普军击败，也能轻易地退守奥尔米茨要塞。然而，王储的全权代表阿尔文斯莱本将军、莱昂哈德·冯·布卢门塔尔（Leonhard von Blumenthal）少将、腓特烈·卡尔亲王与赫尔瓦特·冯·毕登菲尔德 4 人在会议上对老毛奇不断施压，希望老毛奇能批准他们提出的"让 3 个军进行会合，以确保击败贝内德克"的方案。面对 4 个人的齐声反对，老毛奇并没有动摇，仍然坚持自己的作战计划。直到次日到来之前，3 个集团军都将在原地待命。到了第二天，易北河集团军将根据计划南下帕尔杜比采（Pardubitz）①，攻取下易北河（Lower Elbe）的桥头堡。出席这次军事会议的首相俾斯麦则向与会众人传达了一个紧急消息：法国皇帝拿破仑三世要求普奥双方立即停火。这意味着普军必须速战速决，否则一旦法国介入这场战争，普鲁士将有可能前功尽弃。为此，他们必须立刻找到贝内德克的北部方面军主力。

与此同时，贝内德克也召开了自己的军事会议。今天他的情绪稍稍振作了一些，他似乎认为自己能以更自信的姿态迎接此后的战斗。他给奥皇写了一封颇为乐观的回信，称自己能在后面的战斗中交到好运。参与这场会议的人有：贝克上校、克里斯曼尼齐、参谋长阿尔弗雷德·赫尼克斯泰因（Alfred Henikstein）、拉明副元帅、克拉姆 - 葛拉斯伯爵、贡德雷库特、索恩（Thun）伯爵以及其他各军的指挥官。会议上，这位奥军统帅询问各军的指挥官，后勤补给问题是否得到了解决。他还宣布，北部方面军将继续驻扎在比斯特日采河与柯尼希格雷茨之间。在会议上，贝内德克并没有提及任何有关战斗的安排，其他参会者中显然也没有一个人提出这方面的问题。会议结束之后，死气沉沉的参会者们便迫不及待地回到各自的部队。这场几乎没有任何实际意义的军事会议在后来受到无数奥军军官的诟

---

① 译注：今捷克帕尔杜比采州的首府，位于布拉格以东 96 公里处的易北河畔。

◎ 莱昂哈德·冯·布卢门塔尔
（1810—1890）

病，他们将其戏称为一场闹剧。

虽说奥军的这位军械上将在会议上并没有就作战问题做出任何安排，但北部方面军仍在热火朝天地做着各种作战准备。优秀的奥军工兵此时此刻正在驻地附近修筑防御工事，炮兵则被部署在比斯特日采河正对面的赫卢姆（Chlum）山与利帕（Lipa）山上。最终，各个军与旅也在这一天慢慢到达他们各自的防御地点。

话题暂且回到普军这一边。在老毛奇的军事会议结束后，腓特烈·卡尔亲王又回到他在卡明尼茨村的指挥部。这时，他收到前哨单位传来的报告，称昨夜在比斯特日采附近发现了奥军的巡逻队与营火。与此同时，昨夜抓来的一名奥军俘虏还告诉他们，奥地利的第3军此时正在赫卢姆山附近。亲王得知这一消息后，立即派翁格尔（Unger）少校率领一支骑兵分队前去侦察情况。正在巡逻的奥地利枪骑兵突然发现了这群普军斥候，双方随即爆发了一场前哨战。翁格尔少校在千钧一发之际躲开了枪骑兵的致命长枪，成功地摆脱了敌人的追击，并把惊人的侦察结果报告给亲王——这位幸运的少校爬上了杜卜（Dub）村附近的一座小山丘，发现一支规模极为庞大的奥军部队驻扎在此地。

这个消息极大地鼓舞了亲王，自这场战争爆发以来，他第一次萌生了主动进攻的念头（此前只能说是被老毛奇逼的）。他决定在第二天破晓时发起进攻，并在当晚同自己的参谋长福格茨 - 雷提兹将军制订了作战计划。晚上10点左右，亲王派福格茨 - 雷提兹将军前往基斯钦镇向普军总指挥部汇报自己的大发现。当时，已经入睡的国王威廉一世被侍从叫醒，得知这一消息后立刻欣喜若狂，派人通知了刚睡着不久的老毛奇，马上安排了他与福格茨 - 雷提兹将军见面。"感谢上帝！"老毛奇不禁发出喜悦的感叹。这位普军总

◎ 柯尼希格雷茨城的远景

参谋长还得知，亲王已向第 1 集团军派出使者汇报情况，希望第 1 集团军能抽调近卫军协助明天的大规模进攻。老毛奇再一次分析了战况，断定贝内德克此时正背对易北河布阵，一个规模宏大的"口袋战"（Kesselschlacht）计划在他的脑海中逐渐成形。他当即派出特使，命令 3 个集团军的指挥官立即行动，沿易北河右岸南下，从两面包抄贝内德克的主力部队。这名特使不惧艰难险阻，最终在第二天凌晨 4 点左右，将信件成功地送到王储手中。

◎ 康斯坦丁·冯·福格茨-雷提兹将军

注释：

1. 乔弗里·瓦夫罗：《普奥战争》，第 55 页。

2. 比较有意思的是，这座庄园是他的敌人——奥军将领克拉姆－葛拉斯（Clam-Gallas）伯爵的私有财产。

3. 拉马尔莫拉也是意大利首相，他的军事生涯始于 1823 年，并在 1848 年的佩斯基耶拉围攻战中崭露头角。他率领萨丁尼亚王国军队参加了 1854—1855 年的克里米亚战争，以及 1859 年的法奥战争。他的兄弟亚历桑德罗是意大利陆军著名的"神枪手团"（Bersaglieri）的创建者。

4. 见第九章。

5. 尽管汉诺威王国的军队在战后被吸收进普鲁士王国陆军中，但原属于汉诺威军队的军事荣誉在德意志帝国时代一直保留着。他们的头盔上保留着象征汉诺威军队光荣历史的"滑铁卢"与"半岛（战争）"等字样。此外，第 10 猎兵团的袖标上有"直布罗陀"字样。

决战柯尼希格雷茨

第五章

贝内德克的最初部署

奥军统帅军械上将贝内德克将自己的阵地部署在比斯特日采河与上易北河之间，两条河的河道相互平行，流向都为东北至西南，两河间距为9—13公里。奥军阵地北部则是一些小村庄，这些小村庄呈直线状分布，其中最西面的那座被称为贝纳特克（Benatek），位于易北河附近（最东面）的那座是特洛廷卡（Trotinka）。奥军左翼以南9公里也有一些呈直线状分布在两河之间的小村庄或者市镇，其中最西面的是比斯特日采河畔的内查宁采村（Nechanitz），最东面是柯尼希格雷茨市。从地形上来看，地势向比斯特日采河西岸缓缓倾斜，至东面的易北河附近突然升高。两河之间还有数座可俯瞰比斯特日采河附近景色的高山，最高的是位于北面的赫卢姆山与利帕山，靠南面的则是普瑞姆（Prim）山与普洛布卢斯（Problus）山。河岸边有极为茂密的树林，其中面积最大的两座树林分别是贝纳特克附近的斯维普（Sweip 或 Sweipwald）树林以及多霍采（Dohalitz）东面的霍拉（Hola 或 Holawald）树林。

奥军将自己的阵地设在奥地利帝国较为繁华的地段，这片土地上有大量村庄、磨坊、小型工厂与田间小屋。比斯特日采河东岸的内查宁采村北面还有许多村庄，它们分别是波珀维茨（Popowitz）、特列索维茨（Tresowitz）、莫克洛沃斯（Mokrowous 或 Mokrovous）以及多霍采。萨多瓦村（Sadowa）位于这条河的西岸。基斯钦镇—柯尼希格雷茨市的主干道穿过萨多瓦村，将贝内德克的阵地分割成西北与东南两大部分。这条干道的西南方向1.5公里之外也有一条"村庄线"，从最南面的赫拉德克（Heradek 或 Hradek）起，分别为上普瑞姆（Ober Prim）、下普瑞姆（Neder Prim）、普洛布卢斯以及位于基斯钦主干道上的利帕村。

统帅贝内德克将奥军的中心防线选在了赫卢姆山与利帕山附近。他的工兵已经在当地临时修筑了多道堑壕以及凸堡等防御工事。克里斯曼尼奇与他的参谋们就防御问题对北部方面军做出了如下部署：恩斯特（Ernst）大公的第3军防御正中央，他的左翼则是部署于莫克洛沃斯与多霍采附近的加布伦茨副元帅的第10军（总兵力44000人，火炮134门）。赫卢姆山至内德列斯特（Nedelist）村的奥军右翼防线，将由费斯特蒂奇伯爵的第4军及索恩伯爵的第2军专门负责防卫（总兵力55000人，火炮176门）。他们将在接下来的决战中竭力阻挡普军的第2集团军——虽说奥军最初根本就没有预料到普军竟会在这一方向也发动大规模攻势。至于地图南面的奥军左翼，则由阿尔伯特王储的萨克森军队以及奥军第8军负责拱卫（总兵力40000人，火炮140门）。由于利奥波德大公在先前战斗中的表现实在是过于无能，第8军的指挥权此时已经转交给韦伯（Weber）将军。萨克森军与第8军被部署在比斯特日采河畔的特列索维茨村与波珀维茨村附近的群山中。艾德勒谢姆男爵的轻骑兵师位于萨克森军西南面的上普瑞姆，第2轻骑兵师则被部署在内德列斯特村的北面。贡德雷库特指挥的第1军、拉明副元帅的第6军以及3个骑兵师与一些后备炮兵，作为预备兵力部署在主干道上的罗斯涅茨（Rosnitz）与韦瑟斯塔尔（Wsestar）附近。这支强大的预备军，总兵力达到了60000人（包括11500名骑兵），还有320门火炮。

除了做出上述防御部署之外，贝内德克还必须处理维也纳当局一手造成的奥军指挥高层出现的内部分裂问题。早在一天之前，奥皇就收到了一封来自方面军总参谋赫尼克斯泰因的电报，他简直不敢相信电报中所说的奥军情况，要求赫尼克斯泰因立刻返回维也纳。贝内德克拒绝让他的总参谋在这么紧要的关头突然离开，因此只得竭力恳求弗朗茨·约瑟夫，希望他能撤销这个命令。就在决战前夜，奥皇派来的特使赶到了奥军总指挥部，正式宣布克里斯曼尼奇改任行动总监，他原来的职务则由特使本人阿洛伊斯·冯·鲍姆加腾（Alois von Baumgarten）将军接任。维也纳的这一临阵换将的举动使奥军出现了指挥混乱，间接酿成了后面大崩溃的恶果。7月3日早晨，贝内德克不得不花费一定时间向刚上任的鲍姆加腾解释当前的战场态势。当他们于上午 9 点最终赶到前线的时候，决战早已全面打响。

朝着比斯特日采河前进的普军

普军第 1 集团军与易北河集团军的士兵，在决战前的 7 月 2 日晚上都没能睡上一顿好觉。午夜时分，他们开始拆除自己的临时营地，正式朝敌军主力方向行进。此时的他们距离被后世戏称作"起跑线"（start lines）的指定位置，尚有数个小时的路程。这份进攻作战计划是由亲王与福格茨 - 雷提兹两人匆忙制订出来的。两人命令弗兰泽基将军率领第 7 师朝贝纳特克北面的克瑞柯维茨（Cerekwitz）方向前进。霍恩将军的第 8 师将向基斯钦主干道南边的萨多瓦村进发。在霍恩的右翼则是普军第 3 师与第 4 师，他们的目标分别为攻取多霍采村与莫克洛沃斯村。在战场最东面的是易北河集团军第 14 师、第 15 师与第 16 师，他们将渡过易北河并横穿过内查宁采村，而后朝普洛布卢斯方向前进。作为预备兵力的普军第 5 师与第 6 师，在凌晨时分沿着基斯钦—柯尼希格雷茨主干道赶到了霍恩将军的后方。阿尔文斯莱本将军的骑兵师被部署在易北河集团军与第 3 师之间，准备攻取距他们约 1.5 公里的比斯特日采河畔的波珀维茨。破晓之前，天空又突然下起了一场暴雨，这使普军的进攻计划出了点小状况。炮兵部队的前车 ① 要么陷进泥潭之中动弹不得，要么由于道路过于湿滑而不慎掉进沟渠。

腓特烈·卡尔亲王将自己的前线指挥所选在距离萨多瓦村大约 1.5 公里的杜卜（Dub）山上。7 月 3 日早上 6 点刚过，他就到达了指挥所。此时此刻，他的大部分部队已顺利到达指定地点。当时的暴雨与浓雾，使亲王无法用肉眼观测战场的状况，这令他在战斗之初还担心敌军早在自己发动进攻之前便已溜走，但他的部下们从前线传来的战报成功打消了他的疑虑。他起初还打算在发动进攻之前暂缓一下行军，让手下士兵先吃一顿饭。在他的集团军中，只有极少数人于 7 月 2 日吃了东西。然而，当他的骑兵在 7 点 30 分左右横渡比斯特

---

① 译注：Limber，一种专门用于拖动炮车或炮架的牵引车。

◎ 1866年7月3日，正在横渡比斯特日采河的普鲁士第49步兵团

日采河的时候，奥军炮兵率先开了火，这使战斗提前打响。15分钟后，威廉一世与他的随从们，包括老毛奇与俾斯麦，也赶到杜卜山上的指挥所。普鲁士国王的大驾光临，招来了奥军炮兵连的"热烈欢迎"，他们朝着国王进行了一轮齐射。万幸的是，这些炮弹竟与国王擦肩而过，打到了他的枪骑兵护卫身上，当场杀死了4名近卫兵。

老毛奇立即接过指挥权，俾斯麦则在整场战役期间一直陪在他身边。首相向他询问敌人的具体规模有多大，这位普军总参谋长用含糊不清的说辞掩盖了自己的真实想法。实际上，他的心里非常清楚，普军遭遇的是整个奥地利北部方面军的主力！此刻他坚信自己最初制订的围歼战计划一定能生效。亲王也是信心满满，坚信自己一定能在表弟的第2集团军赶到战场之前击败敌军，独占胜利的荣光。老毛奇及时打消了已有些飘飘然的亲王的妄想，告诉他此时第1集团军的任务只是将眼前的奥军牵制在原地，并为易北河集团军与第2集团军从两翼包抄敌军争取时间与条件。此外，这位总参谋长还严肃批评了亲王的"暂缓进军，先用早餐"的想法，命令全军即刻强渡比斯特日采河。

◎ 1866年7月3日，正在横渡比斯特日采河的普鲁士第49步兵团

　　在这一天早上 8 点 30 分左右，普奥两军共约 300 门火炮展开了一场自 1813 年莱比锡会战以后全欧洲规模最大的激烈炮战。无数身穿暗蓝色制服的普军士兵跳进河水，沿河道对贝纳特克村至内查宁采村的一系列奥军据点发起进攻，一时间挤满整个比斯特日采河岸。霍恩将军一边命令炮兵开火还击，一边命令他的第 8 师同右翼的第 3 师朝萨多瓦方向前进。当时，这两个师正冒着漫天炮火，试图在多霍采与莫克洛沃斯渡河。奥地利守军并没有逃跑的打算，他们立刻用步枪展开更为激烈的反击。黑火药燃烧产生的滚滚白烟，遮盖了整个河岸，使任何人都无法用肉眼观察战况。为了支援步兵的进攻，普军炮兵也在这时对村庄展开狂轰滥炸。这些村庄只有极少数建筑是石制的，绝大部分小屋由松木建成。普军的猛烈炮火很快就把村庄中的矮房全部轰飞，漫天黑烟同步枪发出的白烟夹杂在一起，到处都是鬼哭神嚎的恐怖景象。

　　普军最初的进攻浪潮，很快就由于奥军的顽强抵抗而放慢了前进速度。贝内德克的士兵已经从之前在波希米亚的几次战役中吸取了教训，他们充分利用分散队形与各处掩体，同普军展开血战，其中奥地利猎兵的表现尤为出色。奥军的新战术相当有效地抵消了普军新式击针步枪的优势。然而，就在上午 10 点，普军将领韦尔德的第 3 师的前锋——第 14 团与第 54 团还是在付出极为惨重的伤亡（奥军火炮造成的伤亡几乎同步枪一样多）之后，成功地扫清了多霍采与莫克洛沃斯这两座小村庄中的守军。但是，由于利帕山上的奥军炮兵的猛烈集火射击，他们被迫放缓了脚步，无法继续朝前推进。奥军炮兵已于战前在各防御据点做好了距离、方位与角度的标识，其射击变得非常精准而致命。由于奥军炮兵的猛烈反击，普军在接下来的整整 4 个小时都动弹不得，无法取得半点进展。

话题暂且转向普军的左翼。毕登菲尔德中将麾下的第 4 师与霍恩将军的第 8 师已经穿过了萨多瓦村，并成功渡过了比斯特日采河。此时，他们正位于霍拉树林（也可叫作霍拉瓦尔德）的边上。在这里同他们展开交锋的是奥军将领恩斯特大公麾下的第 5 普罗哈斯卡（Prohaska）旅的罗马尼亚边防团 ①。这些罗马尼亚人并没有抵挡普军多长时间，要不是奥军炮兵在树林附近做好了标识（并及时为他们提供了炮火支援），他们的这次撤退很有可能演变为一场大溃败。奥军的炮击依旧猛烈而精准，树林中的无数松树被当场轰飞，炮弹与树木产生的各类碎片大量杀伤进攻中的普军，简直比榴霰弹还致命。这些来自波美拉尼亚与图林根的年轻士兵，在敌军的恐怖炮火下逐渐不支。霍恩将军及时给几个营下达了从前线撤往后方的命令，他们在接连不断的战斗中承受了敌军的绝大部分炮兵火力，此时已是死伤惨重。威廉一世在看到这些部队后撤时怒不可遏，指责他们是一群懦夫，让他们即刻返回前线继续战斗。素来以谨慎闻名的腓特烈·卡尔亲王及时制止了这位刚烈的军人国王，并向他解释这些士兵在此前战斗中的英勇表现，成功地争取到国王的宽恕以及宝贵的休整时间。上午10 点左右，王室代表团从杜卜山的前线指挥所移驾至萨多瓦村西面的罗斯科堡（Roskosberg）山。国王与随行人员的情绪都异常激动，因为他们看到此时此刻所有战线上的普军都无法取得半点进展。老毛奇正在处理当天 8 点 30 分在普军左翼发生的一起事故——事实证明，他的担心不无理由，因为整个计划哪怕出了一点点瑕疵，都将导致满盘皆输。

①译注：为了防范奥斯曼土耳其的入侵，奥地利曾将大量土地赐予克罗地亚人与罗马尼亚人等边境民族，以换取他们的服役与效忠。在战场上，他们一般是轻步兵与轻骑兵。

血战斯维普瓦尔德

正当普鲁士军队强渡比斯特日采河，并对奥军阵地发动猛攻的时候，奥军将领费斯特蒂奇伯爵与他的第4军做出了一个影响深远并彻底改变交战双方命运的决定。当时费斯特蒂奇伯爵在他的参谋长及副指挥安东·莫利纳瑞（Anton Mollinary）将军的劝说下，改变了原有的部署。这位参谋长告诉伯爵，他们原定的防御地点附近的马斯洛维（Maslowed）山遮盖住了视野，无法有效观察战况，根本无法抵御普军的进攻。于是，伯爵将防御地点从贝内德克原定的赫卢姆山东面向西挪动到斯维普瓦尔德边上的马斯洛维村附近。当时奉命策应与支援第4军的索恩伯爵，在看到第4军的动向后，也率领第2军向西挪动，将自己的防御位置移到马斯洛维村的北面。这两个运气并不好的军，此时此刻要面对的是位于战场西面的普鲁士第1集团军。防御薄弱的他们瞬间被猛攻的普军撕开了一道口子，奥军的北面防线顿时门户大开。伯爵与安东的决定，不仅在短时间里造成普奥两军无数士兵的死伤，也让奥军统帅贝内德克永远地失去了赢得这场决战的机会。

弗兰泽基将军的第7师的前锋已成功渡河，并在没有遭遇多少抵抗的情况下顺利占领贝纳特克村。早上8点左右，普军第27团与第67团的燧发枪兵已在村子附近站稳了脚跟，准备进一步朝前推进。但一支规模庞大的奥军部队突然出现在村子南面的斯维普瓦尔德附近，这些燧发枪兵只好原地等待第7师余部的到来，在同他们会师后再推进战线。因此，费斯特蒂奇伯爵麾下第4军的勃兰登施泰因（Brandenstein）旅顺利占领了这座茂密的树林。上午8点30分左右，这个奥军旅要面对的乃是会师后从贝纳特克村杀过来的普军第7师。该旅的官兵大都是意大利人或匈牙利人，并没做多少抵抗便在普鲁士人的猛烈打击下落荒而逃。普鲁士军官们高喊起"Vorwärts！"（德语"前进"的意思）等颇具布吕歇尔遗风 [①] 的进攻口号，欢呼雀跃的普军士兵则紧跟在军官身后，爬过早已堆积如山的敌军尸体，继续马不停蹄地推进。他们很快就穿过这

---

①译注：普鲁士元帅布吕歇尔向来以积极进攻的指挥风格而闻名，同时又有"前进元帅"这一绰号。德语里甚至还出现了形容词"Blücherian"，专门形容像他一样行事果断之人。

片树林，攻入茨托维斯村（Cistowes）。该村往南仅仅数百米之外，便是奥军的防线重心——利帕山！负责防御这座小村庄的是恩斯特大公麾下的第3军的阿皮亚诺（Appiano）旅。事实证明，他们是比勃兰登施泰因旅顽强得多的敌人，这一点令普军深感意外。部署在村中以及马斯洛维山上的4个炮兵连的4磅炮与8磅炮，朝普军倾泻了致命的火力，瞬间将小村庄外围的树林化作一片火海。奥军步兵也用手里的步枪对敌人展开了顽强阻击。训练有素的奥地利猎兵给普军第27马格德堡（Magdeburg）团造成了大量伤亡，团长与绝大部分军官都死在他们的枪下。如果不是普军第66团与另外4个营及时加入战斗，并发动了一场极为英勇的大冲锋，顺利将奥地利守军逐出茨托维斯村，该团很有可能在此役中全军覆没。

由于奥军火力实在是过于猛烈，弗兰泽基的士兵们只能卧倒在地上，冒着敌军的漫天炮火艰难地匍匐前进。然而就在这时，位于他们正前方的敌人又一次倾泻暴雨一般的炮火。这些普军士兵不知道的是，在费斯特蒂奇伯爵向西转移阵地之后，自己所在的第7师此时承受的，乃是整个奥地利北部方面军最精锐的3个军（共计46个步兵营）的几乎所有火力。得知战况的费斯特蒂奇伯爵此时正在为自己的勃兰登施泰因旅的溃败而恼火，不甘心失败的他又派出整整两个旅的兵力进入斯维普瓦尔德，同时还命炮兵立刻加强火力。突然间，普军的反击炮火落进伯爵的指挥所，当场炸死了他的参谋长，同时还炸断了他的双腿。事故发生后，副指挥莫利纳瑞接替伯爵，成了第4军的统帅。莫利纳瑞的性情和伯爵一样暴躁，在接过指挥权后干的第一件事，便是催促弗莱什克

◎ 斯维普瓦尔德树林边上的激战

94

（Fleishhacker）旅与波耶克（Poeckh）旅立刻奏响军乐，扬起军旗，向斯维普瓦尔德进发。

这两个奥军旅将麾下步兵营分成若干个纵队，一批又一批士兵就好像一波波灰色浪潮一般涌进树林。在行军过程中，他们奏响慷慨激昂的《拉德茨基进行曲》与《帝皇颂》以壮军威。这些奥军士兵的目光中流露出来的，不光是对死亡的恐惧，还有喝下比平常多一倍的杜松子酒（Schnapps）①后的激情，无数英勇无畏的奥军士兵就这样雄赳赳气昂昂地踏入战场。奥军的军官们选择沿用拿破仑时代的密集纵队发起进攻，显然他们早已将乌帕河与齐德利纳河战役的惨痛教训丢到九霄云外。弗兰泽基的步兵营为奥军的到来做好了准备，但普军士兵在看到这般威武而壮烈的行进队列后，还是被奥军毫不畏死的精神惊呆。很快，这些普鲁士人就回过了神，毫不犹豫地扣下了手里新式步枪的扳机，一场完全一边倒的大屠杀开始了。普军的猛烈火力就像一把巨大的镰刀，转瞬之间收割了无数哈布斯堡士兵的生命。但是，这并不能让奥军停下脚步，他们继续着自己的死亡行军，毫不迟疑地踏过战友们的尸体，亮出手里的刺刀，与普军展开肉搏战。此时此刻的斯维普瓦尔德，成为这一天最恐怖的地方，就连天降暴雨也冲不散这里的滚滚浓烟。划破空气的榴霰弹与步枪子弹在打中树干后产生跳弹（Ricochet）②，在树林间四处横飞。炮弹将大树掀飞，碎木片四处飞溅，打在普奥两军士兵的身上。负伤倒地的士兵们在临死前发出歇斯底里的惨叫，与军乐队的雄壮进行曲混杂在一起。最终，在战斗中尽职地吹奏军乐的乐手们，也像队列中的其他人一样倒在了地上，使战场上只留下此起彼伏的喊杀声与惨叫声。

在这场战斗中，普奥两方的士兵都表现出令人惊叹的勇气，双方战斗到了最后一刻。每一片小树丛，每一块空地，都有他们厮杀的身影。尽管普鲁士的击针枪给奥军造成了极大杀伤，但奥地利人还是凭借兵力优势将普军挤出了

---

①译注：在排枪时代，为了维持士气，往往要让士兵们饮下比平常多一倍的酒精饮料。这种杜松子酒度数极高，在法国被戏称为"生命之水"，西班牙人则称其为"燃烧水"。

②译注：实心炮弹或子弹以一定倾斜角击中硬物后所产生的反弹现象。

树林，并将他们全部逐出茨托维斯村！在这一关键时刻，莫利纳瑞将军成功说服索恩伯爵，让他把麾下第 2 军也投入到这场战斗中，他的数个前锋旅随后抵达战场。大约中午时分，心急火燎的弗兰泽基收到威廉一世的回信，这位暴躁的国王拒绝为正承受敌军绝大部分火力打击的第 7 师提供任何支援。弗兰泽基很清楚，自己要在王储的第 2 集团军赶到战场之前拼死守卫此地，但王储究竟身在何方？第 7 师的伤亡数字正在不停攀升，留给弗兰泽基的选择余地变得越来越小。他明白，一旦自己的第 7 师全军覆没，普军整个左翼都将随之崩溃。届时，奥军就可以毫无顾虑地猛击第 1 集团军的侧翼，让普鲁士彻底输掉这场决战！因此，他必须不计一切代价守住自己的阵线。他督促并激励自己的部下，全然不顾兵力正在不断减少这一事实，命令他们死守到底。

发生在普军右翼的战斗

早在决战爆发前的 7 月 2 日下午，萨克森王储阿尔伯特便已详细勘察过自己的防御区域附近的地形。他最初从总指挥部那里收到的命令，是将萨克森军队部署在波珀维茨与特列索维茨两村之间的群山上，以此俯瞰整个比斯特日采河畔，但他并不认同贝内德克的这个安排。阿尔伯特王储正确地估计，一旦普军选择通过内查宁采村附近的桥梁渡河，他便不能快速地做出反应，阻止普军打击萨克森军队的侧翼。因此，他于 7 月 2 日晚上派出一名参谋军官，作为特使赶赴军械上将的指挥部，希望这位奥军总指挥能批准他"将防御阵地后移至普洛布卢斯 - 普瑞姆一线"，更有效地应对普军的威胁。毫无主见的贝内德克不假思索地批准了萨克森王储的计划。事实证明，贝内德克在无意间做出的这一决定，对后面的战斗产生了深远影响。

毕登菲尔德的易北河集团军麾下近 3 个师的兵力在当天上午 8 点 30 分开始渡河。作为前锋部队，第 28 步兵团的燧发枪兵早早地对萨克森军队防线中央的内查宁采村展开进攻，结果却发现村子早已是人去楼空。萨克森军队的工兵甚至还在撤退前纵火焚烧了村子里的桥梁。作为应对，普军士兵一边掏出自己腰间的水壶灭火，一边试着用村子里的木板与木门来紧急填补被烧毁的桥梁，最终还是有惊无险地成功过桥。第 33 团与第 17 团随后分别占领了卢布诺村（Lubno）以及赫拉德克村，成功地同此时已渡河的第 28 团会师。这些经历过

◎ 奥军正在试图夺回斯维普瓦尔德

汉德瓦萨与慕琛格拉茨等一系列血战的普军老兵对萨克森军队发起猛攻，但萨克森人顽强地且战且退，最终有条不紊地撤退至普洛布卢斯与普瑞姆两地。这几个普军步兵团的支援骑兵仅为第 7 骠骑兵团下属的几个中队的兵力，所以当时这些普军步兵实际上是非常脆弱的，并不能承受太多的联军攻势压力。在这么个生死攸关的时刻，贝内德克手下最得力的骑兵将领艾德勒谢姆率领他的轻骑兵师突然出现在战场附近。

奥萨联军的炮兵猛攻普军前卫，这些前卫部队在不久前刚占据了卢布诺至赫拉德克一线的据点，此时正在等待后续援军的到来。但毕登菲尔德并不是一个进攻型的将领，他很有可能是 3 个集团军司令中最不适合老毛奇战略的指挥官人选。毕登菲尔德担心，战线中央部队崩溃后，自己将彻底暴露在敌军的打击下，此刻竟做出了紧急撤回预备队的决定。他得到了阿尔文斯莱本将军的绝大部分预备骑兵的支援，但他并没有运用这些宝贵的骑兵，而是坐看自己的前锋部队在接下来的近 4 个小时中孤军奋战，承受联军火炮的狂轰滥炸。这些英勇的士兵试图夺取普瑞姆山脚下的树林，但在付出惨重伤亡之后，不得不放弃这个打算。普军前卫第 14 师与第 15 师也通过已修复完毕的内查宁采桥顺利过河，但联军的猛烈炮火还是成片地撂倒了他们。普军不得不在漫天炮火中原地待命，等待推进战线的命令。由于毕登菲尔德的优柔寡断以及萨克森人的坚决抵抗，普军在下午 3 点以前都将处于进退维谷的危险境地。

正午时分，罗斯科堡山上的观察员已经大致猜出，国王威廉一世与他的随从们的情绪就像战场上那阴郁潮湿的天气一样低落。呈现在他们眼前的是一片极为惨烈的景象，无数的树木与房屋被炮弹连根轰起，漫天浓烟被火炮与子弹的火光冲散，这一切都说明了这场战斗的激烈程度。每当据守在村庄中的奥军炮兵朝进攻中的普军开火，发出的光芒便会照亮已杀得昏天暗地的田间小道。山上的人可以看到，无数身穿蓝色或灰色制服的尸体如山一般堆积在那里——这些士兵生前本是同战争毫无关联的农民、木匠与小商贩，如今却永远地留在异国他乡的土地上。国王的脸上满布愁容，频繁地用手里的望远镜观察战况，希望能看到普军的攻势取得进展，或是王储的集团军顺利赶到战场。腓特烈·卡尔亲王此时此刻也对第 1 集团军产生了同样的忧虑，担心一旦奥军的进攻压力无法被分散与缓解，整个普军左翼都将面临崩溃的危险。

老毛奇或许仍旧像往常一样信心满满，用时刻不离手的红手帕轻触自己的鼻子。这位总参谋长自始至终都在劝说自己的国王，不要派援军为弗兰泽基解围。"我郑重地向陛下您提议，希望您不要为弗兰泽基将军派出一兵一卒。"他这么说道："只要我们还留有第 3 军作为预备兵力，就完全不需要担心左翼崩溃的风险。此时此刻，我们的任务是静候奥军在进攻中将自己的所有资源消耗殆尽。"他向自己的君主做出进一步保证："弗兰泽基将军一定能守住的，因为我清楚他的为人。"

总指挥部中的老毛奇已是胜券在握，身在战场上的弗兰泽基却不敢保证自己一定守得住。就在不久前，莫利纳瑞又从索恩伯爵的第 2 军中抽调出两个旅的生力军攻入斯维普瓦尔德。贝内德克曾命令这位将领向东后撤至自己原先的防御地点，但遭到了他的无视。这位军械上将已经收到了一个极为糟糕的消息——普鲁士的第 2 集团军正在接近战场。此刻，他又一次陷入两难境地——究竟是该命令莫利纳瑞立刻冲垮弗兰泽基，争取摧毁普军左翼的机会，还是该让部队及时后撤，以应对来自北部的威胁？然而，这位优柔寡断的奥军总指挥仍像往常一样，没有做出任何决断。

对于普军来说，最为危险的战斗发生在战线中央的恐怖森林霍拉瓦尔德。当天下午早些时候，普军对这里进行了一次强攻，却无功而返。他们面对联军的强大火力只能被迫后撤，险些演变成一场大溃败。尽管前线频频传来不利战报，但沉重冷静的第 3 军统帅阿尔布雷希特·古斯塔夫·冯·曼施坦因（Albrecht Gustav von Manstein）[①] 中将依旧纹丝不动。他在几经犹豫之后，还是没有违背老毛奇的意思，未将最后的预备军（第 3 军）投入到此处战场。但第 2 军的冯·施密特少将（von Schmit）可就不似他这般沉稳了，而是为树林里的普军派出了自己的预备兵力。此刻，施密特少将已被传来的不利战报折磨得几近精神崩溃。当时树林中的场景就和斯维普瓦尔德一样恐怖，奥军的炮火给普军造成了极为惨重的伤亡。一旦第 3 军被过早地投入到此处战场，后面的战斗将变得完全不可设想。

对于罗斯科堡山上的普军总指挥部中的许多人来说，这一天下午可以说是一生中最惊险的时刻。当时的整个战场局势，似乎处处都对普军不利。俾斯麦知道，输掉这场战役的代价是谁都无法承受的。他比当时在场的任何一个人都要清楚，一旦普军在这里失败，或是陷入僵局，将给整个普鲁士乃至他本人带来何等可怕的后果。因此，焦虑的他频繁地举起望远镜，观察着比斯特日采河畔的山脊上的战况。他突然发现，山脊上莫名多出了一排树木一般正在移动的小黑点，而对面的奥军正朝这排"树"开炮轰击。俾斯麦将自己的观察结果如实报告给老毛奇，总参谋长立刻从首相的手里接过了望远镜，亲自观察山脊那边的战况。此后，老毛奇不发一言，即刻骑马飞奔至国王面前，用他一贯毫无感情色彩的冷静口吻向自己的君主说道："这场战役的胜负已决，一切都会照着国王陛下您所期望的方向继续发展下去。"幸好这一天并不是一个阳光充沛的大热天，否则威廉一世肯定得怀疑自己的总参谋长是中暑烧坏了脑子。老毛奇不顾国王的怀疑继续说了下去："取得胜利的条件已经完备，维也纳将臣服在您的脚下。"[1] 当天战场情况极为混乱，国王和这座山上的许多人要花好些时间才能

---

① 译注：他是二战德军名将埃里希·冯·曼施坦因的祖父。

完全领会总参谋长的意思，并意识到王储的第 2 集团军已赶到战场。

第2集团军加入战斗

早在当天凌晨 4 点，英勇的芬肯施坦因（Finckenstein）伯爵不惧任何艰难险阻，成功地将老毛奇的"第 2 集团军立刻动身夹击奥军侧翼"的命令亲自传达给王储。王储自然不敢怠慢，立刻率军前进。早上 7 点，第 2 集团军的官兵们开始匆忙地往自己腰包里塞上一切必需品，并把不需要的装备悉数扔到了辎重车上（这些装备与辎重车直到战斗结束后仍旧留在王宫镇中）。虽然这些部队距离他们的目标仅有 19 公里的路程，但一支 19 世纪中叶的军队每小时行军距离只比 5 公里多一点。更为糟糕的是，集团军中的大部分部队实际上还要一直忙碌到上午 8 点以后才能动身出发。与第 1 集团军在昨天夜里的遭遇一样，此刻的第 2 集团军还要同暴雨及泥泞的道路做斗争。由于道路太过湿滑，许多炮车都不慎滑出了行军队列。奥军士兵在此前的战斗中落荒而逃时，还将各种物件丢了一地，这使"路况"变得更为糟糕。炮车与弹药车的轮子常被田间大麦秆卡住，这极大地拖延了行军速度，普军士兵不得不弯下腰，用佩剑或十字镐将这些恼人的草切断。

对于王储与布卢门塔尔来说，"何时何地与敌军交战"这一问题似乎没有任何实际价值。因为他们并不知道自己所面对的究竟是什么样的敌人——是贝内德克的整个北部方面军，还是他们的一部？这两个人完全没有做好准备。事实是，他们甚至都不曾料想到决战竟然会在今天爆发。不过他们非常明确地达成一个共识，那就是敌人的规模异常庞大，整场战役似乎无法在一天之内彻底结束。虽然两人对战场情势做出了如此判断，但他们此时并不缺乏紧迫感，仍然处于急行军状态。因为在当天上午 8 点 30 分到 9 点之间，第 2 集团军的官兵们已经听到前方不远处的战场上传来的大炮轰鸣声。

近卫军前锋部队的指挥官康斯坦丁·冯·阿尔文斯莱本（Konstantine von Alvensleben）少将[1] 在上午 9 点左右收到了来自第 7 师的弗兰泽基将军的加急

---

① 译注：黑鹰勋章的获得者，是之前那位阿尔文斯莱本中将的兄弟。

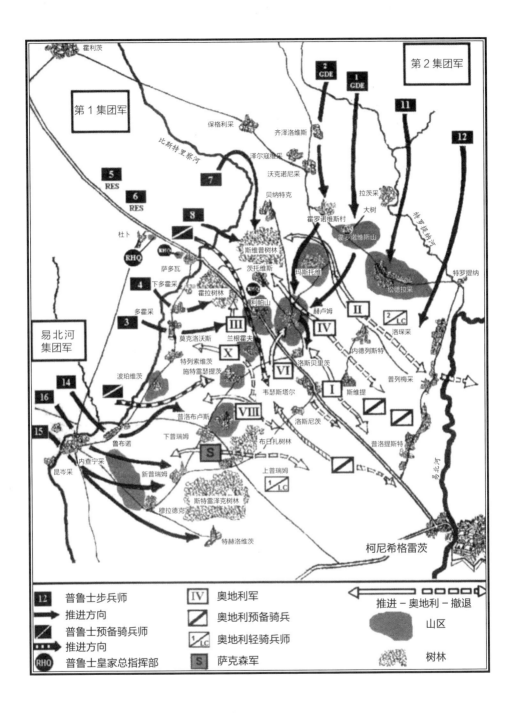

12	普鲁士步兵师	IV	奥地利军	⟵◻◻◻◻⟶ 推进－奥地利－撤退
→	推进方向	◫	奥地利预备骑兵	
◨	普鲁士预备骑兵师	1/LC	奥地利轻骑兵师	山区
◼▪▪▶	推进方向			
RHQ	普鲁士皇家总指挥部	S	萨克森军	树林

求援信。当时的阿尔文斯莱本已经走在第 2 集团军的大部队的前头,正驻扎在多布罗维采（Dobrowitz）附近暂作休整。少将一听说第 7 师已深陷敌军的重兵合围,便毫不犹豫地派出第 2 近卫旅火速赶往捷列克（Jericek）村附近救援友军左翼。紧接着,这封十万火急的求援信传遍整个第 2 集团军高层。全军立刻对此做出了回应,当时已落在第 1 近卫师后面的预备炮兵部队指挥官克拉夫特·霍恩洛厄 - 英格尔芬根（Kraft zu Hohenlohe-Ingelfingen）上校也不甘人后地下达了急行军的命令。不过（对于不少人来说）并不奇怪的是,那位曾"给全军一记响亮耳光"的博宁将军,从上午 9 点收到命令准备离开自己的营地开始,一直拖延到 11 点以后才出发,最终于决战这一天落在了所有人的后面。

　　恶劣的天气仍然是个大问题,明显拖慢了王储的行军速度。当第 2 集团军逐渐靠近战场,其总指挥与参谋长已经明白,他们已经没有任何后退的可能。就在当天上午 10 点左右,腓特烈·威廉王储与他的参谋长达成了一致,此刻的他们已经意识到,这不仅是一场规模庞大的战役,也是一场决定性会战。几乎就在同一时刻,预备炮兵部队指挥官克拉夫特·霍恩洛厄 - 英格尔芬根带着火炮顺利抵达战场。他将自己的炮兵阵地设在车托波列克（Chotoborek）附近,决定即刻为友军提供炮火支援。正当他专心观察对面的奥军炮兵阵地发出的火光（以此来大致判断敌军火炮的位置）的时候,骑马飞速赶来的王储给他下达了"重点关注"霍罗诺维斯（Horonowes）附近的山脊上的"树"的命令。亲王希望他能将那些"树"牵制在右边,说道:"给我狠狠地炸!"这位王储用这种"别出心裁"的方式,向表兄宣告自己的到来。

　　当天上午 11 点 30 分,第 2 集团军已有不少部队出现在奥军右翼。第 2 近卫团与近卫猎兵营此时已经赶到贝纳特克,他们在当地稍作逗留,准备同东面的阿尔文斯莱本将军的前锋会师以后再做进一步行动。而在第 2 集团军左翼,路易·冯·穆蒂乌斯（Louis von Mutius）将军麾下第 6 军的西里西亚部队也已从约瑟夫施塔特要塞（不再被视为一个威胁）转向易北河右岸,朝特罗提纳（Trotina）河及更远处的洛琛采（Lochenitz）村方向进发。至于第 2 集团军的战线中央,此刻正在进行一场完全一面倒的炮兵大对决。奥地利的炮兵们在霍恩洛厄从捷列克附近朝他们开炮后便立刻做出反应,将自己的阵地迅速转移到别处。这些训练有素的奥军炮手对普军同行展开了加倍的报复。奥军的火炮数量与炮手的职业素养，都远高于他们的敌人，因此普军很快在炮火的打击下出现了不少伤亡。

然而，霍恩洛厄上校并不打算就此罢休，实战经验丰富的他迅速转移了自己的炮兵，成功地保住了自己的大炮。不过需要注意的是，最终将这些奥地利炮兵彻底摧毁的"大功臣"，并不是上校的炮火，而是普军的步兵火力。负责支援奥军炮兵阵地的索恩伯爵的第2军，当时早已在普鲁士第1集团军的左翼杀得不可开交，直接导致奥军炮兵彻底暴露在突然出现的普鲁士第2集团军的步兵火力下。普军士兵用手中的击针步枪对这些炮兵展开了无情的屠杀。由于没有己方步兵的保护，这些奥军火炮很快静默下来。眼看着来自敌方火炮的威胁已被完全解除，兴奋的王储立刻督促手下的近卫军冲下山脊，对远处的霍罗诺维斯村发起猛攻。此时，弗兰泽基将军的第7师总算能从敌人的重压之下解脱了。

直到普军第2集团军赶到战场这一刻之前，奥地利的那位军械上将都一直坚信战局始终对自己有利。当时的他或许心存侥幸，以为莫利纳瑞及费斯特蒂奇伯爵这两位将领公然违背他的命令（擅自西移部队），将为奥军带来胜利的契机，因为此时此刻距离奥军彻底冲垮普军左翼，似乎只剩一步之遥。这位奥军总指挥的内心十分清楚，自己必须在这个关键性时刻立即做出决断——不

◎ 1866年7月3日，普军第22团进军特罗提纳河

管莫利纳瑞的决心有多么坚定，此刻的他必须迅速冲垮普军第 1 集团军左翼，而且一定要赶在普军第 2 集团军主力到来之前完成这项艰巨的任务！他决定将自己的骑兵部队以及绝大部分预备兵力全部投入到一场规模宏大的进攻计划当中，只要这次大攻势能够顺利冲垮眼前的普军，他就能为第 2 军及第 4 军争取到充分的时间与空间完成一场"右转"大机动，成功避免被普鲁士王储的第 2 集团军从侧翼夹击的命运。缺乏深思熟虑的贝内德克又一次将计划的预期结果摆在了决策过程的前面。但后来的事实证明，这份进攻计划很有可能是他从接管整个奥地利北部方面军的那一天起所犯下的一连串错误中最为致命的那一个。新任总参谋长鲍姆加腾坚决反对这份进攻计划，但此时的他并没有多少干预总指挥决策的权力。至于他的前辈赫尼克斯泰因，以及不久前刚被罢免的克里斯曼尼齐，虽然当时也在场，但并没有提供任何建设性的意见。就在当天中午，他从前线收到了普鲁士第 2 集团军已经出现在战场上的消息。普军的神速使这位优柔寡断的奥军总指挥不得不放弃进攻打算，又一次选择自己原定的防御计划。他命令莫利纳瑞即刻让第 2 军与第 4 军从斯维普瓦尔德树林的战斗当中脱身，转为防御态势以应对突然出现的普鲁士第 2 集团军对奥军右翼的攻势。军械上将的这道命令显然是把一个基本战争常识都给忘了——即便是在宽阔的阅兵场上，一口气完成整整 20—30 个营兵力的大规模的"右转"机动，都不是一件易事。更何况这两个军此时正在同敌人激烈交火，其伤亡不断攀升，士气不断下降，指挥官又是一个拒不服从命令的倔性子。要想让他们完成这样一次机动，根本就是不可能的。这场战斗的结果，将比这位奥军总指挥设想的可怕得多。当天下午 1 点 30 分左右，当他和参谋正忙于分析当前战场局势的时候，一位信使为他带来了一条有关奥军左翼的灾难性消息。

奥军左翼的崩溃

萨克森王国的阿尔伯特王储确实是一名良将。在决战这一天的整个上午以及下午的早些时候，阿尔伯特王储不仅成功地抵挡了普鲁士易北河集团军最精锐部队的猛攻，甚至还在上午 11 点 30 分对普军发动了一次反击，成功地将他们逐出下普瑞姆附近的森林，几乎将他们逼退回内查宁采村。他决定采取主动防御手段，对普军第 14 师与第 15 师的连接点先发制人地发起进攻，以免两个师会合。为了达成这个计划，阿尔伯特王储派人请求韦伯将军从第8军抽调出两个步兵旅来支援萨克森军队的右翼。同时，他还向艾德勒谢姆男爵发出请求信，希望他能抽调出一些轻骑兵来支援战线中央的萨军骑兵旅与骑炮部队。下午1点过后不久，对战局十分乐观的萨克森王储带着王室警卫旅，从上普瑞姆一马当先地南下至赫拉德克附近，象征萨克森王国的绿色与白色军旗迎风飘扬，军乐手也为这支身经百战的军队演奏起进行曲。不过，这位势在必得的萨克森王储不曾想到的是，他的这个反攻计划将从战斗伊始就遇上不少大麻烦。

就在萨克森王储准备发起新一轮攻势的时候，毕登菲尔德也收到了老毛奇的紧急来信。信中，总参谋长提到王储的第2集团军已经赶到战场，同时他还不断强调易北河集团军需要立刻推进战线，对奥地利军队的左翼发起进攻。在老毛奇的催促下，这位在之前的战斗中贻误了几个小时的毕登菲尔德将军不得不下达进攻的命令。他命令第15师师长菲利普·卡尔·冯·坎施泰因（Philip Karl von Canstein）中将按照如下指示发动一场攻势：坎施泰因中将本人率第29旅与第30旅，朝赫拉德克以及斯特捷列克（Stezirek）树林方向推进战线，对奥地利人的左翼发起进攻。第30旅的前锋第28团十分出色地完成了这项任务。他们发动的这一次突袭令奥军舒尔茨旅（Schulz Brigade）深感意外。在普军的突然袭来以及击针枪的恐怖子弹的双重打击下，这个奥军旅的士气迅速涣散，落荒而逃。这些残兵败将在败退的时候竟一头猛扎进了盟友萨克森军队的队列中。尽管萨军队列齐整、纪律严明，但由于盟友拖了后腿，不得不停下了自己的反攻脚步。舒尔茨旅的崩溃竟好似一块多米诺骨牌倒下，不仅仅打乱了萨军的计划，更对其余的奥军部队产生了极为恶劣的影响——当时这些奥军部队在受到败兵推挤之后正在试图重整队列。但是，对面的普军可不会给他们任何振作的机会。普军士兵朝忙乱中的奥地利人打了数轮排枪齐射，成百上千的士兵就这样倒在枪口下。突遭飞来横祸的萨克森人拼命地维持部队的秩序，但普军第29旅趁着这个机会快速移动到下普瑞姆附近，对混乱中的萨克森军队的侧翼发起了进攻，没有机会重整队列的萨军很快便落了下风。阿尔伯特王储不得不下达撤退命令。这些英勇的萨克森人凭着令人生畏的严明军纪勉强组织起一场撤退战，避免了大溃败的命运。与此同时，毕登菲尔德将军又派出了

◎ 正在猛攻上普瑞姆附近奥萨联军侧翼的普军第68团

自己的第14师，该师很快便通过内查宁采村的桥梁顺利渡过比斯特日采河，朝着普洛布卢斯方向不断行进。该师的炮兵对萨克森军队以及奥地利第8军残部的右翼展开了炮击，故而遭受打击的两军后退至上普瑞姆西面的布日扎树林（Briza wood）当中展开防线。为了掩护大部队的后撤，萨克森王储还派出自己的骑兵迂回至斯特捷列克树林附近对普军步兵进行袭扰，但他并没有得到艾德勒谢姆男爵的轻骑兵支援，因为男爵与他的部队此时正忙于掩护第8军撤退，无力顾及萨克森军队。不甘失败的阿尔伯特王储仍在发号施令，试图挽回败局，直到传令兵将"位于萨军右翼的兰根霍夫（Langenhof）镇附近的奥地利第10军已开始败退"的消息交到他手上之后，他才意识到自己的努力都已彻底付诸流水。

对于年迈的毕登菲尔德来说，现在战场上有一个全歼贝内德克的北部方面军左翼并争取到无上荣誉的机会摆在他的眼前，但他完全无法抓住这个天赐良机——因为他的前线部队已是筋疲力竭。同时，他的第16师以及阿尔文斯莱本将军的骑兵预备队也未能如期赶到战场，无法对联军进行追击。他先前曾请求阿尔文斯莱本将军尽快派出骑兵进行追击，将军的迟缓却让他彻底失去了这次扩大战果的机会——实际上这些预备骑兵要是肯早点行动，完全有可能追赶上撤退中的萨克森军队。这位谨慎的老人十分可惜地同桂冠失之交臂，"给奥地利人以最后的致命打击"这项伟业将不得不交由他人之手来完成。

赫卢姆之战与奥军右翼的覆灭

任何一个读者只要肯读到这里，都一定不难想象奥地利第4军与第2军的普通士兵们此时此刻的绝望心情。在血腥的斯维普瓦尔德树林中，他们以密集纵队发起攻势，无畏地直面普军的击针步枪，付出了极为惨重的伤亡。他们本以为自己在战斗中付出的牺牲一定能有所回报，因为他们的军官在此之前曾许诺过，只要再发动一次攻势，再做一次努力，就一定能摧毁普鲁士第1集团军的左翼，让整个普军像倒下的多米诺骨牌那样全线崩溃。他们此时收到的命令却是立刻退出战斗，这让他们在此前的战斗中付出的一切全部化为乌有。他们在完成后撤之后要面对的，是突然出现在战场上的第3个普鲁士集团军，这支普军此时正从北面不停猛攻奥军右翼。这些士兵们根本就不曾料想到北面竟然还会有新的普鲁士军队出现，所以当奥军指挥官期待着他们能重整队伍，并在马斯洛维与霍罗诺维斯两山之间构筑一条应对普鲁士第2集团军的新防线的时候，他们的士气彻底崩溃了。奥军的大溃败令普鲁士王储十分兴奋，而令当时的战况更加戏剧性的是，连绵数日的暴雨此时竟突然停了下来，天边出现了一抹微弱的阳光。随着这位普鲁士第2集团军总指挥的一声令下，无数普军士兵好似饿狼下山一般冲下雾气弥漫的山丘，对败退中的敌人展开了愤怒而又狂热的追击。

腓特烈·威廉王储的集团军麾下的1个师仍在从宽阔正面不断推进战线，准备同位于霍罗诺维斯的康斯坦丁·阿尔文斯莱本的前锋会师，意在将整个奥军右翼彻底包围起来，以免他们逃离战场。位于康斯坦丁左翼的是亚历山大·弗里德里希·冯·察斯特罗（Alexander Fredrich von Zastrow）中将的第11师，该师的直接目标是攻取内德列斯特村。至于第2集团军左翼的第12师，则在师长康拉德·威廉·普隆扎斯基（Conrad Wilhelm Prondzynski）中将的率领下，顺利渡过特罗提纳河，此时正朝洛琛采村进发。他们在行进的路上并没有遭遇

◎ 1866年7月3日，普奥两军为争夺赫卢姆村中教堂而进行的战斗

多少奥军的抵抗，因为此刻的奥军正在试图进行重新部署以及稳定战线。不过，对面的普军并不会给他们任何喘息的机会，仍在无休无止地发起进攻，所以任凭他们如何努力都无法阻挡全线溃败的浪潮。

　　此时的普鲁士近卫军正在霍罗诺维斯山上暂做休整，总指挥部给他们下达的命令却是不要停下脚步，立刻对奥军发起进攻。因此，第1近卫师师长席勒·冯·加特林根（Hiller von Gatringen）中将决定赶超走在他们前头的康斯坦丁的近卫军前锋，先行对赫卢姆山发起进攻。就在第1近卫师穿过了已"清静"不少的斯维普瓦尔德树林与茨托维斯村之后，它的数个前锋营便突然遭到来自赫卢姆山上的敌军火炮的猛烈打击。万幸的是，这一回普军步兵得到了霍恩洛厄上校的预备炮兵的及时支援（近卫军自己的师属炮兵此时仍在路上）。虽然这又是一场奥军炮兵完全占优的不对等炮战，但战技与经验过人的霍恩洛厄-英格尔芬根还是在敌军的猛烈反击下，成功地完成了多次炮兵阵地转移，这令奥军火炮的炮击效果大打折扣。这位炮兵上校的英勇举动成功地为第1近卫旅的步兵们争取到宝贵的时间与战机，他们趁着奥军火炮正忙于反炮兵战的大好时机，以极为微小的伤亡顺利爬上了山。没过多久，普军第1近卫步兵团与第3近卫步兵团的士兵们便征服了这座山的山顶，并让军鼓手们敲响了胜利的鼓点。

话题回到附近的赫卢姆村。由于那座同名高山的存在，所以这座小村庄里唯一一座具备良好视野的建筑物便是教堂的钟楼（Church Spire，教堂晚祷以及周日村庄集合用的钟，往往就在这个高层建筑的顶部）。当时奥地利军队仅有一个营的兵力驻守在这里，他们是隶属于奥军阿皮亚诺旅的匈牙利士兵。此时此刻，这些匈牙利人已被突然出现在他们眼前的普鲁士军队惊呆了。比较戏剧性的是，由于语言不通与奥军全线溃败导致的指挥混乱，这支奥军部队的指挥官竟把眼前的敌人误认为自己的盟友萨克森人！普军可不会买这个账，他们对混乱中的敌人发起了无情的进攻。发生在村庄中的战斗短暂而又激烈。很快，这些意识到问题严重性的匈牙利人便不顾长官们的劝告与威胁，自顾自地争相逃命。顺利占据赫卢姆村的普鲁士近卫军又同阿皮亚诺旅的余部发生了交战。这令该旅旅长不得不为重整部队以及维持秩序而忙得焦头烂额。很快，整个旅便在普军的打击下陷入混乱状态。躲藏在村庄边缘、隐蔽得极好的普鲁士近卫军士兵利用手里的击针枪的优势，[1] 持续不断地朝着敌军发射致命火力。近卫猎兵成功地驱散了那些张扬狂野、试图冲进枪林弹雨中的奥地利骠骑兵。这些骑手在被击退后四散奔逃，冲乱了友军的队列，使这个旅的处境越发混乱难堪。比较幸运的是，阿皮亚诺旅在被普军全歼之前，还是得到了与其同属于第3军的第4旅的救援。尽管第4旅在当天上午的霍拉瓦尔德树林一战中伤亡颇为惨重，但此时依然表现出了惊人的毅力，同普鲁士近卫军展开了激烈的交锋。该旅的官兵们甚至还发动过一场出乎普鲁士人意料的刺刀冲锋，用肉搏战成功将普军逼退至赫卢姆村的南部边缘。不过，训练有素的普军士兵还是很快扭转了局势，他们稳定住了自己的射击队列，对第4旅的士兵们进行了一轮又

---

① 译注：普军使用的是后装枪，可以在匍匐前进的时候装填子弹，而奥军的前装枪只能站立或蹲下装填，所以普军士兵能够更加隐蔽地作战。

一轮排枪齐射。没过多久，奥军便在反击之下蒙受重创。在这些抵抗到最后一兵一卒的奥军勇士中，以第 3 军的预备骑炮部队的表现最为悲壮：当时他们为了阻止普军进一步前进以及掩护友军撤退，竟主动将自己的火炮同这座村庄拉近到仅仅 130 米的距离(这是极近的射击距离，完全暴露在普军步枪火力之下)，之后，再对敌军进行炮击！这是一种近乎自杀的举动。虽然这些炮组成员竭尽所能，用最快的速度装填了火炮，但他们的火力速率实在无法同敌人的后装步枪相提并论，很快他们便齐刷刷地倒在了普军步兵的集火射击下。不出 5 分钟，这些骑炮便彻底静默了。在这些英勇无畏的炮兵倒下的地方，至今都还竖立着一座纪念碑，而这座碑附近的战场遗址也被称为 "逝者的炮兵阵地"(the Battery of the Dead)。

此时，贝内德克仍然坐镇于利帕山的总指挥部，一名飞马赶来的参谋军官将整个赫卢姆已彻底失守的消息告诉他。这位军械上将瞬间就被这个消息惊呆了，当时的他并不敢相信这一消息，决定派出新任参谋长鲍姆加腾前往现场调查战况。不一会儿，他又打消了这一念头，决定亲自调查状况，于是便带上了自己的参谋，快马加鞭地朝着赫鲁姆村方向进发。最终当他们来到村子附近的时候，这位北部方面军的总指挥用自己的双眼证实了这个消息的真实性——村庄附近正有无数奥军士兵四散奔逃。贝内德克一行人不得不紧攥缰绳，强行让自己受惊的坐骑冷静下来。对于战局已经深感绝望的奥军总指挥决定最后一搏，他命令第 52 团即刻夺回赫卢姆村。虽然贝内德克在此时表现出了一股不计后果的果决气势，但这一波冲锋很快便失败了。这位始终不肯服输的老将要亲自带兵发动一次冲锋，幸亏他的副手诺伊贝尔上校(Colone Neuber)紧抓住他的手臂，及时制止了他。在副手的劝说下，终于认清现实的他退出了战斗，在跟当时仍在后方等待的其他同行参谋军官会合后一同逃跑了。比较讽刺的是，狼狈的贝内德克一行人在逃跑过程中竟被自己手下的部队误认作普军骑兵，并遭到了他们的开枪射击。由于这场友军误击事故，一名参谋不幸殉职，多名军官失去了战马只能徒步行走。这位北部方面军总司令回头望了望正在烈火中熊熊燃烧的赫卢姆村，痛苦而又清楚地意识到，奥地利的败局已是无法挽回。同时，他知道自己必须马上赶到拉明副元帅处，避免最后的预备部队也惨遭普军歼灭。

拉明对洛斯贝里茨与赫鲁姆的反击

此时已是当天下午 3 点左右，奥军近卫第 1 旅在与近卫第 2 旅会师后，准备同自己的友军第 11 师与第 12 师一起在赫鲁姆至洛琛采之间重新构筑一道新防线。出现在这些奥军士兵眼前的，正是普鲁士的数个近卫燧发枪兵连(Guard Fusiliers Company)，他们刚拿下赫鲁姆村，就又对位于萨多瓦—柯尼希格雷茨主干道(Sadowa-Königgrätz Road)上的洛斯贝里茨村(Rosberitz)发起进攻。不愿拱手让出据点的奥军对这几个连发起反击，很快这些居于突出部的燧发枪兵们陷入了孤立无援的境地。普军的进攻受挫，令拉明颇为高兴，因为他刚在不久之前收到贝内德克下达的对赫鲁姆至洛斯贝里茨一线的普军发起进攻的命令。此时，距离他正式下达进攻命令尚有 15 分钟。他当即命令麾下全部 120 门火炮对这两个村庄中的普鲁士近卫军展开狂轰滥炸。受到炮击的普军并没有就此后撤，反倒是主动选择进入掩体隐蔽，为接下来的步兵战做准备。霍恩洛厄亲王同他的预备炮兵就在这时赶到了战场，但这一次他频繁转移炮兵阵地的战术，就不像前几回那么有效了。因为他的不少炮组都已在先前的战斗中耗尽了体力，根本无法在短时间内完成如此多的规避机动。最终，他们倒在了奥军同行的炮击下。

就在当天下午 3 点 30 分左右，拉明副元帅率先对洛斯贝里茨发起了进攻。这次反攻战的先锋正是他的第 3 旅。该旅麾下那历史悠久，有"高贵的全德意志冠军步兵团"(Hoch und Deutschmeister)美称的维也纳精锐第 4 团 ① 也加入了这场战斗。当他们还在半路上行进的时候，普军近卫第 2 步兵团下辖的一个营及时赶到洛斯贝里茨，成功支援了仍留在村中的燧发枪兵。此时，整个洛斯贝里茨村都已处于战火中，但训练有素的普军士兵仍旧临危不乱地做着防御战前的最后准备。他们不畏熊熊烈火，躲到了这座已化为废墟的村庄的每一段残

---

① 译注：该团全称为 k.u.k. Infanterie-Regiment Hoch-und Deutschmeister Nr. 4，始建于 1696 年，最初是奥皇利奥波德一世同条顿骑士团大团长签订借兵契约后建立的雇佣步兵团，1757 年成为维也纳皇室护卫步兵团，1769 年获得"第 4 步兵团"这一正式番号。该团在历史上曾参与奥地利帝国的几乎所有主要战役，而之所以会有"高贵的"这一头衔前缀，是因为其荣誉团长自 19 世纪以来一直都是奥地利大公。后来的纳粹德国在吞并奥地利之后，也曾组建一个同名的步兵师与步兵团。

垣断壁、每一面窗户、每一座矮墙的后面。随后，他们与发起反攻的奥军发生交火。在战斗中，普军的射击打散了奥地利"全德冠军团"的前锋连，但这支传奇部队完全不为所动，竟在普军的猛烈火力下重整队列并继续行进。对普鲁士人来说，比较幸运的是，位于这个"全德冠军团"左翼的一个由乌克兰人组成的步兵团仅在一轮齐射之后就全线溃退。但这些维也纳人在失去左翼支援后，

◎ "逝者的炮兵阵地"中倒下的炮车与军马

◎ 1966年7月3日，奥军在赫鲁姆战斗

仍旧表现出极为惊人的战斗意志。他们全然不顾伤亡，冲入这座村庄的每一处角落，同普军短兵相接。一时间，整个村庄变得有如先前的斯维普瓦尔德树林一般惨烈恐怖。经过半个小时的激烈战斗，普鲁士人被逐出这个村庄。他们在撤退过程中得到了第 3 近卫步兵团的掩护。虽然这个团在战斗中也承受了不小的伤亡，但他们还是成功地让每一个在之前的奥军攻势中幸存下来的燧发枪兵撤离了村庄，同时还保住了他们的军旗（燧发枪兵连的旗帜）免遭奥军缴获。

此刻，拉明副元帅派出了第 6 军最后的预备部队。虽然这位副元帅在后来声称自己的这一举动使北部方面军免遭普军全歼，但当时他脑中所想的仅仅是扭转颓势，立刻恢复战线秩序，以及防止普军的进一步推进而已。在接下来的 45 分钟里，一个营接着一个营的奥军步兵将直面普鲁士的击针步枪，前仆后继地对赫鲁姆村发起进攻。每当有一个奥军步兵纵队同敌人交火，就会有无数奥军士兵在眨眼之间倒下，并在几经挣扎之后变成一座毫无生气的灰色尸山。一些侥幸存活下来的人，一边发出歇斯底里的惨叫，一边丢盔卸甲，不顾一切地逃往后方的柯尼希格雷茨寻求庇护。拉明副元帅甚至还曾亲自领兵对普军发起冲锋。面对敌军的枪林弹雨，他奇迹般毫发无伤，甚至就连他的坐骑都未曾中弹倒地。不过可惜的是，他的这次冲锋并没取得进展。

至于此时的其他各处战场，溃败与混乱已经成为奥军的基本状态。决定乘胜追击的普鲁士第 2 集团军也加快了推进速度。为了应对咄咄逼人的普军攻势，索恩伯爵第 2 军的幸存者展开了最后一搏。由于他们已在先前的斯维普瓦尔德树林中充分见识到击针步枪的威力并吸取了血的教训，所以他们选择了主动散开来防御奥军的右翼。奥地利塔谢斯骑兵旅（Taxis Cavalry Brigade）以及一个建制仍然完整的步兵旅，此时也顺利赶来协防。不过令人大跌眼镜的是，这位索恩伯爵在得到友军支援后，居然没有尝试在内德列斯特至洛琛采一线抵抗普军推进，而是直接带着他的 25000 人假道普列梅采镇（Predmeritz）渡过易北河，灰溜溜地逃离战场。他的这种临阵脱逃、弃无数友军于不顾的举动，无论在哪一支军队中，都是极为可耻的懦夫行为。

到了当天下午 4 点，萨克森军队与奥地利第 8 军也下达了全面撤离普洛布卢斯的命令。坐镇于普军中央的国王威廉一世在大约半个小时前的 3 点 30

◎ 1866年7月3日，正在拼死防卫洛斯贝里茨村的普鲁士近卫军

分下达了总攻击的命令。弗兰泽基与霍恩两位将军的步兵营虽然在此前的战斗中损失惨重却依旧屹立不倒，此刻的他们正以胜利者的姿态分别穿过斯维普瓦尔德与霍拉瓦尔德这两片树林。紧跟在他们身后的，是预备部队第5师与第6师。在他们的打击下，加布伦茨与他的奥地利第10军很快作鸟兽散，加入到无数残兵败将的行列中。此时此刻，通往柯尼希格雷茨要塞与易北河畔的道路上，挤满了溃败或是彻底陷入群龙无首混乱状态的奥军部队。无数奥军士兵只能在混乱中等待其他部队的救援。尽管拉明副元帅在先前的战斗中成功将普军逐出了洛斯贝里茨村，但他的部队始终无法夺回赫鲁姆村。他的无数精锐部队全都倒在这座村子的防线前面。得知这一情况的贝内德克，当即命令贡德雷库特少将同他的第1军对赫鲁姆村再发动一次攻势。信息本身的延迟性以及命令内容途经多名传令官之手，最终使这道命令变了味，同时也未能取得预期的战术效果。这起事故又一次证明，贝内德克作为一军统帅是多么昏聩与优柔寡断，假如他能事先协调好贡德雷库特以及拉明两人的步调，奥军完全可以集结这两个军的优势兵力，对这两个村的普军发起进攻。如果能做到这样，他们本可以夺回这两个村子，恢复奥军中央战线。但是，这位军械上将的迟缓，彻底消磨了这最后一次扭转颓势的机会。由于拉明此时已经在先前的战斗中耗尽了所有的

◎ 1866年7月3日，弗兰泽基的第7师终于夺回了斯维普瓦尔德树林

可用之兵，所以单凭贡德雷库特仅仅一军的兵力，完全无法夺回赫鲁姆村。贡德雷库特麾下的 3 个旅——珀斯查彻旅、雷宁根旅（Brigade Leiningen）、灵格尔谢姆旅的军乐队奏响了行进曲，步兵们也扛起洛伦兹步枪 ① 排列成纵队，昂首挺胸地朝着赫鲁姆大踏步前进。对于这些奥军士兵来说，眼前的景象一定十分诡异恐怖。因为只要他们往纵队左翼的山脚下轻轻一瞥，就能看到无数友军部队正沿主干道朝易北河方向拼命逃亡。

① 译注：Lorenz Rifles，具体制式型号为 M1854，是一种在原有的滑膛枪的枪管上临时刻制膛线而改装出来的前装步枪，同时也是当时奥军步兵的基本武器。无论是射程还是精准度，这种枪都远远落后于普军步枪。

奥军的最后挣扎：战役惨败与易北河畔的大溃败

罗斯科堡山上的普鲁士国王威廉一世给全军下达总进攻命令仅仅半个小时后，国王便将自己的总指挥部转移到利帕山上。在这里，他能俯瞰整个战场。连绵数天的暴雨在不久前刚刚停下来，天空也逐渐变得晴朗，总指挥部的视野也变得更好。普军的战况也如同当时的天气一样渐渐好转。普军总参谋长老毛奇离开了指挥部，此刻正站在山冈上，目送普军朝东南方向推进。他当时的内心想必是满足而又狂喜的，现代人根本无法想象，取得这样伟大的胜利，能给一个人的内心带来多大的成就感。不过，还需要特别注意的是，虽然他当时的职务是这支军队的总参谋长，但他急需实现的战争理念与想法，总是要以建议的形式成功说服国王与那些身份高贵的方面军总指挥之后，才能以正式命令的形式付诸实践。然而，并不是所有人都会买老毛奇的账。刚在不久前，这位总参谋长就曾要求腓特烈·卡尔亲王即刻撤回自己下达的（拦截）命令，但遭到亲王麾下的预备军指挥官曼施坦因的回呛："他毛奇将军算什么东西？"亲王此时正亲自统率预备骑兵，朝柯尼希格雷茨主干道上的韦瑟塔（Wsestar）进发，意欲拦截奥军退路，并给予致命一击。

奥军总指挥贝内德克在逃离赫鲁姆之后，又盲目地四处行动，出现在其他各处战场，努力维持秩序并集结部队。同时，他还给奥军左右两翼下达了新命令。追随在他身后的参谋人员的人数也在逐渐减少——他们需要向部队传达贝内德克的命令，或是有更紧急的任务，大多去往柯尼希格雷茨要塞。由于当时战场上的情况极为混乱，就连贝内德克本人也因陷入拥挤的人群而动弹不得。在一番言语威胁以及不停做手势示意之后，他才骑马艰难地离开了败兵群。在解决完这起拥挤事故后，这位北部方面军总指挥又在战场某处遇到了一个正打算逃离的奥军胸甲骑兵中队。正当他们在贝内德克的苦口婆心的反复劝说下，准备掉转马头面向敌人的时候，一枚普军炮弹突然落到了这些骑兵的一翼，犹如刀片一般犀利的实心弹当场割下了中队长的头颅。失去首领的骑兵们不顾总指挥的命令，在转瞬之间作鸟兽散。眼前这番悲惨景象，令贝内德克不禁潸然泪下。据说，他当时连吞枪自杀的心都有了。然而，敌人并不会留给他多少可以独自感伤的时间。就在不久前，贡德雷库特少将的最后一波近乎自杀的疯狂反扑也宣告失败。

当时，整个奥军已是兵败如山倒。在这样的情况下，做出任何撤退的决定都是完全合情合理的。然而，贡德雷库特少将和他麾下的几个旅却并不打算这么做。这几个旅在数年之前的丹麦战争中表现极为优异，是奥军的精锐。此刻的他们，大胆地选择强攻刚被普军占据不久的赫鲁姆山，这场攻势的结局同样不言而喻。率先发起攻击的，是有着"钢铁旅"美称的珀斯查彻旅。但他们一登上山，就被普军步枪击发所造成的滚滚白烟吞没。当这片白烟散去，地上只剩下大片的奥军尸体，以及将死的伤兵。侥幸存活下来的生者，在看到这般惨烈的景象之后，也只会疯狂逃离这片地狱。接下来对这座山发起进攻的两个奥军旅，也将落得个跟"钢铁旅"同样的下场。普军仅用几轮齐射就将他们赶下了山，无数尸体像原木一样滚落到山脚。被这般景象彻底吓坏的生者丢掉身上的装备，也加入到大溃败的行列之中。此时，在奥军左翼，第1军的皮赖特（Piret）旅正奉贝内德克之令，拼死挡住来自普洛布卢斯方向的普鲁士易北河集团军。尽管这个旅在防御战中付出了极为惨痛的伤亡，但他们也确实暂时拖延住了毕登菲尔德的前锋的攻势，成功为主干道南边的奥军缓解了压力。取得防御战胜利的普军控制了赫鲁姆山，欣喜若狂的近卫军士兵开始清点战俘，军官们则在此时以互相点烟的方式庆祝胜利。然而，就在这么个凯歌高奏的时刻，那位违抗上级命令、自行攻下这座山头的（第1近卫师师长）席勒·冯·加特

◎ 正准备逃离战场的萨克森王储阿尔伯特

117

林根，却被一枚突然落在他身边的炮弹给炸死了。[2]

比这起事故更令人惊奇的是，直到这时，第 2 集团军才搞清楚战况。当时正忙于追击残兵的第 1 集团军的推进速度是如此迅猛，以至于王储竟无法知道最近几十分钟战场上到底发生了什么。现在，近卫军的参谋军官与信使顺利赶到了马斯洛维，将普军顺利占据赫鲁姆山的消息告诉亲王。得知胜局已定，指挥部的紧张气氛终于得到缓和。此时的亲王可谓踌躇满志，他希望自己能在这场决战中扮演"滑铁卢之战中的布吕歇尔元帅"那样的角色。

就在奥军对赫鲁姆山的最后一次进攻彻底失败之际，施特雷瑟提茨（Stresetitz）与洛斯尼茨（Rosnitz）两地之间的平原出现了整场战役中最戏剧性的一幕。不过，在叙述这起事故之前，笔者需要特别声明的是，在这场战争中，无论是普军还是奥军，他们的骑兵都没能在战斗中发挥特别大的作用。所以，这起事故并没有对整体战局产生多少影响。当天下午 4 点左右，普鲁士预备骑兵主力已经渡过比斯特日采河。与此同时，第 2 集团军的骑兵师也在"神秘失踪"整整 4 个小时之后匆匆赶到战场，姗姗来迟的他们对整场战局的走向并没有产生多少影响。[3] 后来的事实还证明，这些普鲁士骑兵即使在一路上没有遭遇任何敌人、完全畅通无阻的情况下，也没能完成追击撤退中的敌军的任务。奥军骑兵本来完全有能力在上午的战斗中及时支援萨克森军队的侧翼，并挫败毕登菲尔德的进攻计划。但在这个兵败如山倒的时刻，他们只能被派来阻挡敌军的追击。不过，这些奥地利骑士仍旧跃跃欲试，他们希望能在这里（即两地中间的平原地带）展现出比他们的普鲁士同行精湛得多的个人战技。

腓特烈·卡尔亲王的骑兵先锋部队，在普军少将格奥尔格·莱茵霍尔德·冯·格洛本伯爵（Georg Reinhold Count von der Groeben）的率领下，顺利赶到了洛斯贝里茨村与兰根霍夫镇之间，立即同那些试图撤离洛斯贝里茨村的奥军部队交上了手。不料，普军第 3 龙骑兵团与第 12 骠骑兵团赶到韦瑟塔附近时，竟遇上了奥地利副元帅——石勒苏益格-荷尔施泰因的威廉亲王①的骑兵预备师。第 3 龙骑兵团很快逃离战场，失去策应的第 12 骠骑兵团几乎被逼退至兰根霍

---

① 译注：此人是前文曾专门介绍的普丹战争时期易北河两公国大公腓特烈·威廉的第三子。

夫镇。幸亏 3 个枪骑兵中队及时赶来支援，这群骠骑兵才免受灭顶之灾。荷尔施泰因亲王的另一个骑兵旅余下的几个中队在不断接近兰根霍夫镇的时候，突然遭到普军炮兵和步兵的火力打击。接着，格洛本伯爵剩余的骑兵发起了冲锋。这场肉搏战十分短暂，面对敌人的优势火力，强悍的奥地利骑士们还是凭借更严整的队列，成功摆脱了小镇附近的普鲁士人的纠缠，一路狂奔到洛斯贝里茨村。在这场撤退战中还发生了一段小插曲：当时的战况极为激烈，这些奥地利骑兵竟在狂奔途中无视《日内瓦公约》，凶狠地践踏了一座普军野战医院。

在得知友军的动向后，奥军少将康登霍维伯爵卡尔·马里亚（Karl Maria, Count Coudenove）[①] 随即带着他的骑兵旅的 25 个中队赶往施特雷瑟提茨。所有留在利帕山普军总指挥部中的人，都将在不久之后用自己的双眼见证一个历史性的时刻，就连历史本身也将永久地记录下这场发生在近代战争中的颇具浪漫的"中世纪风"的骑兵大对决。正当这几个奥地利骑兵中队朝施特雷瑟提茨村东面一路小步快进（Trot）[②] 的时候，他们同普鲁士第 3 龙骑兵团的 3 个骑兵中队发生了交火。这些龙骑兵此前被荷尔施泰因的威廉亲王的骑兵挫败，正一路向南逃命。这场战斗中，双方实力可谓毫不对等，普鲁士第 3 龙骑兵团也因此成为这场战役中损失最惨重的普军骑兵部队。不过，康登霍维伯爵并不打算就此罢手，他在这场小胜之后，又主动拉近自己同阿尔文斯莱本将军的骑兵预备队（被"借给"了易北河集团军）的距离。这些预备骑兵当时刚渡过易北河，根本就未曾料到奥军的骑兵中队竟会在此时发起突袭。这些奥地利骑士成功地冲杀进普军骑兵队列，很快就在这场激烈的战斗中占据上风。然而，普鲁士人并不会放任这些敌人四处冲杀。就像另外几场战斗一样，普军炮兵与步兵不一会儿就重整队列，立即参与到这场骑兵大战中。一时间，普洛布卢斯、兰根霍夫与施特雷瑟提茨等地枪炮声四起，猛烈的步兵火力与炮兵火力倾泻到奥军骑兵的头上，在极短的时间里取得了极为显著的效果。在敌人的合力打击下，哈

---

①译注：奥地利贵族，是后来的泛欧联盟主席、大化学家理查德·尼古拉斯·冯·康登霍维－凯勒奇的远亲。

②译注：这是骑兵战与赛马的一个术语，是马的奔跑步伐中速度最慢的一种。

布斯堡的胸甲骑兵与枪骑兵不得不选择掉转马头主动撤退。比较可惜的是，如果这些奥军骑兵在第一波攻势中没有选择全力冲锋（彻底耗尽了战马的体力），他们本来完全有可能成建制地逃离战场。然而，他们在不久前的实战中做出的决定，永久地葬送了这个机会。村庄附近的麦田顿时尸横遍野，负伤倒地的骑手与战马发出痛苦的哀嚎，文字难以描述的凄惨声音传遍了这块饱经战火摧残的田野。倒地的伤兵挥舞着从自己衣服上扯下的布条，希望那些幸存下来的战友能及时下马为自己提供救援。然而，受惊的战马与骑手仍旧一路狂奔，这让伤兵为求生而做的一切努力全都付诸流水。随着骑兵中队奔向柯尼希格雷茨，呻吟声变成了惨叫声。

贡德雷库特少将的第 1 军的最后一批幸存者，也在此刻离开赫鲁姆山，加入到当时正向易北河渡口退却的败兵之中。当天下午 5 点左右，贝内德克麾下的北部方面军已没有任何一个完整的步兵或骑兵队列。这位奥军总指挥在"检阅"残军败将之后，将目光转向最后的可用之兵——奥地利炮兵。他随即命令预备炮兵部队的指挥官霍夫鲍尔（Hofbauer）中校掩护自己撤退。临危受命的中校向他保证，自己能一直坚持到最后一兵一卒撤离战场为止。事实上，他也确实兑现了自己的承诺。这位炮兵指挥官对前进中的普军步兵进行了极为猛烈的炮击，成功拖住了敌人的行动，为大部队的撤退争取到极为宝贵的时间。

此时此刻易北河畔的柯尼希格雷茨要塞的混乱景象，将永久烙印在每个亲眼见证或是参与这场大溃败的人的脑海里。守城部队指挥官害怕普军会突然攻城，竟下令关上要塞的所有大门。五六万名奥军士兵就这样被拒之门外，精神有些崩溃的他们开始胡乱攀爬要塞城墙，并哀求守军赶紧开门。普军随时可能出现，将他们屠杀殆尽。当时易北河渡口的景象，比要塞附近更加混乱：无数辎重车与炮车堵在桥上，而这些马车载具的驭手们不知所踪；大批奥军士兵在慌忙中掉进河畔附近的烂泥地里，他们中的许多人由于装备过重而不幸淹死；许多人试图紧拽骑兵的马镫，以此通过这片浅滩，但受惊的军马立刻用马蹄将他们踩进沼泽地。为了救助城外的伤员，要塞指挥官下令打开一道大门。但不幸的是，此举又一次增高了要塞周围的水位（连绵几天的暴雨，使城内积攒了大量雨水，水在开门之后全都流出），导致许多奥军士兵溺水而死。然而，普军一直没追来，要塞指挥官在几经权衡之后，最终在当天晚上下令打开所有大

◎ 1866年7月3日，在施特雷瑟提茨村外的平原上，普鲁士第11枪骑兵团对奥军骑兵发起冲锋

门，收容城外的溃兵。奥军总指挥贝内德克与他仅剩的几名参谋军官，则在当天晚上6点30分左右，在要塞以南1.5公里处渡过易北河。他们尚不知道要塞的外墙边上究竟出现了何等混乱的场景，只依稀听见霍夫鲍尔中校的大炮发出的轰鸣声。这些顽强的奥地利炮兵，直到深夜才停止射击。

　　普鲁士的3个集团军都已越过那片刚发生了一场骑兵大战的平原。其实这场战役本来完全有可能演变成另一场坎尼会战，但英勇的奥军殿后部队的奋战，彻底打消了这个可能性。大部分奥军部队（将近18万人）都已渡过易北河，逃离了战场。普军高层十分清楚，这些奥军部队已是不堪一击的乌合之众，甚至没有一个完整的队列，但他们无法乘胜追击。一整天的血战，彻底消磨了普军士兵的激情，他们的队列也渐渐变得散漫混乱，军官也难以维持部队纪律。当易北河左岸负责殿后的奥地利炮兵朝他们不停开炮的时候，一向以纪律严明著称的普军步兵也成了强弩之末，各团团长不得不停下脚步重整队列。下午6点30分左右，得知前线状况的老毛奇断定，整个普军必须即刻进行休整，接下来的24小时都无力对奥军主力进行追击。他还认为，贝内德克的北部方面军遭此大败之后，将无法在短时间内振作起来，通往维也纳的道路仍然对普鲁士敞开。因此，这位总参谋长在当天晚上下达了全军休整一天的命令，同时还制订并公布了 7 月 5 日（后天）的进军计划。下了山的普鲁士国王与他的随从们，选择霍日采村作为自己的住所。当国王一行人在日暮时分匆匆赶往住所的时候，天空又下起了蒙蒙细雨。

普军士兵的住所可就没有国王那般舒适了，他们只能在村庄附近的田野上露营过夜。而在他们的身边，尚有数千名不停哭嚎的伤员等待救护。普军担架组将用一整晚与次日整个上午的时间来紧急转移这群伤员，把他们送往各个村庄中的临时野战医院。至于那些战死疆场的士兵，他们的尸体将在接下来的 12 个小时里一直停留在原地。奥军伤兵的命运依旧十分悲惨，他们没有任何野战医院的救护，也不受《日内瓦公约》与红十字会的保护。他们中尚有行动能力的，都已跟着大部队一并撤回要塞。完全失去行动能力的伤员，只能被遗弃在战场上慢慢等死。幸运的是，高尚的普鲁士军医与圣约翰骑士团① 的骑士们一视同仁地救护这些奥军伤员，挽救了许多人的生命。

夜幕逼近，天色开始暗淡，战场上的枪炮声逐渐远去。大获全胜的普军士兵在完成最后的庆祝之后，也陆续回到了自己的营地。他们围坐在营火旁，点燃手中的烟管，享受起宝贵的休息时间，都在暗自庆幸自己能在如此惨烈的战斗中保全性命。各个团的军乐队并没有马上返回自己的营地，他们仍然列队行进在道路上，为周围的士兵演奏凯旋的乐曲。音乐穿过仍在熊熊燃烧的村庄，传遍了整个营地。号手们吹响晚上的解散号，标志着这一天作战任务的正式结束。疲劳的士兵们在断断续续的《感谢吾主上帝》② 的古老颂歌中，结束了这不寻常的一天。

---

① 译注：Knights of St John，又名罗德岛骑士团或医院骑士团，最后演变为今日的马耳他骑士团，是最古老的天主教修道骑士会之一，其口号为"守卫信仰，援助苦难"。

② 译注："Now Thank We All Our God"，德语为"Nun danket alle Gott"，是一首由 17 世纪的德意志新教徒谱写的宗教颂歌，主要用于晚祷。

◎ 战役胜利后，普鲁士官兵夹道欢迎国王威廉一世

◎ 胜利

注释：

1. 戈登·克莱格著官方军史《决战柯尼希格雷茨》第 6 章。

2. 这颗炮弹炸死了少将的坐骑，但他本人并没有死亡。实际上，这位不幸的师长是在救护人员赶到之前因伤势过重不治身亡的。

3. 此前，普军少将冯·布伦梅泽尔就曾十分担心这些预备骑兵走错了方向。他在自己的日记中写道："骑兵师到底去了哪里？我竟然看不见他们的踪影，他们简直就像从地球上消失了一样。"此后，他又写道："虽说我看不见他们，但此刻我仍在竭力安慰自己，坚信他们一定会出现在战场某处。然而，我始终没能看到任何东西。"

七周战争的最后一周

第六章

决战之后

第二天清晨，天气依旧阴沉。天空落下蒙蒙细雨，村庄周围弥漫着浓浓的雾气。随着时间的推移，西边的地平线渐渐变得明亮。至于此时的普军士兵，无论他们在昨晚是睡得死死的，还是未能睡着暂做小歇的，此刻都已被耳畔响起的低沉噪音吵醒。这些士兵在醒来之后的第一件事，便是拨旺身旁的营火，并四处搜寻口粮。普军中的"丧葬组"更为不幸，他们在大部分人尚未醒来的清晨时分，就已开始动手埋葬死者。这些专职埋葬死尸的劳工，是在昨天深夜渡过比斯特日采河来到这片战场的，他们主要是从普军抓来的奥地利战俘以及普军自己的预备营中抽调。营地中的大部分士兵渐渐醒来，也开始打扫战场，寻找战友的尸首。这些生者想要搜寻一切可以留给死去战友的家人的纪念物。在完成辨认与搜身之后，这些遗体便被埋进若干个墓坑中。这些墓坑主要根据死者所穿的军服上的数字编号（也就是士兵生前所属的团）来区分。在完成埋葬之后，墓地上并没有任何诸如十字架一类的标志。战死的中低阶军官们，则会被集体埋进一个单独的墓坑中。普军在这场战役中损失惨重，但奥萨联军的总损失却是他们的 4 倍。经战后统计，此役中普军的全部损失为：99 名军官与 1830 名士兵战死，260 名军官与 6688 名士兵负伤，276 人失踪。弗兰泽基将军的师毫无悬念地承担了整场战役中全军最惨重的损失，该师总伤亡人数为2000 人，而王储的近卫军的伤亡人数为 1338 人。

当这些无所事事的士兵等待辎重车的时候，炮兵弹药组的成员已开始动手修复战场上被遗弃的火炮以及其他各类军事装备。负责照看军马的马倌们开始收容战场上的无主军马,同时还要给予那些伤势过重的战马最后的慈悲一击。奥地利人在战场上留下了超过 6000 匹军马,其中近三分之一在当天不幸死亡。在完成收容之后,普鲁士兽医亲手杀死了 900 余匹军马。奥萨联军俘虏在度过一个可怕的夜晚之后,奉命排起一道长纵队开往后方——他们足足有 21000 人之多! 这些俘虏中的意大利人是比较幸运的,因为他们很快就会被遣返回当时尚未完成统一的意大利祖国。^① 剩余的俘虏为自己的命运深感担忧。普军给俘虏中的军官的待遇,可就要好得多了。他们只要向普方做出宣誓,便可自由在战场附近走动。那些被普军关进屋子的俘虏,则必须在提交书面申请之后,才能向家乡写信报平安。这些书信将由数名扛着休战旗的获释俘虏交给奥地利当局。当天下午,威廉一世又从临时居所回到战场。在这里,他检阅了部队,还探望了伤员。同时,他还要出席几名战死的高级将官的葬礼。随后,国王在一驾马车上,与双眼被黑布条蒙住^②的奥地利元帅加布伦茨进行了一次短暂的会谈。加布伦茨是被奥军总指挥贝内德克派来这里的,目的是与普鲁士进行停战谈判。这位使者随后被带到霍日采村的普军总指挥部。¹

7 月 4 日,奥军总指挥贝内德克用整整一天的时间重整败军的秩序。奥军的人力与物力在昨天的会战中损失惨重。奥军后卫已经彻底失去战斗能力,面对咄咄逼人的普军,根本就不能组织起任何有效的抵抗。在昨天的会战中,奥萨联军的全部损失为:超过 21000 人被俘,还有超过 23000 人战死、负伤或失踪,其中包括近 1400 名军官。柯尼希格雷茨要塞附近的情况依旧混乱不堪。无数掉队的士兵此时都已经抛弃手上的武器,他们在搜寻自己的部队未果后,只能加入到一路向东的溃兵队伍。然而,贝内德克此时此刻所能做的,也仅仅是为他们指明通往奥尔米茨要塞的方向。这些没有被柯尼希格雷茨要塞收容的败兵,可以在奥尔米茨城下得到要塞炮的火力掩护。7 月 5 日,令贝内德克最绝望的事情还是发生了:奥地利外长亚历山大·门斯道尔夫伯爵(Alexander Count Mensdorff)在这一天来到前线。这位外长在与奥军总指挥会晤之后,当即把奥

---

① 译注:奥军中的意大利人主要来自威尼西亚,当时的意大利王国尚未统一该地。

② 译注:这是为了不让他看见普军的部署状况。在抵达指定谈判地点之后,黑布条才能拿下来。

军在决战中惨败的消息如实报告给维也纳当局。这一天傍晚，正当贝内德克率领此时士气已经低落到极点的北部方面军余部赶往奥尔米茨要塞的时候，他再一次听到普军开炮的声音。不过，普军火炮的攻击目标并不是他的军队，而是附近的柯尼希格雷茨要塞。

◎ 沃格尔·冯·法尔肯施坦因将军

老毛奇在霍日采村接见了加布伦茨。这位总参谋长虽然态度谦恭，但他提出的要求却是极为傲慢无理。他声称，普鲁士王国绝不会在盟友意大利王国的代表未在场的情况下，单独同奥地利媾和，因为单独媾和是普意两国同盟条约明确禁止的。当加布伦茨赶回去告诉奥军总指挥谈判已经彻底破裂的时候，老毛奇下达了进军的命令。这位参谋长命令王储与他的第 2 集团军即刻追击正逃往奥尔米茨的贝内德克，第 1 集团军与易北河集团军则朝维也纳方向进发，这两个集团军都将途经布伦（Brünn）。虽然老毛奇是在 7 月 5 日下午向 3 个集团军下达这一命令的，但整个普军要一直忙碌到 7 月 7 日才能完成全部准备并动身出发。除了第 2 集团军主力进行追击之外，老毛奇还命令新近抵达前线的近卫民兵师攻占布拉格与波希米亚的剩余地区，第 1 地方民兵师则继续留在萨克森境内。贝内德克在 7 月 5 日傍晚听到的普军炮声，则是从易北河的另一岸传来的。虽然这次炮击的持续时间并不长，但它却使奥军士兵回想起前一天比斯特日采河畔的战斗。新遭大败的奥军士兵就像得了抑郁症一样士气低落，他们还需要好几天时间的休整才能重新振作。与此同时，在柯尼希格雷茨要塞西面数百公里之外，另一场大战正如火如荼进行着。

西部战区与美因河畔的战斗

位于波希米亚的奥地利北部方面军此刻迷失在挫败感中，而西部战区的盟友们也深有同感。巴伐利亚王国第 7 军与邦联第 8 军，甚至都没能在奥军折戟柯尼希格雷茨之前动员完毕。在先前的兰根萨尔察一战中，巴伐利亚的查理

◎ 巴伐利亚王国的查理亲王

亲王① 是如此软弱无力，以至于巴伐利亚军队竟未能给近在咫尺的汉诺威军队任何援助。这场战役的结局，也预示了巴伐利亚军队未来的命运。这位巴伐利亚亲王在汉诺威军队几番催促之后，于 6 月 30 日率军赶到迈宁根（Meiningen）镇附近。他的行动实在太迟了，因为在那一天，落败的汉诺威国王乔治五世已经签署退位协议，并带着王室成员乘坐专列返回汉诺威了。痛失盟友汉诺威王国后，这位行动迟缓的亲王又在犹豫了 1 天多的时间后，才决定撤退至维尔茨堡。不过，他又突然改变了主意，打算同奥军将领黑森亲王亚历山大② 的邦联第 8 军会师，两军的预定会师地点为查理亲王西面约 64 公里的富尔达（Fulda）市。

虽然这些南德邦国的统帅的表现实在令人难以恭维，但普军统帅也很难称得上优秀。正如前文所描述的那样，法尔肯施坦因将军在几天前的战斗中，就因为迟缓大意而未能成功追上撤退中的汉诺威军队。而在兰根萨尔察一战中，他又错误地选用弗列斯将军，使普军小败于汉诺威军队之手。虽说两方将领的表现都差强人意，但不容否认的是，无论是士兵的基本战力，还是战前准备，

---

① 译注：巴伐利亚国王马克西米连一世的次子。他是王室成员，因此军衔晋升速度极快，早在 1813 年反法战争期间就已成为一名师长。1838 年，他的兄长路德维希一世正式任命他为巴伐利亚陆军元帅。普奥战争期间，他负责指挥巴伐利亚军队，协助盟友奥地利共同抗衡普鲁士。战争结束后，他选择隐退并彻底淡出公众视野。巴伐利亚王国赫赫有名的第 1 "查理亲王" 重骑兵团，就是以他的名字命名，亲王本人担任名誉团长。

② 译注：黑森大公路易二世的第三子，少年时曾在沙俄军队服役，后来转投奥地利军队。普奥战争期间，他负责统率包括一小部分黑森选侯国军队在内的邦联第 8 军。后来的西班牙国王阿方索十三世的王后维多利亚·尤金妮亚是这位亲王的孙女。

普鲁士都要比这些南德邦国强得多，所以胜利女神这一次仍会对普军露出微笑。在迅速逼迫汉诺威人退出战争之后，法尔肯施坦因终于能够腾出手来将兵力集中于哥达与艾森纳赫两地。7月1日，他的军队被正式更名为美因河集团军，下辖3个师，其中第1师的师长为戈本中将，第2师的师长为拜尔将军，第3师的师长为曼陀菲尔将军。7月2日早上，法尔肯施坦因正式下令南下进攻此时正从法兰克福向西移动的巴伐利亚第7军，旨在将该军驱赶回东面，以免他们同邦联第8军会师。7月3日，戈本将军的第1师在迈宁根北部的维森塔尔（Wiesenthal）镇中遭遇查理亲王的巴伐利亚军队。两军随即在次日展开了一场短暂而激烈的遭遇战，在战斗中落败的巴伐利亚统帅，不得不命令他的军队全面撤退。

黑森亲王亚历山大为了能与巴伐利亚第7军会师，已将自己的邦联第8军从盖森（Geissen）往东移。此刻的他仍在努力整顿军队，这支军队的总兵力比他预想的要少得多。他的军由4个师组成，第1师是符腾堡王国的军队，第2师隶属于巴登大公国，第3师来自黑森-达姆施塔特大公国，第4师则是由奥地利帝国与拿骚公国的军队共同组成的一个混编师。除此之外，这位亲王麾下还有黑森-卡塞尔选侯国的两个骠骑兵中队。按照估算，这支邦联军队的总

◎ 1866年7月4日，在欣菲尔德之战中不幸闯入普军伏击圈的巴伐利亚胸甲骑兵

兵力至少有 49800 人，各型火炮有 134 门。然而，在 6 月 27 日这一天，亲王事实上只成功召集到 39000 人与 80 门火炮。这还是盟友巴伐利亚抽调出一个未满编的步骑混编旅作为他的预备部队的结果。要是去掉这些巴伐利亚预备军，实际兵力还要更少。6 月 30 日，他收到了巴伐利亚查理亲王的来信，信中说希望在 7 月 3 日前与他会师。7 月 3 日，亚历山大亲王的前哨部队与美因河集团军右翼的拜尔将军的骑马哨兵发生了遭遇战。次日下午，亚历山大亲王收到了奥军惨败于柯尼希格雷茨的消息。与此同时，他的巴伐利亚预备骑兵在富尔达镇北部的欣菲尔德（Hünfeld）闯入普军的伏击圈，被普军彻底围歼。此外，这位亲王还得知了巴伐利亚军队惨败于维森塔尔镇的消息，屡闻噩耗的他不得不命令自己的军队转头向法兰克福退却。

法尔肯施坦因麾下的普军就像一支尖锐的楔子，凿进了亚历山大亲王的邦联第 8 军与查理亲王的巴伐利亚第 7 军之间。此举对整个西部战区的战况起到了决定性的影响——在此之后约三周的时间里，双方将发生一系列猫捉老鼠式的追逐战与遭遇战，而这两支军队将在普军的追击下流窜至美因河南岸。7 月 10 日，普巴两军先是在哈默尔堡（Hammelburg）交战，随后又在举世闻名的温泉疗养胜地、位于上萨勒（Upper Saale）河畔的巴特基辛根镇（Bad Kissingen）① 发生激烈交火。普军的突然到来，吓坏了这座小镇的居民与游客。² 在这两场战斗中，巴伐利亚王国的步兵表现出远优于奥地利步兵的战技与军事素养。他们凭借手里的"波德维尔斯"式前装线膛枪（Podewils Rifled Musket）② 与优秀的枪法，给普军造成了不小的伤亡。然而，巴伐利亚将领的能力远不如他们的士兵这般出众。在他们的指挥下，巴伐利亚军队两战皆败，不得不撤退至维尔茨堡。

---

① 译注：此地早在 16 世纪就已成为有名的度假胜地。茜茜公主、沙皇亚历山大二世都曾造访这座小镇。在后来的德意志帝国时代，德皇经常把夏季社交活动的场地选在这里。

② 译注：研制者为巴伐利亚上校波德维尔斯，这种枪与奥地利的洛伦兹 M1854 式步枪一样，也是一种在原有的滑膛枪管上临时刻制膛线而改装出来的步枪。需要特别注意的是，这种步枪的基本性能同洛伦兹步枪大抵相仿，各方面仍然远逊于普军的击针枪，之所以能在战场上取得优异的表现，全凭巴伐利亚士兵的战技与个人经验来弥补武器性能的差距。

◎ 普鲁士骠骑兵与巴伐利亚轻骑兵在黑尔姆施塔的对决

已经撤至法兰克福的邦联第8军，则在7月13日与普军在劳法赫（Laufach）村与阿沙芬堡（Aschaffenburg）交战。临时拼凑出来的黑森师与符腾堡师，完全不是普鲁士军队的对手，很快败下阵来。落败的亚历山大亲王于次日做出撤离法兰克福的决定，当时已完全形同虚设的德意志邦联议会，也被这位亲王一并带走。随后，邦联军撤退到慕尼黑附近的千年古城奥格斯堡（Augsburg）①，并将最后的指挥部设在这座城市的"三个摩尔人"旅馆。亲王的离去导致整个法兰克福门户大开，彻底暴露在普鲁士铁蹄之下。7月16日，法尔肯施坦因将军命令自己的集团军南下攻取哈诺尔大道（Hanauer Landstrasse）。普军开进法兰克福，在当天傍晚将新的指挥部设在了城市之中。

这一天，亚历山大亲王已经顺利逃至美因河南岸，而巴伐利亚军队尚在维尔茨堡附近。由于当天晚上法尔肯施坦因已被国王威廉一世调任为波希米亚总督，所以整个普鲁士美因河集团军的总指挥改由曼陀菲尔将军接任。他在这一天得到了北德意志的奥尔登堡大公国的援军，梅克伦堡大公国也为他提供了一个预备师，再加上安哈尔特、瓦尔代克、利珀与汉萨同盟的小分队，此时美因河集团军的总兵力已达60000人之巨。借助这些及时赶来的生力军，曼陀菲

---

①译注：奥格斯堡始建于古罗马奥古斯都时代，这座城市在历史上曾凭借贸易和银行业务繁荣一时。1555年，著名的宗教条约《奥格斯堡和约》在此签订。1771年，该市开设了全世界第一座啤酒工厂。1805年12月，它被巴伐利亚正式吞并。

◎ 7月13日，普军与邦联军在阿沙芬堡的战斗

尔在 7 月 18 日成功占领威斯巴登（Wiesbaden）。7 月 24 日，当巴伐利亚第 7
军的士兵准备在维尔茨堡外围搭建临时营地的时候，穷追不舍的普军已在经历
了洪德海姆（Hundheim）与韦尔巴赫（Werbach）这两场小规模战斗之后，于
陶伯比绍夫斯海姆（Tauberbischofsheim）顺利追赶上邦联第 8 军。这些南德
意志人随即又遭受了一场惨败，不得不做出全面撤退的决定。次日（7 月 25 日），
他们已接近维尔茨堡，而巴伐利亚军队则在经历盖斯海姆（Gersheim）与黑尔

姆施塔特（Helmstadt）两场大败之后，由东面流窜进维尔茨堡。

这些能从普鲁士的追击下侥幸存活的南德意志人十分幸运，因为就在 7 月 26 日，前线传来了战争双方达成议和的消息，美因河畔的战事至此全部结束。这份和约是普鲁士国王威廉一世与巴伐利亚国王及其他南德意志邦国的领导人在昨天签署的。美因河集团军随后兵不血刃地占据了整个弗兰肯（Franconia），威廉一世希望通过这一强硬举动来告诉这些奥地利的盟友们一个极为浅显的道理——德意志将迎来新的主人与秩序，所有南德邦国都必须无条件表示接受与承认。7 月 28 日，德意志邦联议会代表在奥格斯堡的"三个摩尔人"旅馆的用餐室中进行了最后一次投票，最终投票表决结果为：邦联及议会永久解散。

意大利战场始末

让我们暂且把话题转向遥远的意大利半岛。6 月 24 日，阿尔伯希特大公已在库斯托扎会战中击败拉马尔莫拉率领的意大利军队，意军很快土崩瓦解。如果大公肯进行一次大规模追击，奥军完全有可能全歼残余意军，彻底打碎意大利人统一亚平宁半岛的梦想。但大公并没有这么做，他在几经犹豫之后，选择回防四要塞防御区，并于 6 月 26 日将指挥部搬至维罗纳。在重返库斯托扎之前，他在该地待了整整一周的时间。就在他贻误的将近一个星期的时间里，意军在恰尔迪尼（Cialdini）伯爵的领导下再度大规模集结。7 月 4 日，奥地利北部方面军惨败的消息传至意大利。数小时后，大公命令麾下南部方面军的第 5 军与第 9 军马上赶回维也纳，防范普鲁士的入侵。就在同一天，为了彻底打消意大利人对统一大业的念想，奥皇弗兰茨·约瑟夫决定将意奥双方的争夺焦点威尼西亚拱手让给法皇拿破仑三世。

阿尔伯希特大公在库斯托扎之战后未能追击意军主力，给了意大利人重新振作的宝贵机会，意大利国王趁机对奥地利发起新一轮攻势。恰尔迪尼伯爵在两周的时间里召集了整整 14 个师的兵力，其中还包括一些因为拉马尔莫拉指挥无方而蒙受惨败的部队。加里波第（Garibaldi）与他的志愿军 [①] 早在 6 月

◎ 1866年6月24日，奥军步兵在库斯托扎附近发起冲锋

23 日就已对蒂罗尔地区发动了一场并不成熟的攻势。直到 7 月 7 日，这位传奇英雄的进展都不是特别顺利。他在战场上遭遇了实力更胜一筹的奥军蒂洛尔皇帝猎兵 ①，并因此陷入多场苦战之中。³ 与此同时，恰尔迪尼伯爵也在这一天开始进军。此后，他花了两周时间行进到乌迪内（Udine），但由于严重的补给不足，被迫逗留在该地停止不前。

在半岛的南部，意大利人再次惨败。意大利海军舰队早在战争初期就已成为民众眼里的"大明星"，对王国舰队信心十足的意大利人，坚信自己在海战中稳操胜券。然而，无情的现实又一次击碎了他们的美好期望。舰队总指挥佩尔萨诺（Persano）在听闻陆军惨败于库斯托扎的消息后，决定让舰队停留在安科纳（Ancona）港，等待上级新命令。7 月 17 日，他收到了进攻丽莎（Lissa）岛的命令。这是一座位于亚得里亚海的岛屿，奥军在岛上修筑了两座要塞化的港口。与此同时，奥地利海军上将泰格霍夫（Tegethoff）也率领一支规模只有意大利舰队一半的分舰队，驶离法萨那（Fasana）。意奥两舰队在 7 月 20 日不期而遇。泰格霍夫与他的水手们凭借丰富的实战经验与出色的海战技巧，重创

---

① 译注：Austrian Tyroler Kaiserjäger，这是奥地利的一支山地轻步兵部队。

了近两倍于己的意大利舰队。这位优秀的海军将领也凭借此战奠定了铁甲舰在近代海战中的地位。在此战中，奥军旗舰"费迪南·马克思大公"（Erzherzog Ferdinand Max）号铁甲舰甚至只凭猛烈撞击就轻松击沉意军旗舰"皇家意大利"（Re D' Italia）号铁甲舰。这次惨败实在是过于屈辱，意大利军方在整整 3 天之后才将战败消息公布。

7 月 22 日，恰尔迪尼伯爵还在乌迪内逗留。不过，他也并不是没有任何进展——他的军队推进到了罗韦雷诺（Rovereno）与贝卢诺（Belluno）。然而，他的敌人早已利用铁路从维也纳调来大批援军，这使伯爵不敢越过边境。进退维谷的意大利王国，不得不在这一天同奥地利帝国达成停火协议。这种单独媾和的行为，违反了普意同盟条约中的相关规定。非常讽刺的是，意大利曾要求普鲁士不要单独与维也纳缔结和约。同时，意大利人还要求普鲁士尽快出动援军，好让意大利王国独吞整个南蒂罗尔。意大利人的如意算盘可把老奸巨猾的俾斯麦乐坏了，这位普鲁士首相在欢声笑语中拒绝了增派援军的请求。当意军在库斯托扎遭受惨败之后，就更没有人提普意联合作战这种不现实的事了。由于计划总是赶不上变化，所以意大利人在几经利弊权衡之后，选择背弃普意盟约中的规定，同奥地利悄悄议和，以谋求本国利益最大化。在最终缔结和平条约之前，意奥双方还曾多次延长停火协议的时效。因此，自 7 月 22 日起，意大利半岛的战事就已彻底结束，这场战争的焦点将重回普奥战场。战争双方的最终命运，将在维也纳以北 145 公里的一座林间小屋中决定。

向多瑙河进军

当普军朝奥地利首都进军的时候，天气发生了极具戏剧性的变化——几天前的阴雨连连，变为中欧夏季典型的炎热天气。虽然没有了恼人的雨水与烂泥地，但越发燥热的天气同样无益于这些正在穿越波希米亚平原的行军队列。由于漫天的烟尘，越来越多的士兵因为口干舌燥而无法迈开步子。事实证明，单凭普军自己的后勤补给系统，完全支持不起如此大规模的军队，士兵们不得不在行军路上自行寻找生存必需品。这次大规模就地征粮的直接后果，便是整个摩拉维亚与东波希米亚的大片区域被饥渴的普军士兵化作一片白地。威廉一世与他的王室总部在 7 月 7 日离开了帕尔杜比采，他们将与普鲁士第 1 集团军同

◎ 1866年7月20日，意奥双方在丽莎岛附近海域激战

行，假道布伦攻入维也纳。与此同时，易北河集团军选择从西面的伊格劳（Iglau）
进军维也纳。同一天，王储与他的第2集团军在帕尔杜比采渡过易北河东进，
不停搜寻奥地利北部方面军的残余主力。7月10日，王储的前哨部队在距离
奥尔米茨要塞约一天行军路程的维也纳新城，遭遇了贝内德克的后卫部队。7
月11日傍晚，普军枪骑兵与奥军骠骑兵在距离维也纳新城数公里的萨尔河畔
发生遭遇战。普军轻骑兵的追击并没有取得太大的成果，贝内德克还是在7月
12日安全抵达奥尔米茨要塞。

　　从得知奥军惨败于柯尼希格雷茨的那一刻起，哈布斯堡王朝的皇帝弗兰
茨·约瑟夫就已经决定与敌人缔结和约。他打算将威尼西亚割让给法兰西帝国，
以此换取法军的武力支持。虽然奥地利使者为拿破仑三世开出了各种利益丰厚
的政治条件，但法国皇帝完全没有对这场战争进行任何军事干预的意愿。当普
军朝多瑙河畔进军的时候，欧洲各国的首都也掀起了一系列外交风波。在巨大
的外交压力下，俾斯麦被迫与奥地利外长门斯道尔夫伯爵进行了数次电报通话。
但这位铁血宰相还是挺了过来，并下达了继续进军的命令。7月13日，普鲁
士国王将自己的总部搬到布伦，普鲁士第1集团军刚在一天前占领了这座城市。
对于接连战败的奥地利来说，此时只能接受屈辱而苛刻的和谈条件。

　　大获全胜的威廉决定羞辱奥地利，以雪当年的奥尔米茨之耻。他向奥皇
索要大量的经济赔偿与领土，甚至还主张在维也纳市区进行一次胜利大阅兵。

王储与亲王的想法，也同国王不谋而合。老毛奇此刻琢磨的，并不是未来的规划蓝图，而是在未能成功追剿北部方面军的前提下，该怎样削弱奥地利的军事潜力。他发现，自己的敌人贝内德克犯下了一个致命错误——留守奥尔米茨要塞一隅，这使普军可以将他围困在这座要塞化城市之中。当普鲁士第 1 集团军占据布伦之后，贝内德克与维也纳的联系也被直接切断。不过在此之前，贝内德克还是成功将自己的第 3 军、第 4 军与第 6 军送回维也纳。这些部队在搭上火车后，于 7 月 14 日成功抵达奥地利首都。意大利战场上的阿尔伯希特大公获得了将近 40000 人之多的"援军"，这都是他在 10 天前从意大利半岛调往维也纳的。南部方面军的道路运输状况良好，北方的贝内德克却因交通枢纽布伦遭敌军占据而失去了所有直通维也纳的铁路线。留给北部方面军的，只剩下一条极为费时费力的铁路线路：先向东前往下喀尔巴阡山脉，再一路南下，横穿整个匈牙利之后重返维也纳。为了完成自己的全面撤退计划，军械上将决定将一个军的兵力留在要塞附近的马希河畔，以此阻挡普军的追击，他本人则统率残余主力，沿上述路线全面撤退。7 月 15 日，这个军与普鲁士的博宁将军的 3 个师在托比绍（Tobitschau）激战。奥军再一次失利，但普军仍然未能追上奥军主力。由于贝内德克此时已开始大规模撤退，且无法再对普军构成任何威胁，所以王储与他的第 2 集团军不得不放弃追击，奉命南下与另外两个集团军会师。7 月 17 日，完成了会师的普军顺利占据尼科尔斯堡（Nikolsburg）。此时，普军与哈布斯堡的统治中心维也纳仅剩下 145 公里的距离。

从 7 月 13 日开始，法国驻柏林大使贝内代蒂（M.Benedetti）就已经在交战双方之间来回斡旋了数次。他曾在 7 月 14 日尝试调停，希望双方能在布伦签署一份停火协议，但遭到普鲁士国王的严词拒绝。7 月 17 日，他又带着奥皇亲自拟订的停战条款离开维也纳。等他再一

◎ 奥皇弗兰茨·约瑟夫一世（1813—1916）

137

次面见威廉的时候，这位国王已经住进尼科尔斯堡的迪特里希斯坦因亲王城堡。[4]
在会议中，俾斯麦向这位法国人提出了自己的停战条件。他的条件并不是特别苛刻，甚至与普鲁士君臣的期望相反。这位普鲁士首相再一次表现出超越常人的战略眼光。他很清楚，一旦将过分的惩罚与侮辱施加到奥地利身上，复仇心切的哈布斯堡王朝势必会再度成为普鲁士与各个北德意志邦国的劲敌。所以，他没有向奥地利当局索取领土，而是要求奥皇永久退出德意志事务，并缴纳一笔数目合理的战争赔款。因为只有这样做，才能减少奥地利的敌意，为普鲁士王国争取到一个相对友好的外交环境。倔强的军人国王威廉当然不愿接受如此"软弱"的停战条款，愤怒的他始终坚持要在停战协议中痛宰并羞辱奥地利一顿。俾斯麦也表现出同样的倔强与愤怒，观念相左的两人进行了极为激烈的争吵。[5]7月21日，法国使者在尼科尔斯堡郊外的一座林间小屋中安排了一场外交会议，普奥两国在这一天正式达成临时停火协议。

在这座小屋之外，普奥两军严阵以待。一旦谈判破裂，普军士兵就会随着一声令下，对维也纳发起全面进攻。双方正式达成停火协议后，普鲁士第1集团军开往瓦格拉姆（Wagram）附近的马希费尔德（Marchfeld）。集团军麾下的第8师则移动到普雷斯堡（Pressburg）附近的马希河畔，他们的职责是堵住这座城市的通路，以防奥地利北部方面军的残存主力通过这里逃回维也纳。早在达成停火协议之前的7月18日，王储的第2集团军就已经穿过布伦，之后他们又利用停战协议的时间顺利赶到伦登堡（Lundenburg）。毕登菲尔德的易北河集团军的前哨部队，在达成停火协议时就已经赶到施托克劳（Stockerau），此地距离维也纳仅剩24公里，普军士兵甚至能看见维也纳市区的圣史蒂芬教堂①的尖塔。普军中有很多人坚信，只要一鼓作气，便可拿下敌人的首都。但需要笔者特别指出的是，当时的条件似乎并不允许他们这么做，因为3个集团军都出现了各种问题。由于缺乏卫生的饮食条件，许多部队爆发了大规模痢疾，霍乱也开始在军中蔓延，每天都有大批士兵因感染各类瘟疫而死。为了供给前

---

①译注：St Stephen's Cathedral，始建于1197年，是维也纳的标志性建筑，也是全世界最著名的哥特式教堂之一，有世界第三高的教堂尖塔。

线作战，陆军后勤部门输送了大批库存物资，但这些食物与衣物都已彻底变质或破损，完全不堪使用。作为替代品的新物资，也因为几天前的大战而无法及时送来。如果普军仍旧坚持攻打这座城市，胜负结果将变得难以预测。

最后，温和的王储成功说服了他的父亲。这位国王终于接受了俾斯麦的观念，没有给敌人施加过于苛刻的停战条件，谈判也因此变得十分迅速。此后，双方又花了4天时间来讨论条款的细节问题。7月26日，普奥双方在尼科尔斯堡正式签署停战条约，宣布无期限停火。整个普奥战争至此结束。

结语

法国的报社纷纷发表社论，认为奥地利帝国经此一败，将无力主宰中欧地区事务。这场剧变出现得太过突然，震惊了欧洲各国朝野，政客们一时半会儿都无法做出任何合理回应。在决战之后的数周里，奥地利的西方盟友（也就是南德各邦）在战场中纷纷落败，接连获胜的普军开始向多瑙河进军。全世界都认为，这场战争会以普军在维也纳城中举行胜利大阅兵的方式告终。

然而，《尼科尔斯堡条约》的缔结出乎许多人的意料。普鲁士没有在维也

◎ 尼科尔斯堡郊外进行的谈判。7月26日，普奥两国在此地宣布无期限停火

纳街头举行胜利阅兵，也没有强加给奥地利任何侮辱或苛刻的停战条款。8 月 23 日，双方于布拉格蓝星酒店签署和平条约。其中最重要的几项条款做了如下规定：奥地利承认并接受德意志邦联永久解散这一事实，不再参与任何德意志事务；奥地利需支付 4000 万普鲁士塔勒 [6] 的战争赔偿，承认由普鲁士全面主导的新的德意志邦国联盟——北德意志邦联。这个新的邦联涵盖了整个萨克森王国，以及美因河以北绝大部分德意志邦国。被排除在这个邦联之外的南德意志各邦仍获准保留自己的联盟，同时也可以自行与北德意志邦国发展政经关系。石勒苏益格 - 荷尔施泰因两公国问题也在这一份条约中得到永久性解决（即被合并为普鲁士王国的省份）。除此之外，汉诺威王国、黑森 - 卡塞尔选侯国与拿骚公国也被普鲁士王国吞并。

在普奥两国于布拉格签署和平条约的前一天（8 月 22 日），俾斯麦已经与南德各邦代表在柏林签署各类条约。至于意大利王国方面，和平谈判的进展可就不这么顺利了。由于奥军在库斯托扎与丽莎两战中大获全胜，再加上这场战争是意大利主动挑起的，使奥地利在谈判中有讨价还价的资本。在谈判期间，双方曾多次延长停战协议的时效。10 月 3 日，意奥两国最终签订了和平条约。依照这份条约，意大利只得到威尼斯与四要塞防御区这两块土地，还有极微薄的战争赔款。

在正式缔结条约之前，普军已经全部撤离奥地利领土。驻奥普军的最后一批人，于 8 月 18 日乘坐火车离开。士兵们都欣喜万分，因为他们总算能脱离霍乱的苦海。这场瘟疫杀死的人，比普军高层预计的死亡人数要多得多，甚至还有 3 名将官染病身亡。集团军司令腓特烈·卡尔亲王在回到柏林后，受到万千民众的夹道欢迎。整个普鲁士首都万人空巷，到处都有热心的市民在自发救助伤兵或是悼念死者。拥挤的人群为行进中的普军腾出了位置，大道两旁的民众庆祝着士兵的凯旋。虽说整个市区在此时已充满欢腾的气氛，但柏林城的胜利大阅兵要一直等到 9 月中旬才正式举行。9 月 21 日，普鲁士大街小巷都挂满了彩旗与国旗，威廉一世国王骑着战马，以胜利者的姿态向全体受阅官兵敬了军礼。

胜利的喜悦感染了阅兵场上的每一个人。在本次战争中，普军共有数千人获得了勋章与奖赏。那两位胜利的缔造者会得到极为特殊的战争荣誉——老毛奇不仅获得了许多奢侈昂贵的物质奖励，还被授予黑鹰勋章^①，并被任命为第9步兵团的终身荣誉团长；首相俾斯麦则被授予陆军少将军衔（国王此举招致不少军队人士的非议），以及其他各类天花乱坠的荣誉头衔。在短短3个月前，这位铁血宰相还被民众看作一名刻意挑起战争，把普鲁士王国拉入万劫不复的深渊的疯狂政客。所以，宰相的脑海里很可能会回想起决战那天利帕山上的一名参谋军官在战后对他的调侃："恭喜您，尊敬的首相殿下，我们赢得了决战的胜利，您也将成为一名大英雄。不过，要是王储没能及时赶到战场，您可就是全欧洲第一大恶棍了！" [7]

---

① 译注：Order of the Black Eagle，是普鲁士王国最高级别的勋章，1918 年威廉二世皇帝退位后被废除。

注释：

1. 不过，这位奥地利使者并没有任何谈判成功的可能性。因为老毛奇在谈判中主张，只有在奥地利主动让出约瑟夫施塔特、柯尼希格雷茨与特列莎施塔特（Theresienstadt）三座要塞之后，才能换来仅仅 3 天的短暂停战期。这是奥地利不可能接受的无理要求，同时也完全超出了加布伦茨的权限。所以，他的这次谈判注定会无功而返。

2. 至于为什么在战时仍有旅客与居民逗留在小镇中，是因为镇长在战前再三向外界保证普军绝不会途经此地。但是，无情的现实狠狠地打了他的脸。这起事故充分说明，整个巴伐利亚王国根本没有为战争的到来做好准备。无论是军人还是平民，都对近代战争的残酷性与快节奏缺乏足够认识，普军步枪的高射速更是出乎所有人的意料。

3. 出乎加里波第意料的是，蒂罗尔当地的德语居民根本就不支持意大利半岛统一事业，他的志愿军在山区受到蒂罗尔军民的极力阻挠。在敌人的合力打击下，意军在边境小镇卡萨罗巴赫（Cassarobach）一战中损失惨重。此役失败后，志愿军又被迫撤退至博格利诺（Bogolino）附近。缺少地利与人和的加里波第在此地又遭惨败，就连他本人也受了重伤。

4. the Castle of Prince Dietrichstein，1805 年，拿破仑在奥斯特里茨战役获胜后就曾在这座城堡留宿一夜。为了彰显自己的赫赫武功，威廉一世还特地选择拿破仑曾住过的那个房间作为自己的居所。

5. 这位首相在争吵得最激烈的时候，甚至还主动冲出会议室，以"不接受就跳窗自杀"来威胁国王。

6. 如果把这个数字放到 20 世纪初，其价值约合 50 万美元。

7. 埃米尔·路德维希：《俾斯麦》。

第三部分

普鲁士陆军与海军

（1860－1867）

罗恩军事改革与普鲁士总参谋部

第七章

在详细论述俾斯麦战争中的普军之前，先让我们暂且把时间拉回至60多年以前的拿破仑时代。1806年10月14日，普鲁士王国在耶拿-奥尔施塔特一役中被法军打得落花流水，这场战役同时还彻底摧毁了普鲁士从腓特烈大帝时代起苦心经营60余年的陆军。更确切地说，这场会战之后的普军，除了尚保留编制、军服以及各个步骑兵团的番号名称之外，其余一切几乎都被法国人彻底摧毁了。自从腓特烈大帝于1786年驾崩之后，普鲁士的军事体制越发僵硬老化，[①]军队缺乏有力的领导者，士兵缺乏足够的训练。这支暮气沉沉、武器拙劣的军队，在18世纪末法国大革命后所对阵的，却是一支经受了革命考验的全新军队。在图林根州的战场上，虽然普鲁士的兵力远胜法国军队，但依旧不是拿破仑与他的大军团的对手，保守的普军蒙受了前所未有的大惨败。战败所带来的灾难性后果与紧随其后的耻辱，将在之后近一个世纪的时间里，如同梦魇一般萦绕在所有普鲁士乃至德意志军人的心中。旧军制崩溃之后，一支新生的军队在灰烬之上浴火重生。新军队中涌现出一批像格尔哈德·冯·沙恩霍斯特、奥古斯特·冯·格奈泽瑙与冯·布吕歇尔这样耀眼的新兴将星。在他们的领导下，普鲁士的军事力量重新振作，在1813—1814年的解放战争中再度与法军进行殊死决斗，最终在1815年的滑铁卢战场上取得胜利。

---

①译注：普军军官阶层本身也是相当的高龄化。耶拿会战前夕，在普军的142名将军中，超过80岁的有4人，超过70岁的有13人，超过60岁的有62人。在885名参谋军官中，12人超过了70岁，163人超过60岁，328人超过了50岁。

让我们回顾拿破仑时代普鲁士军事改革的始末：耶拿[1]战败后，普鲁士被迫在1808年9月8日与法国签署《巴黎条约》，条约不仅割走了普鲁士的大片土地，也将普军的总兵力削减到42000人。这次惨败揭露了普军内部改革的必要性与迫切性。1806—1813年，军事改革的灵魂人物沙恩霍斯特创造了一套被称为"预备役制"的全新兵役制度。这套新制度规定，平民必须在军中接

◎ 格尔哈德·冯·沙恩霍斯特（1755—1813）

受数个月的高效军事训练，以此成为预备役士兵。1812年，普军在保持条约规定的42000人兵力的同时，还在实际上凭空多出将近25万多名接受过军事训练的预备兵。这些预备兵被统称为地方民兵，他们训练有素，具备强烈的爱国主义情怀，立志将拿破仑与他的大军团逐出德意志的土地。这些爱国民兵[2]在解放战争中为德意志民族的独立事业付出了极大的牺牲，并为普鲁士最终战胜拿破仑贡献了力量。在此之后的45年时间里，地方民兵部队一直是普鲁士军队的中坚力量。

解放战争爆发后，普鲁士又在1814年9月3日进行了新一轮兵役制改革，要求每一名身体健康的男性公民在20—23岁时必须在常备军中服役3年，23—25岁时转入常规预备役，25—32岁成为地方民兵的"一级征召兵"，33—39岁转入"二级征召兵"。在年满39岁之后，他们会被统一编入国民军，其人数并不会统计入常备军。常规预备役士兵与地方民兵的年龄则为17—49岁不等，是普鲁士最后动员的预备役部队。在拿破仑战争时期，普鲁士王国的力量最弱小，人口只有1000多万。然而，这套有效的兵役制度使普鲁士能在战时召集一支规模庞大的军队。在和平时期，普军士兵会在民间进行生产活动，国家无须额外消耗军费来维持这些民兵预备役部队。根据统计，自1830年起，普鲁士陆上军事力量的构成如下：

常备军	120000
常规预备役	80000
一级征召兵	150000
二级征召兵	110000
国民军	70000
总兵力	530000

虽说账面人数达到 53 万人之巨,但陆军在战时实际只能紧急征召大约 34 万名可堪一用的士兵。普军各兵种的实际规模也是一笔糊涂账:在战时,二级征召兵与国民军会额外征召一些部队用于戍防港口、要塞,以及保护通信线路。之后的改革又将普鲁士公民的 3 年常备军服役期缩短为 2 年。但在 1852 年之后,普鲁士再次恢复了 3 年兵役制。

此外,普鲁士陆军还根据行政区划设立了 8 个军区,分别为:东普鲁士、波美拉尼亚、勃兰登堡、马格德堡、西普鲁士、西里西亚、威斯特伐利亚(Westphalian)与莱茵。每个军区下辖一个军,再加上近卫军团,普鲁士共有 9 个军的建制。每个军有两个步兵师与一个骑兵师,其中每个步兵师下辖两个旅,骑兵师麾下同样也是两个旅。每个步兵旅下辖两个团,一个为常备团,另一个则为由一级征召兵组成的地方民兵团。骑兵旅麾下的两个骑兵团也是同样的编制原则。自 1815 年拿破仑战争开始,每个步兵团的规模从先前的两个营扩张到三个营("一团三营制"是当时欧洲的主流编制)。

1830—1860 年的陆军各团统计

步兵

近卫步兵	4 个团
线列步兵	40 个团
近卫猎兵	2 个营
线列猎兵	8 个营
近卫地方民兵步兵团	2 个团
地方民兵步兵	40 个团

骑兵

近卫骑兵	4 个团（王室近卫骑兵、胸甲骑兵、龙骑兵、骠骑兵各一个团）
线列骑兵	32 个团（8 个胸甲骑兵团、4 个龙骑兵团、12 个骠骑兵团与 8 个枪骑兵团）
近卫地方民兵骑兵	2 个团（全是枪骑兵团）
地方民兵骑兵	30 个团

炮兵及工兵部队

近卫炮兵	1 个旅
线列炮兵（步炮与骑乘炮）	8 个旅
近卫工兵	1 个营
线列营	8 个营
军事运输部队（组建于 1853 年）	1 个近卫营、8 个地方营

1848 年，欧洲爆发民族大革命，柏林最初的街头骚动开始演变为流血事件。面对愤怒的民众，留守在柏林城内的常备军表现出惊人的残忍与高效。地方民兵部队则在这一年卫成自己的家乡，并远赴易北河两公国与丹麦王国作战。这场战争暴露了地方民兵制的严重缺陷：士兵缺乏训练与专业技能，更缺乏当年解放战争时期的爱国主义精神，军官阶层的问题则比士兵更加突出。这些民兵普遍出身于城市商贩或工人阶级，随着 1848 年革命带来的自由主义精神逐渐深入普鲁士社会，这些民兵军官的政治立场与忠诚也成了大问题。为了避免激发内部矛盾，腓特烈·威廉四世与他的首相没有对民兵制度进行任何改革。他的弟弟威廉成为摄政王后，这位未来国王被自己接手的军队的实际情况吓坏了。他是一位敏感而坚韧的军人，已经意识到大规模军事改革的必要性。1859 年政治危机再次证明民兵动员制度的低效性，进一步为威廉敲响警钟。因此，摄政王威廉命令阿尔伯希特·冯·罗恩中将（不久之后他就晋升为战争部长）立刻撰写一份军事改革报告。罗恩中将撰写的这份报告，将对整个王国产生深远的影响。

罗恩军事改革

新一轮军事改革的领军人物——步兵将军阿尔伯希特·提奥多尔·埃米尔·冯·罗恩于 1803 年 4 月 30 日出生在波美拉尼亚的科尔贝格（Colberg）附近。他的父亲是一名普鲁士军官，在他 10 岁时便已去世，他是由祖父抚养长大的。他在 13 岁时就已被选为军校学员并进入柏林军事学院就读，离校后在第 14 步兵团（即波美拉尼亚第 3 步兵团）中服役。在服役期间，他开始将自己的学术理念朝专业方向继续发展，并转入柏林战争学院继续深造。1826 年，他成为战争学院的军事地理教师。不过，他对普鲁士军队的现状极度不满，因而在 1832 年抛弃教鞭，再度回到原先的步兵团服役。1835 年，他被正式任命为卡尔·冯·缪弗令（Karl von Müffling）将军的参谋长，当时的他已经因为自己那极为优秀的地缘政治学与军事地理学巨著而声名鹊起。此后，他开始专注于学术研究，撰写了大量军事改革题材的论著，并被任命为少校兼第 7 军参谋。1848 年革命爆发之时，他已经在全欧洲考察多年，并晋升为第 8 军的参谋长。在镇压巴登起义的战斗中，他因为优异的表现而被授予 3 级红鹰勋章①，还得到了威廉的赏识。1850 年"奥尔米茨之辱"事件发生时，他已经晋升为陆军中校，次年再晋升为上校。他的君主威廉早在 1848 年就已经拜读过他的著作，并接受了他的军事观点。决意进行军事改革的威廉将他任命到多个重要职务上，并在 1856 年授予其少将军衔。这一次晋升给罗恩提供了接触曼陀菲尔与老毛奇的机会，这两人也将为他的理论提供实际支持。因此，当威廉正式成为摄政王之后，就把军事改革这项重任放心地交到他手上。

"奥尔米茨之辱"发生后，整个普鲁士战争部瞬间变得忙碌起来，再也没有任何空闲的时候。他们所要攻克的重点难题之一便是征兵额度问题。当时的普鲁士总人口已达 1800 万之多，但每年的征兵额度却自 1815 年以来未有变化，仅有 40000 人左右。征兵额度过少给普军带来极为严重的问题：大批年轻人实际上根本没服过兵役，也没有接受任何军事训练，而入伍的士兵却只能长期逗

---

① 译注：该勋章不同于黑鹰勋章，主要授予在战斗中英勇作战的军人。不过，它和普鲁士大多数勋章一样，作战有功的文职人员与平民也有资格获得。

留在军队中，得不到晋升的机会，整支军队缺乏新鲜血液。当时的普军，就跟耶拿会战前夕一样，出现了极不均衡的"老龄化"现象，士兵的年龄普遍偏高。要是换作英国陆军等其他国家的军队，军队内部早就开始更新换代。但对普鲁士陆军来说，情况可就大为不同。军队老龄化带来的直接后果，是地方民兵部队里充斥着习惯民间生活，对军事技能与训练早已生疏的老兵。当时的战争部长爱德华·冯·博宁将军在意识到上述问题的严重性后，于1858年2月发表了一份报告。报告中所提出的问题的解决之道，与急于军事改革的威廉的想法不谋而合。这份报告的核心内容是大幅修改兵役制度，做出以下几个改动：现役常备军与预备役部队的士兵年龄必须限定在20—26岁之间，一旦超过26岁，就必须转入地方民兵部队，而民兵的职责仅限于戍防要塞以及留守后方。此外，报告还提出，义务兵役制应从3年改回2年，同时大幅度增加每年的征兵额度，而征兵的体能标准则可以适当降低。在阅读完这份报告后，威廉将其交给罗恩，让这位理论家进行批改与审核。

早在8年前的1850年4月，威廉已经拜读过罗恩的著作。这部著作不仅有各种数据翔实的报告做理论基础，还附有罗恩自己加上的各种脚注与评论，这些都反映了这位军事理论家的军事观，尤其是关于普鲁士陆军及其兵役制度的未来的长远看法。在著作中，罗恩明确指出，地方民兵制度极度迟缓低效，完全不适合四周都是强敌的普鲁士王国。王国真正需要的，是一支能够在政治危机后做出快速反应的职业强军。此外，罗恩还与老毛奇等改革派军官一样，断定欧洲大陆上的诸如奥地利、沙俄、法国等列强因疆域辽阔而拥有纵深优势，可以在遭受攻击后主动后

◎ 阿尔伯希特·冯·罗恩（1803—1879）

撤诱敌深入，同时对来犯之敌的补给线不停施加压力，最终通过持久战拖垮敌人。不过，这些人都清楚，普鲁士四周全是劲敌，一旦爆发战争，就必须在数日之内速战速决，否则夜长梦多。因此，普鲁士真正需要的，并不是一些仅适合二三线戍防任务的民兵，而是一支极具进攻性，能够随时响应征召并快速动员的军队。只有这样，才能有效保证普鲁士的国家安全。在确立建军原则之后，罗恩做出了"地方民兵制度并不适合未来的普军"这一惊人判断。罗恩认为，地方民兵在和平时期就是单纯的平民，绝大部分时间都只会关注家人与产业，既不会关心国家的征召，也不会温习在常备军服役时所受的训练，最终导致军队的高龄与低效。他还坚持认为，一个国家的政府必须掌控武装力量，也就是由国王掌握军权。他给出的方案如下：大幅增加每年的征兵额度；保持 3 年常备义务兵役制不变；每个步兵营下设 8 个连，每连 100 人。这些营的兵力被扩充到先前的两倍（此前是每个营下辖 4 个连），步兵团与旅一级编制的战力因此大为增强。富有远见的罗恩还认为，征兵年龄应在 19—28 岁之间，新兵必须接受高效的军事训练，享受合理的政治经济待遇，军官也必须具备相当的领导力。只有这样，才能缔造出一支简洁高效的职业军队。相比之下，地方民兵制度导致军中出现了大批政治立场倾向于自由主义的军官，这些市民与小资产阶级本身带有软弱性，不具备强硬的领导能力。

在多次比较罗恩与博宁两人的改革方案后，威廉明确表示自己更赞同罗恩的理念，他的这一宣言震惊了整个战争部。遭到了冷落的他们当即声称罗恩的改革方案的成本过于高昂且过于复杂，因而难以实现。不甘失败的战争部在 1859 年 2 月又提交了一份修改过的方案，新方案将最初的 2 年兵役改回了 3 年，同时还主张将所有的一级征召兵全部转入现役常规预备役，每个步兵营的总兵力为 800 人，下辖 4 个营。而在这 4 个营当中有 2 个是常备军，剩下的一半则是民兵预备营。这是一份耗费较低且更具弹性的改革方案，对新方案颇为认同的威廉在当年的 8 月夏季军队动员时便迫不及待地开始了自己的军事改革第一步——陆续裁撤原有的地方民兵部队。他先是裁汰了自己的几个地方民兵近卫营当中的老兵，并将刚征召来的新兵补充进了这些部队当中。威廉的这一举动获得了广大青年官兵的支持。到了当年 12 月，他已经基本完成了普军新编制的人事变动，整个改革过程相当的平稳顺利，数个月中没有任何人提出反对或抗议。自此以后剩下的普鲁士"地方民兵"所剩下的仅仅是少数几个部队的番号及前缀头衔而已，这支具备特殊历史意义的部队彻底完成了40余年的政治使命，失去了所有的政治力量，淡出了历史舞台。

　　然而，就在之后的1859年8月，威廉任命罗恩担任战争部委员，这一举动让部长博宁觉得自己受到了排挤。作为反击，部长出席了当年的国家议会，公开提出自己对于罗恩方案的批评意见。坐在他身后的曼陀菲尔却在议会上公开声明自己支持罗恩，并对部长的理念表示强烈反对。在威廉与战争部内部的双重压力下，爱德华·冯·博宁于11月27日辞去了部长职务。30天后，罗恩正式接替他的位置，后来的事实证明这是一个极为明智的人事变动。1860年，新官上任的罗恩迎来自己的第一项挑战：将去年12月已完成编制的新一年国防预算汇报给国会。要知道，全新的军事改革方案不光将步兵团的规模扩大到了原先的两倍，还额外新编了4个近卫团、36个线列步兵团与10个骑兵团。新一年的征兵额度也提升到了63000人，常备军的兵役义务依旧是3年，常规预备役的服役时间被提升到了5年，民兵预备役时间被缩短到了11年。经过裁撤，整个地方民兵部队只剩下原有的二级征召兵，规模也被缩减到116个营。较年轻的一级征召兵全部转入常规预备役，战时响应征召入伍。光是上述这些改革措施，就要花去当年的国防预算——950万塔勒的将近一半。

　　这样一份国防预算毫无疑问地导致了一场严重的政治危机，普鲁士国会对罗恩的激进改革措施表示了强烈反对，光是维持如此庞大的国防开支就需要国会增加将近25%的税负，额外新编数个近卫团更是让国会深感难堪，因为国会当中的自由主义者们向来视近卫军为君主的爪牙、人民的敌人。坚持推进军事改革的威廉、罗恩以及其他几位军方高层领导人，随即用唇枪舌剑同国会展开了激烈交锋。在耗费口舌之后，国会最终通过了军方的预算，但争执的焦点也随之转移到兵役期限上，立法者的主流观点是希望常规兵役能一直维持在2年。国会的这一想法，导致双方谈判的破裂。坚决主张3年制的罗恩意识到，国会绝对不会照着他的计划行事，气愤地撤回了自己所编制的预算。几经博弈之后普鲁士政府最终只通过了一部分预算，这些好不容易争取到的国防经费，将在接下来的14个月里陆续用来扩编原有部队。后来的事实将证明，军队的妥协以及这一年的国防预算安排，都是极为错误的。

然而，还没等这些新预算"到账"，国会又一次干出食言之举。此后，整个 1860 年的夏天都是在曼陀菲尔领导的军方代表与国会的漫长口水仗中度过。1861 年 1 月 2 日，染病已久的普鲁士国王腓特烈·威廉四世不幸驾崩，继承了王位的威廉一世在这个月的下旬举办了即位典礼，此举彻底激怒了国王在国会中的反对派。在典礼的阅兵式上，4 个近卫团与 36 个步兵团将自己的团属军旗递到新国王的手上以示效忠。随后，威廉一世又在腓特烈大帝墓前举行了一次献祭仪式。新君在典礼上的所作所为，暴露

◎ 埃德温·弗列希尔·冯·曼陀菲尔（1809—1885）

了国会无力掌控军队这一事实。同时也让国王的对手们确信，国王将一步步收紧军权，逐渐削弱国会的控制力。此后，一件令柏林国民议会更为不安的事情发生了：国王选择在东普鲁士的科尼斯堡 ① 举行加冕仪式。这座城市是保守的容克贵族的大本营，国王对这次重返祖地之旅极为满意。

整个 1861 年也都是在双方漫无止境的争吵中度过，曼陀菲尔在这一年成为军方的国防秘密顾问团的领袖。[3] 虽说争吵仍在继续，但事态却发生了极为激烈的变化。当年夏天，军方高层制订了一份军事政变方案，旨在武力驱逐国会。他们的这份疯狂计划得到了国王的批准，一旦国会中的自由派想在柏林城

①译注：今俄罗斯加里宁格勒，是古代普鲁士人的早期定居地。这座城市的城区是在 1255 年由条顿骑士团建立，此后一直是骑士团大团长的居所。1525 年，阿尔布雷希特成为普鲁士公国的第一任公爵，这座城市也成为当时尚是公国的普鲁士的首都。后来，选帝侯腓特烈三世将勃兰登堡－普鲁士的头衔晋升为了"王国"。作为普鲁士王国的第一任国王，他的加冕仪式也是在这座城市举行的。

中筑起街垒，军方就立马武力清场，用手里的枪杆子夺回首都。时间一直拖到1862年3月，国民议会提交了一份由新成立的进步党编制的国防预算，要求军队重回2年兵役制。在经历了一年多的无休止口水仗后，忍无可忍的国王解散了国会。国会解散数周后，国王又进行了新一轮选举，整个国家霎时间被推到政变与内战的边缘。不过，国王还是做了一定的妥协，相当一部分自由派与进步党人通过选举重返议会，保守派党人在新国会中仅占10席。经过这一轮洗牌后，自由派议员的头脑明显比先前冷静了不少，他们在几经挣扎之后做出了让步，获胜的曼陀菲尔将军也因此达到了权力的巅峰，成了威廉一世的"大维齐尔"[①]。得知消息的罗恩将军十分清楚，虽然整个议会正在变得逐渐"温顺"，但曼陀菲尔的扩军计划对他们来说还是太过刺激，整个国会此时所需要的是政治上的安抚。1862年6月，落在下风的国会仍在坚持2年兵役制不变，这又一次引爆了政治危机。暴怒的威廉一世当场宣称，一旦议会取得胜利，自己就当即退位。再次失去耐心的曼陀菲尔将军，差一点就在大厅上拔出自己的佩剑。就在这个关键时刻，罗恩向自己的君主推荐了一位能人——奥托·冯·俾斯麦。这位未来的铁血宰相响应了国王的征召，在这一年的9月22日面见威廉。

这一次险些难产的军事改革，将在接下来的4年时间里，对整个世界历史进程产生深远影响，彻底奠定普鲁士乃至日后的德意志帝国军队的基本架构。罗恩的这一套军制，让俾斯麦与老毛奇两人在1866年8月成为王国的战争英雄，同时还会被德意志人沿用到1918年帝国解体。

普鲁士王国的总参谋部

任何一部关于普鲁士军制的专著，只要它没有提及普鲁士陆军的心脏——总参谋部，就一定是一本不完整的军事著作。总参谋部制度的核心，是将一批专职军官组成一个专门机构，并由这个机构在战时辅助总指挥制订作战计划。它诞生于普鲁士，并逐渐在世界各国军队中普及，成为现代军队基本配置。早

---

①译注："Grand Vizer"，阿拉伯国家对总理或宰相的称谓。原文作者之所以用这个词形容曼陀菲尔，是因为此时的曼陀菲尔不仅是新国王的首席军事顾问，还取得了国王的极度信任。

在 1618—1648 年的三十年战争期间，有"现代战争之父"之称的瑞典国王古斯塔夫·阿道夫二世就曾专门建立了一个军事议会，辅助自己制订战争计划。当时头衔还是勃兰登堡选侯的普鲁士君主在 1680 年复制了这一套制度。由于当时的所有战略都由君主本人亲手制订，所以这个议事机构实际上仅能为战事提供一些指导性意见。不过，到了 7 年战争时期，腓特烈大帝为应对频繁的战事，进一步完善了这个机构。他在原有的军需部总监（Quatermaster-General）之下又新设了附属官（Adjutantur）这一著名职务，该职务起到的职能与 19 世纪下半叶欧洲军队的"旅少校"（Brigade-Major）十分相似。虽然"附属官"在战时的职能越发强大，但腓特烈大帝与他的继任者仍然没有在真正意义上建立起一套完整的"总参谋部制度"，战争计划仍然由国王一手制订。只有在经历 1806 年耶拿 - 奥尔施塔特会战的灾难性惨败后，总参谋部制度才第一次登上历史舞台。

沙恩霍斯特不仅是全新的兵役制度的创始人，还是总参谋部的伟大奠基人。他在战争部之下，又额外新设了一个叫作"第二部门"的组织，并自任第一任部长。这位参谋长在 1813 年的吕岑战役中脚部负伤，一年后因血液感染而死。接替他的格奈森瑙，在 1816 年退休离任之前，进一步完善了这个新部门，使其适应大规模军事改革之后的普鲁士军队。他们两人都是承前启后的伟大人物，在拿破仑战争中实行军事改革拯救了普鲁士陆军，而在战争之后又为未来的普鲁士军制打下坚实基础。接替他们的是战争部长卡尔·冯·戈洛曼（Karl von Grolman）与赫尔曼·冯·博因（Hermann von Boyen），这两人都是坚定的自由主义者，都曾亲眼见证腓特烈大帝时代的旧秩序在耶拿战役中所遭遇的惨败，并亲自领导一支由平民阶层组成的民族军队赢得反法战争的胜利。他们的观念与绝对君权主义者腓特烈·威廉三世产生了不可调和的冲突。国王与两人就地方民兵制的未来安排问题发生激烈争执（这是 1862 年军事改革的预演），两人也因此被迫辞去军中职务。此后，这个部门的领导人一直由容克贵族担任。作为一个阶层，容克军人在 1806 年以后的战争中也得到了振作，以实力挽回了自己的声誉，因而未曾在拿破仑战争结束后被彻底排挤出局。然而，总参谋部制度还是在这次政治地震后存活下来，更是在戈洛曼的接替者的领导下得到进一步发展。在他担任部长期间，参谋部正式与战

争部分离，成为独立部门。新的
参谋部下设三个相互平行的处：
第 1 处负责人事；第 2 处负责编
制、训练、部署与动员；第 3 处
负责工程建设、技术与炮兵事务。
同时，缪弗令将军不仅进一步完
善了参谋视察制，[4] 还利用博弈
论发展出"兵棋推演"这一全新
演习方式。这是一种极为复杂的
兵棋"游戏"，博弈双方在沙盒
上使用纸质地图与小旗子等模型
对战事进行推演，进而模拟与估
计战事的胜负。除此之外，罗恩、
老毛奇与弗兰岑茨基等未来新星

◎ 奥古斯特·奈哈特·冯·格奈森瑙（1760—1831）

也在他主政的年代加入总参谋部。总参谋部这一切军事理念的根源，却来自
拿破仑时代一位名为卡尔·冯·克劳塞维茨的军官撰写的《战争论》。这位军
官曾在沙恩霍斯特与格奈森瑙两人手下供职，他的著作会一直影响普鲁士王
国与德意志帝国的军事思想，直至 1945 年第三帝国覆灭。

克劳塞维茨于 1770 年 6 月 1 日出生在一户家境贫寒的容克贵族家庭中，
其父是一名参与过七年战争的步兵军官。他在 12 岁时已入军中服役。1807 年，
他已成为沙恩霍斯特手下最为得意的门生，并参与了普军自 1813—1815 年的
一系列战事。1818 年，他成为柏林战争学院的校长。1830 年，波兰发生了反
抗沙俄统治的"11 月起义"，普波边境也爆发了危机，当时已经退休的格奈森
瑙被重新召回军队，担任驻波边境普军总指挥一职。这位再度出山的名将，选
择自己最得意的门生克劳塞维茨作为参谋长。然而非常悲剧的是，这两个人都
在随后的一年里感染当时正肆虐整个东欧的霍乱，并因此不幸离世。在去世
之前，克劳塞维茨还完成了关于自己的军事哲学与政治观的论著。他的妻子
在 1832—1837 年整理出版了《卡尔·冯·克劳塞维茨遗著》，这套书共 10 卷，
前 3 卷是大名鼎鼎的《战争论》。这位伟大的军事思想家在专著的开头第一章

便开宗明义地阐明了自己的战争观——"战争无非是政治通过另一种手段的继续",这句话在后世成为这部著作中最著名的一句格言。总而言之,《战争论》对于整个军事哲学的影响力,堪比亚当·斯密的《国富论》之于经济学。这本书不仅阐述了战争的本质,还系统论证了士气、政治以及其他各种因素对于战争的影响。不过需要特别注意的是,这本书要在克氏去世许多年以后,才成为两次世界大战中每一名德国军官的必读书籍,乃至现代世界各国军校的"军事圣经"。虽然《战争论》在俾斯麦时代尚未成为一本"热门大作",但它还是对一位读者产生了深远的影响,而这位读者也亲自实践了这本书中的战争观,成功指挥了三场改变整个世界命运的战争,缔造了统一德国。他的名字是赫尔穆特·卡尔·冯·毛奇。

如果单从外表或是日常行为举止来看,绝大部分人都不会想到其貌不扬的老毛奇竟会是一名军人。虽然他的个子非常高,但纤弱的体格与文弱的外表让他看起来更像是一名学者。与大多数同辈人一样,他出身于一户家境贫困的低级贵族家庭。其父弗里德里希·菲利普·维克托·冯·毛奇(Friedrich Philipp Victor von Moltke)曾在普鲁士与丹麦两国军队中服役,而老毛奇本人也是从丹麦王国的哥本哈根皇家军校中毕业的。他在21岁时重回普鲁士军队中服役,成为王室警卫掷弹兵团(Leibgrenadier)的一名少尉。由于家庭无法给他提供任何资助,所以他的早年服役经历都是在疾病与贫困中度过。虽然家境贫困,但这位未来的总参谋长的自尊心极高,在同僚面前

◎ 卡尔·冯·克劳塞维茨(1780—1831)

始终保持着一副高傲的样子。为了不让自己被家境富裕的同僚嘲笑，他还曾匿名发表过一系列军事著作，并干过一段时间的翻译工作来赚取外快。[5] 不过非常有趣的是，他从没有在自己的著作中表露过任何政治倾向，也没有因为这些"外快生意"而影响自己的本职工作。他把自己的整个青年时代都全身心投入到军旅生涯中。接着，他转入由克劳塞维茨担任校长的柏林战争学院就读，成为一名军事地理学专家，之后还在相关部门工作了一段时间。

1833 年，老毛奇加入普鲁士参谋部，成了一名中尉参谋。短短两年后，他被分派到了遥远的异国他乡——奥斯曼土耳其帝国，这位年轻军官的战争观将在这里彻底成型。当时的土耳其苏丹马赫穆德二世[①] 对于普军的威名十分景仰，因而请求普鲁士王国派遣一批军事顾问，帮助奥斯曼军队完成现代化。老毛奇在这个顾问团中，其任务是将现代化工作的进展按时汇报给新任总参谋长威廉·冯·库罗什内克（Wilhelm von Krauseneck）将军。这批参谋军官在抵达土耳其后，获得了奥斯曼帝国军衔，成为苏丹的高级军事顾问。作为一名驻外武官，他在第二次土埃战争[②] 中见识到真实的战争。不过，他观摩的第一场战役便是一场大惨败，即 1839 年 6 月 24 日叙利亚边境的尼基普（Nisib）之战。老毛奇绝望而无助地看着奥斯曼军队一步步陷入埃及人的包围，最终全军覆没。[6] 这次惨败经历让老毛奇领会到不少宝贵的教训，他将这次东方之行的所见所闻悉数编纂成书，出版之后畅销一时。

1842 年，老毛奇与一个名叫玛丽·波特[7]的英国女人结婚。婚后不久，老毛奇被上级派到罗马。他在这座城市呆了数年，期间一直担任亨利亲王[③] 的副官一职。1848 年革命爆发后，他成为驻守在莱茵河畔的第 7 军的一名参谋军官，在处置柏林街头的暴乱的行动中表现突出。不过令人大跌眼镜的是，他本人对

① 译注：Mahmud II，土耳其近代史上最杰出的苏丹之一。他于 1826 年解散禁卫军团，1831 年废除封建骑兵采邑，建立新军队。此外，他还采用内阁制度，实行人口普查和土地测量，派遣学生去欧洲留学，是公认的现代土耳其之祖。

② 译注：1838 年，奥斯曼帝国在埃及的名义总督穆罕默德·阿里帕夏宣布独立，停止向奥斯曼帝国纳贡。在英国大臣帕麦斯顿的唆使下，苏丹率军攻入叙利亚，战争因此爆发。

③ 译注：这位亲王是腓特烈·威廉二世与第二任妻子弗利德里卡·路易莎的儿子。

国家的局势十分悲观。就在战斗结束后不久，他还写信给自己的兄弟，称军队完全无法将这场起义镇压下去，首都的秩序永远得不到恢复，国家也将被自由主义者推翻。同时，他还建议这位兄弟马上移民到澳大利亚避难。

1848年革命结束后，总参谋长库罗什内克正式离任，接替他的是当时的战争部委员卡尔·冯·赖厄（Karl von Reyher）。国王腓特烈·威廉偏爱新组建的军事内阁，使总参谋部的地位一落千丈。在他主政后，情况非但没有得到改善，反而变得更加糟糕。在接下来的3年里，又有6名战争部委员在国王的默许下加入这个军事内阁，曼陀菲尔则成为这个内阁的首脑。整个新机构的权势一时无两，差一点就取代总参谋部。不过，赖厄还是在曼陀菲尔的步步紧逼下竭力保住总参谋部的独立性。在赖厄主政的年代，军区制度也出现巨大的问题。这套体制在一定程度上起到划分普军职能的作用，但随着承平日久，也渐渐显露出弊端。许多高级将领在自己管辖的军区中享有过于强大的权威，导致地方派系丛生，战争部根本无力掌控8个军区的全局。在1850—1859年的整整10年间，由于整个指挥系统的混乱与地方保守势力的顽固阻挠，普鲁士军事动员机制出现了许多问题。

正是在这10年间，意识到问题严重性的老毛奇开始动笔撰写关于普鲁士在整个欧洲的军事地位的论文。这位深受克劳塞维茨理念影响的军事思想家，还发表了许多关于普军现状的独到看法。他的著作成功吸引了上级的注意。他表达了极为强硬的保守派政治理念，还强烈主张军队不应受民间力量的控制。这一系列观点，与当时连摄政王都还没有当上的威廉的个人野心不谋而合。1855年，这位未来的国王正式任命老毛奇担任自己的副官。在取得这份职务之后，老毛奇跟随威廉多次走访英国温莎城堡，[8]顺便游历整个欧洲。这份工作还给老毛奇考察世界各国军政制度与现状的机会。1857年，威廉任命老毛奇临时担任普鲁士总参谋长一职。1858年9月18日，威廉从兄长的手中接过权力，成为摄政王，将老毛奇的总参谋长职务从临时担任改为正式任命。这位默默无闻的大高个，就这样在悄无声息中爬到军方高层的位置。深受腓特烈·威廉四世宠信的曼陀菲尔当然不肯接受这一事实，虽然这位将军在私底下对老毛奇的军事思想极为敬仰，但他还是在威廉面前坚持声称，老毛奇只是个学究型人物，并不适合担任总参谋长一职，只有自己才是这个职务的最佳人选。曼陀菲尔与老毛奇在相处之初并不融洽，但这位含蓄而矜持的将军还是放下自己的架子，在接下来的 4 年时间里与总参谋长精诚合作，一起完成普鲁士陆军的全面改革，为未来的普鲁士 - 德意志军事制度奠定基础。

上任伊始，老毛奇就将科技力量视作普军事改革与强化战斗力的重中之重。早在他上台前的 1848 年，普鲁士陆军就已开始陆续装备新式后装击针线膛枪。普军虽然在武器方面取得极大进步，但基本步兵战术却未曾出现较大突破。此时的普军真正需要的，是一种可以让普通士兵充分发挥火力优势的全新战术。与此同时，后膛铸钢线膛炮技术的出现，也要求炮兵战术进行变革。不过，老毛奇在最初几年里并没有在新战术领域做过多摸索，他的发展重点是电报通讯与铁路运输。这位总参谋长与军事改革主导人罗恩将军始终坚信，"进攻才是最好的防御"。对于四周全是强敌的普鲁士来说，只有通过快速战略机动，集中优势兵力结束战争，才能保卫国家安全。在速战速决的作战原则下，铁路和电报通讯这两项新技术便成为不可或缺的制胜关键。老毛奇对铁路建设相当熟悉，早在 1841 年成为莱茵河畔的第 8 军参谋长时，他就当上了柏林 - 汉堡铁路线的建设总监（同时也是铁路公司的董事会成员）。1850 年夏季陆军演习时，他第一次尝试运用铁路线调动军队。在 1858 年正式成为总参谋长之前，他还在西里西亚当过一段时间的军事总监，亲自视察监督当地军队用铁路进行大规模机动。19 世纪 60 年代初，老毛奇已成功将全普鲁士的电报与铁路这两样克敌法宝的建设掌控在政府监管之下。他还设计了一种全新的火车货厢，一旦战事爆发，军队即可征用这种货厢，运输士兵或战马。

此外，还需要特别一提的，便是总参谋部的人数问题。当老毛奇刚接手时，地位在此前几经削弱的总参谋部仅剩下 64 名参谋军官。不过，老毛奇并没有立刻增加参谋人数，而是对整个编制及体制进行了改革。原先的"处"（或者说"师"）被全新的战略部门取代，这个战略部将针对各个假想敌或是周边各国的突发情况来预先制订战略计划。其中普鲁士总参谋部优先针对的国家为瑞典、俄国、土耳其与奥地利；二级对象为德意志邦联其余各国、意大利、瑞士与丹麦；三级对象为法国、英国、荷兰、比利时、西班牙与美国。此外，老毛奇还新设了 6 个部门，分别为铁路部、作战计划部、人事部、财政部、军史部与地理部。老毛奇还给手下参谋军官反复灌输集体合作意识与大局观，要求每个人都竭尽自己的专业能力，共同为总参谋部制订作战计划。这套全新的架构，预示着"总参谋部"制度在现代军队的崛起。按照老毛奇的观点，军事天才的时代已经永远逝去。在今后的战争中，将不会再出现拿破仑、马尔伯勒伯爵或威灵顿公爵这样的天才将领。单凭个人决策，完全无法适应现代战争的复杂性。现代战争真正需要的，是无数参谋军官的集体决策。他们将在战争开始前预先勾勒整场战争的大体战略，并在战争爆发后为战场指挥提出建议，辅助其制订作战计划。虽然老毛奇在生前曾公开发表"世上再无军事天才"这一惊世骇俗的理论，但非常讽刺的是，他本人却在死后成为后人心中的军事天才之一。总而言之，他的军事哲学的精要之处在于，现代战争有别于以往任何一场战争，其战场范围将是前所未有的广阔。任何一名独立的指挥官，无论他是军事天才还是蠢材，都无法在缺少总参谋部的集体决策与宏观战略的前提下制订任何有效的作战计划。

19世纪60年代初，普鲁士爆发宪法危机，扩军计划险些胎死腹中，但老毛奇与他的参谋们却成功地置身于危机之外。他同罗恩与俾斯麦两人充分交换战略意见，向两人做出保证，称自己将和国王及各军总指挥"时刻保持步调一致"。1864年普丹战争刚刚爆发时，老毛奇还只能为战争部提出参考意见，当时国王授权的前线总指挥是年老体衰的乌伦格尔元帅。战争初期，这位元帅拖延了相当长的时间，使丹军顺利撤退至杜伯尔要塞，围城的普军却迟迟没有发动攻势。就在这个关键时刻，罗恩将军向国王提出了一个极为宝贵的建议，希望给予老毛奇参与这场战争的机会。国王在视察前线普军后，最终同意了罗恩的建议。他解除了法尔肯施坦因的职务，改由老毛奇临时担任总参谋长一职。新官上任的老毛奇在默默无闻中制订了两份极具天分的作战计划：强攻杜柏尔要塞以及抢滩登陆夺取奥尔森岛。普军这两次作战都取得了成功，他本人也获得社会公众的注意，成为声名显赫的战争英雄。战后，在罗恩与冯·特列斯克（von Tresckow）将军的举荐下，老毛奇正式成为国王内部议会的成员之一。[9]自此以后，普鲁士王国的宏观战略与作战计划，都将由老毛奇的总参谋部制订。当社会各界意识到普奥战争已经不可避免的时候，他早已走在公众的前头，预先制订好取胜的计划。他拟订的进攻奥地利本土、围歼贝内德克的北部方面军主力的计划，在战前饱受军方高层的诟病，但国王还是力排众议采纳了这一计划。当时的老毛奇已是 66 岁高龄，军中人士普遍对这个计划的可行性表示怀疑。战争爆发不久后，对战争走向极为不安的国王私人副官博因将军，还曾在赶赴前线的王室专列中，对自己的朋友说："一个 70 岁的国王赶赴前线做总指挥，身旁是年老体衰的老毛奇！天啦！这场仗的结局会变成什么样？"

注释：

1. 除了耶拿战役之外，附近还发生了另一场战役——奥尔施塔特会战，其结果同样也是普军的惨败。

2. 同时被归入地方民兵的，还有被称为"自由猎队"的志愿军部队。他们在 1814 年以后，都被合并到普军当中。

3. 当时，有一个名叫卡尔·忒斯登的自由派国会议员发表了一篇国情咨文，声称普鲁士军方正在逐渐偏离国家与人民，同时还在重蹈当年耶拿会战前夕的覆辙。此文一出，彻底激怒了曼陀菲尔将军，两人当场进行决斗，并双双负伤。差点激情杀人的曼陀菲尔将军，则在监狱中度过了一段时光。

4. "Staff Rides"是由沙恩霍斯特发明的一套有趣制度，德语写作"Stabs-Reise"。该制度旨在培训参谋人员的头脑，帮助军官了解战场地形与路线规划，这是当时欧洲其他国家的军队都欠缺的一种独特概念。

5. 老毛奇将吉本的名著《罗马帝国衰亡史》（共 12 卷）翻译为德语。

6. 苏丹与他的将领们宁可相信自己身边的占星术士，也不肯采纳这位外国人的观点。

7. 她是他的姐姐的继女——他的姐姐嫁给了一名英国鳏夫。在漫长的婚姻生活中，两人虽未生下一男半女，但依旧幸福美满。

8. 腓特烈三世与他未来的妻子——维多利亚长公主维姬（Vicky）也是在这里相识的。

9. 他加入后，曼陀菲尔将军就被解除内部议员的职务。此后，国王的私人首席军事顾问也改由老毛奇担任。

普鲁士的军人

第八章

军官阶层

当威廉一世于 1861 年正式登上普鲁士王位的时候，普鲁士的军官团队在王国军队及社会当中的超然地位也随之确立。军官阶层的这一优越地位不仅会一直保持到 1918 年德意志帝国解体，从某种意义上也会一直延续到 1945 年第三帝国覆灭以后才算彻底消亡。自 1820 年开始，自由主义便从普鲁士军队中渐渐消失，容克阶级开始夺回自己在军中的话语权。而在此之前的将近 200 年时间里，军官职务也都是由这些容克们所把持。这是一个对于普鲁士君主抱有绝对忠诚心的贵族阶级，他们将自己的孩子专门培养成军官，再由这些军官来领导占绝大多数的平民出身的士兵。

让我们先来聊聊这个阶级的诞生环境。上易北河东岸那粗劣多沙的土地不仅给普鲁士的发家地波美拉尼亚、勃兰登堡与东普

◎ 赫尔曼·冯·博因（1777—1848）

鲁士的诞生留下了极为深刻的痕迹，还为未来的王国塑造了一批凶猛彪悍的庄园主。他们以经营农业为生，手下农奴的祖先乃是被征服的文德人①与西斯拉夫 - 古普鲁士人②，而他们本人是征服这片土地的德意志骑士领主的后裔。虽然这些乡绅的经济极为贫困，但他们还是获得了"容克"（"地主之子"或"小主人"的意思）这一象征贵族身份的称谓。后来的德意志三十年战争期间，勃兰登堡选侯国的统治者，有着"大选侯"之称的腓特烈·威廉一世通过各种手段继承了大片封建领地，为未来的普鲁士王国打下了基础。而容克贵族们也获得了这位君主的信任，大选侯以各种政治经济利益来换取他们在军队中的服役。不过，这位君主以及他身后的几位后继者一直都试图将容克领主们的领土收归于自己统治之下，直接造成中央政权与地方领主的矛盾，而这一矛盾要到腓特烈二世时代才得到解决。有着"大帝"尊称的腓特烈二世在继位后，将土地悉数归还给失地容克，以换取他们的宣誓效忠。这一"封建效忠"誓言不仅奠定了容克阶级在军队中的绝对主导地位，更使这一地位通过宗教与封建义务的手段而得到了合法化与神圣化。虽然容克地位超然，但腓特烈大帝的七年战争还是为普鲁士王国缔造了一批非贵族出身的军官。虽然容克阶级始终把持着绝大部分骑兵军官的职位，但漫长而惨烈的战争还是让许多平民获得了晋升的机会，最终导致容克出身的步兵军官的比例有所下降。不过，腓特烈二世始终都瞧不起这些市民。到了后来的和平时期，他还是逐渐将这些非贵族出身的军官剔除出了各步骑兵团队伍。[1] 在法国大革命的时代，普鲁士陆军中非贵族出身的军官在总军官人数中所占据的比例，更是被裁减到只剩下不到 10%。缺乏新鲜血液的直接恶果，是军官团队质量的下滑，军队中充斥着纨绔子弟。1806 年，

---

① 译注：Wendish，是历史上定居在法兰克人与其他日耳曼民族统治区东部边陲地带的斯拉夫民族。1147 年，德意志骑士对他们发动了远征。在完成这次征服后，德意志人在此后的几个世纪里一直在易北河 - 奥德河地区进行殖民活动。德意志移民也在原先的文德人地区定居下来，聚为城镇，而这些城邑都成为北德意志重要的商业中心。被征服的文德人则成为农奴，最后被现代德意志人同化。

② 译注：Polish-Prussian，12 世纪起，德意志封建主越过易北河东扩，征服了易北河以东的西斯拉夫人。需要特别注意的是，他们并不是波兰人，只是和现代波兰人同属西斯拉夫人。古普鲁士人是一个波罗的语民族，自 13 世纪起逐渐被条顿骑士团征服，在接下来的几个世纪中被完全同化。

普鲁士军队在耶拿 - 奥尔施塔特会战中遭遇前所未有的灾难性惨败，这些不思进取的容克阶级难辞其咎。

沙恩霍斯特早在耶拿会战前夕就已开始进行军事改革，这位伟大的军事思想家甚至在很早以前就已经意识到，只有教育与训练才是真正的军事领导者所必需的资质。在这一建军思路下，他重新整顿了战争学院与各大军校的体制。1810 年，在他的授意下，普鲁士陆军又分别在柏林、布雷斯劳与科尼斯堡新开设了三所军官预备学校。他与格奈森瑙两人都主张普军应当任人唯贤，不问阶级与出身，不能由特权阶级垄断整个军队的领导权。解放战争中应运而生的地方民兵部队，便是这一理念的直接体现。在民族主义的推动下，全国上下各个阶级都积极踊跃地加入到了爱国民兵队伍中，军官的晋升标准也改由能力来评定。滑铁卢战役结束后，格奈森瑙与战争部长博因将军仍然努力尝试在普鲁士军队内部进一步推广这一自由化进程。然而，维也纳会议重建了整个欧洲的秩序，普鲁士王国则是维也纳体系下各个专制君主国中最保守的。在接下来的几年里，容克阶级对军队中出现的自由化浪潮展开了最坚决的抵制，而他们的国王腓特烈·威廉三世也是一个十分注重王权与容克阶级的关系的君主。这位保守统治者十分积极地配合了容克们的行动，对军队当中的自由主义者发动了反攻倒算。到了 1820 年格奈森瑙与博因辞职的时候，中产阶级出身的军官所占比例出现了极为戏剧性的大幅下滑，而地方民兵部队也被收归到军方控制下，不再是一支民间力量。

虽然普鲁士军队重新恢复了旧秩序，但沙恩霍斯特的相当一部分改革成果还是被保存下来，军队教育便是其中之一。他的这套教育及军官选拔制度受到了许多贵族出身的军官们的猛烈抨击。这些容克心高气傲，一直以来都将获得军官职位视作自己与生俱来的权利，同时还认为军事教材上面写的东西纯粹是对自己的侮辱。[2] 不过，腓特烈·威廉三世与他的儿子并不为这些无理抨击所动，始终都坚持通过教育与文凭来选拔军官。在两代君主的批准下，军校分别在 1836 年与 1844 年先后两次提高了入学与选拔标准。1848 年革命爆发后，法兰克福的自由派邦联议会试图立法监管普鲁士的军校，但随着自由主义者们的失败，军校内部的自由主义思潮也随之一并消亡。虽然普鲁士王国的政治氛围日趋保守，但军校的选拔标准却始终未曾降低。1858 年腓特烈·威廉四世去世后，他的弟弟摄政王威廉一世正式即位，这是一位保守程度比起前代有过之而无不及的君主。这位"军人国王"一生都在维持君主对军队的控制，但他在军队教育问题上也并没有做出任何谄媚容克阶级的举动，反倒是前所未有地提高了军校的选拔标准。到了 19 世纪 60 年代，普鲁士王国的绝大部分军官都是贵族出身。贵族在近卫步兵部队中占军官人数的 95%，在近卫骑兵部队中为 100%，在近卫炮兵部队中占 67%。罗恩将军进行军事改革后，普鲁士又新建多个步兵团与骑兵团，对于军官的需求量也大幅增长。为了应对"供不应求"的危机，威廉与军队高层将不得不制订一套全新的军官选拔标准，以此满足日益增长的军官需求。

19 世纪 60 年代初，普鲁士的军事教育与军官选拔机制仍然同 1815 年基本相同，没有发生太大变化。一名军人可以通过三种手段成为军官：第一种是成为军校学员，进入军校就读，其次是接受"中级教育"，而最后一种则是在军中服"一年志愿兵役"。1860 年的普鲁士总共有 5 所军事类院校，其中一所是高等院校，全校编制为 4 个连，其余 4 所是初级院校。全校编制仅为 2 个连，其详情如下：

军校名称	成立年份	军校生总数（估算）
柏林	1717	400
波茨坦	1769	200
科鲁姆（Culm）	1776—1807（第一次办学的时间）/1816（重建时间）	200
瓦尔施塔特（Wahlstatt）	1838	200
贝内斯堡（Bensberg）	1840	200

上述 5 所军校是当时公认的"军官供应地"，而这些军校的学员们在毕业后也普遍选择继续待在里面接受深造。军校招收的初级学员的年龄在 10—12 岁之间，而在就读之前还要通过一系列极为复杂的检测。只有那些血统纯正、体侧合格的人，才能有幸跨入军校大门。在接下来的 6 年时间里，他们要接受一系列的学术教育，他们的课程要比民间中学的课程稍微简单些，但这些课程纯粹是为了军事与战争。在军事督察（Inspector-general）的监视下，他们要接

受各种各样的军事教育。军校学员的一切日常行为举止，都必须符合陆军规章制度。军校生活是公认的斯巴达式教育，极为艰苦。未来的德国元帅保罗·冯·兴登堡就曾是瓦尔施塔特军校的一名学员，他曾回忆起离家赶赴学校那一天的情景：年幼的他不仅扔掉了家中的所有玩具，甚至还事先写好了一份遗嘱！此后的每一天，像他这样的初级学员都要在清晨早钟敲响的那一刻马上起床，在快速吃完早餐之后，于早上 8 点整准时进入教室，接受长达 3 个小时的课程。而每一天的下午则充斥着各种操练、体能训练与军理课。除此之外，军校还开设了多个学时的人格培养课程、爱国主义教育与尚武精神培养课程，其目的是培养忠于国家与君主的未来统帅。虽然纪律十分严格，但军校的一些教官却颇为和蔼可亲，他们甚至还会自掏腰包，为一些经济条件困难的学员支付学费。这些年轻人的绝大部分时间，都是在校方的严密监视下度过的。他们的个人隐私极少，每天只有傍晚时分的一小段时间可以走出学校，到附近的城镇中游玩或闲逛。晚上 10 点整，所有宿舍都会准时熄灯。等他们 17 岁或 18 岁时，长达 6 年之久的军旅生活将把这些贵族孩子塑造成未来的军官。不过，在正式成为步兵团或骑兵团的中队长或连长之前，他们还要通过两个极为重要的步骤，首先是"军官学员测试"。

"军官学员测试"也对民间院校毕业的学生开放。不过，直到 19 世纪 60 年代初，绝大部分参加这个测试的人仍然是贵族出身。三场统一战争的爆发造成大批新老军官的死伤，再加上普鲁士的大规模扩军，使军队对于军官的需求急剧增长，直接导致市民阶级出身的考生人数明显增长。当时的普鲁士与德意志其他地区，不仅有全欧洲最先进的教育制度，更是全面普及了小学免费义务教育。这套新颖的教育制度，让普鲁士国内的每一位学龄儿童都获得了接受教育的权利。在完成小学教育之后，那些家境优越的家庭会把自家子弟送到实科中学接受 6 年教育，或者在文理中学接受长达 9 年的中学教育。在军国主义氛围浓厚的普鲁士王国，"中学教育"四字不仅意味着更高级的文化教育，还意味着更加严格的纪律。每一名在校学生都要无条件服从校方安排，一旦违反校规就要受到极严厉的惩罚。能够完成实科中学或文理中学教育的人，都可获得报考"军官学员测试"的资格。1861 年，陆军公布了新的军官选拔条例，规定任何人只要在中学教育中获

◎ 1860年，未来的德国元帅保罗·冯·兴登堡在瓦尔施塔特军校

得"初阶"（Prima）或"进阶"（Oberprima）文凭，或是通过了"高考"（Abitur），都可报考"军官学员测试"。[3] 在报名阶段，选拔委员会要详细考察每一名考生的家庭出身与日常性格。只有那些身心状况完全符合军方严格要求的人，才有资格步入考场。在通过筛选之后，这些民校出身的考生便可获得等同于初级军校毕业学员的地位与待遇。

由于普鲁士王国采用的是义务兵役制，每一名年轻男性都有依法服兵役的义务。为了不让一部分年轻人因过长的服兵役时间而耽误学业，普鲁士于1814年制订了一套名为"一年志愿兵役制"的全新预备役军官选拔制度。选择服这种兵役的人的兵役期限与训练方式，都将完全有别于义务兵。每一名"一年志愿兵役制"的参与者都必须自备武器与制服，如果选择在骑兵部队服役，就连马匹与马具都要自掏腰包购买。[4] 他们的经济状况与武器装备的质量，在一般情况下也比义务兵稍好些。虽然成本十分高昂，但这套"一年志愿兵役制"还是获得许多人的青睐。它不仅能让参与者在避免耽误学业的前提下完成服兵役的义务，还能给予他们成为预备役军官的机会。选择这种兵役方式的年轻人，通常都能在参军当年就获得"下级军士长"的军衔。虽然这是一种能为参与者与军方带来双赢局面的军官选拔制度，但军方高层对这套制度并不是特别认同。之所以出现这一情况，很大程度上是因为他们觉得那些通过"一年志愿兵役制"而晋升的军官完全是投机取巧，与"主流"背道而驰，同时还会严重影响军官团队的职业性。但不管怎么说，这套独特的军官选拔机制，在德意志帝国诞生后仍然保留着，甚至还被推广到帝国之下的另外 3 大王国与其他各邦国 ① 的武装力量中。

在正式参加"军官学员测试"之前，所有考生往往还要再进行一道极为特殊的检测，一旦无法通过这道检测，同样会失去成为军官的资格。不管考生选择在哪一个团服役，他与他的父亲都必须与团长及其他各级军官进行一次长达一天的座谈会。这些军官也将在座谈会上对考生各方面素质进行综合评价。在座谈会中，考生不仅需要向考官展现积极向上的品格、强烈的爱国主义情怀以及对加入军队的渴望，同时还需要证明自己有足够的经济实力（对开支高昂的骑兵团来说尤为重要）。此外，考官还会再一次详细调查每一名考生的出身背景，那些贵族出身的年轻人往往能十分轻松地得到近卫团的青睐。近卫团的贵族军官比例，也因此达到了几乎百分之百。如果考生是个犹太人，情况就会十分悲剧，考官甚至会当场批评他不该报名参加这次考试。虽说当时军队高层普遍对犹太人报以极为鄙夷的态度，但在统一战争时期，军中还是出现了一些在后勤补给或技术类兵科中服役的犹太军官。到了 1880年，德意志地区的反犹风气日益浓厚，届时将只有极少数犹太考生能有幸通过"军官学员测试"。

当考生收到自己所中意的团的指挥官发来的通知书后，就可以正式参加"军官学员测试"。[5] 整场考试分为笔试与口试，日期通常选在星期天，地点则在部队的大型要塞的指挥部。1880 年以后，考试地址改在柏林，日期也改为周一至周五中的一天。在口试与笔试双双通过后，考生便正式成为他所报考的团的一分子，其身份也将正式变为"军官学员"。之后，他们需要在团中服役一段时间。1880 年以前，这段时间为 6 个月，到 19 世纪末则被缩短为 3 个月。一开始，这些"军官学员"的军衔仅仅是列兵，但身上穿的却是士官制服，并享受士官待遇。在动身前往战争学院之前，他们还会被授予一种名为"剑穗学员"的军衔。[6] 作为一名预备军官，他们的待遇比其他人稍好些，因为他们不仅是未来的指挥官，还是士官未来的上级，不会有人随意得罪他们。在最终成为

---

① 译注："普鲁士完成德意志统一"并不等于"其他各个德意志邦国被普鲁士消灭"。在德意志帝国建立后，巴伐利亚、符腾堡与萨克森这三个王国作为联邦成员，并未失去"王国"头衔与相对独立的政治地位。邦联时代的 5 大王国中，只有汉诺威王国被普鲁士彻底废黜。

一名现役军官之前，他们还需要通过最后一道门槛——战争学院。

1854 年，爱德华·冯·普克尔（Eduard von Peucker）将军成为普鲁士王国的军事训练与教育总监。上任不久后，这位将军决定对当时已是漏洞百出的预备军官训练制度进行重整。由沙恩霍斯特创建的军事学院，在当时已被"师属院校"逐渐取代。早在 10 年前的 1844 年，这种"师属院校"的数目就已达 17 座。虽然这种院校的影响力在 1845 年受到限制，其数量也被削减为 9 座，但其教授的课程内容仍旧过于宽泛，不能为学员提供多少有用的专业知识。针对"师属院校"的弊病，普克尔新建了 4 座"战争学院"——位于波茨坦与埃尔福特的两座建于 1859 年，位于尼斯的第 3 座建成于 1860 年，最后一座于 1863 年在恩格尔斯（Engers）建成。[7] 这几所战争学院的建立只有一个目的，那就是让预备军官接受更先进的专业训练与知识教育，为正式成为现役军官做最后准备。

战争学院的校长收到考试成绩之后，会为所有在校学员举办一次毕业阅兵式。在阅兵式上，校长会当着所有师生的面，对没有通过最终考核的学员点名批评，还会为顺利毕业的学员颁发结业证明书。其中成绩最优秀的人，甚至还能获得国王的嘉奖与推荐信。结业式完成后，学员们即可返回自己先前所报名的团，他们当中的少数人还要在团内待一段时间。他们的团长会被传唤至柏林，领取毕业学员的《适合服役证明》。假如团中的军官职位出现空缺，且有人希望成为这一职位的候补人选，团长会邀请全团军官前往柏林进行投票，决定空缺职位的最终归属。在骑兵团与近卫团这样的热门部队中，毕业学员的家

◎ 恩格尔斯的战争学院，摄于1864年

族出身与经济实力将决定选举的最终结果。虽然一些团还设有团属基金会，但年轻的毕业学员并不能指望这个（来左右这场选举）。比这更残酷的基本事实是，如果他们财力不足，就算成功通过了这一选举，进入这些热门部队，也肯定无法单凭收入养活自己。这场选举在形式上由军官一致表决通过，但最终结果极大程度上由团长个人决定，因为在投票过程中，很少有军官会公开反对团长的意愿。在 19 世纪 60 年代早期，军队中贵族军官的人数，已经超过中产阶级军官，这套"投票程序"也成为军队内部的无形规矩。不过，由于三场德意志统一战争的爆发与军队的大扩编，大批水平优良的中底阶层出身的毕业学员成功取得军官职位。在接下来的将近 40 年的时间里，普鲁士（与德意志帝国）军队的规模越发壮大，但军官阶层的行事效率却因这套选举制度而日益下降，军队内部的宗教与阶级歧视也日益严重。

一旦成功通过选举，这些年轻人便正式成为现役军官，军旅生涯就此步入正轨。他们还需要参加一些指导性课程，但主要精力还是放在自己的岗位上，最初的军衔一般是正连级少尉。如果选择在炮兵与工兵部队服役，他们还要到柏林的炮兵与工兵联合学院 ① 参加为期一年的高阶课程。为了不耽误课程，他们在这 12 个月里将不会服全日制兵役。如果是在英国，像他们这样的新晋尉官，可以定期外出举办狩猎会等各种大型活动，以此相互结识或彼此联络感情。但在普鲁士王国，一个军官的"生活半径"被极大程度地限定在驻屯地附近。如果军官在柏林的近卫团中服役，那生活可就舒适有趣多了。他在闲暇时间可以出入歌剧院、舞会等社交场所，但这一切都得建立在"有钱"的基础上。如果新晋军官财力有限，就算在柏林市区服役，生活也会变得极度无聊。在精神追求方面，普鲁士军官渴望效仿当年的条顿骑士，学习他们的骑士精神，而实现这一崇高精神的方法之一，是同其他贵族进行决斗。决斗的道德与礼仪规范极其繁琐，一般使用佩剑或手枪。在这个时代，总会有贵族赌上自己的荣誉甚至性命来进行这场危险的博弈。如果有人在决斗中侥幸存活并留下一道（明显外露）的伤疤，那这道伤疤会成为他毕生夸耀的资本。

---

① 译注：Combined Artillery and Engineer School，这所大学也是普克尔建立的。

◎ 青年时期的兴登堡是近卫军的一名军官

军官的晋升速度一般都非常慢，平均下来一名少尉要花 8 年时间才能晋升为中尉，晋升为上尉要再花 6 年时间，成为少校还得再加上 11 年时间。一名军官想要成为副团级中校，总共需要花费 35 年时间。这就意味着，每一名军官都要为取得晋升机会而挤破头。只要职位出现空缺，军队内部就会出现极为激烈的竞争。比较幸运的是，那些能在 1863—1871 年服役的军官，由于战争导致的军官伤亡以及大扩军这两个原因，往往都能获得出人头地的机会与较快的晋升速度。

成为普鲁士总参谋中的一员，是一名军官职业生涯的巅峰。有很多军官曾在部队服役时表现优异，获得过多项荣誉，但最终还是因为学历不够而被拒之于门外。对于总参谋部而言，学历是最重要的录用指标。早在 1810 年，沙恩霍斯特就已经建立了一座名叫"通用战争学院"的高级任职教育院校，为现役军官提供更高一级的课程，但这套学制在最初并没有太大影响。直到建校大约 15 年后，能否在这所院校取得文凭，才成为晋升高阶军官的重要考核标准。[8] 1859 年，教育总监普克尔将它改名为"战争大学"，此后也一直沿用这个名字。不过，完成这所大学的所有课程，并不意味着能够马上进入总参谋部。老毛奇很早就从这所大学毕业，但他用了整整 10 年时间进行努力，才最终踏进普鲁士总参谋部的大门。

柯尼希格雷茨决战的胜利不仅是普鲁士总参谋部的天才作战计划的结果，同时也归功于高新技术兵器——击针步枪。然而，如果普鲁士的军队没有这样一支优秀与专业的军官团队（尤其是连一级军官，其素质与表现最为突出），就算有再好的作战计划，再大的优势兵器，也无法取得最终胜利。他们利用自己平生所学，成功抵御住敌军的攻击，又因地制宜地下达了正确的进攻命令，为最终战胜敌人做出了不可磨灭的贡献。三场统一战争向全世界展示了普鲁士军官阶层的高素质，赢得了世界各国军队高层的羡慕，这套军官选拔制度也成为从大阪到圣彼得堡的各国军校的效仿与研究对象。在普法战争结束以后的40多年时间里，帝国的军事力量蒸蒸日上，军国主义思想蔓延到社会的每一个角落。德皇威廉与他的军队彻底摆脱了民间力量的钳制，成为德国的真正统治者。在帝德时代，陆海军的军官团队 [①] 也都彻底普鲁士化。总参谋部成为军队的实际主宰，一手策划了德军在第一次世界大战中的所有战役。然而，一战的终结与帝德的覆灭并不意味着普鲁士军官阶层的消失，他们还会出现在更惨烈的第二次世界大战中。直到第三帝国覆灭，这个阶层才算彻底消亡。

军队中的其他阶层

与英国陆军这样的完全职业化（采用志愿兵役制）的军队相比，普鲁士的义务兵役制军队往往更能反映整个国家的实际人口。在1860年军事改革之后，普军上层越来越军国主义化，士兵阶层的面貌也因此发生显著改变。

在拿破仑战争结束以后的很长一段时间里，普鲁士士兵都一直过着相对平淡无奇的生活。当一个年轻人长到21岁时，便到了义务服兵役的年龄，此时的他们需要前往自家附近的驻军指挥部报到。在经过极为草率的兵役体检之后，新兵会被当场宣布体检合格，适合服兵役。体检合格后，他们会跟着战友前往兵营，开始自己的军旅生活。一开始，上级会给他们进行一些简单的生活指导，并配发给他们一些很有可能并不合身的军服，最初的军纪也需要士兵们花一定时间才能慢慢适应。在此后的18个月至2年时间里，他们在每一天都要受到士官的严厉鞭笞。整个兵营生活极度残酷与乏味，每天除了训练之外再无其他的事情可做，只有偶尔举行一次的实弹射击训练或是大规模演习能让生活多几分刺激与趣味。在兵营当中，每一名士兵都要受到持续不断的残酷训练，直到他们能够在战场上表现得如同在操场上排练队列那样纪律严明。一旦士兵

---

① 译注：这里指代的是普鲁士王国以外的其他几个王国与邦国军队的军官。

◎ 1864年，普鲁士的步兵士官、掷弹兵、燧发枪兵、猎兵与军乐手

在训练中出了一点点差错，他们就要接受士官的非正式体罚。体罚一般是用木棍或手杖猛烈殴打身体，整个处罚过程不会受到军官的监视，所以士官下手过重把士兵打成重伤送进医务室的情况也时有发生。如果士兵严重违反军纪或是犯了罪，那他就要当着全营官兵的面，接受最严酷的正式刑罚——鞭刑。行刑人使用的是一种极为细长的藤条状长木棒，只要抽一下就能使人皮开肉绽。如果能侥幸活过这道刑罚，他还要被送进禁闭室里关几天或是几周。军旅生活极度枯燥乏味，士兵们没有多少休闲或是娱乐的时间，腰包里的薪水也十分拮据。他们只有在休息与放假时间才能外出购物或闲逛，平时只能靠部队内部开设的

各种赌局来消遣时光与工资。在服完为期18个月至2年的常备兵役之后，他们便会转入预备役，之后再转入地方民兵部队。民兵平时在民间从事生产活动，没有任何训练任务，一年只有一次大规模军事演习。演习甚至还不一定能按时举办，这使民兵的军事技能日益生疏。

1848年，普鲁士军队进行了自1815年以来规模最大的一次动员。在这次动员中，军官们发现自己的军队已经被分为两个部分：一部分是训练有素、冷酷无情的现役常备军，他们迅速镇压了柏林街头的骚动，扫荡了萨克森境内的叛乱；另一部分是政治立场可疑的民兵部队，他们不愿意响应国家征召，甚至还发生了多起抗命事件。事实证明，整个地方民兵已不再是解放战争时期那支忠于国家的队伍。自此以后，普鲁士军官阶层决定进行军事改革，将地方民兵部队剔除出军队，建立一支可以快速应对外界危机，有效保卫国家主权的新军队。在1850年与1859年，普鲁士又进行了两次大规模军事动员，民兵部队的表现依旧杂乱无章。普军高层不思进取，对地方民兵内部的混乱采取放任态度。他们的无能直接促成1859年军事改革报告的诞生。

普军完成军事改革后，底层士兵的生活并没有太多改变，但整个部队的精神面貌却发生了天翻地覆的变化。士兵的服役时间从最初的2年改为3年，他们的士官依旧严厉，但体罚制度却得到军官的有效监视，惩罚力度不再过于残酷。在普克尔将军的授意下，兵营的生活条件也得到有效改善，内部出现了一些简单娱乐设施。更令普通士兵高兴的是，他们的伙食营养条件也得到显著改善。因此，比起同时代欧洲其他国家的同行，普鲁士士兵的体格更健壮，伙食也更好。此外，当时德意志地区早已普及的全民义务教育与长期的农业锻炼，也使普鲁士王国的新兵比法国或沙俄新兵更快适应军旅生活。虽然生活条件与精神面貌发生巨大变化，但普鲁士的军事训练的基本理念并没有发生变化，军方高层始终秉持着"在操场上不能排练好队列的军队，到战场上肯定不能维持基本纪律"这一传统观念。然而，击针步枪的出现永远地改变了步兵的基本战术，拿破仑时代那种密集整齐的步兵队列变得难以发挥效用。新战术要求步兵队列尽可能分散，这将极大地考验每一名官兵，尤其是士官阶层在战时的临场发挥能力。

普鲁士士官从各种意义上看都是最标准的军人，也是士兵的楷模。只要士兵能够先成为准下士，再晋升为下士，就算是取得了常备军的士官资质，成为一名低阶士官。[9]1859年，普鲁士军方在波茨坦与尤里希建立了两座士官院校，用于培训那些资质优异，能够继续晋升的低阶士官。每所院校的学员为200人，分为2个连。虽然普鲁士很早就成立了这两座士官院校，但军方高层要一直到普法战争结束后才充分意识到士官教育的好处。一般来说，士官在军队中通常都扮演着严厉教官的角色，还会时常殴打与侮辱手下的士兵。虽然不讨底层士兵的喜欢，但对于整个普鲁士军队来说，像他们这样的人是极为必要的。他们的使命便是在3年的时间里把年轻的新兵彻底改造成一名训练有素的军人。在士官当中，军衔最高的是"团级军士长"，他能获得全团士兵的敬畏，被手下士兵亲切地称呼为"老爹"。虽然身处的岗位极为重要，在士兵当中的地位崇高，但绝大部分士官都绝对不可能得到晋升为军官的机会。同英国陆军一样，即使是高阶士官，也只有被分配到军需官或者兵营督察这两个岗位时，才有可能晋升为军官。在英国陆军当中曾出现过几例士官通过个人努力最终爬上高级军官的例子。[10]至于普鲁士/德意志帝国陆军在1914年以前有无出现类似的情况，则不得而知了。士官的地位底下，但他们却是整个普鲁士军队的主心骨。甚至可以认为，他们为统一战争的胜利所做出的贡献不亚于总参谋部。

1864年第二次石勒苏益格战争爆发后，普鲁士进行了大规模军事动员。此后，在普奥战争中。普军又进行了一次动员，这使绝大部分在1860年以后参军的官兵都服了整整10年的兵役。1870年普法战争爆发时，普鲁士军队已经接

◎ 1864年，普鲁士龙骑兵团与枪骑兵团的官兵

受过两次战争的洗礼，实战经验丰富，是欧洲各国军队艳羡与效仿的对象。由于各个军的士兵普遍都是从所属军区的下辖省份中征召的，所以军队内部还是会不可避免地出现各种地域主义倾向。然而，1866 年的普鲁士军队的内部凝聚力依旧强大，远胜于死敌奥地利军队。普军绝大部分官兵是新教徒，只有东普鲁士的少数民族波兰人才信仰天主教。在俾斯麦时代，各级官兵都抛开门户之见，选择精诚合作，最终赢得三场统一战争的胜利与全世界的赞誉。在接下来的 10 年里，世界各国军队都开始学习普鲁士王国的军制、武器，甚至是制服。[11] 1871 年德意志帝国成立后，又进行多次扩军，传承着普鲁士的尚武精神。由于普鲁士发明的这套军事制度，德意志军人将在两次世界大战中成为世界上最可怕的战士之一。

注释：

1. 据说到了大帝的晚年，这位曾经信仰"开明专制"的君主，甚至还用拐杖猛抽麾下的三名平民出身的军官，并亲自撤下他们制服上的军阶章。

2. 乌伦格尔元帅禁止自己的副官与其他军官在军队中配发任何形式的教范，这位顽固的老人声称："战争是靠刀剑打赢的，不是靠钢笔。"

3. 在当时的普鲁士，"Abitur"是最高水准的中学毕业文凭，无法通过这项考试的人，不能进入大学就读。一个人若想要成为高级公职人员或外交官，就必须先取得大学文凭。直到半个世纪后，它的地位与重要性才逐渐超过军队的"军官学员测试"。在 19 世纪 60 年代，普鲁士社会普遍更看重贵族血统。

4. "一年志愿兵役制"的参加者的制服与一般义务兵稍有不同，他们的肩章边上有一段黑白相间的流穗。

5. 在考生正式通过这个测试之前，绝大部分指挥官都不会为他们提供担保。

6. "Fahnrich-portepee"，英文写作"Ensign with swordknot"，字面含义是"有权随身佩带缠绕流穗的军刀的军官学员"，该军衔等同于英国陆军或美国海军中的"掌旗官"（Colour Bearer）。

7. 一直到 1870 年，普军都还保留着数所"师属院校"。不过，这些院校的地位已大不如前，被新的战争院校彻底取代。除了上述 4 所战争学院之外，普鲁士还在卡塞尔与奥拉宁施坦因（Oranienstein）新建了两所。

8. 早在 1765 年，腓特烈大帝就曾尝试建立一座名为"贵族学院"的类似性质的高级任职教育军校，但就读人数与实际影响极为有限。这套办学理念在大帝驾崩多年以后，才被逐步接受。

9. 许多应征入伍者确实获得了军士或更高的军衔，但他们最终未能入选常备军，而是转入预备役。

10.1900 年以前，英国陆军出现过两名从士兵晋升到将官的"草根将领"，分别是赫克托·麦克唐纳德与威廉·罗伯森爵士。后面这位的经历更加传奇，从士官一路晋升为一战时期英军总参谋长。

11. 以普鲁士人发明的矛尖盔为例，大英帝国、美国、葡萄牙、挪威、阿根廷、智利与巴西等国的陆军步兵都曾使用仿制的类似头盔，普鲁士胸甲骑兵矛尖盔也被多国骑兵效仿。

兵器、战略与战术

第九章

1815 年拿破仑战争结束，但这并不意味着拿破仑时代的战略战术的终结。在此后整整 50 年里，欧洲各国的军队仍旧在使用拿破仑时代的战争方式。无数的步兵肩并肩排成一个个密集的横队或是纵队，一边端着步枪亮起刺刀，一边齐头并进，然后停下脚步装填手里的步枪，等到每一个人都装填完后再朝敌人进行一轮排枪齐射，而对面的敌人要么和他们一样，要么就是躲到凸堡等掩体后面开枪射击。炮兵会被部署在军队的中央或者侧翼，用于摧毁敌人的队列或是轰垮防守方的城墙。骑兵则会以极为整齐划一的队列发起冲锋，尽可能地给敌人的队列或者心理造成冲击。这些基本战术的精要都被拿破仑的仰慕者兼部下安托万·亨利·约米尼（Antoine-Henri Jomini）收录进了他的著作——1838 年首次出版的《战争艺术概论》之中。在这本著作中，他概括出了"内线战略"（Interior Lines）这一名词，同时还指出军队只有在内线作战 ① 时才能发挥出真正的效能，因为在内线作战时防守方或进攻方可以在选定的地点上快速集中优势兵力，进而谋取优势。他的这一"内线"理念获得了当时的欧洲军事家的普遍赞同，长期以来都一直被奉为圭臬。② 在之后的战争当中，无论

---

① 译注：内线作战指部队在战斗中做离心运动，优先集中兵力各个击破敌军的外线部队。与之相对应的外线作战则是部队在战场上做向心运动，即从多个方向往敌军中心进攻，力量由分散至集中，由弱至强。关于内、外线作战的详情，请参阅《战争艺术概论》31 节《进攻交战和作战队形》。

② 译注：至于为什么从战略上来看内线较强、外线较弱，理由有两个：首先，在战略范畴内，内线的兵力是集中的，而外线在空间上兵力是分散的；其次，外线的运动路径比内线更长，运动比内线困难。

是南美解放战争、1848 年革命，还是克里米亚战争、意大利独立战争，双方都或有意或无意地按照约米尼的"内线战略"原则来作战。至于克劳塞维茨早他 6 年出版的那本《战争论》，还并未被当时的军坛所熟知。不过这本"冷门作品"却深刻地影响了当时普鲁士总参谋部中的许多重要成员，老毛奇便是克氏理论的忠实信奉者之一，而这位总参谋长也极为敏锐地察觉出了战争原则在未来战场上所发生的复杂变化（老毛奇发现了外线战略在近代战争中相对占优）。

◎ 安托万·亨利·约米尼（1779—1869）

造成这一变化的根本推力是拿破仑战争结束近 50 年里欧洲所取得的巨大科技进步。1815—1860 年，工业革命彻底地改变了欧洲社会。蒸汽机的改良直接促成了蒸汽船与铁路的诞生以及钢铁等各类金属加工业的进步。1855 年，英国人亨利·贝塞麦（Henry Bessemer）爵士发明了一种可以生产出强度更高、延展性更高的钢铁的冶金法，而他的这一全新炼钢法 ① 很快便在工业生产中得到了广泛运用。衣物与各类设备也因为科技进步的关系得以在更为自动化的生产线上批量制造。工业化进程给人类文明带来了本质性的进步，而工业革命的成就也很快被运用到军事上。

---

①译注：冶金学上将其称为"贝塞麦法"，一种将空气由酸性炉衬的转炉炉底吹入铁水，以氧化其中的杂质元素并发生大量的热，借以炼成钢水的转炉炼钢法。在此之前，欧洲只能使用普德林法或坩埚炼钢法等原始手段来生产钢材。

铁路与电报

1825 年 9 月 27 日，由英国人修建的人类历史上第一条客货运输铁路——斯托克顿 - 达灵顿（Stockton-Darlington）铁路[①]通车了。此后短短数年里，欧洲各国的领袖便纷纷开始探索这项新科技能带来的巨大军事优势。至于德意志地区则在 1815 年就有了第一辆蒸汽机车。早在德意志人计划建造第一条商业运输铁路的时候，就已经有一些军事学家主张将铁路技术运用到军事防御上，而德意志地区的第一条铁路——明登 - 科隆（Minden-Cologne）铁路则是在两地企业家的资助下成功建设的。这项"修建铁路运动"在当时受到了德意志地区许多主张民族统一的社会名流的鼎力支持，如鲁道夫·坎普豪森（Rudolf Camphausen）[②]以及弗里德里希·李斯特[1]等人。他们之所以主张修建铁路，不仅仅是为了巩固强化普鲁士的军事防御力量，同时也是为了促进德意志的统一。大经济学家李斯特曾在自己的著作中多次指出，普鲁士和未来的统一德意志只有在全国范围内建立了高效的铁路网的前提下，才能有效地抵御法国或是沙俄的入侵。

虽然普鲁士军队很早就已经意识到蒸汽机车与铁路的军事用途，但并不认为这项新发明存在任何战略级的军事潜力。对于当时的军方来说，在长距离输送各种重型装备与大批部队时，铁路的运力毫无疑问要比骡马的力量强。但最初的研究表明，在同样的距离下，部队靠徒步行军完成机动可能还要比坐火车快一些，或是只比坐火车稍微多费一点时间。虽然当时普鲁士民间的铁路运动可谓是声势浩大，当这次运动对王国的官僚阶层的触动与影响基本可以忽略不计。因此，当时的普鲁士政府高层对于铁路这项新发明的运用普遍抱以悲观或是反对的态度，其中尤以邮政总监（Pstmaster-General）卡尔·冯·纳格勒（Karl von Nagler）及航海商贸总监（Seehandlung Director）克里斯蒂安·冯·洛泽尔（Christian von Rother）[2]两人的反对最为激烈。在 19 世纪 30 年代早期，两个

---

①译注：铁路蒸汽机车的发明者斯蒂芬森还曾为该段铁路设计了名为"动力 1 号"的蒸汽机车。铁路建成后，他亲自驾驶机车由达灵顿开往斯托克顿，列车满载旅客 550 名，行驶速度为 24 千米 / 小时。这也是铁路史上第一列由蒸汽机车牵引的旅客列车。

②译注：普鲁士王国的首相，弟弟奥托则是国会议员。

人都没有意识到铁路的真正优势，同时也导致政府并没有为铁路计划提供多少支持或是财力资助。尽管德意志各邦国的政府与军方对于修建铁路兴致寥寥，但民间社会已经率先见识到了这项新发明所能带来的巨大商机，在各地企业家的资助下，德意志的各大城市很快就被铁路线串联在了一起。随着铁路在商业上取得了巨大成功，铁路的便利性与优越性也逐渐为社会各界所承认，军方也开始对铁路的军事运用产生了兴趣。在 1839 年的年度军事演习中，普鲁士近卫军率先用波茨坦—柏林铁路线运送了 8000 名士兵。就在短短几年之后，萨克森与巴伐利亚王国的军队也尝试了使用铁路线输送部队。虽说这几次尝试很大程度上仅具备象征意义，但实验的结果证明了"铁路运输远较徒步优越"这一铁打的事实，此后普鲁士军方高层便开始更进一步地发掘铁路的战略潜力。

对于普鲁士的某一个人来说，德意志地区铁路网的出现与飞速发展可不仅仅意味着运力的进步，同时还意味着战略层面上的更深层次变革。这个人，就是未来的总参谋长老毛奇。早在 1841 年，他就已经接触过铁路，还加入了柏林 - 汉堡铁路公司（Berlin-Hamburg Railway）的董事会。普鲁士军方之所以会为他安排这样一个职位，不仅仅是因为他同铁路将要经过的丹麦与梅克伦堡两国保持着极为特殊的联系，更是因为当时的他已是总参谋部的一分子。老毛奇曾在奥斯曼陆军当中服役过数年时间，尽管当时的奥斯曼土耳其，无论是铁路的建设进度还是运用理念，都极为落后。已经做了约 12 年参谋的老毛奇很快便清醒地意识到了健全稳定的铁路网的战略及政治价值。正如同李斯特一样，老毛奇也在归国之后很快成了一名铁路建设的倡导者，他还为此撰写了多篇论文并在权威性报纸上发表，详细论述扩建铁路设施的必要性与益处。不久之后，他就发展出了这样一种"心态"——需要一个强有力的政府来控制私营企业，以及确保一个在军事上高度有效的国家铁路网。这种"心态"在后来也确实让他受益匪浅。在柏林 - 汉堡铁路公司待了短短 4 年之后，老毛奇就不得不离开公司的董事会，改任科布伦茨（Coblenz）地区的参谋。虽然他不停地发表文章，竭力宣扬铁路的优越性，但是生怕自己的利益受到触动的普国军政高层还是对铁路抱有怀疑。

电报通信技术被社会各界接受可就要比饱受质疑的铁路快得多了，它从诞生伊始就在商业以及军事上被人广泛利用。几个世纪以来，如何在长距离实现更为迅捷的通信，一直都是许多雄心勃勃的发明家的努力目标。尽管近期出现了许多重大技术进步（即拿破仑时代的臂杆式发报技术以及 1753 年英国发明的静电拍发电报），但通信距离大多被限制在了使用者的视觉范围之内。1825 年，英国发明家威廉·思特金（William Sturgeon）率先研制出电磁铁，并向公众展示了磁铁原理，[①]是为电报技术的基础。1830 年，美国人约翰·亨利进一步完善了思特金的理论。1832 年，德意志人帕维尔·许灵格男爵（Baron Schilling）将电报技术从理论变成了现实。而在 1833 年的德意志地区，电磁学理论先驱威廉·爱德华·韦伯（Wilhelm Eduard Weber）在哥廷根构建了世界上第一台电磁电报机，[②] 这项新发明能将信息传递至 3 公里以外的地方。很快，社会各界便敏锐地察觉出这项新技术的巨大经济价值。1837 年，查理·韦特斯通男爵（Sir Charles Wheatstone）率先为大西部铁路公司（Great Western Railway）架设了电报通讯机。而在美国，塞缪尔·莫尔斯（Samuel B.Morse）向社会各界展示了自己的"莫尔斯电码"，并在 1844 年之前成功完成了一次商业电报活动。在此之后的不到 10 年时间里，电报技术在世界范围内得到了普及，成了人们不可或缺的重要通信手段。

1848 年大革命的爆发让欧洲各国，尤其是普鲁士王国的当权者们充分见识到电报与铁路两项技术在军事运用上的巨大潜能。普军能如此快速地镇压全德意志范围内的大规模叛乱，这两项新技术居功至伟。在镇压行动中，普军先是控制住了各人铁路线，接着又利用铁路将自己的部队快速转运到了骚乱的发生地。在镇压萨克森王国与巴登大公国两地的民众起义的时候，普军甚至还可以随意利用两国的铁路设施，将自己的部队迅速部署至骚动还没成气候的地区，在民众起义的准备成熟之前就将革命的火种扼杀在襁褓之中。当然，起义者并非等闲之辈，很快意识到铁路线带来的巨大威胁。为了摆脱敌人的追杀以及迟滞敌人的进攻，他们也对两国境内的铁路设施进行了破坏。然而，所有的关键

---

①译注：他把通有电流的金属线缠绕在绝缘棒上，发明了电磁铁并发现了磁性原理，这是电报诞生的最基本前提，因为电磁波是磁场的一种波动现象。

②译注：实际上是他与高斯共同发明的，率先发明了磁强计的高斯是他的朋友兼导师，而世界上第一份电报也是高斯利用电磁影响的罗盘指针向韦伯发出的。

性据点与城市最终还是重新落入君主的手中。在经历了此次革命后，普鲁士总参谋部便将"利用铁路大规模机动"视为制订作战计划时不可或缺的一个环节与考量因素。

1850 年，普鲁士再一次将自己的铁路系统大规模军用，不过这一次的结局与上一次大不相同。当时的普奥两国间爆发了政治危机，双方几近全面摊牌，奥地利在这次危机中向南德邦国展示了自己的德意志霸主地位，迫使普方不得不进行大规模军事动员，这次冲突后来以"奥尔米茨之辱"的结局收场。当时普军的动员行动极为混乱，很大程度上导致了最后极为屈辱的结局。1848 年上台的普鲁士总参谋长冯·赖厄是一位非常重视铁路的人，曾组织一批军官监管铁路的战时运作。然而 1850 年的这次大混乱表明他的努力还远远不够——一些骑兵部队的军马与骑手被分别运送到两个完全不同的地方；装备被送错地方；整营的士兵"凭空消失"，参谋军官在预定车站只等到空车皮。与之相对的是，他们的死对头奥军在奥尔米茨地区的行动中表现出了惊人的素质，堪称完美地完成了这次军事动员。

幸运的是，普鲁士王国充分吸取了这一次的惨痛教训，老毛奇的观察评论和建议很快就在普军高层当中获得了极高的影响力。当时的普鲁士商务部长是奥古斯特·冯·海特（August von Heydt），这是一位相当有能力的人物，将自己的大部分精力都放在了改善普鲁士铁路建设上。他在职期间，国有铁路份额和相关设备份额都增加了。到了 1858 年，老毛奇被正式任命为总参谋长，此时的铁路系统已经成为总参谋部眼中的极为重要的"资产"。这位新任总参谋长与海特部长展开了精诚合作，对普鲁士的铁路网的每一个细节都进行了改进。虽然当时的普军尚未成立铁路部队（Railway Corps），但各步兵与猎兵营中却已经出现了一种专职士官，他们的职责便是定期同铁路站的工作人员联络。此外，老毛奇还为全普鲁士的列车设计了一种全新的列车货厢，上面安置有可以拆卸的座位与马栏，以便于战时"民转军"，将其作为运兵车厢使用。

比起这些，更为重要的是，铁路部门与军方的关系大为改善。铁路部门极为配合地为军方制订了时间表以及详细的行车路线。如果没有了他们的通力合作，就算老毛奇再怎么改善铁路系统的物质条件，也肯定不能完成普奥战争的军事动员。

◎ 1854—1863年，德意志地区的火车头

法国与奥地利为了争夺意大利半岛的权利的战争（第二次意大利独立战争），又一次证明了铁路的军事潜力。在战争中，法军充分利用铁路，将大批军队极为迅速地运输到伦巴底地区，并最终赢得了战争的胜利。当时的老毛奇曾判断法军很有可能入侵普鲁士本土，因而要求政府即刻利用铁路调集大批军队至莱茵河畔布防。但是当时的普鲁士政府已经承诺为奥地利派出援军，所以并没有听从他的建议。在几经犹豫之后，国王最终决定动员6个军的兵力协助奥军作战，具体的军队动员事宜交由海特部长负责。然而还没等普军完成动员，奥军便已在索尔弗利诺战役中遭受了惨败，被迫同法意两国议和。因此，普军在1859年的动员几乎是失败的。尽管军方高层在这一次吸取了更多的教训，但老毛奇依旧深感不满。因为普鲁士高层在"是否参战"这一问题上犹豫不决，在一开始就贻误了大把大把的宝贵动员时间，等到国王最终下定决心进行军事动员的时候，列车们早已被开到别的地方去了。

19世纪60年代初，普鲁士在罗恩的主导下进行了大规模军事改革，老毛奇当然也不会就此忽视了铁路建设，他始终认为铁路会是普鲁士军事防御的关键。对于他来说，所谓"防御"并不意味着要塞的城墙或是城防炮，这个词在老毛奇眼里意味着"主动出击，灵活机动"，普鲁士王国必须做到将大量军队在尽可能短的时间内输送到国境线之外主动防御外界的威胁。在短短几年时间里，他的这套理论在军队内部获得了大批簇拥，不仅影响了普鲁士国内，甚至还影响到德意志邦联的其他几个邦国，使铁路系统成了德意志地区各个邦国的国防事业的最基本组成部分。到了1860年，德意志已经建设了共计16000公里长的铁路线，可以用短短1天时间输送整整6个军规模的士兵、战马、装备以及物质。1861年，德意志邦联又专门设立了一个委员会来研究探讨邦联铁路的军事运用。这个委员会的成员分别来自奥地利帝国、普鲁士王国、巴伐利亚王国以及汉诺威王国。当时的普鲁士代表是年轻有为的瓦滕施勒本（Wartensleben）上尉。[3] 在经过 3 个月的考察后，委员会为全德意志地区的铁路部门制订了一套全面改革方案。改革的内容包括：邦连各大成员国展开更深层次的商业及军事合作；铁路设备标准化；协调各邦国的列车行车表；将主要的铁路交叉点以及编组站设置在重要的战略位置。除此之外，委员会还建议邦联额外修建数千公里长的双向铁路，这样就可以让面对面行驶的两辆列车畅通无阻地通过同一条线路。随着铁路系统的日益进化，老毛奇也开始构思未来的战争计划，他甚至还根据铁路建设进度估算出了普军要花大约 6 年的时间才能做好入侵波希米亚的准备（普奥战争发生在 1866 年），更算出了普鲁士要用 10 年时间准备才能进入巴黎（普法战争发生在 1870—1871 年）！

数年后，德意志邦联与丹麦王国的关系因为易北河两公国的命运及归属而日趋紧张，最终爆发了第二次石勒苏益格战争。目光长远的老毛奇早在很久之前就已经预见了这场战争的爆发，虽然他在战争伊始并没有任何操纵普军大局的权力，只能为军队提供一些建议，但他还是强烈建议政府在流血冲突发生之前先下手为强（抢先进行军事动员）。由于在当时的外交环境下，英法两国很有可能会对这场战争进行军事干涉，所以普军必须速战速决，抢在英法干涉之前迫使丹军求和。这套战争计划的关键便是铁路系统，在铁路的帮助下，普军可以在短短 1—2 天的时间里迅速完成动员。在德意志邦联下达命令，正式

◎ 当时的列车行程表，这份表格十分详细地描述了1864年普鲁士第10旅是如何利用铁路快速抵达汉堡的

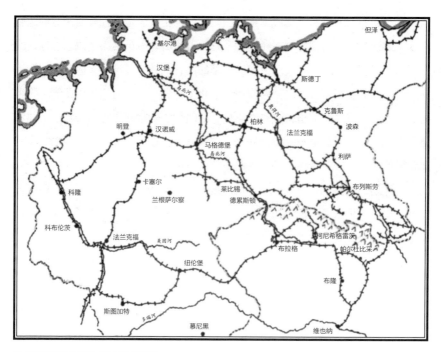

◎ 1866年整个德意志地区的铁路线

向丹麦王国宣战后,萨克森王国6000人大军便于1863年12月22日乘坐火车,从莱比锡浩浩荡荡地开赴荷尔施泰因。他们在圣诞节这一天顺利抵达前线,同盟友汉诺威军队会师。翌年1月赶赴前线接替他们的普奥联军也是乘坐火车赶来的,等到联军将要跨过(石勒苏益格)国境线时已是1864年的2月1日了。特别值得一提的是,丹麦王国的铁路建设并不像它的敌人普鲁士这样发达,这并不是因为丹军高层不重视铁路的军事运用,而是因为北欧的严寒气候难以克服,当时的技术条件还不能有效解决频繁降雪与大面积结冰造成的铁路雪阻问题①,因此铁路系统在第二次石勒苏益格战争期间并没有发挥太大的影响力。等到老毛奇走马上任成为普军的实际总指挥的时候,就已经是战争的尾声了。

---

①译注:Snowbound,一种因为大量降雪加上"白毛风"吹移高处积雪落到低洼路段,导致道路不能通车的现象。所谓"白毛风",则是一种松散的积雪被卷起在空中飘移而形成的气象灾害。

在他的谋划下，普军成功地登陆并攻占了奥尔森岛，最终迫使丹麦求和。战争胜利结束后，老毛奇又力排众议，取消了原定的靠徒步行军归国的计划安排，改用火车将士兵们送回国，此举赢得了饱受严寒之苦的各级官兵的热烈欢迎。

到了 1865 年，已经正式接过普军指挥权的老毛奇，开始为不可避免的普奥冲突制订战争计划。正如同笔者在前文多次描述的那样，这一场战争的取胜关键依旧是（使用铁路）快速机动，能否抢在敌人之前在战场上集中优势兵力将关系到整场战争的命运。这位总参谋长没有任何前例可循。他十分了解铁路对美国内战的结果造成了多么巨大的影响，而他自己也对这一问题做了相当细致的研究。然而在美国内战期间，无论南军还是北军，都没有将铁路纳为国家战略的一部分——尽管两方频繁使用铁路将部队及物资迅速运送至战区，但这只是对现实情况的被动反应。因此，双方经常将铁路、站点、电报站视作争夺或破坏的主要目标。在战略层面运用国家铁路系统，实践外线战略，普鲁士总参谋长算是第一人。对于老毛奇来说，在战争计划中，他最担心的是政治层面的拖延，一旦国王在开战问题上出现了犹豫或是反复，取胜的战机就很有可能被彻底贻误，导致计划功亏一篑。他的预感是十分正确的，国王起初并没有下定决心同奥地利撕破脸皮，这令总参谋长十分担忧。他一次又一次地催促自己的君主，希望能抢在奥地利之前先行完成军事动员。他很清楚普鲁士能比奥地利快得多地集结军队，而后者（的集结速度）则会因为波希米亚境内落后的铁路建设而受到限制。一旦奥地利完成了全面军事动员，后果对普军而言会是灾难性的。然而，威廉一世的内心仍然犹豫不决，迟迟不肯下达初步动员令。国王的态度变来变去，给心急如焚的老毛奇敲响了警钟，计划总是赶不上变化，为此他不得不每天修改事先拟订的作战计划。等到国王下定决心，下达最终动员令的时候，老毛奇也制订出了最终方案。这是一份大胆而又危险的战争计划：普军第 2 集团军将从西里西亚的尼斯河（Neisse）畔出发，而战线中央的普鲁士第 1 集团军远在 100 公里之外。普军的兵力相当分散，这令许多高层人士极为担忧，失败主义情绪也在军队内部疯狂蔓延。然而悲观论调并不能影响老毛奇，这位总参谋长坚信已茁壮成长 20 年的铁路系统会在战争中产生不可估量的影响力，新技术的出现与发展已经彻底改变了战争的本质。在这一理念的指导下，老毛奇执行了这份近乎赌博的战争计划，尝试了世界军事史上的第一次外线战略。

普军最终取得了战争的胜利，老毛奇赌赢了。然而普军并没有全歼贝内德克的北部方面军，未能克复全功，全新的外线战略也因为复杂的现实情况而未能扩大战果。虽然铁路在战争伊始成功地将所有普军按照计划如期送达了前线，但在之后的战事中，铁路却并不能完美地保障部队的后勤补给问题。自信过头的铁路部门官员还忽视了物资的保质期问题，许多食物在刚离开德意志地区的国境线时尚是新鲜的，但许多天后最终抵达前线时，已腐烂变质，根本无法食用。由于普鲁士并没有在真正意义上为这些逗留在车站内的物资制订处理或是装卸计划，所以货车在抵达铁路枢纽站和车站时往往会无人接应，并被彻底遗忘在当地无人问津。个别的火车还搞错了路线走到了分支岔道，导致大批物资就此"凭空消失"或是"原路返回"。由于上述这些铁路乱象，大批普军士兵在柯尼希格雷茨决战前夕没能吃上一顿饭，只能饿着肚子打仗！

之后普鲁士又一次充分吸取了教训。与此同时，欧陆其他国家也开始将自己的研究重心转移到"军事动员学"这门全新的学问上。等到普法战争中普鲁士彻底击败有着"欧陆第一陆军"美称的法军之后，就再也没有人质疑老毛奇的"外线战略"的有效性了。此时距离欧洲大陆的下一场大规模冲突尚有 45 年的时间，而欧洲人，尤其是德国人，则在这段时间里将铁路的运用效率提升到了堪比艺术的高度——不光军队动员依靠铁路，就连铁路本身以及所有行车计划表都是在为军事目的服务的！将铁路运用到这一步的后果是灾难性的：1914 年（第一次世界大战爆发后），德国开始了全面总动员，当火车的轰鸣声响起的时候，就再也没有任何政客或是外交官能阻止这场毁灭的发生，数以百万计的年轻人就这样被装上火车，送到了注定九死一生的残酷战场。

步兵武器与战术

击针枪的故事

从普奥战争爆发、两军在波希米亚发生流血冲突伊始，普鲁士的后装击针线膛枪就在战场上大显神威。无论是在汉德瓦萨，还是在波迪尔，都有无数排成密集纵队的奥军士兵被这种新式步枪的猛烈火力成片地撂倒。奥军官兵这才意识到战场上的轻兵器已经出现了史无前例的大变革，摆在他们眼前的是一场有别于以往任何一场战争的全新战争。在普军将领的有力领导下，这种恐怖的新式步枪彻底封死了奥地利与其盟友（他们的军队还在使用前装步枪）的一切获胜可能性，最终只用了短短七周就让普军赢得了战争胜利。这场战争中的击针步枪堪比 50 年后一战西线战场上的机枪，两者均发挥了举足轻重的作用。就像机枪早在一战爆发之前就已出现一样，后装针击步枪在普奥战争中也算不上什么首次亮相的秘密武器，因为早在将近 30 年前普鲁士就已经开始研制与列装这种步枪了。

在详细记述这种步枪之前，先让我们来回顾一下火器发展史。首先需要特别指出的是，从前装步枪到后装步枪的进化可不是一蹴而就的。早在数百年前火绳枪诞生之初，就已经有工匠开始研究后装火器的基本原理，等到了 18 世纪中叶，后装火器的设计理念就已经相当完善了。[①] 然而，比起前装火器，这种后装火器本身始终都有一个难以克服的致命缺点——气密性。在当时极为落后的材料学与加工技术条件下，工匠们很难制造出一种可靠的枪机闭锁与金属弹壳，这会导致严重的漏气问题，对子弹的射击初速造成难以估量的不利影响。除此之外，早期后装枪械还需要在药池中另外点入引药点火，这又进一步增加了发射步骤，使得操作远较前装步枪繁琐。等到线膛出现后，后装枪的这几种缺点可就更加突出了。虽然线膛枪具备远胜滑膛枪的射程及精度，但操作步骤过于繁琐，枪口装填子弹也极为不便，[②] 因此前装滑膛枪数百年以来都是战场上的绝对主流。至于不靠谱的后装枪，那就基本是无人问津了。

到了拿破仑战争末期，欧洲的轻兵器技术终于出现了重大突破，欧洲各国军队普遍使用的燧发滑膛枪开始被一种名为"火帽枪"的新式枪械逐渐取代。这种新式枪械的基本原理最初是由一个名叫亚历山大·福赛斯的苏格兰牧师在 1807 年发现的，枪机装置使用的是一种锤击即爆的雷汞（Fulmnete of

---

① 译注：其代表作便是美国独立战争中英军使用的弗格森后装线膛枪，射程达 180 米，精度很高，理论上射速可达每分钟 6—8 发，是一种专门用来狙杀高级军官的步枪。在后来的拿破仑战争时期，这种枪仍有运用。

② 译注：一些线膛枪兵甚至还需要一把小木槌才能将子弹从枪口处顺着螺旋形膛线敲进枪管里面，复杂的操作步骤意味着使用线膛枪作战的人必须是头脑冷静、训练有素且具备高度纪律性的士兵。

◎ 晚年的约翰·尼卡路斯·德莱塞

Melcury）[1]。然而这种早期现代枪机并不是特别可靠，甚至可以称得上极为危险，需要进一步的改进。此后，欧洲人便开始追求一种更为可靠有效的金属枪机，他们在这一领域的摸索直接导致了故事的主人公——击针枪的诞生。1812 年，巴黎城内一个名叫萨穆埃尔·保利（Samuel Pauly）的瑞士籍枪炮工匠率先发明了一种定装式步枪弹（一种将弹头、发射药以及纸质弹壳连成一体的枪弹，便于射手灵活装填）。接着，他又在 19 世纪 20 年代发明了数种改进型定装步枪弹，但都或多或少存在各种安全问题。非常讽刺的是，这些问题的最终解决办法是由一个曾在萨穆埃尔手下帮工的人发明的。

击针枪的发明者约翰·尼卡路斯·德莱塞（Johan Nikolaus Dreyse）于 1787 年 11 月 20 日出生在图林根的瑟莫达（Sömmerda）。德莱塞的父亲是个锁匠，而他本人也曾在年轻时干过一段时间的锁匠活，在萨穆埃尔家中做帮工，同时还在这个瑞士人的教导与陪伴下游历了全欧洲。1814 年，他的父亲不幸去世，这令远在国外的德莱塞不得不重回瑟莫达，之后他便在自己的故乡钻研起更为可靠的击发装置。他最初创制的几种火器并不比大街上卖的寻常货色强到哪里去，然而失败并不能阻挠德莱塞的决心，他继续孜孜不倦地探索。他在最初还沿袭着保利的研究思路，打算用改进弹头的方式来提升火器的可靠性。但很快研究便陷入瓶颈，迫使他另辟蹊径。在不断摸索的过程

---

①译注：其学名为雷酸汞，是一种快速引爆药，由英国人霍华德于 1800 年发明，是为雷管技术的基础。

当中，他于偶然间发明了一种全新的击针装置——利用长撞针来撞击底火，进而引燃发射药。这便是击针枪的基本机械原理。早在数年之前的 1824 年，德莱塞便已经开办了一家枪械公司，专门生产各种火帽枪，发现了新的机械原理的他立马动用自己公司的设备与财产进行了实验。他临时改装了一把自己公司所生产的火帽枪，在它的雷汞击发装置旁边连接了一根击针，只要他一勾扳机，这根长撞针便会从枪机弹出，撞击底火，引燃发射药，最终将子弹发射出去。

连续几次试验都可以称得上是比较成功，但问题也来了——德莱塞的资金也快见底了，若没了资金的支持，这项武器的研发将无法取得决定性进展。他最初几次寻找稳定资助者的尝试都没有取得成功，奥地利与普鲁士的战争部全都驳斥了他的请求。为了养活这一项目，德莱塞的公司不得不（面向民间业务）转型生产狩猎步枪，而在这款狩猎步枪上，他采用了一种改进型的点火装置。这一创制很快便引起普鲁士军方的注意，一位名叫普瑞姆（Priem）的上尉对这个项目产生了极大兴趣。

1830 年，普瑞姆上尉带着德莱塞重返普鲁士战争部，这位崭露头角的枪械公司老板被赋予了一项任务——将数把（拿破仑时代的）老旧燧发枪的枪机换装成他发明的击针枪机。这些临时改造出来的步枪射击效果不能令人满意，这令军方一度产生了不予采用这个项目的想法。就在这个关键时刻，普瑞姆又成功地说服了威廉亲王与王储（也就是后来的腓特烈·威廉四世），让他们试用了一把德莱塞的猎枪，两位贵人对手上的新物件极为满意，他们的态度直接挽救了这个差一点便胎死腹中的项目。得到了赞助的德莱塞成功地改进了枪机的闭锁系统，并赢得了一份为普鲁士陆军生产 1100 杆后装滑膛枪的合同。1835 年，普鲁士第 4 及第 11 步兵团的燧发枪兵营有幸成了这种步枪的第一批使用者。然而，第一批后装枪的效果并不理想，士兵们在拿到手后很快便拒绝使用——因为它们操作起来实在是太过危险了！这一项目在实用化第一步遭到了彻彻底底的失败。所有人，包括德莱塞自己，都一致承认这种后装滑膛击针枪很难有任何作为。

然而，德莱塞并不会因为这一点点挫折就止步不前。他及时地总结了缺点与问题，开始进行更深层次的改进与研究。就在同一年（1835 年），他终于找到了解决办法——旋转后拉枪机，这种后拉枪栓的构造与门栓颇有几分相似，

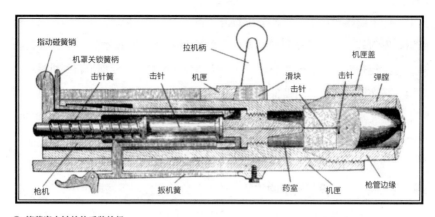

◎ 德莱塞击针枪的后装枪机

击发底火用的撞针不再外露，而是被放进了枪栓里面。只要使用者一扣动扳机，枪栓内的弹簧就会被释放并驱使撞针向前撞击子弹底火，引燃弹壳里的推进药。弹头被火药剧烈燃烧产生的高压膨胀气体推进，与弹壳分离并顺着枪膛向前飞，这便是击针枪的一轮射击。它同时也是世界历史上第一款制式栓动步枪。虽然这款武器在诞生伊始存在着诸如精准度较差、容易过热、频繁漏气、枪栓容易卡壳等各种各样的问题，但它的优越性也是显而易见的，任何一个在试验场上见识过它射击的人都不得不承认它的强悍——这种步枪的射击速度实在是太迅猛了，简直就是其他步枪（即当时欧洲主流的前装步枪）的 2 倍，不管这些步枪是滑膛的，还是线膛的，全都不是德莱塞步枪的对手！ 1838 年，德莱塞完成了新一轮的改进方案，并亲自在试验靶场上为普鲁士军方展示了新步枪的性能。他在靶场上连续射击了 100 多发子弹，枪机与枪管在试射过程中没出现任何故障，迅猛的射速更是彻底震惊了技术审核委员会。

然而，由于 1835 年试验的失败，军方还是对德莱塞的步枪的可靠性抱有怀疑。在这一关键时刻，德莱塞的好友普瑞姆（他已经在 1837 年晋升为少校）又一次挺身而出，成功地游说了普鲁士王室的诸位王子与亲王。少校对这种新兵器产生了非同寻常的狂热，他向王储夸下海口，称只要有 60000 名训练有素的士兵能装备上这种步枪，便可保普鲁士国境永远太平。王室成员在实际操作这种步枪之后，也对其性能极为满意，新旧步枪之争彻底落下帷幕。最终，在

1840 年 12 月 4 日这一天，刻苦钻研了十余年的德莱塞终于收获了回报——腓特烈·威廉正式下达授权书，命令军方采购 60000 支击针步枪。不过，这些步枪在生产完成后并没有立刻配发给部队，而是被存进了军械库当中，以备国家进入紧急状态时使用。尽管击针枪在当时被普鲁士军方当成一种秘密武器来对待，但它的存在早已被公众所熟知。尽管它具备相当明显的优势，却并没有被世人视作当时世界上最先进的枪械。

同时代的欧洲主流发明者及枪械制造商走了一条与德莱塞的后装枪截然相反的设计思路。他们的普遍做法是不停地改进现有的前装线膛枪，希望能以牺牲一定程度的精准度来提升步枪的射击速率。一个名叫图温南（Louis-Étienne de Thouvenin）上校的法国军官在这一领域取得了成功，他发明了一种机构极为独特的前装步枪①。这种步枪的枪膛底部铆接有一根钢芯棒，圆锥形的子弹滑入枪膛底部之后便会被钢芯棒抵住，这时用探条用力冲压，弹底就会被钢芯棒撑开与膛线紧贴，子弹的形状也不会发生不规则的变化。这时只要点燃火药池并扣动扳机，子弹便会沿着膛线进出枪管。根据测试，这种步枪即使是在600 米的距离依旧能表现出良好的精准度，在这一点上要比击针枪好得多。此外，这种线膛枪基本实现了和滑膛枪差不多快的射速。可以非常肯定的是，图弗南上校的设计也有各种问题，例如子弹遭受敲击后（产生严重的变形）受损，以及枪膛（在发射完子弹后）很容易被火药残渣彻底阻塞。即便如此，这种武器在北非战场上的法军手里依旧表现良好，被证实是一种颇为可靠与有效的武器。

图温南的设计取得了显著的成功，欧洲各国军队纷纷采用了这种前装步枪。普鲁士的猎兵部队就将他们的 M1835 式猎兵步枪的原有枪机换成了阀杆枪机②。这令击针枪的忠实簇拥们忿忿不平。到了 1847 年，关于两种武器的性能优劣之争越发激烈。军方命令近卫预备团的士兵们分别使用这两种步枪进行

---

①译注：这种可以快速装填子弹的前装步枪学名叫"stem rifle"或者"pillar breech rifle"，中文为阀杆步枪或钢芯步枪。

②译注：改装其实非常简单，只需要朝枪膛底部铆一根 2—3cm 的钢芯棒，然后再在枪膛刻上对应的膛线。

实弹射击，进而比较两者的具体性能。经过多轮试射与评比之后，击针枪还是成了试验场上的胜利者，保住了自己的地位。虽然不幸落选，但普鲁士的猎兵们依旧偏爱阀杆步枪（因为精度明显比击针枪好），这种形制独特的前装步枪直到19世纪50年代中期才从各个部队陆续退役。此次试验之后，普鲁士军中仍时不时地出现前后装优劣之争与反对的声音，但等到德莱塞步枪在实战当中首度亮相之后，一切的质疑都被它的强悍实战表现彻底打消了。

1848年大革命爆发1个月后，普鲁士国王下令为奉命镇压起义的近卫团及常备团的所有燧发枪兵营统一配发击针步枪，而他们换装击针枪这一任务要一直到1849年末才彻底完成。（当时的普鲁士）除了接受使用这种武器的训练之外，并没有考虑到像这样的速射后装武器对战场产生的战术影响。尽管如此，士兵们很快便在敌人的火力压力下迅速掌握了这种武器的操作技术。随着分散在德意志各地的普鲁士军队陆续镇压了当地的叛乱，这种新式武器的强大优势也开始变得显而易见。在1849年5月镇压萨克森王国德累斯顿市起义的4天战斗当中，隶属于普军"亚历山大皇帝"近卫掷弹兵团（Garde Grenadier Regiment Kaiser Alexander）以及第24步兵团的燧发枪兵们，凭借着击针枪的速射火力成功地压制住了起义民众当中的神射手，为友军争取到了包抄夹击义军侧翼的宝贵机会。一年之前，持异议人士（护宪起义者）就曾在突袭柏林军械库后缴获了一定数量的击针枪，以至于普军在后来的街头交火中也有少数几起被起义者的击针枪攻击的战例。而在同时期的1849年第一次石勒苏益格战争期间，击针枪同样发挥出了显著的效果。在远征巴登期间，威廉亲王麾下的部队就用的击针枪。他在写给柏林的战报中说："在防御敌方进攻的场合里，这种步枪的火力效果尤为突出。"当然，即使有上述这些铁一般的事实与表现做支撑，普军高层还是有一些人对这种步枪提出了批评，K. W. 冯·维利森（Willisen）将军便是其中之一。他认为给全军上下所有士兵配发这种步枪的成本实在是过于高昂，因此普军应当立即停止向全军配发击针步枪。

然而国王不为所动，他听从了自己兄弟的意见，命令全国各大军械厂大规模增产后装步枪，这极大地考验了当时早已习惯于生产、组装前装步枪的各大工厂的转型能力。虽然当时普军已经配发了60000杆击针枪，但全国的年产量少得很，仅为15000杆。根据估算，军方若想要装备包括后备部队在内的普鲁士全部武装力量，大约需要 30 万把之多。要是照着这点年产量来算，至少要花 20 年才能完成全面换装，这未免也太慢了！在产量严重不足的情况下，兴办新的工厂便成了唯一的选择。德莱塞设立于瑟莫达的枪械厂在当时已经完全适应了击针步枪的生产。在收到了兴建新厂的命令后，他又在苏尔（Suhl）开办了一家私营厂。这两家工厂都有着极为完备的工具与设备，专门负责生产、组装后装步枪。由于击针枪的枪机比一般的滑膛枪机更复杂与精密，所以价格也要贵得多。在德莱塞的不懈努力下，两座枪械厂的年产量在 1851 年达到了 22000 杆，普鲁士政府也分别在波茨坦及施潘道（Spandau）兴建了新厂，进一步增加了击针枪的产量，于是近卫军中的猎兵与神射手们率先换上了击针枪，它的地位此时已是无人可以撼动。击针枪的换装计划正在有条不紊地进行着，但新的问题随之而来——到底该怎样使用这种步枪才能发挥出最大效用？（关于新兵器的）战术问题的思考远远地落在了对于（速射火力所造成的巨量）弹药支出以及士兵的个人负重的担忧后面。很快，普鲁士官员们所考量的这一问题，又遭遇了几场发生于外国的冲突所带来的新问题的挑战。与此同时，欧洲战场上又突然出现了一颗新星，极大地挑战了击针枪的地位——这是一种有别于击针枪的武器，但同它一样经历了实战的考验，并为使用者带来了辉煌的胜利。

在详细讲述这位击针枪的强力挑战者之前，笔者有必要讲述一下 19 世纪 50 年代欧洲的情况。当时的欧洲爆发了一场自拿破仑战争结束以来规模最大的列强冲突——1854 年克里米亚战争。在这场战争中，英法联军站在了奥斯曼土耳其一边，共同对抗扩张野心日益膨胀的沙皇俄国。普鲁士王国并没有参与到这场战争中，但派遣了多名军事观察员前去观战。这些观战武官在写给柏林的军事报告中，无一例外地对英法联军使用的米涅（Minié）步枪的战斗表现赞不绝口。早在战争爆发之前，英军以及法军当中的轻步兵及猎兵（Chasseurs）部队便已经全面换装了这种步枪，并早早地完成了使用这

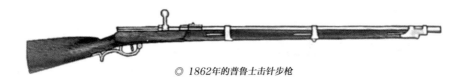

◎ 1862年的普鲁士击针步枪

种武器的军事训练。这种步枪在对抗仍旧使用老旧滑膛枪的俄军时，发挥出了惊人的效果——只要俄军一进入米涅步枪的射程，他们便会被成片成片地撂倒，根本就没有开火反击的机会。究竟是什么赋予了这种步枪巨大的威力？又是什么让视击针枪为未来数十年基本步兵武器的普军，在突然间对这种步枪产生极大兴趣？

一切的奥秘都在米涅步枪使用的子弹上。19 世纪 40 年代，一位名叫克劳德·艾蒂安·米涅（Claude Étienne Minié）的法军上尉开始研究起如何实现快速装填及发射前装线膛枪的子弹。到了 1849 年，他发明了一种新式子弹并申请了专利。这是一种呈圆头柱状的子弹，本身是一种略小于枪膛口径的次口径弹，对应枪管刻有三段膛线，至于弹底则有一个圆锥形的空腔，空腔中一般都会加入凹陷的锌塞（实际上软木塞和铁塞也可以）。射击时，火药气迫使空腔内的塞进入空腔撑大子弹，子弹膨胀与膛线咬合并形成强大的气封，弹头在膛线的压迫下旋转飞出枪膛。至于普军为何会对这种米涅弹产生如此之大的兴趣，则在于它那远胜一般滑膛枪子弹的精度——在 750 步的射击距离，米涅步枪的精度是滑膛枪的 2 倍，而在 400 步的距离时精度则为整整 10 倍！如果是训练有素的神射手，它在 1000 步距离上的射击精度让其余步枪都黯然失色。这种

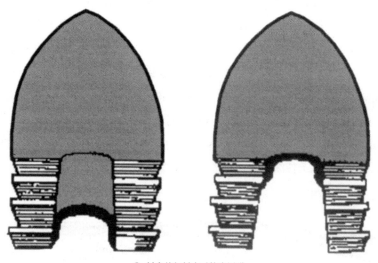

◎ 射击前与射击后的米涅弹

步枪还有一大优点，那便是不需要特别训练，士兵们拿到这种武器后，可以像以前一样装填与操作。此外，米涅弹的诞生还带来了一大显著变化，那便是对滑膛枪的改装门槛进一步降低——任何一把滑膛枪，只要刻上几条不算深的膛线再配上米涅弹，就可以摇身一变成为米涅步枪！这就意味着欧洲各国军队可以用更快的速度、更小的成本将自己的"陈年老枪"改装成一把近代战争的大杀器！

　　上述几个理由便是它可以挑战击针枪的资本。对于普军高层当中的击针枪反对者来说，米涅枪的一切优点与特色——成本低廉、训练简单、换装速度更快，全都完美贴合了普军的现状。对于我们这些现代人来说，从枪膛后面装填子弹实在是再正常不过的一件事情。但是，这只是现代人的观感，对于生活在19世纪50年代的人来说，把子弹塞进枪管里再发射才是正常的。后装技术在当时还是一项十分新奇的技术，有很多的缺陷及不便有待改进。击针枪的击针可靠性很成问题——脆弱易断，此外枪栓也常常出现子弹卡壳现象。米涅与击针之争较前一回的竞争更为激烈。在长达5年的时间里，双方的拥趸你来我往针锋相对，军方为此还多次组建了技术审查委员会，却始终无法分出高下。双方的争论长期以来始终悬而未决，令国王腓特烈·威廉四世也是大为恼怒，但事实表明他也不是一位果断的君主，因为他在这个问题上表现出了模棱两可的暧昧态度。不过他的弟弟威廉，始终都是德莱塞步枪的忠实拥护者，他的态度对这场争论的最终结果起到了决定性的作用。1855年，委员会以10票对8票的优势宣布了自己更加倾向于采用米涅步枪。一年之内，30万杆老枪接受了米涅弹改造——此举主要是对国王的愤怒的回应。然而国王依旧顽固不化，不停地改变自己的想法，即使是米涅枪的坚定支持者维利森将军，也不得不（做出妥协），提议让地方民兵部队换装上当时的常备部队早已列装的击针步枪以实现"某种程度上的统一性"。不过到了1858年，国王中风了，并很快病情加重，不再适合治理国家，因此将一切政务都交由出任摄政王的威廉处理。这位击针枪的忠实拥趸在上台后不久便下令让包括地方民兵在内的所有部队统一换装击针步枪——这场激烈的"前装后装孰优孰劣"之争至此彻底结束，击针枪成了普军的基本步枪。

1850—1866 年的步兵战术

需要各位读者特别注意的是，诱使欧洲各国的军事领袖开始重新审视步兵战术的可并不是后膛击针枪的出现，而是他的死对头米涅弹。发生在克里米亚半岛上的那一场战争乃是拿破仑战争结束以来，欧洲列强的第一次大规模军事冲突。虽然双方在这场战争当中仍旧沿袭着拿破仑时代的基本战术，但是米涅弹的运用却让英法联军的步枪射程得到了前所未有的提高，使他们可以在自己进入俄军步枪射程之前打出多轮排枪齐射。自此开始，火力成了战斗双方的首要思考目标。战场的态势不单单和火力投送方的情况挂钩，更要看遭受火力打击的一方如何应对越来越强大的战争火力。米涅弹的长射程深刻影响了战场的每一个方面。不论是步兵、骑兵、炮兵还是后方单位，如今都已经彻底暴露在了步兵火力之下，显得极为脆弱——一旦指挥官主动将炮兵后撤到敌方步兵的射程之外，那么炮击的效果将大打折扣；如果他命令骑兵发起冲锋，那么步兵火力便可以在骑兵抵近之前将其轻松击溃。该如何面对突飞猛进的步兵火力成了一道摆在欧洲所有军事专家眼前的难题，他们想要发展出一套全新的战术，以便让步兵发挥出本来的作用——击溃敌人的线列并彻底碾压敌军。

对于当时的许多人来说，答案就隐藏在克里米亚战争中联军的猎兵与神射手们的散兵战术（Skirmishing Tactics）[1]当中。当时，这些轻步兵充分发挥了手中的米涅步枪的长射程与高精度，以步兵火力成功地压制住了敌军，他们自身则保持着十分稀疏的散兵线，令敌人的密集横队的排枪齐射很难发挥作用。出于这个原因，法军在克里米亚战争至 1859 年的法奥战争之间大规模扩编了自己的猎兵团。然而，在当时的军事理论界，还有些人认为只有在战斗中采取防御态势才能有效地抵消与应对米涅步枪的长射程火力。按照这些"防守派"的观点，军队必须在战斗开始前修筑大量的堑壕与各种防御要塞，以守势来消耗进攻方的士气与物质，待敌军人困马乏以后再发起一场成功的反击。

---

①译注：即步兵队列疏开成散兵线，成一线配置。兵与兵之间的间隔约为 6 至 8 米，与密集横队战术相对。

且不论"散兵派"与"防守派"的争执如何，米涅步枪的威力已在克里米亚战争中为世界所共睹。自 1854 年开始，欧洲各国军队便陆陆续续对自己的已有步枪进行米涅弹改造。除了英法两国以外，奥地利与德意志各邦国的军队也纷纷采用了这一新技术，并制造出了自己的改进型步枪。其中奥军使用的是洛伦兹 M1854 式步枪，奥军的所有步兵营都在 1858 年前全面换装了该型步枪。巴伐利亚王国使用的是"波德维尔斯"式步枪。至于巴登、符腾堡以及黑森 - 达姆施塔特等其他几个德意志邦国的军队，使用的则是维尔德步枪。剩下的几个在后来的普奥战争期间参加了第 7 及第 8 邦联军的亲王国与公国，则是根据自己的政治立场，从普鲁士或是其他几个邦联主要成员国购买了前装线膛枪来装备自己的军队。虽然武器型号纷繁复杂，却有一个明显的优势，那便是德意志邦联所有成员国的步枪口径都是一致的，这一点极大地提升了通用性。

◎ 伫立于瑟莫达的第71步兵团纪念馆前的德莱塞雕像

1859 年，法国宣布支持意大利的统一事业，正式对奥地利宣战（第二次意大利独立战争）。之后法意联军在蒙提贝罗（Montebello）、马真塔（Magenta）以及索尔弗利诺等地同奥军接连交战，无一例外地达成了战略目的，全都获得了胜利。法意联军的胜利让全欧洲的军事专家们不得不就新时代的步兵战术展开更深层次的研讨。按理说，奥军在这场战争中使用了新式洛伦兹前装线膛枪，实力与装备应该要比以前强大得多，却并没有像第一次意大利独立战争那样取得胜利，反倒是被法军压垮——击败奥军的并不是法国人的米涅步枪，而是他们步枪上的刺刀！向来崇拜自己叔叔的法国皇帝拿破仑三世将敢于刺刀见红视为最好的战术与军事思想，并在登基称帝伊始便在军中大力提倡这种攻势主义精神。法军在这场战争中硬是凭借着自身的斗志与勇气抵消了敌人的新技术优势。相比之下，他们的敌人奥军的状况可就要糟糕得多了，不仅将领指挥无方，队列散漫，各层官兵还都缺乏军事训练，普遍没有熟练掌握自己手里的新兵器的操作方法。不过，奥军的这些问题当时不甚明显。这令法军与许多军事专家产生了一种并不是特别正确的认知：战场上士气胜过一切。法军（以及几乎所有的欧洲军队）在之后的 1870 年（普法战争）中依旧沿袭着这套战争理念，到了 1914 年一战前夕甚至还更进一步地发展出了"超攻势主义"，并最终导致了极为可怕的后果：数以百万计的年轻人被送到了战场上，满怀热血地直面敌人的机枪、铁丝网以及堑壕，发起一波又一波近乎自杀的冲锋，白白付出鲜血与生命。不管怎么说，刺刀冲锋确确实实在第二次意大利独立战争中发挥了极为显著的作用。落败的奥军在战争结束后重新审视了自己的步兵战术，他们再一次将密集纵队刺刀冲锋定为了步兵战术的重中之重。等到 1866 年普奥战争爆发后，奥军的这套新战术遇上了普鲁士的击针步枪，最终蒙受了灾难性的失败。

普鲁士王国或许是当时欧洲各国当中唯一没有模仿法军，而是独自发展出一套独特战术的国家。尽管普鲁士以外的其他欧洲国家也有过类似的论战，但争论的具体内容和结果却大不相同。一直到 1858 年，普军都还维持着两种火器——后装的德莱塞击针枪与前装的米涅步枪——并存的局面。两种步枪的基本操作方法是不一样的，给部队的日常训练带来了极大的困难。威廉亲王敏锐地察觉出这一问题，他在成为摄政王接管政权后，于 1859 年正式下令，要求全国所有部队陆续裁撤米涅步枪并换装击针枪，这一全面换装计划最终在 1861 年彻底完成。[4]

至于步兵战术方面，普军首先考虑到的是弹药消耗问题。当时的高层普遍认为，一旦士兵手上有了一把高射速的后装步枪，那他就很有可能会不停地胡乱射击，浪费宝贵的弹药，毕竟不是所有人都可以做到把"能发射 3 发子弹的时间用来仔细瞄准后再发射 1 发子弹"。实际战场上的情况瞬息万变，根本就不会给士兵们多少时间仔细瞄准敌人，只能朝着一个大致的方向连开数枪。早在 1853 年，威廉亲王为了解决这一问题就已经制订了新的战术条例，该条例规定凡是装备击针枪（只装备米涅步枪的不需要遵循这一条例）的步兵营都必须分成若干个"群"（Gruppen），以小规模部队来拉开散兵线，每个"群"由一名士官指挥。这一变动使得士官们从先前的"队列教官"变为了真正意义上的小队长（他们必须在瞬息万变的战场上为自己的"群"做出各种判断）。这套新战术最终于 1854 年在所有步兵营内得到了推广。虽然这在 19 世纪 50 年代中期是一个极具革命性的战术变化，但它在当时的实际运用及影响力颇为有限——步兵的基本行进队列依旧是密集纵队，散兵线的作用仍然只停留在为行进的大部队提供掩护及迟滞敌人等层面，并未成为主流的步兵队形。

法军在 1859 年的胜利使得普军内部出现了不少"刺刀主义"的拥趸。按照他们的理论，人才是战场上的首要因素，只要有了足够的斗志与勇气，主动发扬攻势主义精神，军队便可以凭借刺刀彻底抵消敌人手里的后装枪或是别的什么长射程步枪的武器优势。他们援引了俄国军队的一句古老谚语——"子弹是笨蛋，刺刀是好汉"（the bullet is stupid but the bayonet is smart），认为步兵冲锋才是最为正统与保险的取胜之道。然而他们的论调并没有占据上风，普军最终没有采纳这种"正统派战术"，而是依照总参谋长的军事思想发展出一套全新的步兵战术。

起初，老毛奇的思想是利用防御战的形式来对抗敌人的长射程步枪，并用自己的长射程步枪来迫使敌人要么主动拉近距离发起进攻，要么主动撤退。他观察过多场涉及排兵布阵与侧翼迂回行动的实战，并研读了法奥战争的战报，得出了这样一个结论：奥军的失败极大程度上是由于将领的指挥无方与各级官兵的迟钝懒惰，而不是因为法军的士气。他对传统的散兵线战术大加驳斥，将其描述为一种"作战效率极低，只会造成不必要的伤亡的无用战术"。按照他的观点，只要军队能够发挥好手里的击针枪的长射程（550 米）速射火力，那便可以利用地形、建筑或是树丛等作掩护，轻松地撂倒远处的敌人。一旦敌军主动拉近距离或是发起进攻，那他便会在短时间里遭受极为猛烈的火力打击，惨重的伤亡会让敌方的进攻难以为继。正如前文所提到的，老毛奇在战略层面是一个不折不扣的攻势派，但在战术层面上他却是一个防守派，两者并不矛盾。在普奥战争期间，他充分结合自己的这两种战争思想，最终为普鲁士赢得了战争的胜利。

老毛奇在 1861 年的普军操典里也强调了攻势主义在战术层面的重要性，操典中提到进攻战术的精要之处在于迫使敌方进入开阔地带，再切断敌人的后备力量并最终将敌人逐个击破。执行上述这些攻势任务的最基本战术单位将是步兵连，因为规模适中、机动灵活，足以应付绝大部分的情况，同时还可以在关键时刻组成若干个战斗群以执行各类任务。然而这份前卫的操典遇上了一个致命的问题，那就是绝大部分的步兵营长思想还停留在 10 年前，根本就跟不上这种战术变化。所以在 1861 年军事演习的时候，普军的步兵营依旧是按照营长的选择与判断来展开队形。这令当时的外国观察者十分困惑，他们对这种现象做了这般描述："武器是革命性的，但人员（像拿破仑时代一样）古老。"

1864 年爆发的第二次普丹战争也没有让这批外国观察者改变自己对普军的既有看法。在这场战争中，普军的盟友奥军表现突出，他们凭借刺刀冲锋成功冲垮了丹军，占据了上塞尔克村（Ober-Selk）以及厄沃塞（Oeversee）。相比之下，普军的表现就比较尴尬了，他们在进攻密松德附近的丹军要塞未果后，便主动放弃了这次攻势，改为占据通向杜柏尔要塞的关键道路。到了整场战争的最后阶段，普军才在一场小规模战斗中展示了击针枪的可怕威力。这场战斗发生在伦比（Lundby）镇，当时丹麦军队的一个连对驻扎在小镇附近的普军发起了突袭，普军立刻展开了战斗队形，成功阻止了敌军从侧翼包抄并用了短短 20 分钟就结束了整场战斗。这个 180 人的丹军连在此战中有 88 人中弹倒地，其中 22 人战死。普军的全部损失则仅为 3 人负伤。

由于普军在普丹战争当中并未向公众充分展示自己的全部力量，所以一直到 1866 年 6 月末，世界上的绝大部分人都还相信这场战争会以奥地利的胜利而告终，然而现实出乎所有了人的意料。奥军的失败固然有贝内德克等将领的指挥失误等因素在内，但普军击针枪的恐怖火力是奥军失败的最大元凶。这场战争充分证明了后装步枪的优越性，在之后的短短 5 年时间里，前装枪便成了过时的古董。此后，欧洲军队都开始大规模换装后装枪，栓动步枪在接下来的 20 年时间里成了步枪的主流。德莱塞的这项发明（栓动枪机）也将长期保持活力，直到问世将近 100 年之后才被现代突击步枪取代。

普鲁士的火炮

在详细叙述俾斯麦时代的普军火炮之前，让我们先来回顾一下柯尼希格雷茨的决战场。当普鲁士王储命令预备炮兵部队指挥官克拉夫特·霍恩洛厄-英格尔芬根上校朝奥军右翼猛烈开炮的时候，他麾下的熟练炮手们就意识到自己的时刻到来了。王储想通过此举来提醒表兄——腓特烈·卡尔亲王，第2集团军已经赶到战场。在接下来的几个小时里，这位炮兵指挥官还要跟着王储的前锋一道行动，同捷列克村的奥军炮兵部队交锋。在这一系列战斗中，上校一次又一次地命令自己的炮兵散开队形，频繁地更换自己的炮兵阵地。在一系列命令当中，他做出了不少不合常理的举动，例如将自己的炮兵部署在山脚下，对山上的敌军炮兵发动炮击。随着第2集团军继续进攻，他的部队随后也获得了友军的增援。之后上校便凭借着手上数量占优的火炮对赫卢姆山以及施维提（Sweti）的奥军炮兵阵地展开狂轰滥炸，在战斗结束以前他都一直在支援己方步兵的行动。假如霍恩洛厄-英格尔芬根上校一直遵循着上级最初下达给他的命令，那就只能乖乖地跟在大部队的后面，根本就没有任何在战场上做出上述这些英勇举动的机会。他是一个坚决且果断的人，在理解了上级的意图后，灵活变通，抢先急行军，率领自己的炮兵赶到战斗的最前线。他命令自己的骑乘炮手们立刻挤开（走在自己前面的）行动迟缓的步兵，先行赶往战场。他的军马与炮车溅起了泥坑里的污水，打到了被挤开的步兵的身上，炮车的车轮也撕裂了大麦田，留下一道道车辙。一阵快马加鞭之后，他们终于赶到了前线，十分及时地支援了友军的行动。

然而非常遗憾的是，霍恩洛厄-英格尔芬根上校在此战中对麾下炮兵的运用是普军炮兵部队在整场战役中唯一出彩的地方。无论是在腓特烈·卡尔亲王的第1集团军还是在易北河集团军中，炮兵都没能发挥出这般有效的作用。在爆发战斗之前，普军的军官们还多多少少地视行进队列中的炮兵部队为累赘，认为炮兵的前车与弹药车（Limbers and Caissons）挡了步兵的路，军官甚至会强制命令他们为步兵让路。等到战役打响后，各种滑膛炮、线膛炮混杂在一起的普军炮兵部队，也没有得到有效利用。在比斯特日采河渡口一战中，普军步兵在进攻过程中受到了附近山上的奥军炮兵的火力压制，奥军炮兵的部署非常周全，炮击效果也很好，一时间给普军造成了极大的杀伤。但紧急赶到战场的普军炮兵的反击非常软弱无力：一开始，普军的滑膛炮因为射程过短而无法给奥军炮兵造成任何威胁，等到线膛炮也赶到战场后，普军炮兵又打出了平直的弹道，还是无法为友军提供有效的炮火支援。在斯维普树林，奥军炮兵难以在不误伤友军的前提下打击普军步兵，可即便是在这样的有利地形当中，普军炮兵的表现也是同样的差劲，4 个炮兵连都没能取得任何显著的战果。等到奥萨联军从普鲁士易北河集团军面前全面撤退的时候，普军炮兵非但没能做到痛击残敌，反倒是在敌人的（殿后）炮火打击下抱头逃窜。假如柯尼希格雷茨之战由炮兵的表现来决定胜负，那么奥军会当之无愧地成为胜利者。事实证明，摧毁了英勇的奥地利北部方面军的并不是普鲁士的火炮，而是步兵手里的击针枪。尽管那些身穿棕色外套的奥军炮兵在战役中不停地操作着前膛炮，顽强地战斗到了最后一刻，但单凭他们的努力与出彩表现并不能挽回奥军兵败如山倒的局面。到了当天的战役步入尾声的时候，奥军总指挥贝内德克还命令手下的炮兵殿后，哪怕是让他们战斗到最后一兵一卒也要为主力部队的撤离争取时间。这些炮兵以惊人的毅力与奉献精神完成了这项任务。或许正是他们的拼死奋战，才让普军总参谋长老毛奇主动放弃追击渡过了易北河的奥军败兵。

究竟是什么使得普鲁士的炮兵部队在这场战役中的表现如此乏善可陈？按照常理，这个兵种的训练及专业技能水平应当要比步兵高得多。有些历史学家认为，这个问题是由于，对普军指挥官而言，在战场上损失火炮是难以接受的，故而他们过于小心谨慎。不管理由怎样，普军炮兵的战斗表现出乎了所有人的意料。因为普鲁士王国自前几年以来一直都处于军事科技的最前沿，用着堪称最为先进的火炮竟只取得这点战果。至于生产制造了这些先进火炮并彻底改变了普军炮兵部队的人，则是一名来自鲁尔区（Ruhr Region）[1]的金属销售商，而他的姓氏克虏伯也会在接下来的 70 年里成为欧洲军事工业的代名词。在讲述这个名字背后的传奇故事之前，笔者有必要回顾一下自拿破仑战争结束以来普军火炮的发展轨迹。

---

① 译注：位于今德国经济最发达的北莱茵 - 威斯特法伦州（简称北威州）中部，是世界上最大的工业区之一，有"德国工业的心脏"之美称。

1815 年以后的普军火炮

著名历史学家丹尼斯·舍沃特（Dennis Showalter）在他的专著《铁路与线膛枪》（Railroads and Rifles）当中，将 1806 年以前的普军炮兵（在普鲁士陆军当中的地位）比作继子，1815 年以后更像是"非婚生的兄弟"（illegitimate halfbrother）。这种说法不无道理，主要是因为自法国爆发大革命以来，23 年里流血冲突几乎接连不断，欧洲各国政府都不是特别愿意将钱花费到那些昂贵的军事技术上（此举直接导致了炮兵地位的低下）。对于政府大员们来说，手拿着滑膛枪与刺刀的步兵可要比各种榴弹炮与加农炮便宜得多。1806 年的惨败（耶拿 - 奥尔施塔特会战）导致普军炮兵的装备严重短缺，以至于等到 1813 年解放战争爆发后，普鲁士政府不得不用尽一切手段四处搜寻加农炮。等到了 1815 年时，普军炮兵的装备成了"万国造"的大杂烩，使用的火炮来自欧洲各国，口径、重量、保养状况全各不相同。几乎没有炮兵连能做到火炮型号统一。沙恩霍斯特（炮兵专业出身）在去世前不久为长期以来被忽视的炮兵部队组建了一个委员会，专门负责监督火炮的生产与改进武器性能及质量。此即"火炮测试委员会"（Artillerie-Prüfungs-Kommission，简称 APK）。对于当时的高层来说，这是一个并不意外的举动，因为他们都知道沙恩霍斯特是一名长期致力于炮兵建设的技术型领导，而他的专著《火炮操作手册》（Handbuch der Artillerie），

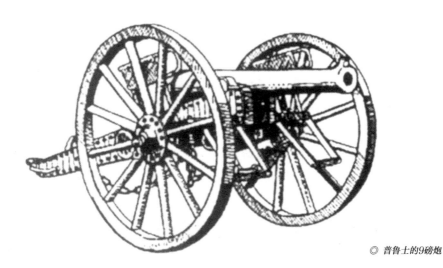

◎ 普鲁士的9磅炮

也在数年后成了普鲁士每一名炮兵的必读书籍。除此之外，沙恩霍斯特还任命奥古斯特亲王担任这个火炮测试委员会的主席一职，这位亲王直至 1843 年去世以前都一直主管着委员会的绝大部分事务。

1816 年，APK 制订并设计了下一代火炮与相关配套设备，用于取代现有的"万国造"混乱型号。这一系列新式火炮的制式名称为 c/16 系列（System c/16）。其中加农炮根据弹重与口径分为 6 磅及 12 磅两种，榴弹炮则分为 7 磅及 10 磅两种。然而不幸的是，这个系列的设计过程十分匆忙，导致赶工出来的实际产品的效果并不理想——火炮的重量严重超重，射速也过于缓慢。此外，虽然火炮的观瞄设备得到了提升，但精度依旧十分糟糕。尽管如此，陆军对 c/16 系列带来的炮制标准化还是深感满意的——因为对于当时的普鲁士来说，炮制标准化同炮兵的其他东西一样重要。而在接下来的 30 年或更长时间里，APK 将主持诸多影响普军炮兵的技术及编制问题。一种极具破坏力的新型炮弹——榴霰弹尤其令 APK 关注，这种炮弹内装有火药及小钢珠或钢箭等，一旦爆炸便会四处飞溅，能够极为有效地杀伤步兵部队。其英文名"Shrapnel"来自于它的发明者亨利·夏普奈尔（Henry Shrapnel），他是英军的一名炮兵中尉，于 1784 年发明了这种炮弹。在之后的拿破仑战争中，这种反步兵利器在各处战场上都得到了广泛运用。但在当时，它算不上是一种特别可靠的武器，因为它没有定时引信，所以根本不能做到像现代榴霰弹一样在预定目标上空爆炸或者在击中目标后主动爆炸，这极大地限制了这种炮弹的效果。普鲁士的 APK 将大量时间与精力花费到研究与寻找可靠的榴霰弹爆炸引信上，但都没能取得成功。到了 1866 年，始终没能得到可靠引信的榴霰弹只能含恨退出现役。除此之外，炮兵内部还就火炮的具体运用方法等问题产生了严重的分歧与争执。他们分成了"骑炮派"与"步炮派"，都宣称自己的炮种更为优越。由于军方主张强化炮兵部队的机动能力，所以"骑炮派"一时间占据了上风，使得留给步炮连的预算越发紧张，极大地限制了步炮连的训练及装备水平。在 19 世纪 20 年代与 30 年代，普军将炮兵的发展重心放在了骑乘炮部队上，侧重于培养骑乘炮手们的"骑兵风范"（即他们在接受炮兵训练的同时也要接受骑兵训练）。普军炮兵对自己使用的火炮的实际威力与效用相当缺乏重视，一切的精力与训练重心都被放在了骑乘炮部队的疾驰冲锋（Dash）[①]与突击（Élan）上，对于骑乘炮的炮手们下马后该如何构筑炮兵阵地与操作火炮并没有给予多少重视。

炮兵部队内部的"骑炮派"与"步炮派"之争自然也得到了负责总领大局的 APK 的重视。双方的争论中心在于该如何提升炮兵部队的机动性。其中又以火炮重量问题最具挑战性，而火炮的铸造材料直接关系到这个问题。19世纪初，青铜在很大程度上取代了铸铁，成了铸造火炮管的主要材料。相较于铸铁，青铜具备两大更为优越的特性：首先，它的重量较铸铁更轻；其次，它的耐用性也更好，这意味着炸膛的可能性更小些。当然，青铜也具备缺点，那就是它的价格远比铸铁昂贵得多。由于成本问题，普鲁士战争部不得不在拿破仑战争期间大量铸造（相对廉价的）铸铁炮。随着时间的推移，一些有识之士开始意识到金属加工与铸造技术的进步极有可能为军队带来一种更为可靠的新式火炮。然而，APK 委员会及炮兵部队对于这种全新发展方向普遍缺乏兴趣。19世纪 30 年代末期，APK 开始着力于研究制造一个具备更强机动能力的全新火炮系列。数年后，c/42 系列应运而生。相较于过往的 c/16 系列，它的弹重与口径基本没有发生变化，但它的牵引四轮马车（Carriages）要比以前轻便得多，此外它的前车与弹药车也经过了重新设计，可以让炮组成员乘坐到上面仅由骒马牵引（再也不需要人力牵引）。新系列摒弃了过往的重榴弹炮，使得机动性大为提升。但与此同时，这个新系列火炮的设计忽略了一个对于炮兵来说最为基本的问题——火力。反对者们认为新的 6 磅炮的重量实在是过轻（火力也过于薄弱），应当被弹重至少为 9 磅的大口径火炮所取代。又一次，争论点回到了材料上。但突如其来的 1848 年革命打断了这一次争论。对革命的镇压行动是普军自 1815 年以来的首次大规模实战，普军的炮兵部队参与了镇压巴登起义以及后来的石勒苏益格 - 荷尔施泰因两公国的战事（第一次普丹战争），但表现都不怎么理想。起义民众都装备有线膛枪，这种步枪的射程让它能对暴露在外、没有任何掩护的普军炮兵造成极大的威胁。时刻处在狙击威胁下的普

---

①译注：需要特别注意的是，骑乘炮与普通的骒马牵引火炮的最大不同之处在于，骑乘炮可以做到全力冲刺，以极快的速度构筑炮兵阵地以及装炮上车，还能通过快速突击的方式与步、骑兵协同作战。

军炮兵不得不停止操作火炮，撤离战场。而在实战过程中，普军火炮的每一次炮击效果也都极为有限。简而言之，就是普军的全新火炮系列虽然在基本性能指标上符合了军方的需求（轻量化、机动化），但其实际战术效果满是漏洞与不足之处。非常讽刺的是，当时的普鲁士早就已经出现了一种飞跃性的全新加农炮技术，但这件新事物躺在柏林城内的一家仓库里无人问津了整整两年之久。它虽然没有遭到 APK 的无视，但也没能引起委员会的兴趣与注意——这件创新性发明的真身乃是一具铸钢炮管，出自一个名叫阿尔弗雷德·克虏伯的人开的金属加工作坊。

阿尔弗雷德·克虏伯与他的后膛铸钢加农炮

克虏伯于 1812 年 4 月 26 日出生于艾森（Essen）镇的一户商人家庭。其家族在这个小镇的记录最早可追溯至 16 世纪末。他的父亲弗里德里希在 1811 年开办了一家铸造厂，专门仿制与"山寨"英国的铸钢。这位老克虏伯的努力并没有取得成功，等到他于 1826 年去世的时候，公司与家族都已处在破产边缘。阿尔弗雷德在四个孩子当中排行老二，却是长子，所以 14 岁的他便肩负起家族企业的重担。这是一个身形十分瘦弱的年轻人，却有着极为坚毅的性格，而他的这一品质也很快深深地烙印在公司的行事风格上。著名历史学家威廉·曼彻斯特（William Manchester）在他的专著《克虏伯的军火》（The Arms of Krupp）中写道："（克虏伯）精力充沛无休无止，聪颖，富有想象力，即使饱经挫折也不肯轻易罢休，富有远见……以及超强的实践动手能力。"总而言之，他屡次造访普鲁士战争部与 APK（并最终获得成功）的经历充满了曲折与戏剧性，如果要详细叙述，得用一整本书才能讲完，所以在此只能从简描述。起初他还沿袭着自己父亲的发展思路，试图靠复制出跟英国钢一样高品质的钢材来赢得政府的采购合同。这在当时几乎是一项不可能完成的任务，因为英国的金属加工商已经在这个领域垄断了全欧市场将近 50 年之久。然而在 19 世纪 30 年代初，克虏伯的公司还是取得了一定成果，生产出了一种质量足够给钟表匠与金匠使用的钢材。但这并不能打动普鲁士政府，所以公司没能赢得政府的采购合同或贷款。在之后的 10 年多时间里，克虏伯加工厂只能在一波又一波的破产危机当中勉强度日。

恶劣的现实并不能摧垮克虏伯。这位年轻人似乎有着无穷无尽的精力，他每天睡得很少，吃得也很少，一直埋头家族事业。他放弃了父亲的仿制英国钢的发展思路，改为制造一种可以专门用于生产勺子与叉子等餐具的小滚筒机。在几经改进后，他的新产品果然为公司争取到了更多更大的合同。在有了足够的资金支持后，他便于1838年开始了环游欧洲的考察，这次考察甚至都可以用"间谍行为"来形容。他首先走访了法国与英国，在两地待了整整5个月。[5] 虽然他在这段旅途当中究竟学到了些什么我们不

◎ 阿尔弗雷德·克虏伯（1812—1887）

得而知，但可以肯定的是，英国人的先进生产经验深深地触动了他，他在归国后甚至还把自己的名字给英语化了（anglicizing，"Alfred"这个名字在英语及德语里发音有些许差异）。1840年，克虏伯的公司出现重大危机。当时维也纳政府向他订购了一台压延机供帝国铸币厂使用，这是他接手家族企业以来涉及金额最大的合同。克虏伯如期交货后，奥地利政府却借口产品存在瑕疵，拒绝为自己的合同买单。他不得不耗费了一年之久的超人努力（或许是不停打官司）才终于换来了一点微薄的报酬，这点钱刚够他免于破产。克虏伯的公司又重开了各类民用商品的生产线，慢慢地恢复了一点元气。他的勺子与叉子滚筒机在英国申请了专利，他的弟弟也在1844年的柏林工业博览会中凭借一套新奇的管钟[①] 获了奖。随着公司经营状况的日渐好转，克虏伯开始将自己的注意力转移到别的东西上。

---

① 译注：Chimes，一种西洋打击乐器，代表曲目为柴可夫斯基的《1812序曲》。

这位孜孜不倦的企业家始终都在开发更具赢利性的新产品。他很早就意识到普鲁士势必会进行一场铁路大扩张，所以他赶在铁路大潮之前匆匆试验了几款火车车轮与工业弹簧，还有几种机床也被他列入计划。除此之外，他还出于个人兴趣，试验了一些东西来随便玩玩，但获得了意想不到的巨大收获。克虏伯用了7年多的业余时间发明出一种中空锻钢滑膛枪管。他对自己的这根枪管的性能极为满意，便将它展示给了附近的萨恩兵工厂（Saarn Arsenal）的官员。所有看了这件新奇发明的军官都被它的优越性能深深打动了，但最终还是没有获得军方的认可——一切都很好，就是成本实在是过于高昂了。除此之外，他们还指出："军方现有型号的步枪枪管根本就没有任何问题（所以也就不需要再花钱用克虏伯的枪管了）"。[6] 尽管最终没有采用克虏伯发明的枪管，但兵工厂同意留下这些枪管，以备后续测试。而后，克虏伯带着样品去了柏林的展示会，一并被拿去展示的还有他弟弟的管钟，但都无人问津。克虏伯始终坚信自己的新产品是代替铸铁枪管的不二之选。考虑到陆军彻底醉心于德莱塞击针枪，他很快便转换了思考方向，将自己的眼光放到了另一件截然不同的事物上——炮管。在完成了样品后，他屡次联络普鲁士战争部，希望能将自己的这件新产品推销出去。尽管这次他的新产品有了法国战争部的赞赏，但普鲁士战争部的答复依旧是"谢了，但我们不予采用"。落选的原因依旧是居高不下的成本。不过克虏伯的这件样品还是给了军方极大的启发，他们开始意识到铸钢炮管在未来军事运用当中的可行性。不甘失败的克虏伯又向欧洲其他各国的政府与军方展示自己的这款炮管，但都没能取得成功。期间甚至还发生了一个尴尬的小插曲——他差点争取到一份为重骑兵团生产制造一批骑兵胸甲的合同，但十分悲剧的是这份军方采购合同后来还是被前任供应商凭着自己在骑兵团内的特殊关系给抢走了。1844年年末，屡战屡败又屡败屡战的克虏伯向普鲁士战争部提出了一个全新的产品方案——薄壁铸钢制3磅炮的炮管。这一次他的努力算是得到了些回报，军方在收到他的提案后便很快给了他肯定性的答复。[7] 在得到了战争部的首肯后，克虏伯便用了整整3年的时间铸造出了一件样品，并最终于1847年9月将其送到了军方的手上——它被送到了施潘道兵工厂，接着又被兵工厂无视与雪藏了整整2年之久，兵工厂的工作人员甚至都没有为这件贵重的样品披上一层防尘罩！大失所望的克虏伯只能亲自登门拜访APK，坚持不懈地催促委员会对自己的炮管进行测试，迟钝的 APK 最终在 1849 年 6 月 2 日测试了这件样品。这次实弹射击的测试结果非常惊人，样品炮管展现出了非比寻常的耐用性——军方用了各种办法试图让这件炮管炸膛，（开炮前）装的火药一次比一次多，但都没能如愿让这门炮管炸裂。只有一次严重超量的强装药（实际战斗与日常训练等正常场合中根本不可能装如此多的火药）才成功地将炮管炸成了碎片！虽然测试取得了成功，但这时响起掌声还太早了，这项工艺尚未成熟，仍需要做大量的改进。

APK 并没有急着做出采纳这项技术的决定，这个委员会历来以办事迟缓及小心谨慎著称。克虏伯对此倒并不是特别介意，现在他还乐于见到 APK 反复思量（因为他也需要时间来改进这几件样品）。与此同时，他在几年前对生产车轮、车轴及火车车厢用工业弹簧的投入终于得到了回报。克虏伯公司生产的无缝钢轮此时已是畅销全欧，他在欧洲各国都注册了自己的产品与商标专利。[8] 最终，克虏伯公司获得了极为稳定的经济收入，一切都归功于阿尔弗雷德——这位有着无穷无尽的精力与才能的天才商人。即便有了如此多的赢利性产品，克虏伯依旧没有遗忘铸钢加农炮管。在 1851 年的伦敦世界博览会上，他公开展示了自己公司研制开发的铸块（ingot）、骑兵胸甲、火车车轮以及一门装在闪亮炮车上的全新大炮。这一次他取得了巨大的成功，为公司赢得了一枚金牌。然而，尽管自己的大炮已经获得了世人瞩目，军方的采购订单还是没有到来。与此同时，APK 则将自己的注意力放在了一系列同当时欧洲主流军队（的炮兵发展方向）背道而驰的技术问题之上。当时的欧洲已经出现了工业化刻制膛线的技术，使得步枪射程与精准度获得了前所未有的显著提升，这让炮兵专家们陷入了一大困惑——既然如今的炮兵再也无法让自己安全地置身于步兵火力之外，那么火炮该如何提升自己的射程呢？通过给炮管刻膛线？最初的几次（线膛炮）试验使用的炮管是青铜材质的，火炮的射程确实获得了提升，但这种前装线膛炮（Rifled Muzzle-Loading Guns，简称 RML Gun）存在一大致命缺点——装填速度过于缓慢，根本就不能形成速射火力，在战场上自然也难以阻挡比它快得多的敌方步兵冲锋。在前装火器的发展彻底走入死胡同的这一历史大前提下，后装火炮最终走上了台前。与此同时，欧洲的炮弹技术也出现了巨大突破，随着炮弹的形状从球形转变为圆锥形，榴霰弹成功地"东山再起"，获得了各国军方高层的重视。19 世纪 50 年代对于炮兵来说，算是一个史无前例的技术大跃进的黄金时代。

克虏伯自然不会置身于这场科技革命之外，多年以来他都一直在这个领域不断探索，试图接触普军的决策制订者。在伦敦世界博览会结束后不久，他便在波茨坦的行宫中向当时的普鲁士国王腓特烈·威廉四世展示了自己公司铸造的一门火炮。俄国沙皇尼古拉在 1852 年访问波茨坦行宫时看上了这门火炮。这门炮给尼古拉留下的印象要比德莱塞击针枪深刻得多，但（最终的"印象分"）还远远不够，不足以撬动任何军队订单——即使克虏伯将一门铸钢炮送给俄国陆军当礼物，依然没能换来任何回报。等到俄国人发现这门试验炮在试射了数千发后都不曾出现任何炸膛等事故，他们这才对其性能深表震惊，并将其放进了博物馆内。而在接下来的 5 年时间里，俄国人便开始定期向克虏伯订购火炮。与此同时，立志于扩大自己事业的克虏伯还游走于德意志邦联的其他各大成员国之间，诸如布伦瑞克公国、汉诺威王国以及符腾堡王国，向他们的军方人士一一推销自己的火炮。虽然他的这些努力激起了各大邦国高层的兴趣，却并没有争取到多少采购订单。遭遇了挫折的他与某位大人物取得了联系，这位人物会让克虏伯大炮扬威欧陆，为克虏伯与他的公司带来无尽的声誉，实现他多年以来始终坚持的理想与抱负。

他的这位贵人便是普鲁士王国的威廉亲王，一名完美的军人——严于自律，英勇无畏，坚持自己的事业与理念。由于他的长兄腓特烈·威廉四世出现健康问题，难以料理国事，他便渐渐接管了普国的军政大权，成了摄政王，在军队当中的影响力尤为重大。虽说这位未来的国王并不是一个技术专家，但多年的军旅生涯让他在看待技术革新方面有着远胜常人的敏锐洞察力。在见识过那门"波茨坦大炮"的优越性能后，他便迫不及待地想看看铸造它的工厂。1853 年夏，新婚不久 [9] 的克虏伯欣喜若狂地接待了普鲁士的摄政王殿下，并带他参观了自己的工厂。这次考察取得了巨大成功，威廉对克虏伯公司表示了高度的赞扬与兴趣。1854 年，APK 迎来了新一任委员会主席——奥古斯特·恩科（August Enke）中将，他是一位坚

◎ 一门克虏伯重炮

定的线膛炮支持者，同摄政王一样欣赏克虏伯炮。他在上任伊始便已经做好了革除旧弊、重振体制的充分准备。但非常不幸的是，这位委员长有一个分量不小的反对者——炮兵总监哈恩（Hahn）将军，他是一名滑膛炮与圆锥形炮弹的支持者。在接下来的 15 年时间里，两人就普军炮兵的未来发展的方方面面不断争执。两人的敌对与冲突对普军炮兵产生了极为恶劣的影响，直接导致了炮兵部队在 1864 年与 1866 年的两场战争中表现不佳。

至于克虏伯则在 APK 中做了十余年委员后才正式引退，专心于自己的家族事业。在担任委员期间，他都自信与尽职地完成了上级交付的每一项任务。不仅因为他有一位带王室背景的支持者，还因为他再也没有任何经济上的后顾之忧——工业弹簧、钢制火车车轮以及车轴等民用产品持续畅销，为他带来了滚滚财源。与此同时，铸钢线膛炮的理念也在军队高层中得到认可。1856 年，APK 主席恩科向克虏伯订购了 2 门 6 磅炮的炮管用于次年 1 月的测试。军方高层起初还认为装备有这种火炮的军队定能主宰战场，但试射的技术数据表明，这种火炮技术还远未成熟。与此同时，铸钢线膛炮的反对者哈恩将军的异议使问题更加复杂。开发出可靠的后装火炮仍然需要大量的时间与精力——青铜炮闩磨损得太快，而即使是铸钢炮闩也存在漏气（导致能量散逸）问题，需要专家级的工人花费极长时间来打磨与设计（使得成本直线飙升）。1859 年，APK的专家们在几经讨论之后设计出了一种全新的气密阀，而在这一年里，普军的野战炮部队也开始了大规模整编。自此开始，普军的每个炮兵旅下辖 3 个步炮营，其中 1 个为 7 磅榴弹炮营，另外 2 个为 12 磅炮营。非得在这个时候对炮兵进行整编，实在有些莫名其妙，毕竟何时换装及如何换装新式炮弹与线膛炮还悬而未决。克虏伯尤其烦躁不安，因为他多年以来一直期待的普鲁士军方订单还是没有要来的意思，而此时距离他向军方首次展示自己的样品（1849 年 6 月 2 日）已过去将近 10 年之久！自 1858 年开始，担任摄政王的威廉便对克虏伯越来越重要。作为 APK 主席的恩科中将邀请他观摩了克虏伯的 6 磅后装铸钢线膛炮的试射。这次试验再一次令威廉大为满意，恩科与他的委员们趁机向摄政王提议采购 100 门这样的火炮。他们的这一建议还获得了康斯坦丁·冯·福格茨 - 雷提兹将军的鼎力支持。在一片赞赏声中，摄政王做出了一个大胆的决定——订购整整 300 门！所有的炮兵部队都将换装这些克虏伯炮！

政坛与战场

得知了消息的克虏伯欣喜若狂，亲自动身赶赴柏林接单。现在，他终于能与普鲁士最有权势的那些人来往了。威廉新任命的首相——俾斯麦，专程前往埃森拜访克虏伯。两人初次见面便相处得极为融洽，堪称一见如故，在马术方面尤其谈得来。去柏林接单后，克虏伯便开始定期同博宁将军及罗恩等高层人士联系。他毫无疑问是想实现自己的野心——他的公司此时已是普鲁士政府的主要供应商，他想维持住自己的市场地位并确保垄断——不仅仅是火炮要实现垄断，铁路产品（可能）更要垄断市场。APK 最期望的便是找到一个居于垄断地位的供应商，而当时的商务部长奥古斯特·冯·海特的想法也与 APK 一致。重新设计的气密阀与后装炮在新一轮火炮试射当中表现极为优异，这进一步坚定了克虏伯寻求垄断地位的念头。当然，克虏伯炮也并不是没有任何对手，当时的它受到了法国火炮，尤其是轻型 4 磅炮的挑战——这种由施耐德（Schneider）公司生产的火炮在最近的第二次意大利独立战争中表现尤为突出，给所有观摩过这场战争的人留下了极为深刻的印象。遭到了天降强敌的突然挑战，克虏伯自然是异常愤怒，不过他很清楚自己的竞争优势——此时的他已经成为顶级企业家，产品热销全世界（最大的顾客很可能是沙俄），有着他人所不可比拟的企业声誉；而比这更加重要的是，多年来他都一直在做普鲁士王室的工作，成功争取到了这个国家的首脑的支持。最终，他的一切努力都得到了回报—— 摄政王威廉力排众议，不顾商务部长海特的强烈反对（这位部长反对克虏伯进一步染指普鲁士的铁路系统），正式同克虏伯公司签订了新的合同。该合同规定普鲁士国家铁路系统当中一切与克虏伯公司相关的专利权将再延长 7 年。对于野心勃勃的克虏伯来说，这还远远不够，不久后他又向普鲁士战争部提出了申请，要求为自己的后装炮闩订立一份为期 15 年的采购合同。他满心以为威廉会支持他，但亲王（他还要再过几个月才能正式登基成为国王）也被这一贪得无厌的提案彻底震惊了。罗恩也觉得克虏伯的这一想法不像话——尤其是克虏伯的设计尚未成熟，尚未到可接受的程度。他们一致否决了克虏伯的唐突提议，正式告知他绝不可能垄断火炮的销售制造，只能同其他制造厂商展开公平合理的商业竞争。

阿尔弗雷德·克虏伯担心的倒不是垄断协议的提案被拒绝这件事，此时他思考的问题要比 APK 以及普军炮兵基础得多——在技术出现重大突破的当下，该怎么更有效地运用新技术为火炮服务？炮兵在未来战场上又该扮演怎样一种角色？争论点和以前一样——机动性 VS 火力，线膛炮 VS 滑膛炮。而前装炮 VS 后装炮的问题让这一系列争论变得更加激烈与复杂！为了解决这一顽疾，威廉在 APK 之外又成立了一个特别委员会，专门负责炮兵的组织结构和装备。这个委员会在几经探讨之后断定"一连八炮制"（1 个炮兵连 8 门火炮）严重影响了炮兵部队的机动力，在战场上不便于展开，因而提议将火炮数目削减到 6 门。毫无疑问，这份提案意味着炮兵部队需要进行新一轮的大规模整编。为了进一步提升炮兵的机动性，委员会选定了 1859 年法奥战争中的明星——4 磅轻型线膛炮。此外，这个委员会还提议每个团应该下辖 4 个炮兵连，每个连都要装备这种 4 磅轻炮。而在每一次的技术反馈当中，委员会所提出的技术指导意见（非但没有解决问题，反而）让一个已经非常复杂的问题更复杂。事实表明同意采用 4 磅炮是他们做出的唯一靠谱的决断。而克虏伯公司还是被要求提供数件样品用于新一轮测试。每一门试验炮都搭载在炮车上（十分轻便，可以用人力牵引与装卸），且都采取了克虏伯所发明的后装设计。不过这种 4 磅轻炮的炮闩在测试中的表现并不理想。1862 年年末 APK 正式公布了自己测试的结果，对这种火炮的表现提出了激烈的批评，称它仅有的优点是炮弹重量轻，炮车机动灵活。线膛炮的反对者哈恩将军对这次测试的失败更是喜出望外，他是更注重火力的那一派。不管怎样，险峻的国际局势打断了这些争执——石勒苏益格 - 荷尔施泰因危机爆发，并很快演变为一场大规模战争。

1864 年 2 月 1 日，普鲁士远征军[10]在弗兰格尔（Wrangel）元帅以及腓特烈·卡尔亲王的率领下，正式跨过了边境线，攻入石勒苏益格境内。普军的总兵力接近 40000 人，分为 2 个军，分别来自威斯特伐利亚以及勃兰登堡，此外还有一支混成近卫师[11]也参加了此次战争。普军各型火炮共计 110 门，其中仅有 38 门是线膛炮。起初，普军并没有遭遇多少抵抗，仅有泥泞的道路给普军的推进造成了一点麻烦。很快他们便在密松德附近遇到了阻碍——当时普军试图渡过施莱河（Schlei），却遭到了留守丹军的猛烈反击。此时终于轮到万众瞩目的炮兵出场了——普军炮兵随即在 2 月 2 日展开了首次炮击，64 门火炮对密松德一顿狂轰滥炸，却并没有取得多少实际效果。丹麦守军冒着漫天炮火，操作着手头的 28 门火炮持续开炮还击，甚至还坚持奋战了一整晚！第二天清晨，眼见炮击没有半点成果的腓特烈·卡尔亲王不得不采取别的措施来夺取这座村庄，但这一次步兵强攻依旧没能逐退丹军。进攻受挫的他最终在 2 月 4 日正式下令往东面一段距离再渡河。不过丹军的好日子并不持久，因为普军的盟友奥军在中部战区的进展非常顺利，甚至还迫使丹军撤离了丹内韦尔克（Danevirke）要塞。到了 2 月 8 日，普军兵临杜伯尔城下，不过腓特烈·卡尔亲王并没有立刻命令步兵在野战炮的火力支援下对这座要塞化城市发起一场强攻，而是选择了围城。到了 2 月 21 日，亲王断定自己现有的 12 门 24 磅线膛炮的火力并不充足，向柏林当局请求再送 8 或 12 门攻城炮过来。到了 2 月底，时刻关注战争态势的柏林立刻向前线普军输送了 24 门攻城炮。3 月 27 日，这些火炮全部运抵前线，普军工兵也在 3 月 29 日这一天正式完成了攻城用的第一道平行壕（The First Siege Parallel）[①]。4 月 1 日，普军完成了全部 13 个炮兵连[12]的阵地部署（最初的 5 个炮兵连早在 3 月中旬便已完成部署）。此时的杜柏尔要塞所要面对的，会是整整 58 门攻城重炮的凶猛火力。由于射程问题，普军的滑膛炮在先前的几次试探性炮击中并没有起到多少效果，因此普军炮兵在 4 月 7 日开始挖掘半壕（Half-Parallel，与平行壕相垂直的短壕道），前移 800 英尺再部署两个炮连，但这次从半壕发起的炮击同样没能取得多少实际效果。相比之下，线膛炮在这次攻城战中的表现要比这些滑膛炮优良得多，尽管比滑膛炮布置得更远。这种克虏伯线膛炮的威力极为恐怖，一开炮便当场吓坏了大批攻城者与守城者，胸墙（Breastwall）、凸堡乃至建筑物全都在一瞬间被摧毁殆尽。与此同时，普军炮兵部队的指挥系统也出现了重大人事变化，新近抵达前线的古斯塔夫·辛德森（Gustav Hindersin）将军接过了指挥权，而更换指挥官是因为高层觉得这场攻势太过缓慢。这位言语粗俗、严守纪律的军人在接下来的几天里对杜柏尔要塞展开持续不断的狂轰滥炸，彻底动摇与摧毁了丹军的士气与防御

---

①译注：军事工程学的一个专有名词，指代的是近代战争中攻城方为了进攻要塞而修筑的壕道，专门用于掩护攻城炮以及步兵。

设施，成功地为 10 天后（4 月 18 日凌晨）普军步兵的大规模强攻创造了有利条件。而在此之前，4 月 9 日，普军已在第二道平行壕附近部署了 4 个炮兵连（番号为第 18—21 连）。4 月 12 日，他们还在国王的要求下又在第三道平行壕附近部署了 8 个炮兵连。到了 4 月 18 日对要塞全面强攻的这一天，普军炮兵的总兵力已达 28 个连，各型火炮总计 112 门（其中线膛炮 74 门，滑膛炮则为14 门，其余皆为榴弹炮与臼炮）。炮兵部队在攻城战的最后一天总共发射了超过 4700 枚炮弹，有力地打击了丹麦守军的士气与防御力。战斗很快便以普军的全面胜利告终，此役彻底奠定了普奥联军的胜局，炮兵在其中可谓是居功至伟。杜伯尔战役结束后，无力再战的丹麦王国不得不请英国出面调停，在伦敦召开协商会议，但这次谈判很快便宣告破裂，双方随即再开战端。普军在接下来的战役中成功入侵并占据了奥尔森岛，迫使再度战败的丹麦于 7 月 12 日这一天签署了第二份停火协议，正式结束了这场战争。

线膛炮在第二次石勒苏益格战争中的优异表现给了其支持者们极强的信心与铁一般的事实论据。但非常悲剧的是，只要那位顽固的哈恩将军始终把持着大权，他们就根本不能为炮兵部队全面换装线膛炮。直到古斯塔夫·辛德森正式接替他成为新一任炮兵总监后，情况才出现了重大转机——早在战争结束前，他便向战争部不断施压，索要更多的线膛炮。国会公开表示拒绝通过更高的军费预算，不过在普鲁士这种军国主义国家里，他们的这种反对也并没有多

◎ 克虏伯的6磅后装炮

少实际意义。辛德森与他的部下们最为中意的火炮乃是克虏伯公司生产的4磅后装铸钢线膛炮。虽然这种炮仍旧或多或少地存在漏气问题，却是彼时战场上炮兵最为有效的武器之一。那位在后来的柯尼希格雷茨决战中大放异彩的霍恩洛厄 - 英格尔芬根亲王是辛德森将军的主要盟友，当时的他已是一位成绩斐然的优秀炮兵指挥官，同时还是国王的宠臣与副官，[13] 在宫廷中有着非常大的政治影响力。在受邀观摩过多次火炮试射后，国王终于下定决心为军队全面换装克虏伯炮。可就在柏林城内的谈判进展一切顺利的时候，野心勃勃的阿尔弗雷德·克虏伯竟又一次主动提出了一个令政府极为不悦的提案——他告诉罗恩，自己愿为政府提供整整200万塔勒的信用贷款用于购买400门克虏伯炮。作为军改灵魂人物的罗恩当然不会主动上钩，他否决了克虏伯的提案，并坚持声称克虏伯生产的火炮虽然钢材品质出色，但价格过于高昂。阿尔弗雷德在几经利弊权衡后最终选择了向军方妥协，将贷款额度砍掉了一半。到了1864年年末，他仅从军方处获得了一份300件铸钢线膛炮管的订单，每一件炮管的采购价格都被军方压得相当低，让他几乎都回不了本。信念坚定的克虏伯还是忍气吞声地接下了这笔无利可图的单子，立即开始了炮管的生产制造。不过，这一次制造流程费时颇长。直到一年后，军方才收到了第一件炮管。

结语

滑膛炮的坚定支持者、曾经的炮兵总监哈恩将军一直到1864年才退役，并于翌年去世，这位老顽固将军甚至把对线膛武器的仇恨及抵触情绪带进了自己的坟墓！[14] 辛德森将军还是在推进炮兵换装工作。他个人倾向于让所有库存的滑膛炮全都退役，然而克虏伯的炮管交付较晚，再加上没有足够多的合适炮车来搭载，导致1866年普奥战争爆发时，普军炮兵部队并未裁汰掉全部的滑膛炮。令人欣慰的是，早在战争爆发前的1865年1月，炮兵部队便开展了一场大规模整编以适应新技术装备。每个团有1个骑乘炮连换装了新式火炮。到了当年6月，每个野战炮兵团从原先的"三榴弹炮连制"改为了"四连制"，每个连都装备有6门4磅轻炮。不过给炮兵们进行实弹训练的时间所剩无几，更别提制订新的战术条例了。辛德森确实提醒过炮兵军官们放弃原先的阅兵队列练习，将训练重心更多地放在实战演习上。不过，在此前的15年里，普鲁士王国都在关注火炮技术的发展，忽略了对炮兵战理论的研究，所以炮兵部队在战争期间没能摸索出一套具体的新炮兵战术。

1866 年战争正式爆发后，滑膛炮、线膛炮并存的普军炮兵就这么上了战场，每个军下辖的 4 个 12 磅炮连中，只有 2 个连换装了 4 磅线膛炮。普军炮兵在柯尼希格雷茨决战中的糟糕表现很大程度上都是由于未能全面换装线膛炮，此外还有对操作新式火炮的训练严重不足等原因在内。不过十分幸运的是，普鲁士陆军以及后来的德意志帝国陆军充分吸取了普奥战争中的教训。在接下来的 4 年（1866—1870 年）里，军队对炮兵部队的训练及基本战术条例进行一次大规模调整，经历了此次变革的普军炮兵会在接下来的普法战争当中取得前所未有的优异战绩。

阿尔弗雷德·克虏伯对于 1866 年普军在波希米亚地区大获全胜的消息深感欣慰与满意，不过他还是得知了一个关于自己公司生产的火炮的不愉快消息——有 8 门火炮在实战中发生了炸膛事故，造成若干名炮组成员意外身亡。这几起事故给克虏伯公司的声誉造成了一些不利影响，为此阿尔弗雷德亲笔向罗恩写了一份道歉信以求原谅。不过由于后装火炮的优越性在普丹及普奥两场战争中为世人所瞩目，所以克虏伯公司的进一步发展壮大已成了不可逆的历史进程。到了普法战争期间，不光普鲁士王国大量订购了克虏伯炮，就连南德意志邦国也纷纷换装了这种新式武器。此后他的火炮以及钢铁产品更是获得了全世界各国政府及军队的青睐。缔造了这一切的阿尔弗雷德·克虏伯最终于 1887 年溘然长逝，享年 75 岁。克虏伯公司渐渐成长为宏大的商业帝国及军火巨兽，克虏伯公司的发家史也成了世界近代史上的一段辉煌传奇。这家军火巨头将在接下来的几十年里同普鲁士（及后来的德意志帝国）的军国主义思潮紧密地联系在一起。第一次世界大战中，该公司生产的各种火炮在弗兰德斯及其他各处战场上屠杀了数以百万计的年轻人。到了第二次世界大战期间，该公司生产的各型坦克横扫欧洲，从利比亚的沙漠一路肆虐到俄罗斯的草原，挑起了一场更大的浩劫。除了陆军之外，克虏伯还积极从事各类海军业务，该公司参与设计制造的 U 艇也将在两次世界大战中击沉无数商船，让无数生命永眠水底。"克虏伯"这一名字就这样同（世界大战的发动者）德皇威廉一世及元首希特勒紧密联系在了一起，而公司的继承者们也因此在（二战结束后的）纽伦堡大审判中遭受了前所未有的非议及处罚。老阿尔弗雷德·克虏伯是幸运的，因为他早在这一切发生前便已去世，不用亲眼见证自己的毕生心血竟落得这般下场——他在离世后留下的是一段供世人敬仰的传奇，而不是后人的万千骂名。1864 年，柏林的一家报纸满怀敬意地给他起了一个绰号——"火炮大王"（Der Kanonenkönig），这是世人给他波澜壮阔的一生的最好注脚。

军刀与长矛：骑兵的武器与战术

对于 19 世纪中叶的所有军队指挥官来说，他们在战场上最想看到的浪漫场景莫过于一场决定胜败的骑兵大冲锋。战争双方将自己的骑兵分成若干个中队，数以千计的骑士们就这样整齐划一地朝着对面的敌人发起一场猛烈而又壮丽的大冲锋。双方骑兵在彼此距离仅剩下 3 米后便扣动手枪或是卡宾枪扳机，短暂火光之后便是一阵风驰电掣的刀剑相击，他们就这样在数秒内决出胜负。

在普奥战争结束后，普鲁士王国特地委托大画家瓦卡拉夫·索科尔（Václav Sochor）绘制了一副反映施特雷瑟提茨平原上的骑兵对决场景的油画，这场战斗后来被称作世界上最为宏大的骑兵对决。对于普军统帅腓特烈·卡尔亲王来

◎ 由知名画家瓦卡拉夫·索科尔绘制的油画，描绘了普奥两国骑兵在施特雷瑟提茨平原的决战

说，这是一场极为浪漫且荣耀的战斗，象征自己横扫了战场上的敌人。但对于奥军总指挥贝内德克来说，这场战斗只不过是在为当时已经彻底陷入混乱的北部方面军争取（重整队伍的）时间以扭转败局而已，这场战役对他来说还远远称不上决定性的惨败。事实上，这两位指挥官在战斗中都没能实现自己预期的战略目的。就如同炮兵一样，普鲁士的骑兵部队对于柯尼希格雷茨决战的胜利也没能做出多少贡献，只不过（表现不佳的）理由同炮兵非常不同而已。

在 19 世纪军队的三大兵种（步、骑、炮）当中，唯独骑兵最不受人重视，这一现象在欧洲，尤其是在普鲁士王国中最为突出。相比之下，步兵和炮兵的武器装备在同时代出现了巨大的技术突破，而骑兵依旧还使用着非常古老且原始的武器作战——军刀与长矛。在此之前的 18 世纪，骑兵往往还能作为最强悍的冲击兵力在战场上克敌制胜：当时的他们能在步兵（排枪齐射后）装填子弹时发起决定性的大冲锋，成功冲垮处于不利状态中的步兵队列。到了拿破仑战争时期，近代骑兵的战术理念经拿破仑一世之手发展到巅峰。不过骑兵的地位也在此时遭遇了重大挑战——只要纪律严明的步兵能够排成一个个严密的方阵，便可以轻易阻遏任何一种骑乘部队的大规模冲锋（最为著名的便是滑铁卢战役中英军为抵御内伊的骑兵冲锋，排成了若干个营方阵）。事实上，在滑铁卢战役中，英法两军的两次大规模骑兵冲锋——英军的混成骑兵旅（British Union Brigade）及法军将领克勒曼（Kellerman）的骑兵大冲锋，在战场上都没能起到多少实际效果。[①] 等到了克里米亚战争时期，骑兵战术没有变化，骑兵冲锋的伤亡越发惨重。在巴拉克拉瓦（Balaclava）一战中，英军宣称自己的重骑兵旅依靠大规模冲锋取得了胜利，但实际上他们仅仅是驱逐了败退中的俄军骑兵而已，整场战役的高潮部分是由步兵完成的——英军的一支高地人部队在此役中仅凭着两道"细细的红线"（The Thin Red Line）与手上的米涅步枪，便成功地挫败了俄军。而在"轻骑兵旅的冲锋"中，600 名英勇无畏的英军轻骑兵由于情报错误，竟主动冲向俄军的预设炮兵阵地，直面敌人的猛烈火力，

---

① 译注：英军的这次骑兵冲锋，给了拿破仑极大的精神冲击，令他不由得惊叹道："这些该死的苏格兰灰马真是太英勇了！"

其结果同样也是灾难性的。虽然双方的骑兵冲锋在这场战争中都遭遇了灾难性的失败，但当时的欧洲各国军队显然都没有吸取教训。在1859年的第二次意大利独立战争中，法军骑兵在实战中的表现远胜奥军骑兵，但决定战役胜负的依旧是步兵。在索尔弗利诺之战中，正是法军的步兵方阵成功地阻挡了哈布斯堡王朝的枪骑兵与骠骑兵的大冲锋。值得一提的是，虽然奥军骑兵在这场战争中表现略显不佳，但在侦察以及哨戒方面，他们发挥出了远胜法意同行的重要作用。

　　而在大西洋的另一边，有这么一场战争，重新定义了骑兵在坦克出现之前的作用与地位，这便是美国内战。这场战争的波及范围极为辽阔，在战场大小上远胜同时代欧陆所发生的战争。而在战争伊始，铁路与电报通信技术便在南北两军中得到了广泛运用。由于新的机动手段的出现，双方很快便发展出了全新的骑兵战术——将这一兵种作为长距离侦察及突袭部队使用。在这一战术思路中，骑兵将不再部署在主力部队后方作为预备兵力使用，而是部署在主力部队的前方，成为第一批同敌人交战的部队。在战斗中，骑兵仅会在极少数极端情况下发起大规模冲锋，通常是分编为小队，冲散或者隔断敌方步兵方阵。骑兵专长变成了长距离奔袭、破坏敌人的铁路线、切断敌人的通信线等。他们甚至还能出现在敌军的大后方，骚扰敌军的后勤供应并造成敌方民众的恐慌情绪。在内战期间，南军涌现出了诸如杰布·斯图亚特（Jeb Stuart）、纳坦·贝德福特·佛列斯特（Nathan Bedford Forrest）、韦德·汉普顿（Wade Hampton）、威廉·关特瑞尔（William Quantrill）等伟大的骑兵指挥官，至于北军的得力骑兵统帅则为埃隆·法恩斯沃斯（Elon Farnsworth）、本杰明·格列森（Benjamin Grierson）、阿姆斯特朗·卡斯特（Armstrong Custer，大名鼎鼎的"晨星之子"）以及菲利普·谢里登（Philip Henry Sheridan）。美国内战中双方最大规模的骑兵冲突为白兰地车站之役（Battle of Brandy Station），但这并不是一场决定的战役，真正值得一提的其实是在葛底斯堡会战的第三天（1863年7月3日）发生的骑兵遭遇战。当时斯图亚特将军奉命攻击北军的右翼，最终导致北军将领法恩斯沃斯战死（战斗的发生地今天被命名为"骑兵东战场"，位于约克城及汉诺威公路之间）。至于总兵力方面，北军在战争爆发前仅有5个骑兵团——2个龙骑兵团、2个常规骑兵团以及1个在战争爆发后便被立即编入骑兵序列的骑马线膛枪兵团（Mounted Riflemen）。需要各位读者特别注意的是，北军陆军的兵种分类同当时的欧洲国家并不相同，并没有欧洲军队的标配——骠骑兵①或胸甲骑兵。此外，龙骑兵只短暂存在，唯一的枪骑兵部队也没存续多长时间。②南军也没有对骑兵做什么细致区分。

而在美国的南面，拉丁美洲也发生了两场大规模战争：三国同盟战争（Triple Alliance War）③及南美太平洋战争（War of the Pacific）④。在这两场战争中，各方军队也都发展出一套颇为有效的非正规骑兵战术，其作战原理及行动方式与美国内战中的骑兵大体相同。

让我们把话题重新转回欧洲大陆上的普鲁士王国。等到了普奥战争爆发的时候，由于备战及训练时间短促，所以普军并不能充分吸取与学习美国内战中的骑兵战教训及经验——虽说老毛奇曾派遣多名驻外武官前去观战，并从收到的战报中悟出不少心得。不过老毛奇还是凭借高超的调度能力，大规模运用电报及铁路运输技术弥补了这一不足，而这两大技术也成了普军在1866年6月的一系列战事中取胜的关键。相比之下，骑兵就没有这般突出的作用了。至于具体指挥方面，普军的骑兵就如同炮兵一样，在战时都是交由各个军的指挥官们临场运用的。在此之前的1864年第二次普丹战争期间，骑兵也没能发挥出特别的作用——他们曾试图渡过施莱河，追击撤退中的丹军，但恶劣的（冬季）天气拦住了他们。当时河面已经彻底结冰，战马与骑手只要一踏上去便会滑倒，普军骑兵只得放弃了此次追击任务。自此开始，普鲁士的骑兵战术及运用理念便陷入了停滞状态，指挥官们也很难发挥出他们的机动灵活优势。相比之下，普鲁士的敌人奥地利却能更加灵活地运用轻骑兵执行各种侦察任务。

①译注：实际上，在美国的地方部队以及一些私人民兵武装里，还是存在"骠骑兵"这一兵种的。只是在内战爆发后，他们便被立刻裁撤了编制，如"乔治亚州骠骑兵"、"黑色骠骑兵"等。

②译注：这支地方武装的名称为"Rush's Lancer"，内战爆发后便被改编为宾夕法尼亚州第6骑兵团。

③译注：这是1864—1870年发生在南美洲的最大规模战争，战争一方为巴拉圭，另一方为巴西、阿根廷和乌拉圭组成的三国同盟，整场战争以巴拉圭的惨败而告终。

④译注：又称硝石战争、鸟粪战争，是1879—1883年智利同玻利维亚、秘鲁争夺南太平洋沿岸阿塔卡马沙漠硝石、鸟粪产地引发的战争。最终，智利获胜，玻利维亚和秘鲁被迫割地。

自 1866 年战事爆发伊始，各军指挥官就都将自己麾下的骑兵部队留作预备兵力，在摧垮敌人并在主战场外追剿残敌（以扩大战果）时才将其作为决定性的力量使用。至于那些配属给步兵师的骑兵团则会被部署在主力步兵部队的前方，专门负责战场侦察及勘探敌情。这两种骑兵部队的表现都不怎么理想。在实战中，普军指挥官往往会迫不及待地将拥有绝对优势火力的步兵投入战斗，而让骑兵和炮兵部队留守后方，落在大部队的后面。而在执行侦察任务的时候，往往是奥军骑兵先行发现这些普鲁士同行。一旦己方步兵进入战斗状态的时候，普军骑兵也并不能有效地策应。有一起严重事故足以证明普军骑兵存在巨大的问题——腓特烈·卡尔亲王在攻入波希米亚境内后，便立刻朝着赖兴堡进发，起初他还预计自己会在当地遭遇激烈抵抗，但这位严重缺乏骑兵侦察手段及情报的集团军统帅不知道此时的赖兴堡早已是人去城空！而在后来的伊萨尔河畔的战场上，普军又一次遭遇了类似的情况——当时的亲王以为自己能在永本茨劳（Jung-Bunzlau）附近遭遇近 14 万敌军主力，但实际上他的敌人只有这个数字的一半不到！不过幸运的普军并没有因为骑兵侦察的缺乏而遭遇任何灾难性的失败。随着战线的不断推进，普奥两军骑兵也发生了若干场小规模遭遇战，虽然普军骑兵也确实在一些这样的战斗中取得了胜利，但这些小胜完全无关乎大局，因为所有决定性战役的胜负都是由步兵战分出的。

著名历史学家戈登·克莱格（Gordon Craig）曾在自己的著作中，十分精彩地描绘了普鲁士的枪骑兵们在 1866 年 7 月 3 日上午早晨在比斯特里察河畔的英勇表现。[15]虽然这位作者将普军骑兵的此次行动看得颇重，并将其视作整场战役的开端，但实际上

◎ 1864年的普鲁士骠骑兵

224

这些骑兵部队在凌晨时分露过这么一手后便莫名其妙地销声匿迹了很长一段时间，直到整场战役的后半段才再度出现在战场上。正当位于中央战场上的第1集团军在竭力维持着战线的时候，战场局势给了易北河方面军以及博宁将军一个攻击（此时正试图压垮亲王的第1集团军的）奥地利-萨克森联军的左翼的机会。国王的总指挥部在分析了战况后，便立即派遣一位名叫多尔令（Doering）的上校携带着"让坎施泰因（Canstein）师与古尔茨（Goltz）骑兵旅立刻进攻敌军侧翼"的命令，飞马赶至博宁将军处。不过这位将军并不愿意在没有更多骑兵部队的支援的前提下发起进攻。为了督促他尽快行动，第1集团军不得不将自己的阿尔文斯莱本骑兵师转交由易北河集团军指挥。[16] 不过令人大失所望的是，那位"打了普鲁士军队一记耳光"的博宁将军即使获得了支援，也没能充分发挥这些骑兵部队的作用。而在另外几处战线，骑兵部队也出现了各种极为严重的指挥失误，其中最为典型的便是第2集团军的骑兵师的"失踪事件"——他们竟在战场上神秘消失了数个小时，直到当天下午4点才再度出现！

让我们将话题转向发生在施特雷瑟提茨平原上的大规模骑兵冲突。这场战斗中，双方的参战兵力分别为：奥军近40个骑兵中队，普军31个骑兵中队。值得一提的是，这场冲突并不是单场战斗，而是被前后分成了几场，其中有两场主要战斗。而奥军骑兵的表现始终要比普军骑兵稍好些，他们的奋战至少给两个普军骑兵团造成了极为惨重的损失。这些奥军骑兵本来完全有可能取得胜利，从而实现贝内德克的战略目标。但是，随着时间的流逝，他们承受的（来自北面的）普军步兵及炮兵火力越发猛烈，最终惜败于普军。这些落败的高傲骑士彻底溃不成军，朝着易北河方向逃窜。然而，成了胜利者的普军骑兵也因为损失过于惨重而无力追击，根本不能做到扩大战果。

为何普军指挥官们对于自己的骑兵部队的定位如此模糊（缺乏运用骑兵战术的意识，使其在战场上难以发挥出全部的效用）？这很有可能是由于步兵的击针枪火力优势过于明显（使他们忽略了骑兵的效用）。总而言之，普鲁士的步兵在七周战争中发挥出了远胜骑兵的战略作用，直接决定了整场战争的胜负，而骑兵表现平平，斩获不多，更不是奥军骑兵的对手。直到后来的1870年（普法战争期间），普军骑兵才充分地吸取了美国内战中的经验教训，发挥出了远胜前一场战争的重要作用。虽然在普法战争中仍然出现了若干场经典骑兵冲锋，像马斯拉图尔（Mars-la-Tour）之战，骑兵作为奔袭及侦察单位使用的倾向更加明显。事实上，正是普法战争造就了普鲁士枪骑兵（Uhlan）的赫赫威名。一旦他们突然出现在战场或是敌人的后方，并齐声高喊"Uhlan！"[1]的时候，敌方部队便会出现极大的恐慌。俾斯麦时代的普军骑兵战术，乃至近代世界的骑兵战术，就这样再度展现出蓬勃的生命力。直到1914年末，各方陷入堑壕战状态后，骑兵才在真正意义上彻底衰落。

骑兵的武器

由于当时的欧洲各国军队高层对骑兵在未来战争中的地位及角色缺乏足够的认识，所以在19世纪下半叶——炮兵及步兵武器出现飞跃性进步的时期，骑兵的装备竟没有出现任何本质性的改变，仍在用那些早已使用了几百年的古老兵器作战！时至1866年，普军骑兵的基本武器依旧无外乎刀剑、长矛、手枪以及卡宾枪这几样。他们使用的击针卡宾枪同步兵使用的击针枪大体相同，只是枪管稍短些（以便于上马或下马时使用）。这种卡宾枪的原型枪首度出现于1853年，在数年后的1857年2月配发给了近卫龙骑兵团的所有中队。这种骑兵用枪的制式型号被军方高层正式定为M/57式，并于同年4月开始配发给所有的龙骑兵团及骠骑兵团。在1866年普奥战争中，普军中只有胸甲骑兵及枪骑兵没有携带卡宾枪作战。但到1870年，它成为所有骑兵的标配。从战术层面上看，这一时期骑兵使用卡宾枪的方式变化不大。同拿破仑时期相比，骑兵仍然是在遭遇敌军后立刻下马排成散兵线，再使用这种枪械作战，尤其是在执行侦察任务或驱散敌军的前哨时。

没有携带卡宾枪的枪骑兵与胸甲骑兵使用的是1850式击发手枪（1850 Model Percussion Pistol，又称M/50）。这种手枪在施特雷瑟提茨之战中被证实是一种非常有用的武器。除此之外，还有许多军官在私底下购买了转轮手枪作

---

① 译注：国内有将其音译作"乌兰"的，也有音译意译相结合译作"乌兰枪骑兵"的。这个词源自鞑靼语里的"勇士"。波兰国王斯坦尼斯瓦夫二世（波尼亚托夫斯基）在编制自己麾下一些使用3米以上的长矛作战的近卫骑兵部队时，就沿用了这一称呼。随后，欧洲各国纷纷效仿波兰，组建了属于自己的枪骑兵部队，而"乌兰"这个词也因此在英语里成了"Lancer"的同义词。

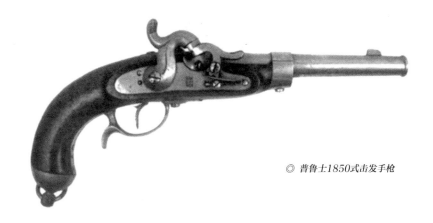

◎ 普鲁士1850式击发手枪

为随身武器，这种新式武器的效果比击发手枪更强。

所有骑乘部队的官兵都要随身携带刀剑。自1857年1月开始，龙骑兵、骠骑兵以及枪骑兵统一换装1852式（M/52）军刀。这是一种刀身微曲、利于劈砍的锋利武器，可以在马上对战中发挥巨大威力。胸甲骑兵部队携带的是一种被称为"阔剑"（Pallasch）的厚重直剑（这种设计利于各类刺击动作）。自腓特烈大帝时代起，胸甲骑兵便使用这种剑。

枪骑兵使用的长矛的制式型号为1852式。它由未经过处理的木材（通常为白蜡木）制成，安装于枪杆上的金属管的前端有一个呈三棱锥并带有凹槽的矛尖，它会被一个凸缘及两个螺丝进一步固定起来。而在枪杆的底部也包裹有一小段金属外缘（即"Boot"），便于使用者将长矛插在地上作为旗帜。枪尖与枪杆交界处起初有3个半圆形凸起，后来增加到6个。除此之外，每一位骑兵的长矛上还会捆有黑白色的长三角旗。需要特别注意的是，枪骑兵部队中的士官是不携带长矛作战的。

以上便是普鲁士骑兵部队的基本武器。这些武器的基本形式直到（一战）机械化部队出现以前都没有多少显著变化。值得一提的是，到了19世纪90年代，德意志帝国为所有骑兵部队都配发了长矛（同时代的英国骑兵也出现了这一现象）。在某些情况下，只有前面几排或某些骑兵中队携带长矛，除了在阅兵场上作为旗帜，长矛在实战中没有多少作用。随着时间的推移，步兵与炮兵的各种长射程速射枪械乃至机枪逐渐出现在战场上，飞速进化的火器将在未来的战斗中十分轻易地摧毁任何一支骑兵部队（这极大地限制了骑兵的使用）。20 世纪初，全新的铁骑兵——坦克出现后，这一情况才有所改观。

◎ 骑兵的刀剑。左图为骠骑兵使用的1852式军刀，右图为胸甲骑兵使用的阔剑

注释：

1.1825 年，他因"政治煽动罪"而被迫流亡美国。但在 8 年后，他凭借自己在美国取得的诺贝尔经济学奖而荣归故国。

2. 见第十章。

3. 这位上尉在后来成为老毛奇的首席铁路顾问，并被任命为普鲁士总参谋部的铁路部门的第一任部长。

4. 直至 1863 年之前，M1857 式骑兵卡宾枪始终都未曾全面列装于所有部队。绝大部分战斗工兵营直到丹麦战争结束后，才首次接收到线膛枪。

5. 他在英国的经历简直就如同漫画故事一般传奇，他乔装打扮并使用化名，偷偷摸摸地潜入英国的多家（与他的家族产业关联不大的）工厂，学习英国人的生产经验。整个"间谍侦察"过程非常顺利，没有遇到被刻意隐瞒起来的秘密。不少神经大条的工厂主，还十分高兴地主动向他展示生产流程。

6. 当时的萨恩兵工厂已经开始生产德莱塞击针枪。

7. 他们的这一次认可更大程度上是一场误会。

8. 由于工业弹簧及其他各种铁路类工业产品交易一直是克虏伯公司最重要的财政收入来源之一，所以阿尔弗雷德还特地将自己公司的商标设计为"三个火车轮"，这一商标也自始至终地伴随着克虏伯公司。

9. 其妻名为贝莎·艾希霍夫（Bertha Eichhoff），他们的成婚日期为 1853 年 5 月 19 日，两人的孙女同样名为贝莎，她在成年后接管了克虏伯的家族企业。第一次世界大战期间，德军用于轰炸比利时要塞的巨炮"大贝莎"，就是以她的名字命名的。

10. 这实际上是一支总兵力为 61600 人的普奥联军。其中，奥地利官兵有 23000 人，专门负责石勒苏益格中部及西部的战事。普军则负责东部海岸线附近的战事。

11. 关于完整的普鲁士战斗序列，详见附录 A。

12. 在这一编制下，一个炮兵连通常会下辖 4—6 门炮。

13. 他此时已获得嘉奖，并荣升为近卫炮兵旅（Guard Artillery Brigade）的旅长。

14. 他在临死前特地嘱咐自己的老部下，严禁在自己的葬礼上鸣放刻制有膛线的枪炮。

15. "1866 年 7 月 3 日早晨，当时正在横渡比斯特里察河的普鲁士骑兵突然遭到附近的利帕山上的奥军炮兵连的火力打击。普鲁士人的这次进攻行动并不被人看好，因为在当时的欧洲，奥地利仍然是世人眼中的顶级列强，同时还是德意志地区事务的绝对领导者……然而，到了这一天晚上，不可一世的奥军队列已经陷入崩溃与混乱，只能一路向易北河方向逃窜……奥地利原先神圣不可侵犯的领袖地位，也在这一天晚上彻底失去。"——引自戈登·克莱格著《决战柯尼希格雷茨》。

16. 见第五章。

普鲁士皇家海军

第十章

在详细论述俾斯麦时代的普鲁士海军之前，请容许笔者概述一下在此之前的欧洲航海史。在中世纪早期，欧洲北部的斯堪的纳维亚半岛上出现了一批凶狠的海盗及海上商贸者，他们自由地出入于波罗的海。这些维京人在纵横水面数百年后便悄然消逝于历史舞台，取而代之的则是快速崛起的汉萨同盟（Hanseatic League）。这是一个由波罗的海及北海周围的诸多城市所共同组成的商业、政治联盟，拥有自己的独立武装力量。到了 17 世纪上半叶，"海上马车夫"荷兰成了最为强大的海上霸主，波罗的海则在三十年战争结束后落入北方两强——瑞典王国与丹麦王国之手。相比之下，普鲁士的海军传统起步得相当之晚。直到"大选侯"腓特烈·威廉一世时代，普鲁士才开始尝试组建一支海上力量。腓特烈·威廉一世在 1657 年成立自己的东印度公司，又于 1682 年成立非洲公司[①]。海外殖民及商业活动的成功，更进一步激励了腓特烈·威廉一世组建海军的决心。他任命一个荷兰人作为舰队司令，其舰队的主要活动范围为埃姆登（Emden）港及附近的北海海域。然而，"大选侯"去世后不久，他的这些殖民公司便被强制解散，其资产也被悉数拍卖。他的继任者腓特烈一世及其子腓特烈·威廉一世[②]对海上事务都没有任何兴趣。到了腓特烈二世时代，英国已经成为欧洲绝大部分海域的主宰者，而日益壮大的沙俄舰队也逐渐控制

---

① 译注："大选侯"为这家公司的成立投资了 8000 塔勒。

② 译注：这位是普鲁士王国的第二任国王，和"大选侯"不是同一个人。

了波罗的海的绝大部分海域。然而，当时的腓特烈二世与普鲁士王国却完全不能取得这般伟大的成就，因为他与他的盟友们正忙于 1740—1763 年间席卷整个欧陆的两场战争。[1] 这些战争的胜负都要靠地面战场来决定，大帝将自己绝大部分的精力与金钱都花费在不断更新强化陆军武备上。在腓特烈二世时代，普鲁士王国只进行过一场颇具规模的水面战斗——1760 年，普鲁士的一支海上护卫队在奥德（Oder）河的入海口附近遭遇了一支瑞典舰队，但这支护卫队很快就被占据绝对优势的瑞典人送进海底喂鱼。不过，这位只专注于陆权的腓特烈二世确实对海上商贸产生过一定兴趣，他曾组建过一个小规模的亚太公司，不过这家公司未能持续多久便宣告破产。再后来，他又组建了一个一直延续至今天的海上商贸组织——普鲁士海上商贸协会（Seehandlung），[2] 这个商贸组织对后来普鲁士王国舰队的成立产生了极为深远的影响。大帝在 1772 年（同俄奥一道）瓜分波兰之后，获得了整个西普鲁士省以及未来的海军宝地但泽港，但他并没有充分利用自己新近争取到的这些有利条件来发展海上力量。在他统治时期，普鲁士的海上力量只有一面舰旗流传至后世——这面旗帜是大帝为短命的亚太公司设计的，白底旗面上绘有一只巨大的黑鹰。作为海军的专属旗帜，这一白底黑鹰旗将一直沿用到 1870 年，期间只发生过几次细微的改动。

在后来的法国大革命及拿破仑战争期间，普鲁士王国的海上力量又由于各种原因再度陷入停滞期。1795—1806 年，普鲁士商船尚能倚靠（船上的）战斗员的保护正常航行。但到了 1806 年，普鲁士王国的外交失策，招致了拿破仑的入侵，随后便是普军在耶拿 - 奥尔施塔特的惨败，这给王国的陆地及海上力量造成毁灭性打击。随后，普鲁士王国将全部精力用于恢复力量及对法复仇，所有的资源都被用于重建陆军（海军遭到了忽视）。最终，在经过数年的战争后，普鲁士王国成功地将拿破仑与他的军队逐出了德意志。

艰难的诞生

1815 年末，战胜拿破仑的欧洲列强召开了维也纳会议。依照会议决议，普鲁士王国在波罗的海的海岸线长度得到了极大扩展。虽然维也纳会议剥夺了普鲁士的北海出海口（埃姆登港被划给了汉诺威王国），王国依旧可以通过各种航道在各大海域上自由活动。此时，普鲁士民间的海上活动已颇具规模，但王国的海军却迟迟未见任何长进，直到将近30年以后才开始出现实质性改变。造成这一现象的原因主要有两个：首先，拿破仑战争的结束以及维也纳体系的建立，使欧洲进入长时间的和平年代，列强之间没有发生大规模战争，各国都不是特别愿意将财政预算过多地用于军事；其次，当时的普鲁士及德意志邦联的其他各大成员国，都将资源与精力放在海上商贸协会以及发展商船队方面。

有幸成为普鲁士海军第一名军官的人，名叫迪德里克·约翰·朗什（Diederick Johan Longe）。他是一个芬兰人，曾先后在瑞典[①]及英国海军中服役。在瑞典海军服役时，他曾是一支由6艘炮艇（每艘炮艇上有2门炮）组成的小舰队的司令。1815年8月，他所在的施特拉尔松德（Straulsund）港被瑞典割让给了普鲁士，而他也自此加入普鲁士海军。此外，还有个名叫海因里希·穆尔克（Heinrich Murck）的瑞典海军中尉，与他一同成为普鲁士海军的军官。这两个人的服役申请于1816年获得国王的批准。[3]同年，普鲁士王国开始计划建造一艘由朗什设计的双桅纵帆船[②]。1817年，这艘船在施特拉尔松德港正式下水，并完成从此港到梅梅尔（Memel）领地的处女航。这艘船悬挂了一面全新的海军旗——整个旗面为白底，上面依旧有一只普鲁士黑鹰，只是左上方多了一个铁十字。除了6门小炮艇及这艘双桅纵帆船以外，普鲁士海军中还有一艘名叫"腓特烈·威廉国王"（König Friedrich Wilhelm）的武装邮政小帆船。尽管国王曾亲自下令在但泽港建立一所航海学院，但普鲁士王国的海军自（1817年的）"施港航行"以来，依旧没有任何实质进步。[4]自1822年开始，所有舰船都停留在施港之中，不再出海航行。战争部也在这一年将穆尔克与朗什二人（他们的6艘小炮艇早在此前的1820年便被正式出售）调往但泽港。在这里，朗什收到新建3艘专在河流上使用的小炮艇的命令。为了操控这些船只，战争部将一小批近卫工兵部队从陆军转入了海军，这批人也自此成为"近卫海军陆战队"（Garde-Marinier）的第一批成员。由朗什设计的第一艘炮艇被命名为"但泽"，

---

①译注：芬兰在历史上一直被瑞典统治，直到1808年的芬兰战争。当时，瑞典败给沙俄，芬兰也被俄皇亚历山大一世的军队占领，成为俄罗斯帝国内的自治大公国，由沙皇兼任大公。沙俄对芬兰的统治，要到1917年才宣告结束。

②译注：Schooner，又称斯库纳帆船，所有桅杆均挂纵帆。

于 1825 年完工下水，穆尔克为它完成（驶往施特拉尔松德港的）处女航。第二艘小炮艇被命名为"施特拉尔松德"，于 1827 年正式完工下水。非常不幸的是，这艘船的处女航成为两人最后一次出海航行——因为拨给海军的经费已经彻底花光。短命的"施特拉尔松德"号于 1827 年被正式出售，服役时间连一年都未满。它的姐妹舰"但泽"号，也在 10 年后被出售。自此开始，普鲁士海军失去了全部三艘小炮艇，这两名中尉与一小撮"近卫海军陆战队"也变得无所事事，只能留守在港口的灯塔上，为商船队做领航工作。在接下来的 20 年里，朗什（此时的他已晋升为上尉）还曾向战争部提交多份航行与造船计划，但都遭到军方高层的无视与否决，郁郁不得志的两人最终于 1845 年退役。朗什在正式退役前的军衔为上校。穆尔克的命运更加悲剧——他在退役 2 年后去世，死的时候仍然只是中尉。

尽管朗什（与穆尔克）的服役生涯及海军所有舰船的命运，都只能用"油尽灯枯"一词来形容，但这个年代也不全是绝望——因为就在两人任职期间，普鲁士海上力量还是涌现出一些优秀人物，这些"希望的种子"会把普鲁士乃至德意志的海军强国梦一直延续下去。1822—1848 年，普鲁士王国的海上商贸协会前后共运营了 12 艘武装商船，统领这支商船队的人名叫克里斯蒂安·罗泽尔（Christian Rother）。这支悬挂普鲁士国旗的商队在世界各地从事各类商业活动，但他们的经营状况却并不怎么理想，几乎无利可图，只能勉强保本。不过，这支商船队却为航海学院的教官及学生提供了训练用的场地与船只，同时还为学院的毕业生提供了一个待遇颇佳的就业平台。

不甘于失败的普鲁士国王腓特烈·威廉三世仍在艰难地推动海军建设。他在 1829 年订购了一艘船，要求立刻完工。但他的这一造舰计划，居然要等待 13 年后才有所成果，那艘船直到 1842 年才完工下水！更加难堪的是，这艘船的绝大部分造船工人都是外国人（英国人为主）。这艘险些胎死腹中的护卫舰"亚马逊女将"（Corvette Amazone) 号一下水，就成为整个王国的骄傲，它拥有整整 12 门火炮，同时悬挂着普鲁士国旗。丹麦王国的迪克因克 - 霍姆菲尔德（Dirckunk-Holmfeld）男爵有幸成为这艘名舰的第一任船长，他的职责是利用这艘船为航海学院的学员提供训练。值得一提的是，这位来自丹麦海军的船长并不是普鲁士军人，按照普鲁士商务部的说法，他始终都只是一名"民间人士"。

◎ "亚马逊女将"号

迪克因克 - 霍姆菲尔德男爵成功说服倔强的战争部长博因（坚定的反海军人士，在罗赫去世后再度担任部长），让他同意用这艘船培养未来的海军军官，而不仅是培养商船队的各级官员。[5] 当"亚马逊女将"号于1844年开始处女航的时候，船上有海军学院的学员、商船队的海员以及3名丹麦海军军官。它在这次航行中造访了包括君士坦丁堡（即伊斯坦布尔）在内的东地中海的多个重要港口。在接下来的20年里，"亚马逊女将"号将成为普鲁士王国海上力量的顶梁柱。

其实，在1820—1848年的这整整28年间，普军高层并不是没有制订全新的造舰计划，但这些雄心壮志无一例外地都没能取得多少成果。早在1823年，战争部长罗赫就曾试图组建一支规模为1200人，包括2艘双桅纵帆船与24艘炮艇的全新舰队。1836年，奥古斯特·冯·莱歇（August von Reiche）将军曾领导一个委员会，专门研讨建立一支新舰队的可能性。这支新舰队除了1艘双桅纵帆船、1艘护卫舰与60艘炮艇之外，还要再额外建造6艘蒸汽船，这种改良蒸汽机技术在当时算是一种相当前沿的高科技。1840年，普鲁士炮兵部队建造的 2 艘新炮艇在但泽港下水，这两艘船分别由丹麦与瑞典设计。在接下来的 5 年里，这 2 艘炮舰在近卫海军陆战队的操纵之下，进行了多次出海试航及火炮试射，但实验结果不佳。不过，普鲁士王国并不打算就此放弃海军建设，军方高层再一次启动 1836 年的造舰计划，只是将原先计划建造的 60 艘炮艇改为新建 16 艘蒸汽船。这些雄心勃勃的造舰计划获得军民两界的热烈支持，但最后都因各种原因而没能取得半点实际成就，普鲁士海军依旧十分落后。

1846 年，在博因的提议下，普鲁士又计划雇佣一位名叫简·施罗德（Jan Schroder）的荷兰海军中尉，以取代原有的迪克因克 - 霍姆菲尔德男爵，成为"亚马逊女将"号的新一任船长。这位新船长的身份也是普鲁士财政部的民间雇员，与先前那位丹麦船长一样拥有外籍军衔。1846 年 7 月，国王腓特烈·威廉四世亲自批准了这份雇佣合同的全部条款，成为新船长的施罗德正式上任。他的首要任务，便是拔高整个航海学院的入学标准，将整艘船乃至学院的"教学氛围"变得更加军事化。自此开始，航海学院的学生都只有在支付相当一笔学费之后，才有可能进入学院就读，再也不可能单靠奖学金承担学费开支。在入学之前，校方要对每一名学员的家族出身与社会地位进行严格审查。同年，施罗德（率领学员们）完成了两次出海试航。第一次是在地中海，第二次是在北大西洋。值得一提的是，在最后一次出海试航时，"亚马逊女将"号上还有 3 名来自航海学院的海军中尉——爱德华·约赫曼（Eduard Jachmann）、亚瑟·谢尔麦赫（Arthur Schirmacher）与罗伯特·赫尔曼（Robert Hermann）。[6] 尽管在这两次旅途中，船员们与汉诺威王国的商船队起了一点小冲突，在纽约又发生了若干起海员逃跑事件，但试航过程依旧可以称得上非常成功。

◎ 普鲁士的阿达尔贝特亲王

在这一段颇为漫长的时期里，普鲁士海军取得的进步依旧很小。有两个重要人物不得不提，因为他们将在未来对普鲁士海军的建设产生不可估量的影响力——一位是阿达尔贝特亲王（Adalbert），另一位是经济学家弗里德里希·李斯特。

阿达尔贝特亲王是国王腓特烈·威廉三世的侄子（他最小的弟弟威廉亲王之子），同时还是近卫军的一名青年军官，曾成功地进行若干次驶往俄国与英国的远航。在 19 世纪 30 年代中叶，他向国王提交了这样一份造舰计划——利用英国造船厂新建三艘桨轮蒸汽船（Paddle Steamers）[①]。不过，由于经费问题，军方高层很快就否决了这一提案。此后，雄心勃勃的亲王又成功进行若干次试航，其中一次他还搭乘一艘奥地利船进入黑海。1839 年，他晋升为近卫炮兵部队的一名指挥官。随着年岁的增长，他对海军事务的兴趣不减反增。与此同时，他在炮兵领域的专业知识也完美地贴合了近几年海军技术大发展的现状。1842年，他成为炮兵总监并成功地完成了一次驶往南美洲的巴西的超远距离试航。到了 19 世纪 40 年代末，他已成为普鲁士王国最著名的海军专家，而在随后到来的重大国际危机中，他也将扮演一个极为重要的角色。

不仅军方对海军事务极为热忱，民间也出于对（海上贸易及）经济增长的需求，大力支持王国的海上事业。弗里德里希·李斯特是当时民间最具代表性的民族主义者之一。他出生于符腾堡王国境内，早年具备十分强烈的自由主义思想，因此被驱逐出王国。此后，他在美国呆了 7 年之久，直到 1832 年才重回德意志，定居于莱比锡（此地当时隶属于萨克森王国）。他的经济理论的核心，在于扩张关税同盟，而铁路与商船队将在他的计划中扮演无可替代的重要角色。按照他的理论，一个国家若想要保护自己的商船队及海上利益，就必须组建一支强大的海军。任何一个拥有海岸线的国家，都必须拥有一支可靠的海军，否则其利益将注定无法得到保障。他密切关注普鲁士与奥地利的海军建设，同时还竭力主张，德意志邦联的所有成员国的船，都必须统一悬挂同一面国旗。作为德意志最顶尖的经济学家，李斯特的"贸易保护主义"理论在当时

---

① 译注：因其桨轮外露又被称为"明轮船"。

的德意志各邦国遭到冷遇及无视，但他的海军理论却在普鲁士的"海军派"人士中产生了极大影响力。[7]

1848年革命与第一次石勒苏益格战争

1848 年 2 月，革命的浪潮在短时间内席卷了整个欧洲。在革命爆发一个月后，丹麦王国出现了重大政治危机——新继位的国王弗雷德里克七世公开宣称，（处于丹麦王室统治之下的）石勒苏益格 - 荷尔施泰因两公国将并入丹麦王国。德语人口占据绝大多数的两公国[8]在得知自己的政治诉求遭到打压后，立刻发动公开叛乱。德意志的民族主义情绪随之迅速高涨，各个邦国都为两公国提供经济援助，并派出了志愿军。在德意志邦联的协助下，迅速组织起来的叛军在 1848 年 4 月 9 日的博夫（Bov）之战中成功驱逐丹军。两周后，一支由德意志邦联的各大邦国组建的联合军（普鲁士军队占了很大一部分）跨过艾德河，邦联与丹麦王国的战争正式爆发。丹麦海军在战争爆发伊始，便对德意志地区的海岸线展开了封锁，同时还掳走了海岸线上的邦联舰船。普鲁士王国乃至整个德意志邦联在近 30 年来对海上事务的严重疏忽所导致的恶果，就这样在一瞬之间彻底显现出来。

位于波罗的海及北海沿岸的北德意志各国纷纷行动起来，通过武装自己手里的商船、桨轮蒸汽船乃至其他各种民用船的方式来应对丹麦人的威胁。邦联同时还成立了一个临时海军委员会并任命了多名委员。而在普鲁士，熟悉海军事务的阿达尔贝特亲王临危受命，专门负责组织岸防以应对丹麦的袭击。到了当年五月，邦联在法兰克福召开会议，各大成员国商讨的议题很快从最开始的"该如何从民间征集战舰"转变为"该如何组建一支邦联舰队"。经过决议，邦联又（在先前的海军委员会之外）特地组建了一个"舰队委员会"，普鲁士的将领与奥地利的外交官[9]成为这个委员会的领导核心。然而，作为邦联主席及副主席的奥普两国在海军问题上产生巨大的分歧，不能达成任何具备实质意义的合议。这次争执表明，貌合神离的普奥两国存在巨大利益冲突，终将兵戎相见。

舰队委员会最初制订的提案是新建 2 艘护卫舰、4 艘轻巡洋舰、若干艘装甲蒸汽船以及 200 艘小炮艇。这份野心勃勃的提案刚一横空出世便遭到否决，邦联主席奥地利及南德各邦都拒绝为这份造舰计划提供经费。与此同时，奥地利还声称，自己唯一的重要港口——里雅斯特（Trieste）港的地位和北德港口同样重要，理应受到同等程度的保护。[10] 尽管奥地利与南德各邦表示强烈抗议，但邦联最终还是勉强通过了决议。非常讽刺的是，（一向同普鲁士作对，拒绝放弃自己所统治的非德意志疆域的）奥地利战舰竟然还成为邦联中第一批悬挂黑红金三色旗的舰船！随着邦联舰队的成立，德意志民族主义情绪越发高涨，民众追求政治统一的呼声非常强烈。

德意志联军在最初的战事中进展颇为顺利，在石勒苏益格、密松德以及奥尔沃锡湖畔等地的战场上接连取得胜利，但联军并未重创丹军主力。到了当年 6 月，战况直转急下，丹军在杜柏尔要塞城下成功击败萨克森王国的军队，迫使落败的萨克森王国发表声明。与此同时，欧洲列强（尤其是英国与沙俄）也开始干预战事，纷纷出面调停。瑞典王国派遣的（支援丹麦王国的）远征军也顺利进入丹麦境内。在欧洲各国的猛烈外交攻势下，德意志邦联最终选择妥协。双方在当年 8 月 25 日达成时长 7 个月的停火协议。

停火协议缔结一个月后，邦联又成立了一个海军技术委员会（Technical Naval Commission），以取代先前由拉多韦茨（Radowitz）与布鲁克（Bruck）两人领导的旧舰队委员。当年 11 月，阿达尔贝特亲王正式就任，成为新委员会的主席。拉多韦茨也成为新委员会的成员。一并加入的，还有简·施罗德、石勒苏益格 - 荷尔施泰因两公国海军的奥托·多内尔（Otto Donner）、萨克森王国的卡尔·鲁道夫·布罗梅（Karl Rudolf Brommy）。与此同时，依照邦联决议，北德意志邦国的一部分军民船只被正式调入新成立的"德意志舰队"。这支舰队中的舰船分别为：原属于汉萨同盟的"汉堡"号、"不莱梅"号与"吕贝克"号。除此之外，还有 27 艘小炮艇尚在建造中，建造地为埃姆斯（Ems）与威悉（Weser）的造船厂。在 1848 年末到 1849 年初的整个冬天，委员会都还一直在为"未来究竟需要怎样一支舰队"这个问题而争论不休，究竟是该组建一支专门应对外部危机的纯防御性质近海舰队，还是该建立一支拥有强大制海权的深蓝海军。[11] 在经历无数场争论之后，委员会还是选择向现实妥协，决定临时组建近海防御舰队。委员会最终确立下来的造舰计划为：15 艘风帆护卫舰、5 艘蒸汽护卫舰、20 艘轻巡洋舰以及 80 艘（其中 10 艘为蒸汽动力）岸防用的小驳船（Costal Tugboats）。尽管作为委员会主席的阿达尔贝特亲王已经尽了自己最大的努力，成功为海军争取到这么一份造舰计划，但有一个极为严重的问题摆在他们眼前——当时的德意志邦联并没有那么多熟练海员，舰队军官的数量也严重不足。为了弥补海军军官人数的不足，邦联最终决定招收外籍军官。委员会最初曾与美国海军进行数次谈判，[12] 希望能展开人事合作。但在美国护卫舰"圣劳伦斯"（St Lawrence）号的船长希拉穆·普尔廷（Hiram Paulding）出访法兰克福及柏林之后，美国便主动放弃了合作的打算。当时的德意志邦联海军一片混乱景象，几乎没有多少可用之船。这令希拉穆船长深感失望，他甚至还主动劝说美方谈判代表——海军准将帕克（Parker）（他后来成为舰队司令）不要介入德意志海军事务，谈判因此破裂。之后，委员会精心挑选了若干位外籍候选人，在几经取舍之后，最终将舰队指挥权交给布罗梅（Brommy）船长。他是一名参加过希腊独立战争的老兵，曾指挥希腊舰队对抗土耳其海军。这位船长在上任不久后便立马遭遇一个始终无法克服的巨大难题——找不到足够数量的海军军官。直到战争（第一次石勒苏益格战争）双方正式停火以前，他手下的官兵都还是各国人士的大杂烩。官兵们语言不通，普遍缺乏训练与经验，布罗梅不得不耗费大量时间训练自己的海员。直至训练完成以前，他都无法对丹麦海军采取任何进攻行动。

1849 年 3 月下旬，先前协定的停火日期正式结束，双方很快再度发生冲突，德意志邦联舰队在之后仅参与了一场战斗。布罗梅的舰队当时正停泊在不莱梅港中，麾下共有 8 艘桨轮蒸汽船，其中有 3 艘来自汉堡海岸防卫队（"汉堡"号、不莱梅"号以及"吕贝克"号），余下 5 艘则是从英国的造船厂与民间航运公司购买的。这 5 艘来自英国的船分别为"奥尔登堡大公"（Großherzog von Oldenburg）号、"法兰克福"号、"恩斯特·奥古斯特"（Ernst August）号、"巴巴罗萨"（Barbarossa）号以及"约翰大公"（Erzherzog Johann）号。这 8 艘船全都装备着伍利奇（Woolwich）① 生产的英制火炮。需要读者注意的是，德意志邦联舰队并不是丹麦海军在这场战争中的唯一敌人，发动叛乱的石勒苏

---

① 译注：英国伦敦东南部格林尼治区的一个城郊地区，位于泰晤士河右岸，皇家兵工厂就设在此地。

益格 - 荷尔施泰因政府同样也拥有一支小规模海军。这支舰队在 1848—1850 年定期与丹麦海军发生交火，直到 1850 年 10 月 4 日的弗里德里希施塔特之战（Friedrichstadt）结束后，才被丹麦王国强制解散。这支海军战果最显著的一场战斗发生在 1849 年 4 月 5 日，当时石勒苏益格的重要港口艾克恩弗尔德（Eckernförde）遭到丹麦人的攻击。丹军试图用大型舰船压垮石军的小型舰船，但他们的"克里斯蒂安八世"（Christian VIII）号很快在敌人的反击之下中弹起火，同行的"葛冯"（Gefjun）①号更是被叛军虏获。石勒苏益格政府在得到这艘船后，便将其作为礼物赠送给了法兰克福的邦联议会。邦联将其名字改为"艾克恩弗尔德"号。这艘船在先前的战斗中严重受损，此后很长一段时间都只能停留在不莱梅，无法参加战斗。

1850 年 6 月 4 日，布罗梅乘坐旗舰"巴巴罗萨"号，在"汉堡"号与"吕贝克"号的陪同下出海远征。他们的任务是驱逐正在封锁威悉河出海口的丹麦舰船。很快，他们便遭遇了当时正在追击德意志邦联商船的丹麦海军"瓦尔基里"（Valkrien）②号护卫舰。不过，还没等双方舰船正式交火，这艘"瓦尔基里"号便一头钻入黑尔戈兰岛附近的英国领海（中立国水域）中。为了避免制造外交事故，布罗梅的舰队只能无功而返。这是德意志邦联舰队在第一次石勒苏益格战争中唯一的一次实战行动。在地面战场上，丹军已于当年 4 月在杜柏尔要塞城下以及科灵（Kolding）等地接连战胜邦联军队。5 月 31 日，丹军又在瓦伊尔比（Vejlby）附近成功抵挡普鲁士骑兵的进攻。7 月 6 日，来自弗雷德里卡城的丹麦使者说服已经落在下风的德意志邦联以及（邦联中态度最为强硬的）普鲁士，逼迫他们坐到谈判桌前。7 月 10 日，双方第二次达成停火协议。

从这一刻起，邦联的软弱性在德意志民众面前暴露无遗。第一次石勒苏益格战争的失败，加速了法兰克福的邦联议会的崩溃与解体。1848 年革命的结果，更进一步加剧了普奥两国的矛盾，直接导致"奥尔米茨之辱"事件的发生。

---

① 译注：北欧神话的丰收女神。

② 译注：北欧神话的女武神。

普鲁士海军的成型期（1850—1862）

舰船

1849 年 2 月，制订了邦联造舰计划与海防政策的阿达尔贝特亲王与新近晋升为海军准将的施罗德返回柏林。尽管这两个人起初制订的是整个"德意志"①舰队的海防政策，但邦联决议还是保留了普鲁士王国自行制订岸防政策的权利。普鲁士海军的发展速度依旧十分缓慢，甚至无法同不莱梅港内的布罗梅舰队相比。当战争刚爆发时，普鲁士海军只有一艘"亚马逊女将"号具备远洋航行的能力，而比这更糟糕的是，整个王国甚至都没有足够多的熟练海员来操控它出海作战！[13] 在阿达尔贝特亲王与战争部的建议下，国王腓特烈·威廉四世在一年之前便已下令，新建 36 艘 40 吨重炮艇以及 6 艘 21 吨重炮艇。王国境内的多家造船厂承接了这一任务。第一艘炮艇被命名为"施特拉尔松德"号，[14] 于 1848 年 8 月（不久之前邦联刚和丹麦王国达成第一次停战协议）建成下水。等到阿达尔贝特亲王重返柏林的时候，他的海军又接收了多艘新建成的小炮艇。在停火期间，普鲁士舰队临时改造并武装了两艘颇为老旧的木制风帆邮政船"普鲁士鹰"（Preußen Adler）号以及"伊丽莎白女王"（Königin Elizabeth）号。除此之外，普军还在一艘名叫"但泽"号的桨轮蒸汽船上加装了火炮，并将其一并编入舰队当中。战端再起之后，普鲁士岸防舰队的实际表现极不理想，甚至只能用"尴尬"一词来形容。"伊丽莎白女王"号与"但泽"号在出海训练的时候甚至都还（因为海员严重缺乏经验而）发生搁浅事故！只有"普鲁士鹰"号的表现勉强合格——当年 6 月下旬，它在涅门河（Niemen River）的入海口附近的波罗的海水域上与丹麦舰船发生交火，整场战斗十分短暂，双方也未能分出胜负。等到战争结束时，普鲁士海军除了上述几艘船以外，还接收了 42 艘新完工的炮艇。然而，整个普鲁士海军仍然只是一支岸防性质的黄水海军，只是情况比两年前稍稍有所改观。

---

① 译注：德国统一要到 1871 年才完成，故而加个引号。此外，正如前文所说，这个邦联几乎干预不了任何一个成员国的内政。

尽管德意志邦联与丹麦王国自 1849 年 7 月开始已不再发生冲突，但这场战争要一直等到 1850 年 7 月 2 日，才以双方正式缔结《柏林条约》的方式彻底结束。对于德意志来说，海防及海军的问题依旧十分严峻。无所事事的布罗梅舰队仍然停留在不莱梅，它的存废成为"亲海军派"的普鲁士与"反海军派"的奥地利的争执焦点。普鲁士力挺这支舰队的理由之一，便是当时的丹麦王国仍在同石勒苏益格 - 荷尔施泰因两公国的叛军进行战斗。1850 年 7 月 25 日，失去德意志邦联增援的两公国叛军，很快便在伊茨特（Idstedt）之战中惨败。10 月，叛军又试图强攻丹麦王国控制下的弗里德里希施塔特，但在付出极为惨重的代价之后，未能取得任何成功。整场战争以叛军彻底失败的方式而告终。在经过几番激烈的争辩之后，发动了叛乱的两公国政府最终选择妥协。丹麦王国于 1852 年 1 月完全恢复对易北河两公国的统治。德意志邦联在 1850—1851 年间曾多次尝试通过"共同建立新舰队"的提案，但都未能取得成功。在几次谈判中，普奥双方曾一度十分接近达成合议，邦联议会也通过了两者制订的预算，但由于俾斯麦的极力反对而只能作罢。这位未来的铁血宰相并不容许这样一支舰队的存在，[①] 整个"邦联舰队"计划也因此彻底告吹。出于保护关税同盟的需要，汉诺威王国的舰队最终得以保留，其他各大成员国的舰队则相继被解散，其舰船也被出售。停留在不莱梅的布罗梅舰队，则在奥地利的资助下挺过了 1852 年的春天，但在随后几个月里还是因为（极度缺乏资金及人员等）各种不利原因而被迫解散。普鲁士王国通过拍卖的方式，成功购得舰队中的"巴巴罗萨"号及"艾克恩弗尔德"号。[15] 至于其余 6 艘船，则被出售给了英国公司与不莱梅的商业同盟。1853 年 3 月，舰队司令布罗梅正式移交了自己的最后一批舰船，从此功成身退。他仍保留在身边的，只有那一面"德意志邦联海军"的舰队旗。[16]

自 1850 年起，普鲁士王国开始了第一波购舰及造舰热潮。对于阿达尔贝特亲王与他麾下亲信军官们来说，这一波热潮来得实在是有点晚。但不管怎么

---

① 译注：对于俾斯麦来说，未来的德国舰队必须接受普鲁士及霍亨索伦王室的绝对领导。他不能容忍海军游离于自己的控制之外。

说，舰队还是稳步踏上扩军的步伐。19世纪50年代末，王国海军从海上商贸协会购得660吨重的"水星"（Mercur）号，并将它改装成护卫舰。这艘新船正式取代原有的"但泽"号。功成身退的"但泽"号随后便回到他原先的民间主人手上。无巧不成书的是，位于但泽港的皇家造船厂在不久之后就建成了第一艘蒸汽舰，并且毫无悬念地将其命名为"但泽"号。这艘新"但泽"的总设计师是一个英国人，名叫史考特·卢瑟尔（Scott Russell）。造船厂在建造过程中出了一点问题，最终将它的下水日期推迟了数个月。与此同时，它又有两艘姐妹舰——铁甲蒸汽舰"火蝾螈"（Salamander）号与"女水妖"（Nix）号也在卢瑟尔开办的英国造船厂顺利建成。这两艘新铁甲舰分别于1850年与1851年初下水，"但泽"号则要一直拖延到1851年4月才正式下水。

在军方的强力领导及议会的默许之下，普鲁士海军获得了大笔预算，整个舰队也因此进入稳定成长期。1853年，普鲁士政府从奥尔登堡大公国购得一片位于亚德（Jade）河口的土地。这次领土变动使普鲁士拥有了可以自由通往北海的天然良港。尽管政府对这片土地有野心勃勃的基地建造计划，但整个建造进度却相当迟缓。此地是与王国本土相分离的"飞地"，也没有建造铁路，所以普鲁士很难将工人及建筑材料快速运到这片土地上。[17]1854年，克里米亚战争爆发，普鲁士王国在严守中立的同时还维持着高度戒备状态。尽管法国与

◎ *1864年的"格栅"号*

英国在战争期间曾多次往波罗的海派遣舰船，但普鲁士舰队还是保持了高度克制，各方也没有发生多少冲突。1854年，普鲁士又同英国做了一笔交易，用既有的两艘铁甲舰"火蝾螈"号与"女水妖"号（这两艘船有各种难以克服的技术问题，故而遭到抛弃）做交换，换来了英国风帆护卫舰"忒提斯"（Thetis）号。当年3月，350吨重的双桅纵帆船"赫拉"（Hela）号正式加入舰队，其姐妹舰"赞美圣母"（Frauenlob）号则于1856年春正式入列。在两年空白期后，普鲁士海军又在1858年4月迎来新成员——350吨重的游艇"格栅"（Grille）号。当年5月，护卫舰"阿珂娜"（Arcona）号也顺利建成下水。一年后，舰队迎来了普鲁士王国的最后一艘桨轮蒸汽船——430吨重的"罗蕾莱"（Loreley）号，这是历史上第一艘搭载德意志人自行研制的引擎的普鲁士船。1859年12月，"阿珂娜"号的姐妹舰"瞪羚"（Gazelle）号建成下水。在第二次意大利独立战争期间，普鲁士海军为盟友奥地利进行了一次大规模动员。为了预备随时都有可能到来的战争，阿达尔贝特亲王甚至下令让第一次石勒苏益格战争时期的老爷舰也一并登台亮相。但由于缺乏足够的船员以及老爷船的船体严重老化，亲王最终还是撤回了这一命令。

法奥战争的最终结果，让德意志邦联的各大成员国重新认识到海军的重要性。较小的邦国开始意识到，随着未来战争范围的扩大，敌对国家的舰队完全可以十分轻易地封锁德意志各地的海岸线。普鲁士海军在最近几年迅速成长，但整体规模依旧很小，仍不能做到封锁敌国的海岸线。因此，普鲁士军方对这场战争（所预示的未来舰队发展方向）做出了颇为复杂的回应。当时的普鲁士发生了宪政危机，王储威廉成了摄政王，而俾斯麦也正式就任王国首相。这两人十分热衷于扩张国家的军事力量，威廉更是一名坚定的海军支持者，他和俾斯麦乃至整个战争部，始终都反对将拨给海军的扩军预算挪用到他处。与此同时，阿达尔贝特与他的亲海军派军官提出了"由普鲁士王国全面领导整个德意志地区的舰队"这一理念，他的想法获得邦联内的一些小邦国的认同以及财政支持。然而，奥地利不会就此放任普鲁士的政治野心，再一次阻挡在普鲁士面前。作为传统的中欧强国，奥地利舰队的规模及实力远胜普鲁士。奥地利人认为自己才理应成为整个德意志的海上力量的领导者。普奥两国就舰队问题进行数次谈判，双方最终当成的合议如下：奥地利将新建一支 3 中队舰队。普鲁士仅能在北海及波罗的海行使一部分领导权，而奥地利则可以自由支配亚得里亚海及地中海的德意志邦联舰船及其相关权益。然而，奥地利在 19 世纪 60 年代初期遭遇了一个强劲的对手——新生的意大利王国。两国随即陷入一场大规模海军军备竞赛，这使奥地利海军不得不将自己的战略重心转移到意大利半岛。

随着普鲁士王国试图领导整个德意志海军的野心死灰复燃，阿达尔贝特亲王又批准建造了 8 艘 350 吨重炮艇，其下水的先后顺序分别为"巴西利斯克"（Basilisk）① 号、"闪电"（Blitz）号、"变色龙"（Chamäleon）号、"彗星"（Comet）号、"独眼巨人"（Cyclop）号、"海豚"（Delphin）号、"龙"（Drache）号以及"流星"（Meteor）号。这些炮艇都在 1859—1862 年间顺利建成下水。除此之外，还有 15 艘未命名的 240 吨重炮艇在 1860 年建成下水。这些船艇的首要职责是保卫王国的海岸线，以防备丹麦王国从 1862 年开始的咄咄逼人的海上扩张。

---

①译注：又称"蛇尾鸡"或者"翼蜥"，是一种神话生物的名字。

至此开始，阿达尔贝特亲王在1855年制订的（深蓝海军）造舰计划，便成了一个遥不可及的梦想。普鲁士海军的建设进度，也随之远远地落在欧洲其他列强的后面。除了这些自造舰以外，普鲁士还从各地紧急购买了一批舰船：1859年，普鲁士从一家汉堡的公司购得750吨的飞剪式帆船[①]"易北河"号；1862年，普鲁士又从英国购买护卫舰"尼俄柏"（Niobe）号，以及重量为500吨的双桅横帆船"蚊子"（Mosquito）号与"流浪者"（Rover）号。然而，普鲁士王国在海军领域始终都没能跟上科技飞速发展的脚步。早在此前的1859年，法国成功建造了世界上的第一艘铁甲舰"光荣"（Gloire）号[②]。英国海军紧随其后，于1860年建造铁甲舰"勇士"（HMS Warriorr）号[③]。紧接着，奥地利、沙俄以及意大利等国也纷纷建成自己的铁甲战舰。美国内战期间，北军的"莫尼特"（Monitor）号蒸汽炮舰同南军的"弗吉尼亚"（Virginia）号发生交火，这是世界军事史上的第一次铁甲舰交锋。[18]这场战斗极大地鼓舞了普军的亲海军派人士，他们纷纷主张建造高性能铁甲蒸汽炮舰，因为这种舰船的造价及性能远胜"勇士"号这样的木壳铁甲舰。然而不幸的是，当时普鲁士的军事发展重心是陆军，而舰队的扩军计划则被放在次要位置（所以建造铁甲舰的计划遭到无限期推延）。非常讽刺的是，作为德意志的宿敌，丹麦王国成功购得全欧洲第一艘铁甲蒸汽炮舰"罗尔夫·库拉肯"号。在两年后的第二次普丹战争中，这艘战舰将成为普奥联军的噩梦。

对于普鲁士海军来说，舰载火炮与舰船本身同样重要。毫无疑问，王国最初一批舰炮来自英国。在整个19世纪50年代，就算是普鲁士从英国以外的其他国家购买的舰船，也都要在"到货"之后，前往英国的各大港口装配舰炮。为了武装普鲁士皇家造船厂生产的第一艘舰船"但泽"号，普军高层从伦敦的"托

---

①译注：Clipper Ship，这是一种采用空心船艏设计的高航速风帆舰船，它的吨位很小，并不具备实战能力，主要作为航运船使用。19世纪30年代由美国人发明。

②译注：人类历史上第一艘远洋木壳铁甲舰，下水时间为1859年11月24日。它的单甲板上搭载有36门火炮。自水线下约2米，到战舰的上层甲板高度，均覆盖了一层110—120毫米厚度的锻铁装甲。它还有60cm厚的木制船壳，这在理论上足以抵挡当时所有海军舰炮的射击。

③译注：该船为搭载40门炮的蒸汽铁甲巡防舰，是皇家海军的第一艘铁甲舰。

马斯 & 查理·胡德"公司（Firm of Thomas & Charles Hood）采购了 12 门重炮，这些火炮的生产加工都是在伍利奇的兵工厂中完成的。到了 19 世纪 60 年代末，普鲁士又开始逐渐采用瑞典王国生产的火炮。"忒提斯"号、"赞美圣母"号、"葛冯"号与"瞪羚"号上搭载的火炮（总数超过 150 门）都是由瑞典公司生产制造的。直到 1867 年以前，普军高层都未曾考虑在战舰上搭载阿尔弗雷德·克虏伯的公司生产的舰炮。尽管起步相当晚，克虏伯的"舰炮业务"的发展速度却相当之快。不久之后，这家公司开始为包括普鲁士海军在内的世界各国海军提供各型舰炮。

编制与人力

普丹战争期间，普鲁士国王进一步规范了海上力量的编制，正式成立海军最高指挥部（Oberkommando）[①]。阿达尔贝特亲王出任该部门的首脑，施罗德则成了作战总指挥。这两个人在当时肩负着组建德意志邦联海军的任务，还要负责普鲁士海军的编制与训练。1849 年末，施罗德将自己的指挥部的地址选在斯德丁（Stettin）港，并在当地组建了一支总兵力为两个连的海军陆战部队。次年，这支部队被分割成两个部分，其中一个连成了海员部队（Corps of Seaman），另一个连则成了"海军陆战步兵部队"（Naval Infantry），其编制也被扩编为一个营。后者的训练任务交由陆军的军官们来执行，陆战营士兵的制服也同陆军制服基本一致，[19] 其士兵都是从各个陆军部队的义务兵中招募来的。相比之下，前者（海员部队）的绝大部分士兵都是来自商船队的志愿兵。随着战事（第一次石勒苏益格战争）的延续，这些商船队海员中也有一部分人加入到当时正停泊在不莱梅的布罗梅舰队中。除了上述这两个分支兵种之外，海军总指挥部又新设了"造船厂部队"（Werftkorps）。

除此之外，这两个人还将大笔时间及精力用在完善组织架构与发展军官团队上。1850 年，整个普鲁士海军只有 10 名常备军官与 30 名预备军官。尽管在第一次石勒苏益格战争结束后，舰队便开始招募外籍海军军官，阿达尔贝

---

① 译注：这个指挥部仍然只是战争部所下辖的"海军部门"（Marine-Abteilung）的一部分。

特亲王仍然坚持培养普鲁士本土军官。不过，他的这一想法在短期内并不现实。在第一批申请入伍的军官候选人中，只有极少数是德意志人，且没有一个普鲁士人。[20]1852 年，老旧的航海学院被新成立的"海军学员学院"（Sea Cadet Institue）所取代，校址也转移到斯德丁港。这所新学院的教育与训练体制效仿的是美国马里兰州的安纳波利斯海军学院（US Naval Academy）。每一名在学院中就读的学员，都必须接受长达 2 年（后来改成 4 年学制）之久的学习，所学课程包括海员技能、舰炮操作、导航以及其他各类海洋科学。到了第 3 年，学员都还要统一接受 1 年的训练课程，顺利通过之后便可参加准入考试。这门考试难度极高，考试的基本形式则师法民间中学的"高考"制度。极高的准入门槛导致大批学员无法顺利成为海军军官，只能被迫留级。1854 年，学院校址重新搬回但泽港，一年后又转移至柏林。1855 年，（陆军的）近卫炮兵部队的一位名叫哈勒尔·冯·哈勒施坦因（Haller von Hallerstein）的军官成为这所海军学院的校长。此后，他在这个岗位上干了整整 11 年之久。在他上任不久前的 1854 年，整个普鲁士海军的军官人数（包括海军学员在内）增长到 35 人，到了 1862 年，也才增长到区区 62 人。为了鼓励更多的军官上舰，海军推出了新的人事政策，允许陆军军官转入海军，担任医护类与行政类的军官职务。相比之下，海军陆战营的情况则要稍好些，至少这支部队中有一支相当完整的军官团队。1858 年，普鲁士海军新设了海军炮兵这一全新分支兵种，专门负责操作舰载火炮，同时执行一些岸防任务。

19 世纪 50 年代中叶，普鲁士海军的政治地位进一步得到巩固，原先隶属于战争部之下的"海军部门"正式同陆军系统分离，并获得独立的行政权。阿达尔贝特亲王成了海军最高指挥官，而海军部长专门负责海军内部的各类政治事务。新上任的亲王辞去了原有的炮兵总监职务，同时还被国王授予"普鲁士海岸线的司令"这一他并不是特别满意的头衔。[21]自此开始，他经常穿新定制的海军制服，再也不常穿原有的陆军制服。上任伊始，他将自己的海军总指挥部从斯德丁搬到但泽港。新近晋升为海军少将的施罗德则被他任命为行动总指挥。1858 年末，王储威廉正式出任摄政王，整个海军也随之发生一些人事变动。霍亨索伦王室的亲王不再掌管海军内部的政治事务，施罗德则被任命为新近成立的海军行政部门（Marineverwaltung）的首脑，掌握极大的行政权力。阿达尔贝特亲王被调回总指挥部，成为海军的行动总指挥。[22]

尽管阿达尔贝特亲王、施罗德与约赫曼等人为海军建设尽了自己的最大努力，但一直到 1864 年，整个普鲁士海军依旧不能算作一支有效的作战力量。它不仅缺乏足够的船只，更缺乏足够数量的甲板长与海员。不过总体情况还是比以前改善了一些，自 1850 年开始，普鲁士海军的水手便开始有多次出海训练的经历，海上经验要比以前丰富些。

1849 年，整个普鲁士海军只有"亚马逊女将"号具备远洋航行的能力，不过（它的第二任船长）施罗德认为其吨位还不够大，远远不能满足海上训练的基本需求。普鲁士海军在 1850 年购置了一艘吨位更大的护卫舰"水星"号，高层将它视为更优秀的训练舰，于是在同年让它同"亚马逊女将"号一起出海执行训练任务。不幸的是，"亚马逊女将"号在不久之后便发生严重的碰撞事故，导致海军仅剩下一艘"水星"号具备远洋航行能力。1850 年 11 月，它开始出海远航，穿过南大西洋海域，顺利抵达里约热内卢，并于翌年 6 月中旬返回斯德丁港。1851—1852 年，普鲁士海军绝大部分远航任务都是在波罗的海水域上执行，执行舰船则为蒸汽舰"巴巴罗萨"号、"女水妖"号与"火蝾螈"号。后两艘船还曾在每年 8 月专程护送国王腓特烈·威廉四世前往吕根（Rügen）岛。1852 年下半月，普鲁士海军又进行了一次大规模出海远航，经过 18 个月修理后"伤愈出院"的"亚马逊女将"号，连同"葛冯"号与"水星"号顺利抵达南大西洋海域。远征船队的总指挥为施罗德，他的旗舰为"葛冯"号。这支船队一路向南，在利比里亚的首都蒙罗维亚（Monrovia）停泊了一段时间，紧接着接连拜访南美洲的里约热内卢与布宜诺斯艾利斯，最终在 1853 年 3 月顺利抵达乌拉圭首都蒙得维的亚（Montevideo）。[23] 在返乡的路途上，三艘船又接连造访加勒比海水域与弗吉尼亚州的诺福克（Norfolk），并于当年 7 月到达英国的朴次茅斯港。船队司令官施罗德在奥斯本公寓中受到英国皇室的宴请，维多利亚女王与她的丈夫阿尔贝亲王也亲自登上"亚马逊女将"号与"葛冯"号。

1854 年，克里米亚战争爆发，普鲁士海军被迫中止绝大部分出海远航活动。虽然普鲁士王国在这场战争中始终坚守中立，作为海军总指挥的阿达尔贝特还是按捺不住地将自己的船派到战争最前线的附近水域。早在战争开始前的

1853 年 6 月，"但泽"号便被派往地中海水域，与其同行的是刚从英国回来不久的"葛冯"号与"水星"号。普鲁士舰船与奥地利等其他几个（想要观战的）中立国的舰船全都停泊在士麦拿（Smyrna）港中，完全无法进入黑海。1854 年 2 月，普鲁士舰船在归国路上途经了埃及的亚历山大港。在整场战争期间，阿达尔贝特亲王始终遵循中立政策，普鲁士海军除了数名军官学员于 1854—1855 年间登上英国皇家海军战舰，并参与英军在波罗的海的行动之外，没有同任何势力的舰船发生冲突。

1855 年末，欧洲局势有所缓和，普鲁士海军重新恢复惯例的远洋航行。在接下来的 4 年里，普鲁士舰船的足迹将踏遍西非、南美以及地中海的各大港口。阿达尔贝特亲王还曾亲自领导一支由"忒提斯"号、"赞美圣母"号、"亚马逊女将"号、"但泽"号以及"水星"号等 5 艘舰船组成的远征船队，[24] 专程造访法国西北部港口城市瑟堡（Cherbourg）以及普利茅斯。在这之后，普鲁士舰船开始各奔东西，驶向不同海域。"忒提斯"号与"赞美圣母"号被派往南大西洋，"但泽"号则奉命前往地中海。在北非海岸边，普鲁士海员部队与陆战营经历了第一场陆地实战。1856 年 8 月，海军进行了一次惩罚性远征，专门针对那些威胁勒索普鲁士王国及德意志邦联的商船的北非海盗。在这次远征中，阿达尔贝特亲王搭乘自己的旗舰"但泽"号，指挥了登陆梅利利亚（Melilla）港附近的摩洛哥海岸的实战行动。亲王甚至还亲自带兵上岸，与敌人进行了一场短暂的遭遇战。在这场战斗中，普军共有 7 人战死，另有包括亲王本人在内的多人负伤。在这次远征之后，普鲁士王国还是加入到制裁北非海盗的国家行列之中。除了普鲁士以外，这个联盟的参与者还有大英帝国、美国、法国以及新近加入的奥地利与萨丁尼亚王国。到了 19 世纪 50 年代与 60 年代，西班牙开始干涉北非问题，摩洛哥绝大部分疆域落入西班牙王国的殖民统治之下，猖獗一时的海盗逐渐销声匿迹。1857 年，"亚马逊女将"号在北海与地中海执行若干次远航任务；"忒提斯"号在地中海进行了一次极为漫长的旅途（直到 1858 年下半年才回国）；"葛冯"号于 1858 年前往加勒比海，并于当年 10 月顺利返回但泽。它在归国之前，还曾在美国弗吉尼亚州的诺福克停泊了一段时间，船上有若干名海军学员趁此机会当了逃兵。

在"葛冯"号打道回府的路上，意大利半岛爆发了法奥战争。突然紧张的局势，迫使它不得不采取一条更为安全的航线——从北面的苏格兰穿过北海返回国内。随着局势逐渐缓和，阿达尔贝特亲王动员海军中的全部现役舰船，在波罗的海进行了一次大规模炮战演习。[25]1859年秋季，普鲁士王国开始准备一场有史以来最大胆的远航行动，不过这一回并不是带有军事性质的训练任务，而是一场大规模科考、外交及商业考察活动。对于欧洲来说，维多利亚时代是一个象征扩张与殖民的年代，普鲁士王国自然也不甘落于人后。这次远航的目的地是东亚，奥伊伦堡（Eulenberg）伯爵在新加坡加入这支船队，

◎ 普鲁士海军上将爱德华·约赫曼

他的身上肩负着同东方国度签订商业条约、科学考察以及宣扬普鲁士国威的重要使命。这支远征舰队的最初成员为"阿珂娜"号、"忒提斯"号以及"赞美圣母"号，由于"亚马逊女将"号与"水星"号受损情况严重，不适合出海远征，所以普鲁士海军又购置了一艘"易北河"号以替代这两艘船。舰队总指挥为松德沃尔（Sundewall）船长，他是一个瑞典人，其旗舰则为"阿珂娜"号。由于船队成功地同中国、日本以及暹罗签订了商业条约，所以此次远征可以称得上是大获成功，但未能为王国开拓殖民地。1860年9月，远征船队发生了一场惨剧，"赞美圣母"号于东京湾附近水域遭遇暴风雨，最终不幸沉没，船上44人全部遇难。侥幸存活下来的"易北河"号于1862年5月返回但泽港，"阿珂娜"号与"忒提斯"号则于同年12月也回到但泽。

　　普鲁士海军极为频繁的远洋航行活动，给舰船及海员造成了极为沉重的损失。对于舰队规模极小的普鲁士王国来说，这是让他们赶上当时欧洲主流海军强国的唯一办法。无论频繁远征会出现多么惨痛的事故，普鲁士海军都必须坚持做下去。除了痛失"赞美圣母"号之外，远东舰队甚至还没等驶离欧洲海域，就遭遇了多起意外。"阿珂娜"号在旅途初期遇到暴风雨，被迫在南安普顿逗留了一顿时间。当年冬天，"易北河"号于南非海岸线附近遭受

严重损坏，不得不在新加坡接受长时间维修。在回国的路上，"忒提斯"号也因为接受维修的原因，在巴西逗留了数个月的时间。到了1861年，已服役多年的"但泽"号的木制船壳开始出现腐朽现象，"亚马逊女将"号与"水星"号的老化状况也令人担忧。比这更糟糕的是，日趋衰老的"亚马逊女将"号在自己最后一次出海远征中发生了一起不幸事故，造成整个普鲁士海军有史以来最惨痛的损失。当时，它正同"赫拉"号在西班牙海域执行远航任务，不久之后便遭遇大规模暴风雨，最终于1861年11月4日不幸沉没。"亚马逊女将"号的失事地点在荷兰海岸线附近的北海水域，殉难人数超过100人，一代名舰就此结束了自己的传奇人生。"阿珂娜"号与（作为精神象征的）"亚马逊女将"号的不幸罹难，沉重地打击了海军的士气，同时也给兵员招募工作带来巨大困难。由于1862年及1863年征兵季的应征入伍人数过于稀少，阿达尔贝特亲王甚至还曾一度考虑关停海军学员学院。除了人马日渐稀少之外，海员们也开始对远航产生了抵触情绪，逃兵问题日趋猖獗。自1848年开始，大批德意志人背井离乡，移民至大洋彼岸的美利坚，普鲁士的海员们自然也很难经受得住美国开放自由的风气的诱惑。诺福克及南美洲的各大港口成了逃兵现象的高发地带。由于海员在南美港口逃跑的次数过于频繁，施罗德准将甚至在1853年特意下令，禁止一切船员在停岗后下船上岸。此外，各类疾病与事故则进一步加剧了海军兵员的损失。在那个缺乏现代有效医学护理的年代，世界各国的海军都饱受各类疫病之苦，普鲁士海军的健康卫生状况则更是远低于平均水平。在远东航行旅途中，整个船队共有102人染病死亡，其人数是"赞美圣母"号事故死亡人数（44人）的两倍以上。

　　到了19世纪60年代初，普鲁士海军的领导层出现了严重分裂，尽管这次分歧并没有影响海军的编制与行动日程，但彻底终结了海军两位灵魂人物长达数十年的友谊。早在1860年夏，海军上将阿达尔贝特亲王与海军中将施罗德的关系便已经出现裂痕，两人在殖民政策上的观念完全相左。随后，两人在"但泽"号是否应该退役，以及新下水的"瞪羚"号该如何运用这两个问题上产生了不可调和的分歧，最终导致了彻底决裂。摄政王威廉与阿达尔贝特亲王坚持让老旧不堪的"但泽"号参加炮术训练，施罗德准将驳斥了两人的想法，更直接质疑了王国最高统治者——威廉的权威。他的这一举动，直接导致他于当年年末提前退休。与此同时，国内外的政治环境也发生了巨大的变化。在国内，威廉在其兄长去世后正式继承王位，俾斯麦成为首相，罗恩成为战争部长。国际局势更是风云变幻，使普鲁士不得不加速自己整军备战的步伐，以应对随时可能爆发的欧陆政治危机，整个陆军规模随之扩大了将近一倍。对于普鲁士的老对手奥地利来说，这是一个极具挑衅性与侵略性的举动。不过，海军依旧没能分享到陆军高速发展带来的红利，这令包括阿达尔贝特亲王在内的所有海军派人士深感失望。随后，普鲁士王国又迎来两场海军根本就不可能应付得了的大规模战争。在这两场战争中，普鲁士海军始终只能扮演一个无足轻重的角色。

普鲁士海军的实战（1864—1866）

1863 年 12 月中旬，由汉诺威王国与萨克森王国组成的德意志邦联军队攻入荷尔施泰因境内，第二次石勒苏益格战争正式爆发。在当时，整个普鲁士海军只有一艘"瞪羚"号具备远洋航行的能力，而这艘船尚在东印度洋执行任务。至于"普鲁士鹰"号及另外两艘小炮艇"巴西利斯克"号与"闪电"号，当时正在黎凡特附近的地中海水域。老船"葛冯"号则刚返航不久，在此之前它曾陪同"瞪羚"号造访了普列茅斯港。开战不久后，俾斯麦建议阿达尔贝特亲王让海军所有出门在外的舰船尽快回国，原先计划的让新的训练舰"尼俄柏"号、"蚊子"号与"流浪者"号出访西印度海域的行动也被迫取消。

此时的普鲁士海军，不论军官还是普通水兵，士气依旧十分低迷。兵员人数十分短缺，始终没能从两年前的应征入伍人数锐减中恢复过来。这使军队高层不得不从商船队中提拔军官。海军学员学院中的二年级学员也被临时提拔为现役军官，学院最近几届毕业生则成为各类舰船的临时船长。尽管海军通过各种手段勉强凑齐了一定数量的兵员，但熟练海员与海军士官依旧极度缺乏。为了改变这一现状，海军高层最终决定将这些新兵留在海军基地中，让他们在战时接受陆军士官的临时训练。

开战伊始，丹麦海军成功封锁了包括但泽与斯德丁在内的波罗的海各大主要港口。随着战事的延续，普鲁士海军资历最老的船长爱德华·约赫曼最终决定，率领一支分舰队打破丹麦海军的封锁。这支舰队包括旗舰"阿珂娜"号、

◎ 希维蒙德海战

"罗蕾莱"号、"宁芙"号以及其他 6 艘小炮艇。正当约赫曼率军穿过亚斯蒙德岛旁边的吕根岛时，突然遭遇了丹麦海军。丹麦舰队共有 6 艘船，其中包括 2 艘护卫舰与 3 艘蒸汽舰。普鲁士舰队在经过一阵短暂的交火之后，完全落在了下风，决定撤回希维蒙德港。丹麦舰队紧跟其后穷追不舍，迫使普鲁士舰队不得不一边全速撤退，一边开炮还击。在经过一阵激战之后，普鲁士分舰队顺利回港。尽管"宁芙"号在这场战斗中受损严重（船上伤亡人数为 13 人），但整个普鲁士舰队没有任何一艘船被敌军击沉。舰队指挥约赫曼也因自己在这场战斗中的冷静指挥，晋升为海军上将。此后，普鲁士海军又在波罗的海进行了 2 次小规模突围行动（出发地都是但泽港，其中有一次战斗的总指挥还是阿达尔贝特亲王本人）。5 月 9 日，双方在黑尔戈兰湾附近水域发生了一场大规模海战。当时联军一方的参战兵力为奥地利海军上将泰格霍夫的防卫舰队以及（刚从地中海赶回来的）普鲁士王国的 3 艘舰船。普鲁士海军在这场海战中扮演的角色无足轻重，这 3 艘舰船在战斗结束后成功逃回库克斯港。直到战争结束以前，它们将一直停留在这座港口中。

盟友奥地利在当年 6 月取得海上胜利，普鲁士的波罗的海舰队则始终都处在丹麦舰队的严密封锁之下。恶劣的战况并不能阻挡阿达尔贝特亲王与海军高层对新舰船的热切需求。"薇内塔"（Veneta）号是在战时紧急入列的，这艘船在战争刚爆发的时候便已接近完工状态。[26] 比这更有意思的是，普鲁士政府还通过外交协商的方式，从外国获得 3 艘战舰——这 3 艘船都是在法国境内建造的，最初是为美国南北战争中的南军准备的。美国政府本来完全有能力干预这次移交并收回战舰，但在美国驻柏林大使 H. 克列斯曼（H.Kriesman）同国务卿威廉·H. 瑟沃德（William H. Seward）进行一次通话之后，美国政府便同意转让这 3 艘战舰。当时两人的通话记录为：

> "近日，法国政府已同意将波尔多港内为南方叛军建造的 3 艘舰船转让给普鲁士王国，其中一艘已抵达不莱梅港。这艘船的名字很快便从原先的"江户"（Yedo）号改为"奥古斯塔"（Augusta）号，并被普鲁士海军改装成一艘蒸汽护卫舰，它本来是要成为大海贼塞姆斯[①]麾下"阿拉巴马"级的第二号战舰的。这对于法国、英国这些叛军支持者来说，想必是一次非常沉重的打击。剩下两艘战舰，估计也将很快完成移交。除了这 3 艘战舰之外，普鲁士王国还打算以汉萨同盟驻华盛顿总领事施莱登博士（Dr Schleiden）为中间人，从美国购置多艘舰船。所以现在只要不莱梅或汉堡方面有人提出采购战舰，其幕后买主肯定是普鲁士政府。"[27]

1864 年 8 月 22 日，克列斯曼对瑟沃德做出了如下答复：

> "我很荣幸收到您在 1864 年 7 月 28 日发出的第 11 号电报并得知了有关情况。
> 波尔多港为南方叛军建造的另外一艘舰船，现如今也被转移给普鲁

---

① 译注：拉斐尔·塞姆斯（Raphae Semmes），是当时南方联盟的一名海军军官，"海贼"是北方政府给他的污蔑性称呼。他指挥的海上袭击活动，曾使联邦商船运输陷于停顿达两年之久。

士政府。蒸汽护卫舰"维多利亚"号与"奥古斯塔"号，此时已分别抵达库克斯港与汉堡港。普鲁士将在当地为"维多利亚"号加装火炮，并为其寻找合适海员。第 3 艘大吨位蒸汽护卫舰估计也即将竣工。根据我的估计，这艘全新的大船将成为普鲁士海军的骄傲。在此，我向您提出一个真挚的意见，那便是希望您能同意将这艘船经中间人阿尔马密（Armami）①之手转让给普鲁士政府。"

这第三艘舰船是原先南军订购的"基奥普斯"（Cheops）号，它在被普鲁士政府接收后改名为"阿达尔贝特亲王"号，并于 1865 年 5 月连同"维多利亚"号及"奥古斯塔"号一并加入普鲁士海军。不过，这艘"阿达尔贝特亲王"号并未能像美国人当初设想的那样成为海军的骄傲——它的短暂服役生涯充满问题及故障。除了这几艘美国船之外，普鲁士政府还从英国的萨姆达兄弟（Samuda Brothers）公司②处购置了一艘双联装铁甲炮舰"阿米尼乌斯"（Arminius）③号，这艘重炮同样于当年 5 月入列。此后，但泽港又在普丹战争结束之后，普奥战争爆发之前，开工建造了两艘新船"赫塔"（Hertha）号与"美杜莎"（Medusa）号。

1864 年，国王威廉一世在阿达尔贝特亲王的建议之下，大规模调整海军学员学院，将教学重心更多放在海上实操训练及海军专业知识之上。与此同时，普鲁士王国还新建了一所"海军学院"（Marineschule），专门接收海军学员学院的毕业生。这所新建的高级学院的校址选在了基尔港，普鲁士政府还打算在此地建造一座海军基地，同时还计划在荷尔施泰因开通一条连通北海与波罗的海的运河。罗恩将军制订的这一系列土木工程计划彻底震惊了王国的国会，同时还招来了奥地利的强烈反对。普奥双方在几经商议之后最终达成了《加施泰因温泉协定》。1865 年末，约赫曼已将自己绝大部分舰船转

---

① 译注：汉萨同盟的一家造船厂的厂主。

② 译注：创办这家公司的兄弟两人，还于 1838 年发明并申请了空气牵引技术的有关专利。当今世界上最著名的超级豪华游艇"El Horriya"号，也是由这家公司设计制造的。

③ 译注：这是古罗马时代的一位著名日耳曼英雄的名字。

移到基尔港，全新的海军基地也在如火如荼地建设。

　　为了击败奥地利，陆军的老毛奇制订了一份全歼波希米亚的北部方面军的宏伟计划，而阿达尔贝特亲王的海军在这份计划中依旧扮演着一个无足轻重的角色，他的海军甚至都不需要为这场战争做多少准备。由于普鲁士于 1866 年 4 月正式同意大利缔结同盟条约，哈布斯堡皇室不得不将自己的海军主力部署在亚得里亚海。相比之下，北海及波罗的海对奥地利就不是那么重要了。战争正式爆发后，阿达尔贝特亲王跟随国王一并来到波希米亚前线，他的舰队则停泊在港内闭门不出。普鲁士海军只在征服汉诺威王国的战役中发挥了一定作用，其分舰队成功地攻占埃姆登港与施塔德港，"阿米尼乌斯"号成为普奥战争期间最活跃的一艘战舰。海军在此次战争中只进行了一次常规动员，并没有召回那些曾参加过丹麦战争的（商船队里的）临时军官。不过，海军学院的学员并没有照常上课，而是同上次战争一样被临时编入现役部队。值得一提的是，当时在"尼俄柏"号上服役的 1865—1866 届学员中，有一位名叫阿尔弗雷德·提尔皮茨（Alfred Tirpitz）[1]的年轻人。[28] 整场战争在短短 7 周之后便正式结束，汉诺威被普鲁士吞并，这让普鲁士海军又获得多个天然良港。在一年不到的时间里，普鲁士又新组建了一个"北德意志邦联"（North German Confederation），全面掌控了邦联所有成员国的海军事务。不过，整个海军的行政架构并没有发生太大变化。如今的阿达尔贝特亲王有更充足的人力物力，同时还有更优越的地理条件，普鲁士的海军事业在蛰伏百年之久后正式开始起飞。

　　德意志人的航海史至此翻开全新的一页，"普鲁士皇家海军"的正式名称也被改为"北德意志邦联海军"（Bundesmarine）。不过，这支新生的邦联海军在后来的普法战争中依旧没能发挥多少作用。普法战争结束后，德意志帝国正式成立，"邦联海军"被正式改组为德意志帝国海军。到了威廉二世时代，这支年轻的海军肩负着为帝国夺取并维持殖民

---

　　①译注：未来的德意志帝国海军元帅，德国大洋舰队之父。

地的使命，还同当时的海上霸主大英帝国展开大规模军备竞赛。这场军备竞赛的结果极具毁灭性，是第一次世界大战爆发的重要诱因之一。最终，在 1919 年，落败的德意志帝国海军官兵将自己的战舰集体自沉于斯卡帕湾（Scapa Flow），以免其落入英国之手，① 霍亨索伦王室的海上传奇就此终结。

---

① 译注：史称"公海舰队自沉事件"，当时被英国人拘留的德国军舰中，有 52 艘沉入海底，包括 10 艘战列舰和 5 艘战列巡洋舰。沉没军舰吨位占被扣押舰队总吨位的 95%。

注释：

1. 此指奥地利王位继承战争（1740—1748）以及七年战争（1756—1763）。

2. 大帝最初给这家公司取的是法语名字 "Societe de Commerce Maritime"，后来它的官方称呼才被改为德语 "Preußische Seehandlung"。

3. 当时的战争部长博因试图裁撤一切海军军官，并中止一切航海建设项目。

4. 航海学院的第一批毕业学员中，没有人选择在海军中服役。

5. 这批学员中有一位名叫爱德华·约赫曼（Eduard Jachmann）的人，后来成了普鲁士的海军上将。

6. 除此之外，在这两次试航中还出现过这样一个小插曲：施罗德从地中海试航归来后，还将不久前刚去世的亨利亲王的遗体一并带回国内。（前来迎接遗体的）亲王副官老毛奇也因此同施罗德有了一面之缘。在回忆录里，未来的陆军总参谋长对这位船长的专业精神大加赞赏。

7. 弗里德里希·李斯特于 1846 年自杀身亡。

8. 荷尔施泰因当时是德意志邦联的成员国。

9. 两国为首的分别是冯·拉多韦茨与卡尔·路德维希·布鲁克。

10. 自从第一次意大利独立战争中奥地利轰击了意大利半岛各大重要城市后，里雅斯特港便受到那不勒斯王国等敌对国家的封锁。

11. 委员会主席阿达尔贝特亲王在自己的论文《关于组建德国舰队的备忘录》（Denkschrift über die Bildung einer Deutschen Kriegsflotte）中，将海军舰队分为三大种类，依据其能力大小分别为 "防御型海军"、"中间型海军" 与 "远洋（深蓝）型海军"。亲王强烈要求当时的邦联建立一支远洋（深蓝）型海军。

12. 法兰克福的邦联议会最初曾考虑两个国家，一个是美国，另一个是刚独立不久的比利时。

13. 操纵这艘船至少需要 60 人（整个王国连 60 个符合条件的海员都凑不齐）。

14. 这艘全新的战舰是在海军委员会（flottenverein）的资助下建成的，这个委员会的主席是当时早已退休的朗什。

15. 不久后，普鲁士人又将其改回了原来的丹麦名字 "葛冯" 号。

16. 此后，布罗梅船长便转入奥地利海军服役，最终于 1860 年去世。在葬礼上，他的棺木上盖上了一面黑红金三色的邦联旗。

17. 普鲁士的铁路若想要通向次地，就必须途径梅克伦堡与汉诺威王国。自 19 世纪 50 年代末期开始，普鲁士与这两个国家的关系日趋紧张，铁路建设计划也因此被无限期延迟。这一问题要到普奥战争结束后的 1867 年才最终得到解决，而新建成的海军基地则被命名为威廉港（Wilhelmshaven）。

18. 此战发生地在哈普敦路（Hampton Roads）附近水域，时间为 1862 年 3 月 8 日—3 月 9 日。

19. 陆战营的蓝色制服使用的是白色缝合线，以替代陆军使用的红色缝合线。

20. 非常讽刺的是，在这批获得批准入伍服役的德意志人中，有很多人在 1850 年后转投到奥地利海军麾下。

21. Admiral of the Prussian Coasts，据说，由于当时的普鲁士王国并没有远洋舰队，所以国王拒绝授予他"舰队司令"这一头衔。

22. 新上任的国王删去了他头衔里的"普鲁士海岸线"这几个字，而施罗德则被晋升为了海军中将（Vize-Admiral）。

23. 水星号在这次远航中扮演了补给船的角色。为了补充物资，它的行程进度比另外两艘晚了几天。3 艘船在蒙得维的亚最终完成会合，之后便一道踏上返乡的路程。

24. 这是当时普鲁士王国的最大规模海上行动，不过这次远航并不成功，因为"但泽"号与"水星"号在旅途中发生了严重的碰撞事故，令后者不得不返回但泽港接受长时间维修。

25. 只有当时正停泊在但泽港的"阿珂娜"号未能参加此次演习。

26. "薇内塔"号曾在当年 4 月进行过一次突围，但未能取得成功。

27. 1864 年 7 月 13 日，瑟沃德致电克列斯曼。

28. 有意思的是，和他同届的学生的成绩都不怎么好，包括提尔皮茨在内的 26 个年轻人中，只有 11 个人通过了基尔港的海军学院的入学测试。他当时就读的这所柏林海军学员学院，则于不久之后正式关停。

编制与战时兵力

在当时世界各国的军队中，还没有一支军队能做到像普鲁士军队这般结构严整、等级分明。自从拿破仑战争结束之后，普鲁士王国就将自己的战略重心放到战略防御上。这一防御战略要求普鲁士陆军不仅要做到灵活防御，同时还要实现先发制人，抢先掌握战争的主动权。由于当时的王国尚未有任何殖民地或海外飞地，再加上周围的强邻如沙俄、法国及奥地利等随时都有可能入侵国境，因此王国军事制度的最核心精要之处，便是如何在短时间内动员并有效控制一支大规模军队，这也成了军方高层在部署部队时的首要考量因素。普鲁士王国的这一做法同当时欧洲主流军队大相径庭，从兵力规模上看，简直就是与（奉行精兵政策的）大英帝国陆军背道而驰。在英国，陆军在平时没有比团更大的建制，像旅和师这样的编制只会在战时临时设置。而在欧洲的其余各国中，比如法国、意大利以及奥地利等，从19世纪中叶开始都已经设立了永久性的旅级建制，一个旅之下往往会下设2—3个团。而在沙俄，军队中还出现了以数个旅组建步兵师的情况。总而言之，（在欧洲其他各国军队中），师及军一级建制往往都是战时临时编制。

1836年，普鲁士陆军共有9个军，分别是近卫军与8个省辖军。它们当中除了规模更大的近卫军下辖有额外部队，其余8个军的规模及地位大体相等，其下辖的步兵团及骑兵团的数量也完全相同。除此之外，每个军还下辖1个炮兵旅及1个工兵营。首先是步兵方面，每个军下辖2个步兵师，每个步兵师下辖2个旅。而每个旅则有2个团所组成，每个团下辖3个营。骑兵方面，每个军下辖2个骑兵旅，每个骑兵旅下辖2个团，分别是2个重骑兵团（胸甲骑兵

261

团与龙骑兵团各一个）或者 2 个轻骑兵团（骠骑兵团或枪骑兵团），骑兵部队同样配属有一个炮兵旅及工兵营。在后来，每个军又新设一个"铁路补给营"（组建于 1850 年）。

1859 年的罗恩军事改革彻底打破了常备军与地方民兵势力的均衡状态，前者规模增长了将近 2 倍多，后者则被改造成一支独立的受训后备军。9 个军的基本编制架构依旧相同，其详细状况如下：

罗恩军事改革后的省辖军的永久编制状况

军	步兵团	猎兵营	骑兵团	炮兵，工兵及运输部队
近卫军	1G 2G 3G 4G GF 1GG 2GG 3GG 4GG	GJ GS	GDC GC 1GD 2GD GH 1GU 2GU 3GU	1GBdn 1GBn 1GBn
第 1 军（东普鲁士）	1 3 4 5 33 41 43 44 45	1J.Bn	3C 1D 1LH 2LH 8U	1Bde 1Bn 1Bn
第 2 军（波美拉尼亚）	2 9 14 21 34 42 49 54 61	2J.Bn	2C 3D 5H 11H 4U	2Bde 2Bn 2Bn
第 3 军（勃兰登堡）	8 18 20 24 35 48 52 60 64	3J.Bn	6C 2D 3H 9H 3U	3Bde 3Bn 3Bn
第 4 军（马格德堡）	26 27 31 32 36 66 67 71 72	4J.Bn	7C 6D 10H 12H 6U	4Bde 4Bn 4Bn
第 5 军（西普鲁士）	6 7 12 19 37 46 47 58 59	5J.Bn	5C 4D 4H 1U 12U	5Bde 5Bn 5Bn
第 6 军（西里西亚）	10 11 22 23 38 50 51 62 63	6J.Bn	1C 8D 6H 2U 11U	6Bde 6Bn 6Bn
第 7 军（威斯特伐利亚）	13 15 16 17 39 53 55 56 57	7J.Bn	4C 7D 8H 5U 10U	7Bde 7Bn 7Bn
第 8 军（莱茵兰）	25 28 29 30 40 65 68 69 70	8J.Bn	8C 5D 7H 8U 9U	8Bde 8Bn 8Bn

缩写词含义：

G：近卫步兵团（Guard）

GF：近卫燧发枪兵团（Guard Fusiliers）

GG：近卫掷弹兵团（Guard Grenadiers）

GJ：近卫猎兵营（Guard Jagers）

GS：近卫射击兵营（Guard Shutzen）

J.Bn：猎兵营（Jager Battalion）

GDC：骑兵侍卫团（Garde du Corps）

GC：近卫胸甲骑兵团（Guard Cuirassiers）

GD：近卫龙骑兵团（Guard Dragoons）

GH：近卫骠骑兵团（Guard Hussars）

GU：近卫枪骑兵团（Guard Uhlans）

C：胸甲骑兵团（Cuirassiers）

D：龙骑兵团（Dragoons）

LH：王室警备骠骑兵团（Leib-Husaren）

U：枪骑兵团（Uhlans）

GBdn：近卫旅（Guard Brigade）

Bdn：旅（Brigade）

GBn：近卫营（Guarde Battalion）

尽管普鲁士陆军仍旧维持着传统的"一军二师，一旅二团"制，但固定的旅级部队还会再额外下辖1个步兵团与1个骑兵团。这两个团是每个军的预备兵力，在战时往往会被编入师或旅之下。近卫军则额外编有1个轻步兵营（近卫射击兵营）及3个骑兵团。

每一个营、中队以及连的兵力基本固定。各个部队在战时情况下都会进行紧急动员，第一线预备部队及其他辅助部队的人员，在受紧急征召后，也都会立刻加入到自己所属的部队中。

步兵与猎兵部队

全普鲁士陆军共有9个近卫步兵团、72个线列步兵团以及10个猎兵营。每个步兵团，无论其身份地位如何，全都下辖3个步兵营，每个营除军官及参谋之外，共有1002人。每个营由4个连组成，其番号分别是"第1营第1连"至"第4营第12连"。每个近卫步兵团、掷弹兵团及滑膛枪兵团的第3个营（第9—12连）都会被标识为"燧发枪营"（随身步兵装具为黑色皮革制）。除此之外，近卫燧发枪兵团下辖的所有营及第33—40步兵团，也全都是燧发枪兵部队。相比之下，猎兵的建制要小得多，只有正营级规模，下辖4个连。

团级编制：1名团长（军衔为上校或中校）、1名少校、1名副官（军衔通常是少尉或中尉）、1名团级军士长、1名军鼓军士长（Drum-Major）以及1

名主记官（Quartermaster）。

营级编制：1 名战地指挥（军衔通常为少校）、1 名主任军医、1 名副职军医、1 名主记官、1 名军需官、1 名营级军士长、1 名军鼓军士长及 2 名文员。

连级编制：1 名上尉连长、1 名少尉、3 名中尉、1 名预备军官、1 名军士长、4 名军士、19 名下士、2 名军鼓手、2 名号手、1 名医务兵及 204 名士兵。

当然，战时动员后的实际情况，同上述编制并不一致。1864 年，第二次石勒苏益格战争爆发后，勃兰登堡与威斯特伐利亚两地省辖军的各个步兵团也都被投入到战场上。根据统计，这两个军的实际兵力，要比纸面数据少得多。一个标准的步兵营共有 22 名军官、56 名士官、17 名军乐手及 729 名其他各级官兵。1859 年大规模扩军后，军队人手严重不足，各个部队的实际兵员，往往都小于所需要的人数。不过，这个问题带来了一个意想不到的好处——对那些年轻（且经验不足）的军官们来说，小规模队伍更容易统率。1866 年普丹战争时期，人手不足的问题得到了显著改善，但各个部队的实际人数往往还是达不到要求。下图是第 2 步兵团在 1866 年军事动员后每个连实际情况的官方记录：

1866 年，第 2 近卫步兵团连级军官的编制情况

连	上尉数	少尉数	中尉数	预备军官数	其他
第 1 连	1	3	1	/	/
第 2 连	/	/	1	2（1 名预备役）	1
第 3 连	/	1	/	2（1 名预备役）	/
第 4 连	/	1	/	3（1 名预备役）	/
第 5 连	/	1	/	3（1 名预备役）	1
第 6 连	/	1	/	3（1 名预备役）	/
第 7 连	/	1	/	3（1 名预备役）	/
第 8 连	/	/	1	3（1 名预备役）	/
第 9 连	/	/	1	3（1 名预备役）	1
第 10 连	/	1	/	3（1 名预备役）	/
第 11 连	/	1	/	3	1（副军士长）
第 12 连	/	1	/	3（1 名预备役）	1

注：这里的"1 名预备役"指的是从预备役部队抽调来的一名中尉

每一个连的执勤记录表由军士长掌管，其他军士们则将在步兵连中担任诸如主计官、军械长或者（修补军服的）裁缝等重要职务。除此之外，各个部队除了额定人数之外，往往还会有军官的交通运转手及（专门照料军官马匹的）仆人等人士。一名正团级指挥官通常有 3 匹马，每个团的少校、副官以及营长、连长等人都有 2 匹马，这些马都有专人照料。在某些情况下，军医也会骑马出行。

每个营的运输部队往往都会由若干辆马车组成，其中弹药车由 6 匹马牵引，由 2 名马车手驾驶；补给车（montierung）会搭载有部队的现金箱、军需官的账本、用于修补装备及军服的工具等琐碎杂物，这种车由 2 匹马牵引，1 名马车手驾驶；军官们的行李车由 4 匹马牵引，1 名马车手驾驶；医护车由 2 匹马牵引，一名马车手驾驶。每个连也都配有若干匹牲畜，用于输送官兵的口粮、大袍、毛毯以及连队的存储箱乃至账本等物资。近卫燧发枪兵团、燧发枪兵团以及其他各个常备团的每个燧发枪兵连，都配有一辆由 2 匹马牵引的马车，专用于输送各类物资。每个营的马车连同上面的维修工具，通常都会由滑膛枪兵连专门负责掌管。在团一级建制中，军官及参谋们都配有一辆由两匹马牵引的行李车，通常都会由军官的仆人驾驶。

完成军事动员后，各个部队还会抽调出一部分军官及士官，新建一个兵站营（Depot Battalion），专门负责接待刚入伍的新兵。这个营在新建伊始的总兵力为 18 名军官与 1002 名士兵，与常规步兵营的规模完全相同。每个猎兵营也都有自己专属的兵站连，其规模为 4 名军官与 201 名士兵。在理想状况下，这些兵站营的官兵将在自己所属的团受命出征 30 天后，大踏步离开兵营奔赴战场，以顶替前线部队的损失。然而，到了战争真正爆发的时候，很少有部队能做到上述这样的"理想状况"。一旦前线部队出现惨重伤亡或重大疫情，普鲁士的预备部队就无法做到顶替第一线部队的损失。以 1866 年的战事为例，绝大部分兵站营甚至都没有按时抵达前线。前线部队在遭受损失之后，只能用一些留守后方的驻屯部队做临时替代。从纸面数据上看，1866 年步兵部队的战时动员状况大体如下：

1866 年步兵动员状况

	团的数目	营的数目	连的数目	人员总数
近卫步兵	4	12		12024
近卫掷弹兵	4	12		12024
近卫燧发枪兵	1	3		3006
近卫猎兵		1		1002
近卫射击兵		1		1002
线列掷弹兵	12	36		36072
线列步兵团	52	156		156312
燧发枪兵	8	24		24048
线列猎兵		8		8016
		253		253506
近卫及线列兵站营		81		81162
猎兵及射击兵连			10	2500
				83662
军官总数				7074
军医、主计官及军需官总数				1012
中士总数				1348
军乐手、文员、马车司机、勤务兵及其他非战斗人员总数				8528
				17962
所有步兵部队官兵总数				355130
所有车辆总数				1945
估算马匹总数				9910

骑兵部队

普军共有 10 个胸甲骑兵团（包括 2 个近卫团、8 个线列团）、10 个龙骑兵团（包括 2 个近卫团、8 个线列团）、13 个骠骑兵团（包括 1 个近卫团、12 个线列团，需要注意的是，2 个王室警备骠骑兵团也都算进线列团里）以及 15

个枪骑兵团（包括 3 个近卫团、12 个线列团），每个骑兵团都有 1 名参谋军官，并下辖 4 个骑兵中队。但作为特例的是第 1、2、3、4 线列龙骑兵团及第 7、8、9、11 线列骠骑兵团，上述几个团下辖 5 个骑兵中队。骑兵侍卫团的每个中队下辖 2 个连，这是该团的基本行政单位。通常情况下，每个中队共有 4 名军官与 150 名其他各级官兵。

团级编制：1 名团长（军衔为上校或中校）、1 名少校、1 名副官（通常由少尉或中尉担任）、1 名军号军士长（Trumpet-Major）、1 名旗手（军衔通常是军士或军士长）。除此之外，每个骑兵团还会有 1 名主任军医、2 名普通科医生、2—3 名兽医以及 1 名军需官。每个团往往还会有 15 人充任马车司机、文员、医务兵、马蹄匠或是军官的仆人，他们中的一些人在不少情况下还要身兼数职。

中队编制：1 名中队长（军衔通常为上尉）、2—3 名中尉或少尉、1 名中队军士长、4 名军士、9 名下士、20 名准下士、3 名号手以及 110 名骑兵。除此之外，每个骑兵中队往往还会有数名志愿兵及预备军官。

团一级建制的交通工具为：1 辆由 2 匹马牵引的医护车、1 辆由 2 匹马牵引的（专用于修复马蹄铁的）战地工匠车以及 1 辆由 4 匹军马牵引的军官行李车。每个中队有 1 辆由 2 匹马牵引的马车。每个骑兵团中供军官使用的坐骑为 90 匹，供骑兵使用的战马为 620 匹。除此之外，用于牵引及运输的挽马数目为 18—20 匹。整个团的军官可以使用 4—7 辆四轮马车。

同步兵部队一样，参加了 1866 年战争的骑兵团的实际编制人数也是不尽相同。骑兵侍卫团可能是所有参战骑兵部队中最典型的一个，这个团包括 29 名军官、7 名军士长、1 名少尉、58 名士官、18 名号手以及 533 名骑兵。除此之外，还有 1 名主任军医、1 名医师助理、1 名军需官、44 名马车司机、1 名马鞍匠以及 1 名军械官。至于该团有没有兽医，参战档案并没有提及。

兵站中队包括 4 名军官、200 名士官及骑兵。由于骑兵们已经在平时受到了严格程度远高于步兵的训练，所以在战时可以顶替前线损失的预备骑兵部队数量，同样远多于步兵。作为一支预备兵力，他们能比步兵更快赶至前线，接替友军继续作战。

1866 年的骑兵动员状况

	团的数目	中队的数目	人员数目
近卫胸甲骑兵	2	8	1200
近卫龙骑兵	2	8	1200
近卫骠骑兵	1		4600
近卫枪骑兵	3	12	1800
线列胸甲骑兵	8	32	4800
线列龙骑兵	8	36	5400
线列骠骑兵	12	52	7800
线列枪骑兵	12	48	7200
		200	30000
兵站中队		48	7200
军官总数			1136
军医，军需官，主计官总数			240
中士总数			130
军乐手，文员，马车司机，勤务兵及其他非战斗人员总数			1924
			3430
所有骑兵部队官兵总数			40630
所有车辆总数			1744
马匹总数			42624

炮兵部队

1864 年，普鲁士对炮兵部队进行了大规模改编，原先的要塞炮与野战炮部队开始独立成团。经过这次整编，炮兵部队总共有 1 个近卫炮兵团与 8 个线列野战炮兵团彻底独立出来。随后，炮兵部队又新成立了 1 个近卫要塞炮团及

8 个线列要塞炮团。在这次炮兵改革之前，炮兵连是被混编入各个步骑兵部队之中的。最初，每个团的骑乘炮部队为 3 个连，到了 1864 年末，其规模扩张到 4 个连，此后又略有变动。

野战炮兵团的编制（近卫及线列部队）

骑乘炮部队	
第 1 骑乘炮连	4 门 12 磅炮
第 2 骑乘炮连	4 门 12 磅炮
第 3 骑乘炮连	4 门 12 磅炮
第 4 骑乘炮连	4 门 12 磅炮
第 5 骑乘炮连	4 门 12 磅炮
第 6 骑乘炮连	4 门 12 磅炮
第 1 步炮部队	
第（1）12 磅步炮连	6 门 12 磅炮
第（1）4 磅步炮连	6 门 4 磅炮
第（1）6 磅步炮连	6 门 6 磅炮
第（4）12 磅步炮连	6 门 12 磅炮
第 2 步炮部队	
第（2）12 磅步炮连	6 门 12 磅炮
第（2）6 磅步炮连	6 门 6 磅炮
第（2）4 磅步炮连	6 门 4 磅炮
第（4）6 磅步炮连	6 门 6 磅炮
第 3 步炮部队	
第（3）12 磅步炮连	6 门 12 磅炮
第（3）6 磅步炮连	6 门 6 磅炮
第（3）4 磅步炮连	6 门 4 磅炮
第（4）4 磅步炮连	6 门 4 磅炮
炮兵连总数	18

12 磅炮总数	24 门骑炮，24 门步炮
6 磅炮总数	24 门步炮
4 磅炮总数	24 门步炮
共计	96 门

同其他部队的情况一样，不是每一个炮兵连在军事动员后都能够做到实际数目同额定数目一致。无论是在 1864 年还是 1866 年，炮兵部队在实际上仍然大量混用各类新旧火炮。在第二次石勒苏益格战争期间，勃兰登堡及威斯特伐利亚炮兵旅总共下辖 24 门 7 磅榴弹炮、36 门 12 磅滑膛炮、16 门 6 磅滑膛炮以及 28 门 6 磅线膛炮。克虏伯线膛炮在这场战争中的成功，进一步推动军方进行武器更新换代的步伐。到了 1866 年，在普军的 144 个炮兵连中，共有 54 个连装备了线膛炮。这种武器对于当时的普军来说还算是一种新炮，其实际列装数量非常少，不少炮兵连仍在使用大量老旧滑膛炮。

野战炮兵团编制：1 名团长（军衔为中校或上校）、1 名副官（军衔为中尉或少尉）、1 名军号军士长、5 名主任医师、16 名医师助理、2—3 名兽医、1 名军需官。除此之外，团中还有 2 名下士文员、1 名技工、2 名马蹄匠以及 28 名马车驾驶员。

12 磅骑乘炮连建制：1 名上尉连长、1 名少尉、2 名中尉、2 名军士长、6 名军士、6 名下士，12 名准下士、124 名炮手及马车驾驶员。除此之外，每个连还有 2 名军号手、1 名医师助理、1 名马鞍匠以及 6 名军官仆人 /"专车"驾驶员。

12 磅步炮连建制：1 名上尉连长、1 名少尉、2 名中尉、2 名军士长、4 名军士、8 名下士、12 名准下士、116 名炮手及马车驾驶员。除此之外，每个连还有 2 名号手、1 名医师助理，1 名马鞍匠以及 8 名军官仆人 /"专车"驾驶员。

4 磅步炮连编制：1 名上尉连长、1 名少尉、2 名中尉、4 名军士长、8 名下士、8 名下士长、9 名准下士、108 名炮手及马车驾驶员。除此之外，每个连有 2 名号手，1 名医师助理，1 名马鞍匠以及 4 名军官仆人 /"专车"驾驶员。

6 磅步炮连建制：1 名上尉、1 名少尉、2 名中尉、4 名军士长、4 名军士、

8 名下士、10 名下士长、8 名准下士、114 名炮手及马车驾驶员。除此之外，每个连有 2 名号手、1 名医师助理、1 名马鞍匠以及 4 名军官仆人 / "专车"驾驶员。

团一级的交通运输及马匹状况：1 辆供军官使用的行李车，由 4 匹马牵引。除此之外，每个团还有 54 名军官（包括军士及军需官在内）可以骑马，38 名士兵（在近卫炮兵团中则为 39 人，外加 1 名军号军士长）也可以骑马。

骑乘炮连的交通运输及马匹状况：炮车组由 6 匹马牵引。每个连还有 4 辆弹药车（cassions）、2 辆补给车以及 1 辆战地铁匠车。医务车由 2 匹马牵引。除此之外，每个连还配有 1 匹驮马专门负责补给运输。上述便是全连 6 名军官与 118 名其他各级官兵的马匹状况。

步炮连的交通运输及马匹状况：炮车组由 4 匹马牵引。除此之外，每个连有 6 辆弹药车、2 辆补给车与 1 辆战地铁匠车，全都由 6 匹马牵引。医务车则由 2 匹马牵引。每个连还配有 1 匹驮马专门负责补给运输。上述便是全连 6 名军官与 126 名其他各级官兵的马匹状况。

弹药输送纵队

在进行军事动员时，每一个野战炮兵团都会组建 9 个弹药输送纵队（Ammunition Columns），每一个纵队都会负责携带及运输各类部队的武器弹药。这些纵队会被临时分成两大分队。其中一个分队由 5 个纵队组成，另一个分队为 4 个纵队。其中 5 纵队分队由 25 辆马车、2 名军官、175 名士兵以及 174 匹马组成。4 纵队分队则由 24 辆马车、2 名军官、173 名士兵以及 170 匹马组成。这种大量利用马车的输送纵队的补给效率，远远超过了传统的弹药兵站补给。与此同时，弹药输送纵队还能在战时配属到各个步兵师之下，非常机动灵活。

后备弹药存储站（Ammunition Reserve Park）

这支部队在战时同样被分为两个分队，每个分队由 8 个纵队与 33 辆马车组成。他们在战时是整个弹药补给兵站的核心，根据战略需求，不停转移自己的阵地。通常情况下，他们会把自己的阵地设置在铁路线终点附近，以便让列车将弹药更快带回战场进行补给。此外，每个分队还有264辆四轮马车，由9名军官负责指挥。

要塞炮团（Fortress Regiments）

要塞炮团会在战时紧急动员起来。同野战炮部队一样，这种要塞炮部队也被分为1个近卫团及8个省辖团。每个团被分为两个分队，每个分队由4个连组成。这些部队在战时会被派遣到普鲁士王国境内的重要据点及要塞中执行驻守任务，专门负责操作要塞炮。

要塞炮团指挥部的编制：1名指挥官、1—3名督察军官（军衔通常为少校）、1名副官（军衔为中尉或少尉）、1名（负责信号弹的）"烟火官"（Pyrotechnic Officer），另外还有4名编外军官（军衔为少尉）、1名军需官、13名军士长、27名军士以及1名下士文员。

要塞炮分队编制：1名指挥官、1名上尉、1名副官（中尉衔）、1名下士文员及军医。

要塞炮连编制：1名上尉连长、1名中尉、2名少尉、4名军士、2名号手、12名下士、1名军医、1名医务兵、3名技工以及188名士兵。

同其他部队一样，炮兵部队在战时动员后也会临时组建一支"兵站分队"（Depot Division），该分队由1个骑乘炮连及3个步炮连组成。每个炮兵连都有4门火炮、14名军官以及556名士兵，外加189匹马。

1866年炮兵部队动员状况

	炮兵连数	纵队数	分队数	火炮总数	人员总数
骑乘炮部队	54			216门	8424
步炮部队	108			648门	16414
总数	162			864门	24840
弹药输送纵队		64			3132
后备弹药存储站			9		5004

军官总数					1024
军士、军需官及主计官总数					178
中士总数					116
军乐手、文员、马车司机、勤务兵及其他非战斗人员总数					2314
炮兵部队官兵总数					40598
火炮总数				864 门	
车辆总数					2163
估算马匹总数					12300

工程与战斗工兵部队

　　在普鲁士陆军中，工兵总有两大分支兵种，其中工程部队的相当一部分成员为军官，他们具备修筑要塞、挖掘堑壕、搭建桥梁以及建造其他各类土木工程的专业技能。他们都是专业工程师，在战时往往会被配属到各个集团军及

◎ 1866年6月，正在缓缓离开柏林兵站的普鲁士近卫军

军的指挥部中，专门为军方高层提供专业建议，并根据军队需求制订土木计划，协助军队攻城或防御。战斗工兵部队是战场上的第一线部队，需要同其他步兵部队一起上阵作战。近卫军与每个省辖军麾下都有一个战斗工兵营，每个营下辖4个连。战斗工兵部队在战时还要为自己所属的军操控渡筏与浮桥，并负责电报通讯用的车队。

战斗工兵营编制：1名指挥官（军衔为上校或中校）、1名少校、1名副官（少尉或中尉）、1名军士长、1名军需官、1名军医、1名主计官、1名号手中士、2名文员以及22名马车驾驶员。

战斗工兵连编制：1名上尉、1名中尉、3名少尉、1名军士长、4名军士、23名下士、12名下士长、1名军鼓手、1名号手、2名医务兵以及200名士兵。除此之外，还有6名马车驾驶员负责操作工兵连的运输工具。

营及连的运输状况：工兵营有1辆军官使用的行李车、3辆装备车、1辆战地铁匠车。每辆车都由4匹马牵引，驾驶员为2名。此外，还有1辆由2匹马牵引的弹药车，再加上6辆四轮马车。每个连的维修车由4匹马牵引，救护车由2匹马牵引。每个连都配有1匹驮运物资的牲畜，能在行军过程中托运各种杂什物件。

渡筏车队（Pontoon Train）：隶属于每个军麾下，由48辆搭载渡筏的马车组成。除此之外，还有28辆木板车（Plank Wagons），每辆车由4匹马牵引。整个车队的全部编制为2名军官、4名军士以及174名士兵。

重型浮桥车队（Heavy Bridging Train）：隶属于各个军麾下，其规模并不固定，车队的数量往往根据各个军的实际需求及材料等物质条件来决定。在常见的情况下，重型浮桥车队通常由至少30辆车组成，每辆车由4匹军马牵引，由2名军官以及56名士兵与士官操控。

野战通讯部队（Field Telegraph Division）：这支部队在战时分属于普鲁士皇家陆军总指挥部及各个野战集团军的总指挥部。因此，在1866年战争期间，普军总共动员了5个通讯部队，分属于各个战区之下。每一支通讯部队有3名军官、137名士兵与士官、10辆马车、73匹马。

在军事动员期间，战斗工兵部队会在每个军区临时设立兵站连，每个连由4名军官及250名士兵组成。

	营总数	连总数	人员总数
近卫战斗工兵部队	1		1002
线列战斗工兵部队	8		8016
			9018
兵站连		9	2250
军官总数（仅限战斗工兵部队）			207
军医、军需官及主计官总数			36
中士总数			12
车队士兵总数			2502
军乐手、文员、勤务兵及其他非战斗人员总数			312
			3069
战斗工兵部队官兵总人数			14337
车辆总数			1229
估算马匹总数			4300

军事车队

1850 年，普鲁士王国正式将军事车队部队添加到了陆军序列当中。以现代军事眼光来看，这支部队的主要功能便是为前线部队提供后勤保障。他们除了负责为前线部队运送部队之外，还负责提供野战面包房及野战医院，每个军区都下辖有 1 个车队营，每个营由 2 个连组成。

车队营编制：1 名指挥官（军衔为上校或中校）、1 名少校、1 名副官（中尉或少尉）、1 名军士长、1 名军需官、1 名军医、1 名兽医、1 名主计官以及 1 名军号中士。此外，还有 8 位文员。

车队连编制：1 名上尉连长、2 名中尉、4 名少尉、1 名军士长、4 名军士、12 名下士、32 名下士长、2 名军鼓手、1 名号手、2 名医务兵及 600 名运输部队的士兵。

军事车队的运输工具状况如下：

后勤供应车队（Commissariat Train）：共有 160 辆马车，每辆车由 4 匹马牵引。除此之外，还有 490 名来自第 1 连的士兵。

野战面包房车队（Field Bakery）：共有 5 辆马车，每辆车由 4 匹马牵引，由 118 名来自第 2 连的士兵负责驾驶。

重型野战医院车队（Heavy Hospital Train）：共有 3 支这样的车队，每支车队由 11 辆马车组成。

轻型野战医院车队（Light Divisional Hospital Trains）：共有 12 支这样的车队，每支车队由 11 辆马车与急救车组成。在军事动员时，车队会在每个军区临时设立一个兵站连。每个连由 2 名军官及 300 名士兵组成。

1866 年军事车队部队动员状况

	营总数	连总数	人员总数
近卫车队	1		1226
线列车队	8		9808
			11034
兵站连		9	2700
军官总数			153
军医、军需官及主计官总数			36
中士			27
军乐手、文员、勤务兵及其他非战斗人员总数			405
			621
军事车队官兵总数			14355
车辆总数			2970
估算马匹总数			13365

医疗救护部队

在军事动员之后，军医及医疗官（medical officers）都会被配属到不同的集团军及军的指挥部中。之后，他们便会被分派到各个野战医院车队执行救护任务。非常有意思的是，在当时的普鲁士军队中，绝大部分军医，无论资历深浅，也都是在开始动员前不久才获得军衔及相应的军事地位。在通常情况下，随军医疗官仍然被视为民间人士。被派遣到野战医院的，还有医师助理（Lazarettenhilife），他们身穿一套特殊军服，都是在开始军事动员后被临时征召进军队中的。除此之外，每个军之下还设有担架部队（Krankentaeger），专门负责抬运及紧急救护伤员，1 支担架部队共有 3 个分支小组。

1866 年医护部队动员状况

	分队	人员总数
陆军中的军医及医疗官人数（估算）		780
医师助理		1520
近卫担架小组	3	180
线列担架小组	24	1440
		3920

地方民兵部队

地方民兵部队中的一级征召兵在战时响应征召，组成各地留守后方的驻屯部队及线列通讯部队。这些应征兵员的年龄为 28—32 岁之间，其情况如下：

地方民兵部队一级征召兵

	团总数	营总数	人员总数
步兵			
近卫部队	4	12	12300
线列部队	32	96	98400
独立营		8	8200

			118900
骑兵			
重骑兵部队	1	4	600
枪骑兵部队	5	20	3000
龙骑兵部队	1	4	600
骠骑兵部队	5	20	3000
总数		48	7200

从纸面上看，地方民兵部队的规模非常庞大，但实际上很少能做到满员。虽然有一部分营能在战时征召 800 人或是更多，但绝大部分营往往都只能征召 500 人左右。根据估算，战时应征的地方民兵总数在大约 75000 人至 80000 人左右，这个数字中还囊括了一部分二级征召兵。相比之下，民兵部队中的骑兵要稍稍成功一些，在战时总共召集 6000 多名骑兵。随着战事继续，普鲁士陆军新建 7 个地方民兵骑兵团，新增了 4200 名骑兵。不过，还没等他们赶赴战场，战争就已经结束了。

1866 年普鲁士陆军动员情况简报

现役部队					
	部队总数	人员总数	军官 / 辅助部队人员总数	车辆总数	马匹总数
步兵	253 个营	253506	17962	1945	9910
骑兵	200 个中队	30000	3430	1744	42624
炮兵	864 门火炮	31962	3632	2163	12300
战斗工兵	9 个营	9018	3069	1229	4300
军事车队	9 个营	11034	621	2970	13365
		335920	28714	10051	82499
兵站部队					

	部队总数	人员总数			
步兵	83 个营	83362			
骑兵	48 个中队	7200			
炮兵	9 个分队	5004			
战斗工兵	9 个连	2250			
军事车队	9 个连	2700			
		100516			
地方民兵部队					
	部队总数	人员总数			
步兵	116 个营	118900			
骑兵	76 个中队	11400			
		130300			
全部动员人数		595450			

第四部分

普鲁士军服

（1860 - 1867）

通用制服条例

自拿破仑战争结束后，普鲁士陆军的制服无论是在风格上还是在装饰艺术上，都遵循欧洲军队的发展潮流。普军步兵通常都戴高筒军帽（Shako），上身穿暗蓝色大衣，下身穿一条修长的灰色或白色裤子。在后拿破仑时代，奢华装饰艺术在全欧洲范围内衰落，军服也逐步放弃昂贵精致的镶边及装饰（例如驼鸟毛羽饰及珍珠纽扣）。高筒军帽放弃了拿破仑时代夸张的顶戴及流穗帽饰，上衣略显宽松。陆军的另外几个兵种，如炮兵及工兵等，身上则穿得大致相同。骑兵部队中的胸甲骑兵、龙骑兵、骠骑兵及枪骑兵等都有各自的独特制服：胸甲骑兵身穿白色上衣，胸披闪亮亮的胸甲，头戴具有古罗马风格的头盔；龙骑兵身穿矢车菊蓝色上衣；骠骑兵则根据所属团的不同，穿上不同颜色的"肋骨式军服"及匈牙利袍，头戴和步兵相似的高筒军帽；枪骑兵身穿暗蓝色上衣，上衣"龟腹"处则根据所属团的不同而染上不同颜色，头戴起源于波兰民间的"Czapka"式枪骑兵帽。

19世纪40年代，简约艺术风格在欧洲兴起，再加上民族主义思潮的空前高涨，欧洲军队制服也发生了更极端的变化，开始从夸张华丽走向牢固实用。在这一背景下，"束腰宽松外衣"（Tunic）应运而生。一开始，这种外衣还有非常修长的下摆，但很快为战斗的需要而裁短。普鲁士自这一年代起开始在军队中大规模推广"矛尖盔"（Pickelhaube），而欧洲其他国家则继续沿袭法国风尚，大规模推广圆锥形高筒军帽，这种帽子最终演变成法式军用平顶帽。

矛尖盔

这种绰号为"矛尖盔"的奇特头盔，在接下来的 75 年时间里，成为普鲁士及德意志帝国军队制服的代名词。它在普军内部的大规模推广，始自 1842年 10 月 23 日的普鲁士"皇家内阁敕令"（Allerhochste Kabinettsorder）。由于头盔上的矛尖实在是令人印象深刻，它在之后的 75 年时间里成为德意志军人的标准形象。这种头盔在世界近代史上非常有存在感，但它的真实起源却相当模糊。传说腓特烈·威廉四世有一次专程前往圣彼得堡拜访沙皇尼古拉，结果这位普鲁士国王在沙皇的写字台上发现了一顶将来可能会供俄军使用的（技术实验用的）头盔。对这件东西情有独钟的普鲁士国王当即询问尼古拉，是否准许他把这项技术实验品展示给普军高层看。沙皇欣然同意了他的请求。取得这件样品的普鲁士军队很快便做了改进，并列装自己的各个部队，比沙俄全面换装矛尖盔还要早两年，而（俄军的）这种头盔在克里米亚战争中的表现也是相当突出。这种形制极为独特且极富戏剧性的头盔，在通常情况下全高为 38cm左右，头盔顶部的四叶型金属镶边上装有 4 个黄铜螺柱。军盔本身材质为上了黑漆的水煮皮革，顶上的大约 13cm 长的矛尖是空心的，材质为黄铜，本身成锥体状。矛尖底部还有 2 个被称为"珍珠环"（Perlring）的通风孔。普鲁士的炮兵部队将这个长矛状盔饰替换成一个球状物，它象征着球形炮弹。此外，这种设计还考虑到炮兵部队的人与马的人身安全问题。

矛尖盔的前端帽檐长 6.5cm，呈正方形，其边缘也和帽本体一样贴有黄铜

◎ *自1842年起，普鲁士军队使用的矛尖盔*

装饰。后方帽檐边缘未贴有黄铜镶边，形状呈圆形。帽子主体的四叶形金属镶边一直延展到背面。头盔背部镶边也装配有两个黄铜铆钉：一个在头盔背部正中央，另一个则在后方帽檐的中间。 两个帽檐都缝合在头盔上。 黄铜帽带则通过两根螺栓固定在头盔的两侧，而黑 - 白 - 黑两色的普鲁士皮革制帽罩，也是通过两个螺栓固定在帽子本体上的。铜质帽徽呈普鲁士鹰的形状，两只鹰爪上分别握着权杖（Sceptre）与宝珠（Ball），双翼向上伸展。

这枚帽徽是通过两个螺栓连接到军盔上的，一年后又改成焊接装配的方式固定到头盔上。近卫军和掷弹兵有自己的独特性质的矛尖盔。制服采用银色镶边的步骑兵团一般都会用白色帽徽。军官阶层及其他各级官兵所用的头盔彼此之间的差异非常小。只不过军官使用的矛尖盔上的矛尖、帽徽、帽带以及固定用的螺栓，不是镀了金就是镀了银，螺柱则呈八角形。四叶形金属镶边通常都是在边缘周围倾斜。军官使用的矛尖盔的皮革材质更为精细，缝合和做工更为优越。帽檐为布制，通常都带有白金两色的花边。正如当时（以及后来的）大多数军队一样，许多军官都会选择私人定制自己的专属军盔。尽管军队制服条例对私人定制军品提出了某些程度的限制，但在外观上还是允许了一些自由度，准许军官根据自身财力选择军盔的制作工艺和材料。

所有的近卫军部队、掷弹兵团、军乐队以及一些具备独特传统与制服的其他团，都可以在军盔上插黑色或白色的帽饰（Haarbusche），军乐队则统一头插红色帽饰。 军队为那些有权佩戴羽毛的步兵团或者个人配发一个可拆卸的螺丝用于固定帽饰，如果需要拆下帽饰便可以从矛尖中部将其拧下来。

1856 年，步兵部队统一采用了扁平的铜质帽带，以取代原先的凸起型帽带，但骑兵及炮兵并没有发生类似的变化，帽檐的材质则从皮革变为锡。实战经验表明，这种头盔过于笨重，很容易从头上掉下来。最终，1857 年 12 月 24 日，AKO 正式表明 1842 型矛尖盔的重量过大，因此军方决定将其尺寸略微缩小。出于经济方面的考量，很多人并没有换上新的军盔，而是将老型号切割、缝制，以此适当缩小。 1860 年 5 月 10 日，AKO 又发布了一条制服条例，进一步降低头盔的高度，把军盔缩短了约 3cm。军中大量人员再次裁短并重新缝制了自己的军盔。同时，正前方的帽徽也缩减了尺寸，以适应全新的军盔长度。新配发的帽徽的普鲁士鹰底下有一个卷轴，上面所书写的格言是"上帝在上，为了我们的国王及祖国"（MIT GOTT FÜRKOENIG UND VATERLAND）。为了节约军费，军队普遍倾向于用抹刀及焊接的方式重新修改旧型号的帽徽。这便是1864—1866年战争期间普军头盔的基本概况。

普军制服

通用制服概述

束腰宽松外衣

在普军内部，无论是近卫部队还是线列部队，全都统一采用同一种风格及裁剪款式的束腰宽松外衣。其基本色的差异如下：

部队	制服基本色
步兵	暗蓝色
猎兵	冬青绿
射击兵	冬青绿
龙骑兵	矢车菊蓝
炮兵	暗蓝色
运输	暗蓝色
医护部队	暗蓝色
参谋人员	冬青绿

◎ 左为"勃兰登堡式袖口"，右为"瑞典式袖口"

制服领章贴在领口处，领章本身的佩戴位置则规定延伸至肩带纽扣后部约1.25cm。外衣从正面边缘和背面裙摆两侧的三角形襟翼上穿过，领章和制服的镶边则采用各自部队的"团属色"。前方纽扣共计8粒，背面裙摆襟翼两侧各3粒，袖口根据所属部队的不同还会分别采用勃兰登堡式或瑞典式。其中勃兰登堡式袖口是圆形的，带有垂直排列的3粒纽扣与矩形翻盖。瑞典式袖口同样也是圆形的，带有两个水平排列的纽扣。近卫部队的袖口和衣领上都有"Litzen"式大贴边。挂在肩膀处的穗带呈矩形，悬挂于按钮上方。它们的颜色是所属部队的"团属色"，还标有所属团番号或其他一些区别性标识。

军衔低于将官的总参谋部人员及其他各级军官，都统一穿军官型号的步兵部队上衣。至于胸甲骑兵、骠骑兵、枪骑兵及其他特殊兵种的制服，笔者将专文描述。

裤子

无论是日常还是在实战中，非骑乘类的步行部队官兵都统一穿暗绿色的布制裤子，红色贴边缝合在裤子两侧。这种裤子有一个前翻盖，两侧用皮革纽扣固定。裤子上面没有口袋。在夏季进行阅兵时，官兵会统一穿灰色的白亚麻长裤。骑乘部队的裤子与步行部队基本一致，同样为布制。但不同的是，他们的马鞍上以及腿部内侧及裤腿周围，还有个长约7.5cm的黑色皮革加固面，用于保证耐久度。缝合在裤子两侧的红色贴边，同样也一直延伸到裤角。骑兵在步行外出的时候，会统一穿和步行部队一样的裤子，只是裤子裁合得更紧身，这样能使他们更挺拔。

军靴

普军统一装备带有前后皮革祥的及踝军靴。皮革制的鞋带能通过前环两侧的孔眼穿过，并将鞋子系紧。值得一提的是，在当时的欧洲，人们尚没有左右鞋的区分，所以两边脚上穿着的鞋子完全相同，很少会做重新缝合，往往会被士兵们穿破。丹麦战场上的经验促使普军在1866年战争期间首次广泛使用皮革制"自行车靴"（jack-boot）。这种军靴将在未来几年后，成为德意志军人又一个持久的身份象征。

"草料帽"（Forage Caps）

"草料帽"是唯一一种普军所有军兵种都统一配发的军帽，它是一种非常普通的羊毛帽子，德语写作"Mutze"。供士兵及低阶士官使用的这种帽子没有帽檐，上面贴有同上衣颜色及团属色一致的贴边及镶边，帽子正面贴有一个小号的普鲁士帽花（Cockade）。高阶士官的帽子上有一个皮革帽檐（Schirmutze），其形制同军官的"草料帽"一样。

作训服（Drill）

这种制服由材质粗糙的未染色布料制成，具有明显的灰白色外观。骑兵部队不会穿它。这种制服不可在实战中穿着，往往是供官兵们在进行局部训练或射击练习时使用。

大袍（Greatcoat）

在严寒气候环境下，所有的非骑乘类部队的官兵都会身穿御寒用的大袍，其材质是粗糙的深灰色布料。这种大衣有一个非常大的立领，上面有一个与上衣相同颜色的补丁。肩带与束腰外衣的颜色相同。在某些情况下，这种大袍的肩带上还会贴有所属团的番号标识。这种外套用6个金属纽扣固定，纽扣材质与同束腰外衣完全相同。在极端寒冷的气候下，官兵可以在大袍上加一个兜帽，它可以套在矛尖盔底下并用头盔的帽带系紧。骑乘部队同样会穿类似的外套，但其长度更长，大袍后部还有一条很长的燕尾，这是适应马鞍的设计。在不骑马的情况下，骑兵可以用皮革纽扣将这条燕尾系上。

装备

普鲁士步兵是当时欧陆装备较精良的几支部队之一，普军高层为提升他们的作战效率，花了相当大的心思。为了更加方便携带随身挎包及弹药包，军队设计出了一种名为"Gürtelrüstung"的武装腰带。

武装腰带及副武器

腰带为黑色或白色皮革制，使用钩子固定在一个通用的铜质腰带扣上，

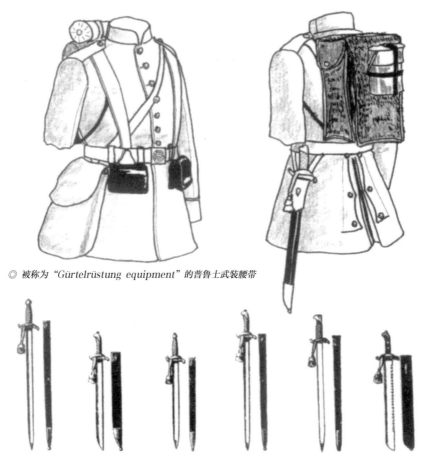

◎ 被称为 "Gürtelrüstung equipment" 的普鲁士武装腰带

◎ 非骑乘类的步行部队使用的副武器（刺刀），从左至右分别为：炮兵佩刀、步兵部队的M52佩刀、常规步兵部队的工具刀、猎兵/射击兵佩刀、燧发枪兵佩刀、战斗工兵部队的工具刀

这个腰带扣上印有霍亨索伦王室的王冠，王冠周围的白色金属版上，还刻着普鲁士的传奇格言"上帝与我们同在"（GOTT MIT UNS）。腰带左侧悬挂有副武器——一把装在黑色刀鞘中的短刀。刀柄上系有带着装饰结的穗带，称为Säbeltroddel。值得一提的是，这种武装腰带没有放刺刀的刀鞘。

弹药包（Ammunition pouch）

随着新式武装腰带一同配发给军队的，还有这种黑色皮革制的弹药包。一开始，每名步兵携带的弹药包仅一个，通过包上的两条皮带系在武装腰带上，同时还挂在挎包的正下方。到了 1860 年，为了平衡士兵的负重，军方将弹药包分为两个，分别挂在皮带前方两侧。原先的单个大弹药包仅在阅兵场使用。每个弹药包装有 30 发子弹。

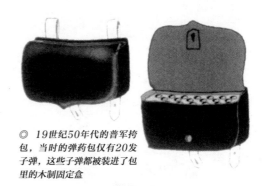

◎ 19世纪50年代的普军挎包，当时的弹药包仅有20发子弹，这些子弹都被装进了包里的木制固定盒

挎包（Valise）

挎包外皮为黑色帆布制，内部由木质结构支撑，可以长期保持形状。为了增强耐用性，帆布外还会覆盖一层牛皮。挎包通过布制带子挂在腰带上，并穿过肩膀，用腰带下面的一个扁铜钩系紧。钩子呈略显椭圆状的三角形，其长度和皮带宽度一致。在近卫步兵及炮兵部队中，这种挎包的钩子呈手榴弹状。为了保持稳定，挎包底部两侧的黑色带子还会被系起来。

杂物及背包（Mess kit and haversack）

供士兵日常使用的水瓶为未上漆的锡瓶，可以同其他杂物一起挂在挎包顶部或背面。1866 年战争期间，普军为官兵配发了新型水瓶，它可以直接挂在右肩上。

帆布背包的外号为"面包袋"，因其总是用来装洋葱面包而得名，它可以通过左肩的一根黑色皮带系紧。

骑乘部队的装备

根据兵种的不同，骑乘部队的装备也有些许不同。绝大部分骑乘部队官兵通常都会佩戴一根白色肩带，可以将黑色皮革制子弹包悬挂在上面。皮带上面有一个卡宾环，可以用来连接子弹袋。胸甲骑兵和龙骑兵的佩剑腰带佩戴在外套上。骠骑兵和枪骑兵的剑带则佩戴在外套底下。剑带本身为皮革制，颜色为纯白色，正中间有方形开口的黄铜腰带扣。至于其他装备，如马具及骑兵副武器等，则各不相同。有关内容将在下文进行专门讨论。

军官制服

同当时欧陆其他国家的军队一样，绝大部分普鲁士军官都会自掏腰包购买私人定制的军服。然而，普鲁士的军官阶层大多是容克小贵族家庭出身，经济情况并不是特别富裕，也并不是特别欢迎（像法国、西班牙与匈牙利那样）过分夸张奢华的定制军服。这使普鲁士军队的制服与同时代欧洲其他国家军队相比略显"拮据"，但（贵族军官更多的）普鲁士近卫团是个例外。

尽管军官制服的基本样式同其他各级士官与士兵的制服十分相似，但还是有自己的独特之处。在所有步兵部队以及除了胸甲骑兵、骠骑兵以及枪骑兵之外的骑乘部队中，军官大都没有使用金线来缝制军服的花边。金线在欧陆其他国家官兵心中是最奢华高贵的材质，能体现制服主人的身份。而普鲁士军官这么做的理由，上文也已经说得很清楚了。至于领口部分则被裁得更高。悬挂佩剑用的腰带被佩戴在上衣底下。上衣还有一条经过剪裁的缝隙，可以让（象征军官身份的）佩剑的剑柄外露出来。骑乘部队军官的上衣则没有类似缝隙。纪念馆制服的袖口都是平的，上面所有纽扣都是根据所属团情况来选择镀金或镀银。

除了骠骑兵之外，其他兵种的军官都会统一佩戴肩章。肩章本身为新月形，材质有镀金或镀银。军衔高于少校的军官统一佩戴金色肩章穗带。佩戴者的具体军衔由肩章上的镀金或镀银菱形星章的数量表示。这些星章通过布环系在制服肩膀的纽扣上。胸甲骑兵和枪骑兵的领口贴片的颜色和"团属色"一致，肩章花边是浅蓝色。

军衔对应肩章佩戴规范

军衔	肩章	星章数量
少尉	无	无
中尉	无	1
上尉	无	2

少校	肩章配穗带	无
中校	肩章配穗带	1
上校	肩章配穗带	2
少将	肩章配大穗带	无
中将	肩章配大穗带	1
将军（骑兵、步兵）	肩章配大穗带	2
上将	肩章配大穗带	3
元帅	肩章配大穗带	3 颗星 / 交叉的两根元帅权杖
荣誉元帅	肩章配大穗带	2 颗星 / 交叉的两根元帅权杖
大元帅	肩章配大穗带	交叉的两根元帅权杖

◎ 普鲁士军官的大肩章与肩章穗带

◎ 左为军官使用的绶带，
右为副官使用的绶带

在 1866 年之前，银色及黑色的肩膀穗带开始被普军广泛使用，有关肩穗的情况将在下文描述。

此外，正如上文提到的那样，除了骠骑兵部队之外，其他所有军兵种的军官都在腰间缠上一条绶带。这种绶带是一块银色的布料，宽约 6.5cm，上面有两条黑色条纹，距离顶部和底部边缘各 1cm。这种绶带会被打成一个结系在左臀处，两端垂下两个银色的大穗带，穗带本身长 30cm，颜色为银黑两色条纹相间。绶带垂下的长度刚好及膝，出于审美考量，穗带后部往往会略高于前部，两边长度一般不相等。此外，包括骠骑兵部队在内的副官，都会在右肩系上一条稍宽的绶带(在肩章下用环圈固定)。臀部上方的绶带结相对简单，从绶带上垂下来的穗带则基本一致。

便服

在普鲁士军队中，最常见的是名为"Überrock"的长大衣，除骠骑兵之外的其他军兵种的军官都会穿这种大衣。这种便服可以在绝大多数不需要穿大礼服、阅兵服或宫廷服的非正式场合中随身穿着。便服本身为双排扣，从右侧固定系紧，两边排扣各有 6 个纽扣。衣领很高，呈正方形，后面的衣摆长度及膝。便服背面的腰部处有两个纽扣。在某些情况下，军官会在穿这种便服的同时，头戴鸭舌帽或头盔。步兵、步炮、工程、战斗工兵等部队的军官使用的这种外套为黑色。胸甲骑兵、枪骑兵、马骑乘炮和运输部队使用的则是深蓝色，龙骑兵为矢车菊蓝。衣服领章采用所属部队的团属色，并按照制服条例的规定使用各类镶边，袖口也会饰有贴边。肩章佩戴规范依旧如上文表格所述，直至1866 年普军开始正式为便服配发肩穗之前。

大衣

军官使用的大衣被称为"Paletot"，其材质为深蓝灰色布料，形制为双排扣，两边各有 6 个镀金或镀银纽扣，其领口可折叠。未折叠时外露的衣领背面为大衣本身的深灰蓝色，折叠起来时翻出来的衣领颜色同团属色一致。在恶劣天气下，衣领可以通过连接在每侧两个按钮上的布带系紧在一起以抵御严寒。在后裙的上方的两个纽扣，则用于系紧大衣背面的衣带，大衣侧面则有两个垂直口袋。内翻的袖口还可以用来存放重要的文件或文书。除了"Paletot"之外，军官还可以穿名为"Mantel"的军大衣，骑乘部队尤其喜爱这种大衣。这是一种极修长的单排扣外套，长度可以一直到脚踝上方，其衣领比"Paletot"还要宽得多，颜色规范却完全相同。大衣背部有一条长燕尾，以方便军官骑马。当他们未骑行时，则可以通过衣带和纽扣将长燕尾系在一起。

裤子

军官使用的灰黑色长裤，要比一般士兵所用长裤的布料更精细。同样，

◎ 普鲁士军官的"Überrock"式便服

◎ 佩剑的穗带，从左至右分别为：**步兵军官及资深士官所用剑穗、骑兵军官及资深士官所用剑穗、军官学员所用剑穗**

军官的裤子两侧也有红色镶边。裤角管可以用皮革或布料制的衣带固定在脚背下。在骑马出行时，步兵部队军官的后臀处还需要一块皮革加固补丁。在夏季时，除非日常值班时穿灰色长裤，否则都必须穿白色亚麻布长裤。在宫廷舞会或庆祝会等正规场合中，军官可以穿高级薄毛呢裤子。骑兵部队的下身装扮的差异非常大，有关情况会在下文专门论述。

军官装备

军官的佩剑腰带为黑色皮革制，佩戴在外衣之下的腰间。步兵军官们会将佩剑及剑鞘插在制服腰腹部的"Frog"处。在实战及训练中，佩剑腰带会佩戴在使用者的外衣之上，绶带之下。佩剑上的流穗为银黑两色。在某些阅兵场合中，军官还会在肩部带上一个饰有黑白两色布袋的挎包。在实战场合中，大部分军官都倾向于自己花钱购买诸如手枪套、子弹包以及杂物包等各类装备。在这类装备的佩戴规范上，军队的制服条例也给了他们相当程度的自由。

士官的军衔标识

德语国家对"士官"有着极特殊的命名及标识方式。在德语国家，"士官"一级的军人一般被分为3类，首先是"Unteroffiziere Ohne Portepee"，中文可作"低阶士官"理解，直译的意思是"无剑穗士官"；其次是"Mit Portepee"，中文可作"资深士官"理解，从字面上看，则是"（可以像军官一样）在佩剑上缠绕剑穗的士官"，故而又可翻译为"剑穗士官"；以及最为低阶的"Mannschaftsdienstgrade"，意为"士兵"或者"列兵"。他们当中有权佩戴剑穗者，统一采用银黑两色的剑穗。

普鲁士士官军衔标识

军衔种类	翻译	区别标识
"剑穗士官"		
Feldwebel.Wachtmeister, Obermeister, Vize-Feldwebel	团级军士长（全兵种适用）、上士、军需军士、炮兵及运输车队指挥	军官配剑及剑穗、军官头盔及马具、军官大檐帽、金色或银色的领口及袖口花边、带有霍亨索伦王室纹章的领口大纽扣
"无剑穗士官"		
Sergeant, Fahnrich, Offiziers-Antwarter, Kapitulanten	中士、连级军需军士、军官代理、海军少尉、军官学员	士官剑穗（连级军需军士可使用军官帽花及剑穗）、军官大檐帽、金色或银色的领口及袖口花边
"士兵"		
Ober Gefreiter, Gefreiter, Einjahrig-Freiwlligen	下士、军乐队、准下士、一年志愿兵	金色或银色的领口及袖口花边、带有霍亨索伦王室纹章的领口小纽扣

正如上文表格描述的那样，资深军士长所穿军大衣的材质，通常情况下都要比士兵们所穿的好得多，领口及袖口处还会贴有金色花边。除了近卫军及

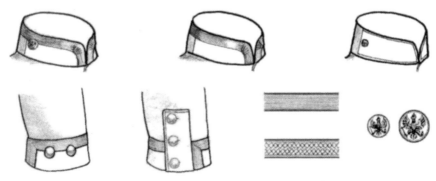

◎ 第一排：普鲁士陆军士官的领口，从左至右分别为团级军士长、中士以及准下士；第二排：从左至右分别为"瑞典袖"及"勃兰登堡袖"、"大花边"及"平花边"、领口小纽扣与大纽扣

骠骑兵部队以外，所有部队的资深士官都统一采用"平花边"，而这两种部队则采用更繁复华丽的"大花边"。

肩章及其他军衔标识：普鲁士陆军会通过肩章来区分军衔。一年志愿兵的肩章边缘缝有一条黑白两色的羊毛线。重新入伍的列兵的肩章底部则会有两条白色羊毛线。通过了骑术学校考核的枪骑兵及骑炮部队士官会佩戴红色或黄色肩章，龙骑兵部队士官的肩章颜色则同其纽扣色一致，胸甲骑兵肩章是领口色，而骠骑兵则佩戴黄色及其袍服色相间的臂章。至于那些通过了体能训练、信号以及刺刀训练课程，并荣升为教官助理的士官，则会统一佩戴带有两条杠的肩章。

此外，普军还会为表现优异的官兵颁发三种等级的神射手纪念章，最低为连级表彰，最高为团级表彰。这种纪念章本身是一种白色羊毛制的衣服贴边，专门贴在"瑞典袖"上方的两个纽扣旁边，或是贴在"勃兰登堡袖"的纽扣上方边缘。而最初的一版则是贴在"瑞典袖"最底部纽扣边缘，或是勃兰登堡袖

◎ 从左至右分别为：重新入伍的列兵的肩章、骑术学校士官的肩章、一年志愿兵的肩章、信号营志愿兵的肩章

◎ 缝制在袖口的神射手纪念章，从左至右分别为：二级神射手纪念章、一级神射手纪念章、"滑膛枪兵学员最佳射手"纪念章

纽扣下部边缘。

"滑膛枪兵学员最佳射手"（The best shot in the Musketry School course）会佩戴一种极为特殊的纪念章，这枚纪念章上有 2 条黑杠。此外，无论是"瑞典袖"还是"勃兰登堡袖"，上面的纽扣都印有普鲁士鹰徽。

在当时的普鲁士陆军中，并没有杰出剑术表彰纪念章或其他类似的兵种专业表彰纪念章。

军乐

普鲁士陆军将军乐队分为了以下数种：双簧管手（Hautboisten）、小号手（Trompeter)、军号手（Hornister）、笛手（Pfeifer）以及军鼓手（Tamboure 或 Trommler）。

所用军兵种的双簧管手、骑兵部队的小号手以及近卫猎兵营与近卫射击兵营的军号手统一身穿士官制服，肩上佩戴"燕巢"式（Schwalbennester）军乐队肩章。这种"燕巢"的颜色为制服领口色及士官衣服纽扣色的两色相间（近卫部队采用装饰性绶带）。胸甲骑兵与龙骑兵的"燕巢"采用制服贴边色，骠骑兵的"燕巢"则是其"匈牙利袍"（Atilla）的颜色。胸甲骑兵团的小号手并不随身穿胸甲。上述这些军乐手的佩剑，统一缠绕士官的剑穗。

近卫步兵团（除近卫掷弹兵之外）的双簧管手、近卫野战炮部队的小号手、近卫射击兵营与近卫猎兵营的军号手的"燕巢"上还有数条长约 3cm 的银色或金色流穗。线列团的军乐军士（Staff musicians）佩戴的肩章流穗长约 7cm，军士长与军乐上士（trumpet-majors）则有权在佩剑上缠军官用剑穗。军鼓上士的制服同军乐军士基本相同。值得一提的是，在当时的普鲁士军队中，军鼓军士并不会像欧洲其他国家或其他德意志邦国的同行那样，频繁地佩戴装饰性绶带。

线列步兵团与运输团的军鼓手、笛手以及军号手的制服，同普通猎兵基本一致，只是"燕巢"肩章上有白色贴边。近卫步兵的"燕巢"肩章除了白色贴边之外，还有长约 3cm 的流穗。陆军所用军鼓的外壳都为浅色铜质。鼓面为白色，外壳上有红绿两色的三角形花纹装饰。皮革制的鼓面通过螺栓而不是绳带来收紧。使用者可以通过短皮带及上面的黄铜鹰徽扣子，把军鼓系到腰带

◎ 军乐队的领章及"燕巢"式肩章，从左至右分别为：线列步兵部队的鼓手、军乐军士与骑兵小号手

上。此外，军鼓手还穿白色围裙。在盛装出行的时候，所有军乐队成员的头盔上，还必须插有红色帽饰。

马具

缰绳和马鞍

缰绳采用抛光棕色皮革制成。一整套缰绳上还包括给军马使用的眉带、颊带以及鼻带。军官使用的缰绳扣环和马嚼子为铜质，士兵所用的是抛光铁质。军官使用的马具还省略了马嚼环两侧的两个金属环。马鞍袋非常大，通常为皮革制，呈马蹄形。拱形马鞍周身有宽阔的襟翼，马鞍座使用编织材料制成，并加装了一个马腹环（surcingle）。

鞍饰布（Shabracque）

除了将官及身披束腰宽松外衣的骑兵部队之外，其余所有军兵种部队的军官的坐骑都可以加装鞍饰布。鞍饰布的边缘圆滑，边缘是约 4cm 宽的金色或银色蕾丝带，底下有 1cm 左右宽的带子。侍从武官（Flügeladjutants）及近卫步兵部队的武官的鞍饰布的侧后方还带有"近卫星徽"。总参谋部、战争部、高级将领的副官、线列步兵部队及地方民兵步兵部队的马鞍袋的侧后方则饰有国王的画押，而画押上方是普鲁士王冠。

军旗及部队旗

近卫部队的旗帜底色为白色，周围饰有银/黑色镶边。旗帜正中央是黑色的普鲁士鹰徽，鹰徽周围是银色花圈，而花圈里面为橘黄色。旗帜 4 个角上都

◎ 第一排从左至右分别是近卫步兵团军旗、线列步兵团军旗、地方民兵步兵团军旗；第
二排左边为近卫骑兵团军旗，右边为线列骑兵团军旗

印着国王的画押，画押字母周围也是银色花圈。普鲁士其余几个团也采用了同
样的旗面，只是旗面黑色部分从"X"形状变成了马耳他十字。燕尾式旗帜则
要更长些。旗手统一佩戴一种非常宽的皮带，皮带上面还饰有花边，花边颜色
同纽扣一致，周围的流苏也同花边颜色一致，长度为 1cm。

截止至 1866 年，普鲁士军旗还用 3 种飘带作为装饰，分别是：1813—
1815 年的橙色飘带，这种飘带周围饰有白黑两色的花边；1848—1848 年的黑
色飘带，两侧饰有白色花边，不可缠绕剑穗；1864 年的黑色飘带，周围饰有
白色花边并缠绕橙色饰带，飘带周围可自行选择是否缠绕剑穗。至于特定的步
骑兵团的飘带的颜色及形制，笔者将在下文详细描述。

将官、参谋人员与战争部人员的制服

第十三章

礼服与大礼服

头盔

陆军所有军兵种的军官，都有权在特定场合中穿大礼服、戴礼服用头盔。这种奢华的头盔是用抛光电镀过的金属制成的。在阅兵式等特定场合中，他们还会在头盔上插数根黑白色羽毛盔饰，其中黑色羽毛必须压在白色羽毛的下面。

上衣

将官袍服的材质是极为精致的暗蓝色梅尔顿布（Melton cloth），[①] 挺拔的红色领口被切成了锐角三角形。袖口为瑞典式，颜色也是红色。此外，领口及袖口也贴有金色镶边与金色橡树叶图案。三角形的蓝色衣服贴盖上有 2 条金色花边，花边内部呈锯齿状。衣服正前方共有 12 颗镀金纽扣。腰腹部以下的 8 颗纽扣用于系紧束腰。腰部上方 4 颗则不用系上。肩膀上装饰有金色的肩穗条，还有数根金色饰绳，这种饰绳的一头挂在肩章底下的纽扣上，另一头系在衣服正面第一颗纽扣上。

---

①译注：由羊毛制成，并以斜纹形式编织，具有毛毡般光滑的表面。由于布料本身非常致密，可以最大限度减少磨损或者根本不磨损。

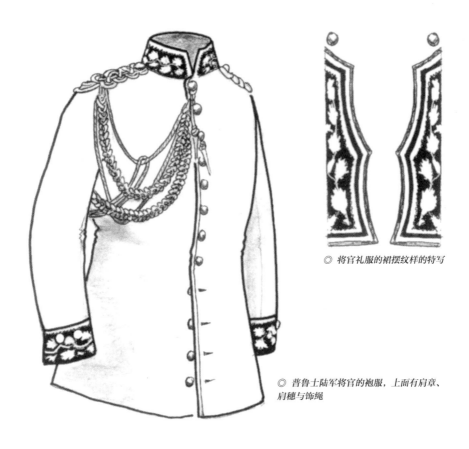

◎ 将官礼服的裙摆纹样的特写

◎ 普鲁士陆军将官的袍服，上面有肩章、肩穗与饰绳

绶带与副武器

在所有正式场合中，陆军将官一律佩戴银丝制绶带并缠绕以黑色衣带。副武器是军官的礼服配剑，或是专门给兵种将军配发的礼剑，如步兵将官佩剑、炮兵将官配剑及骑兵将官佩剑等。

裤子与靴子

在宫廷聚会等正式场合中，将官统一穿白色的克尔赛呢（kersey）裤子。在阅兵式等国家场合中，将官统一穿蓝灰色裤子。裤腿一侧缝有 2 条 4cm 宽的红色镶边，另一侧为一条，因此这种裤子被戏称为"三条杠"。至于靴子方面，有骑马出行需求的将官穿带有马刺的短筒马靴，而在步行时穿礼服靴。

便服

便服帽

将官的便服帽，在德语中写作"Mütze"，帽子本身为蓝色布制，黑色的帽檐则为皮革制。帽子上的贴边与缝合线为红色。

上衣

在日常场合中，普鲁士将官都会穿常服，其形制及剪裁方式同大礼服的上衣基本相同，正面的一排纽扣同样是 12 颗。红色领口成方形，边缘平整。瑞典式袖口上有 2 个镀金纽扣。在通常场合中，将官的制服上还会佩戴肩章并挂上饰绳。从 1865 年起，普军又列装了一种带红色里子的金色肩穗。军衔标识同样挂在肩章上。

便服上衣

便服上衣形制为双排扣，颜色为暗蓝色，领口为红色，制服的缝合线同样为红色。领口的缝合线为蓝色。胸口贴盖的里侧缝合线也是红色的，左侧的贴盖一般不会系纽扣。在绝大部分场合中，普军将官起初统一佩戴的是带穗大肩章，后来改为金色肩穗。头盔不插盔饰。某些场合则可以戴便服帽。

大衣

"Paletot"及"Mantel"两种军大衣的颜色都为暗灰色，领口为红色。外侧领口有蓝色缝合线。领口内侧为蓝色，有红色的缝合线。胸口的缝合线也为红色。在战场上，普军还分别在 1864 年及 1866 年的两场战争期间大规模普及了马裤（Riding breeches）。同长裤一样，这种马裤的每个裤腿上也有 3 条缝合线。裤脚管收进齐膝长筒靴或勃兰登堡高筒靴里面，整个装束同胸甲骑兵非常类似。

马具

将官坐骑所用缰绳由深棕色抛光皮革制成，眉带、颊部和上部的鼻带也都是采用黑色上漆皮革制成。将官的军马眉带处饰有金色蕾丝与垂下的短蓝色饰条。扣环和马嚼子都是铜质，马嚼环材质为抛光钢。至于其他皮革制品，如马鞍袋和马具本身等，都由深棕色皮革制成。鞍饰布为深蓝色布料，前端边缘为圆形，后端边缘则是尖的。鞍饰布边缘装饰有 4cm（1.5 英寸）宽的金色蕾丝带，两边则各有条 1cm（1/2 英寸）宽的装饰带。鞍饰布侧后有一个星芒徽，星芒徽顶部是一个皇冠，其颜色同所属军兵种及部队的相一致。马鞍袋上也覆盖有一层类似的蓝色布料，其边缘处则有一条 2cm（3/4 英寸）宽的金色花边和一个小星冠。在服役期间，普鲁士陆军将官还会使用一种纯蓝色鞍饰布，边缘有一条 4cm（1.5 英寸）的金色花边带。钱包盖同样被覆盖，金色花边宽 2cm（3/4 英寸）。

副官长

除了束腰宽松外衣之外，副官长的制服同一般将官基本一致。副官长的束腰宽松外衣正前方有 8 颗纽扣，领口为红色配蓝色，制服袖口为"瑞典袖"，颜色同领口一致，每条袖口上还有 2 颗纽扣。此外，领口及袖口还装饰有两条金色花边。上衣后摆处有个 3 颗纽扣的贴盖，缝合线的颜色为红色。通常情况下，副官长一般都会佩戴银色大肩章及饰绳。肩章上的半月徽是镀金的。根据 1861 年 1 月 1 日的皇室指令，副官长的肩章还要印有普鲁士国王威廉一世的画押及普鲁士王冠。马具和鞍饰布则同其他将官基本一致。

荣誉侍从武官（Generals á la suite）

荣誉侍从武官的便服同侍从武官基本一致，但其纽扣、衣服花边、军盔上的帽徽及其他装具全都是银质的。马具和缝了金丝的鞍饰布同将官所用的也基本一致，只是将银色蕾丝边换成了金色。

侍从武官

侍从武官的便服同荣誉侍从武官基本一致，只是其头盔上佩戴的不是羽毛盔饰，而是马尾盔饰。肩章处印有国王画押及普鲁士王冠。大衣内侧没有红色缝合线。

根据 1861—1863 年颁布的一系列皇室命令，所有将官的肩章都必须印有国王画押及王冠，同时还必须在右肩挂上金色或银色饰绳，并随身佩戴军衔章及绶带。马具同将官制服条例一致，只是其花边为银色。

身穿团属制服的将官

许多普军高级将领同时还兼任线列或近卫团的终身荣誉团长一职，在这一情形之下，他们往往会穿自己所属团的制服。在穿团属制服时，这些将官可以在头盔上插黑白两色的羽毛盔饰，肩膀处挂上金色或银色的饰绳。除此之外，为了区分军衔，他们还会佩戴带穗大肩章，上面贴有星徽或元帅权杖徽。骠骑兵部队的将官会佩戴肩穗，胸甲骑兵部队的将官在头盔上插黑白两色的羽毛盔饰。骑马侍卫及近卫胸甲骑兵部队的将官的头盔上的鹰徽镀金。上述的这些将官，都可随身佩带与自己的兵种相对应的将官佩剑。

将官的上校参谋

他们同样身穿所属团的专属制服。在头部装备方面，可以根据其兵种分别选择头戴矛尖盔、胸甲骑兵头盔、骠骑兵帽或枪骑兵帽，只是上面的星芒徽及鹰徽完全相同，都是将官级，金属的用料也更为高级。在阅兵场合中可以插上白色的马尾盔饰，骠骑兵部队则可以头插白色的鱼鹰羽毛。银色或金色的饰绳挂在右肩处，此外还统一佩戴象征副官身份的绶带。骑兵团的上校参谋还可以不戴悬挂子弹包用的腰带。

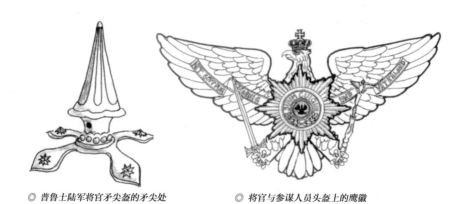

◎ 普鲁士陆军将官矛尖盔的矛尖处　　◎ 将官与参谋人员头盔上的鹰徽

总参谋部

普鲁士总参谋部的军官制服同侍从武官制服一致,在阅兵式等场合中可以在头盔上插白色马尾帽饰。制服花边的颜色为深红色（Karmesinrot）,而不是一般将官的浅红色,制服缝合线的颜色则为银色。上衣领口为蓝色,贴有深红色领章,肩章上印有银色半月状图案,肩章底色为暗红色。裤腿上的"三条杠"是深红色,肩章上一

◎ 军官的头盔、武装腰带及其他各种装备上的星芒大鹰徽

般都不带穗,但除了总参谋长以外的其他总参谋部军官都会佩戴副官绶带。便服帽子上的帽带及贴边也为深红色。大衣缝合线及衣服正面的里子还是深红色。至于副武器方面,他们也可选择佩带军官的礼服配剑并缠绕剑穗。鞍饰布上贴有银色蕾丝花边。

战争部

战争部的制服同总参谋部几乎完全相同,只是其制服的贴边及金属部件材质为镀金或电镀抛光金属。腹部统一佩戴绶带,但并不佩戴任何带穗肩章或副官绶带。

王室亲王的私人副官

那些有幸服侍在霍亨索伦王室的亲王身边的特别副官,有权穿独一无二且格外引人注目的制服。其头盔上的鹰徽及其他金属装饰为银质,盔带为铜质。上衣为单排扣,正面有 8 颗银质纽扣。领口是红色,被裁切为正方形。袖口边缘是尖的,这种袖口的外号为"波兰袖"。领口及袖口贴有两条花边,袖口的顶部有一条较细的装饰纹,被称为"奥地利结"。肩膀处佩戴饰绳,肩章底色为红色,半月状图案为银色。裤子为暗灰色,裤腿边缘有一条宽约4cm的缝合线。

便服大衣、大袍及便服帽子同步兵部队基本一致。副武器统一采用骑兵军刀，佩带在上衣底下。鞍饰布同近卫军一样，但采用了银色蕾丝镶边。

王室警备骑马宪兵（Leib-Gendarmerie）

其头盔采用胸甲骑兵的头盔，材质为抛光金属，上面装有黄铜零件。头盔上的帽徽为银质星芒徽。在阅兵场合中，王室警备骑马宪兵的头盔上统一插有白色的马尾盔饰。

上衣为冬青绿色，贴边为矢车菊蓝，他们可以用制服正前方的 8 颗黄铜纽扣将衣服系紧。领口及袖口的缝合线为红色。领口裁剪成方形，袖口为"波兰袖"式样。领口处贴有两枚近卫领章，袖口处为一枚，同时还有一颗纽扣。由于这个兵种的所有成员都是士官，所以他们的制服贴边色及袖口的内侧也基本为士官使用的金色。肩章同枪骑兵非常类似，红色绶带边缘还印着（象征司法审判与王室权威的）黄铜天秤图案。肩章底色也是红色，上面装饰有铜质金色大星芒及半月状图案。

裤子为暗灰色，外侧裤腿缝合线为红色。在这条红色缝合线两侧，还各有一条 4cm 宽的矢车菊蓝贴边。

武装带从左肩处挂下。子弹包为黑色皮革制，上面装饰有大星芒。骑兵军刀通过佩剑腰带上的一个铜质衣带扣挂在上衣外侧。

大衣的颜色同样为暗灰色，领口为绿色，上面贴有矢车菊蓝色的领章，缝合线为红色，肩章为红色。便服大檐帽为冬青绿，上面装饰有矢车菊蓝的帽带及红色缝合线。

1860 年 6 月 11 日，普军正式创立王室警备骑马宪兵部队指挥官这一全新职务。制服条例规定，该部队的指挥官所穿制服同部队官兵基本一致，只是领口及袖口处才有军官贴边（而不是士官贴边），武装带边缘贴有黄铜镶边装饰，子弹包贴有绿色镶边，侧后部的大星芒徽则为银质。

骑马猎兵部队

这一部队由腓特烈大帝亲手创建于 1740 年，起初作为军事信使。其头盔上的帽徽及零部件同近卫龙骑兵基本一致,阅兵时可以在上面插白色马尾盔饰。

上衣同猎兵部队相同，为冬青绿色，领章为红色，袖口为"瑞典式袖"。1847年，该部队的军官获准使用近卫部队的金色领口贴边及袖口贴边，金色的领章及袖章位于正中间。肩章的底色为暗绿色，半月纹镀金。军官的武装带为银色，士兵则为金色。下半身穿着皮革加强裤，裤子两边有红色缝合线。佩剑腰带位于大衣底下，副武器是狮首军刀（Löwenkopf sabre）。

便服上衣为暗绿色，领口及缝合线为红色，军大衣领口内侧为暗绿色，外侧为红色配绿色缝合线。大檐帽为暗绿色，饰有红色帽带及缝合线。

鞍饰布同龙骑兵部队基本一致，主色调为暗绿色，配以红色缝合线及装饰条，侧后方也有一个大星芒徽。

工作部队（Staff corps）

在通常情况下，这是一支步骑混编部队，承担着繁多的军事职责，如战地宪兵、维护通讯线及负责警卫军队司令部等。作为一支小规模部队，其制服能根据隶属于近卫军或地方军而分出许多种类。

步兵工作部队

该兵种统一头戴步兵矛尖盔。隶属于近卫军的部队的头盔上装有近卫大星芒鹰徽，隶属于地方军的部队则为常规鹰徽。上衣为冬青绿色，领章为矢车菊蓝，袖口为"勃兰登堡式"，同样也贴有袖章条。隶属于近卫军的部队的领口处贴有两枚黄色领章，袖口则没有任何袖章。隶属于地方军的部队仅在袖口处有一枚袖章，其肩章为红色，上面用黄色阿拉伯数字印有所属部队番号。隶属于近卫军的部队的肩章不印任何东西。士官制服同步兵部队完全一样，同近卫军及线列步兵部队有一定差异。裤子为暗灰色，上面有红色的缝合线，两侧则为4cm宽的矢车菊蓝贴边。大衣同步兵部队一样，领章为矢车菊蓝色，肩章的样式也同常服上衣一样。便服帽为绿色，上面有矢车菊蓝帽带及红色缝合线。只有士官的帽子上有帽檐。1861年配发的"皮革装备"为白色，同步兵部队一致，1865年换成了燧发枪兵部队的黑色。副武器的剑穗则是白色。

近卫军中的骑兵部队制服同王室警备骑马宪兵相同，只是其"波兰袖"上没有贴边。胸甲骑兵部队头盔上也有星芒徽，但不插盔饰。肩章底色及上面的半月纹为红色，皮革装备则是白色。地方军骑乘部队的制服也是一样，头盔上有线列部队的鹰徽，领口处有一枚领章，肩章上印有黄色的部队数字番号。裤子与步兵部队相同，只是其皮革装备上有缝合加固补丁。大衣及便服帽的佩戴规范也完全一样。鞍饰布同王室警备骑马宪兵相同。

步兵制服

第十四章

近卫步兵

当时的普鲁士陆军共有 4 个近卫步兵团及 1 个近卫燧发枪兵团，其中有 2 个近卫步兵团是成立于 1860 年的新部队。

这些部队统一穿蓝色上衣，领口、袖口以及制服缝合线为红色，袖口为"瑞典式"。肩膀纽扣上印有所属连的番号。袖口及领口处的两条"litzen"式贴边、肩章以及纽扣的颜色如下表所示：

近卫步兵团制服标识及区分

团	贴边色	纽扣色	肩章色
第 1 近卫步兵团	白	白	白
第 2 近卫步兵团	白	黄铜	红
第 3 近卫步兵团	白	黄铜	黄
第 4 近卫步兵团	白	黄铜	亮蓝
近卫燧发枪兵团	白	白	黄

近卫步兵团的军官的袖口及领口处的"litzen"式贴边为金色或银色，肩章上的半月纹同纽扣的材质一样，肩章的底色则与肩章条的颜色一致并配以红色，但第 1 团与第 3 团却是例外，因为这两个团的肩章底色为银色。

近卫步兵团军官的便服上衣状况已在上文的《通用制服条例》中有所描述，头部佩戴蓝色的"Mütze"帽，饰以红色的帽带及缝合线。军官及资深士官的便服帽上还有帽檐。

盔帽佩戴规范

近卫步兵在常规场合中，头部佩戴矛尖盔，盔上饰有近卫鹰徽及大星芒。第1近卫步兵团及近卫燧发枪兵团的帽徽及装饰物为白色金属制，剩下的3个近卫步兵团为铜质。所有的近卫步兵团的帽带都为铜质。全盛装出行时，近卫步兵头盔上插有白色马尾盔饰，近卫燧发枪兵则是黑色马尾盔饰。所有团的军

◎ 头盔上的鹰徽与星芒

◎ 近卫步兵部队的"主教帽"。左边两个为燧发枪兵营的"主教帽"，右边两个则为掷弹兵军官的"主教帽"

鼓手及双簧管手都头戴红色盔饰。第 1 近卫步兵团、第 3 近卫步兵团以及近卫燧发枪兵团的军官的帽徽及装饰为银质。第 2 近卫步兵团与第 4 近卫步兵团为镀金。军官头盔上的近卫星芒徽为橙色珐琅质，正中间有个黑色鹰徽，帽带及链子都为镀金。

只有在阅兵及宫廷仪式等正式场合之下，近卫步兵才会戴白色帽子，其中第 1 近卫步兵团还会戴一种性质特殊的帽子——该团的第 1 营与第 2 营统一佩戴一种带有"老普鲁士风尚"的主教帽（mitre）。这种帽子的正前方有一大块黄铜板，顶部呈尖形，全高大约 25cm。黄铜板上蚀刻有一大块近卫星芒徽，其上方是王冠图案。黄铜板的顶部还装饰着一颗中心呈黑色的羊毛绒球。佩戴者头部周围则是一根长 10cm 左右的白色帽带，帽身固定在黄铜板后面。帽带的扣环由黄铜制成，上面印有一个手榴弹图案。帽带背面也印有类似的手榴弹图案。第 3 近卫步兵团及近卫燧发枪兵团的步兵营也有类似的主教帽，只是其长度比上述的帽子短了大约 7.5cm，上面的图案也从手榴弹换成普鲁士鹰。军官的主教帽黄铜板为镀金银（gold-plated silver），星芒徽正中央呈橙色。上面的黑色鹰徽及王冠为银质，金属零件为镀金材质，帽子顶上的绒球为银黑两色。

大袍、裤子与装备

大袍为暗灰色，领章及肩章为红色，同常服上衣基本一致。冬季及日常执勤时所用的常服裤子同样为暗灰色，上面有红色缝合线。至于白色裤子，则是在阅兵时使用的。夏季炎热时穿米白色的工作裤。

每一个近卫步兵团的第 1 营与第 2 营的"皮革装备"都是白色，而第 3 营则为黑色。近卫燧发枪兵团则是全团采用黑色。挎包袋的黄铜扣子印有手榴弹图案。士兵佩带的副武器是步兵剑或燧发枪兵剑，军官根据其军衔来选择对应的军官配件。有权骑马出行的军官的鞍饰布采用近卫军式样。士官佩剑的剑穗为黑白两色，并被系上了 Z 字形的结，底下有一条白色缨子。士兵副武器的剑穗被称为"Troddel"，每一个连都有些许不同。所有的剑穗带子及缨子都是白色的（缨子顶部被称为"王冠"，茎部被称为"橡子"）。

各连的剑穗的配色

营番号	1				2				3（燧发枪兵营）			
连番号	1	2	3	4	5	6	7	8	9	10	11	12
带子配色	白	红	黄	蓝	白	红	黄	蓝	白	红	黄	蓝
"橡子"配色	白	白	白	白	红	红	红	红	黄	黄	黄	黄
"王冠"配色	白	红	黄	蓝	白	红	黄	蓝	白	红	黄	蓝

近卫掷弹兵团

当时的普鲁士军队中共有 4 个近卫掷弹兵团，其中后两个团组建于 1860 年。

头盔

近卫掷弹兵团的头盔同近卫步兵基本一样，只是上面的帽徽为掷弹兵鹰徽。这种鹰徽并没有大星芒，而是刻有"祖国"（Vaterland）字样的横幅。士兵帽徽的材质为黄铜，军官则为镀金。头盔的所有零配件也都是黄铜及镀金两种。阅兵时的盔饰为白色。

上衣

与近卫步兵团基本一致，只是袖口为"勃兰登堡式"，袖章为蓝色，上面没有"litzen"式大贴边。军官的上衣领口处有两条金色的"litzen"式大贴边，袖口的花边被设计成叶子状，这让人联想到腓特烈大帝时代普鲁士军队的"近卫花边"。

军官肩章上的国王画押为镀金，肩章底色同肩章条一致。正面是半月纹镀金，背面则为红色。制服的其他部位，也都同近卫步兵相同。有权骑马出行的军官的鞍饰布侧后方印有一个手榴弹状的金色蕾丝图案，而不是通常的近卫星芒。

线列步兵

当时的普鲁士陆军共有 72 个步兵团，被分配到 8 个常备地方军麾下，组

◎ 近卫步兵的领口及袖口特写，从左起分别为：军官制服领口、士兵及士官制服领口、士兵及士官制服袖口

成了 36 个旅（每个步兵旅下辖 2 个步兵团）的建制。前 12 个线列步兵团拥有"掷弹兵"的荣誉头衔。第 33—40 团则被标注为燧发枪兵团。第 41—72 团是成立于 1860 年的新部队。

◎ 近卫掷弹兵团军官的"叶子"领口

头盔

线列步兵的矛尖盔上有"线列鹰徽"，其材质为黄铜。第 1—12 掷弹兵团的鹰徽的盾牌上还刻有国王的"FWR"字样的画押。剩下的数十个团的盾牌画押字样为"FR"。此外，第 1—12 团在阅兵场合头盔上还会插黑色马尾盔饰。剩下的几十个团的头盔上也都有各自的独到元素及特征：

第 1 东普鲁士掷弹兵团（即第 1 步兵团）的头盔鹰徽的双翼正中间有一根卷轴，上面印有（建团）日期"1619"（年）的字样。

第 2 波美拉尼亚步兵团（即第 9 步兵团）的鹰徽盾牌底下有一根卷轴，上面刻有该团的军事荣誉——"科尔贝格 1807"（COLBERG 1807）。

波美拉尼亚燧发枪兵团（即第 34 步兵团）的头盔鹰徽盾牌下方卷轴上刻有两行文字："为了瑞典女王；前瑞典王国皇室警备步兵团"（Fur Auszeichnung d. vormalig Königl. Schwedischen Leib-Regt. Königin）[1]。

---

①译注：这个步兵团的前身是瑞典国王查理十二组建的 2 个预备步兵团"Westgöta-Fünfmänner-Regt"与"Upland-Fünfmänner-Regiment"，后来被合并为瑞典王国的王室警备团。普鲁士吞并波美拉尼亚之后，他们加入了普鲁士军队。类似的情况还发生在前文曾提到的德意志帝国的汉诺威王国军队身上。

上衣

上衣为蓝色，配有红色领口及"勃兰登堡"袖。各步兵团可以根据肩章上的数字番号来区分。所属军的情况则可以根据肩章条的颜色、衣服缝合线的颜色与袖章条的颜色来区分。肩章上的所属团数字番号为黄色，袖章底色为红色，肩章条则为白色、黄色或蓝色。

1860—1866年，普鲁士线列步兵团的制服区别及标识

军番号	军辖步兵团番号	肩章条色	袖章缝合线色
1	1、3、4、5、33、41、43、44、45	白	白
2	2、9、14、21、34、42、49、54、61	白	–
3	8、18、20、24、35、48、52、60、64	红	白
4	26、27、31、32、36、66、67、71、72	红	–
5	6、7、12、19、37、46、47、58、59	黄	白
6	10、11、22、23、38、50、51、62、63	黄	–
7	13、15、16、17、39、53、55、56、57	亮蓝	白
8	25、28、29、30、40、65、68、69、70	亮蓝	–

◎ 近卫掷弹兵团头盔上的鹰徽

以下几个团的肩章采用了国王的画押，而不是常规的数字番号：

第2掷弹兵团——王冠底下有"FWR"字样的红色画押，下面写有红色的"IV"。

◎ 肩章上的国王画押，从左至右分别为：第1近卫掷弹兵团、第2近卫掷弹兵团、第3近卫掷弹兵团以及第4近卫掷弹兵团

第7掷弹兵团——王冠底下有"WR"字样的红色画押。

第8掷弹兵团——王冠底下有"FWR"字样的红色画押，下面写有黄色的"III"。

第40燧发枪兵团——上衣统一采用白色金属纽扣（军官的纽扣为银质）。

而制服的其他部位，如头盔及军官带穗肩章上的半月纹等，都同常规制服基本一致。

大衣、裤子及装备

统一采用暗灰色上衣，其领章为红色，肩章条为暗蓝色，缝合线颜色与所属军的专属配色一致。肩章上的画押或番号的颜色，则同常服上衣基本一致。裤子及剩余装备也与近卫步兵完全相同，只是背包带子上的挂钩呈三角形，材质为黄铜。军官制服零配件形制同士兵基本相同，只是材质换为镀金黄铜。肩章除了材质镀金以外，也基本与士兵相同，其半月纹也是镀金的，背面里子呈红色。有权骑马出行的军官的鞍饰布采用线列团的基本样式。

猎兵与射击兵

当时的普鲁士陆军共有1个近卫猎兵营、1个近卫射击兵营及8个地方猎兵营，这些轻步兵部队全都成立于1816年之前。

高筒军帽（Shako）

直至1854年以前，猎兵部队都统一佩戴矛尖盔，这一年之后改为高筒军帽。最初的高筒军帽为圆锥形皮革圆筒，帽身较宽的部分连接着前后帽檐。前

◎ 步兵头盔与高筒军帽的帽徽。第一排左起为线列步兵团帽徽与第9掷弹兵团帽徽；中间一排左起分别为第1、2、5、6猎兵营统一采用的帽徽（1862年之前），第1掷弹兵团帽徽，第3、4、7、8猎兵营统一采用的帽徽；第三排左起为第34燧发枪兵团帽徽及其他掷弹兵团帽徽

◎ 掷弹兵团肩章上的画押，左为第2掷弹兵团，中为第7掷弹兵团，右为第8掷弹兵团

帽檐有黄铜箍，帽带及帽链也由黄铜制成。1860年，这种帽子又发生了些许改动，直至德意志帝国毁灭以前，都在大体上保持着原有的形制，而德国警察甚至直到二十世纪50年代都还在使用这种军帽。它的材质为煮过的皮革。帽子全高约为14cm，帽子的正面是直立的，背部略显倾斜且非常圆润，底部有一条1.75cm的皮革带和一个1cm宽的顶部皮革"盖子"。前后两端的帽檐由多种材料制成。士兵的高筒军帽会将黄铜帽链替换为皮革帽链。帽子顶端的木制帽花（Feldzeichen）呈橡叶型，颜色为白黑相间。在阅兵时，军帽上还可以插黑色马尾帽饰。军官及士官的高筒军帽帽链则依旧为铜质。

近卫猎兵及近卫射击兵

高筒军帽

这两支部队的士兵统一采用带有近卫大星芒的白色金属帽徽。军官及资

◎ 猎兵高筒军帽，左为1861年第3、4、7、8猎兵营所用军帽，右为1865年所有猎兵营统一采用的军帽（图中展示的是军官所用样式）

深士官所用的帽徽为银色珐琅质。

上衣

上衣的颜色是别名为"冬青绿"（holly green）的一种独特暗绿色。正面共有 8 颗纽扣。上衣裙摆的缝合线为红色。近卫猎兵的领章为红色，采用瑞典式袖口，军官的袖口处还贴有 2 条金色的"Litzen"式大贴边，士官及士兵的领口则为黄色"骆驼尾"。近卫

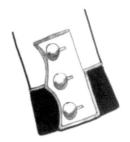

◎ 近卫射击兵的袖口特写

射击兵营的领章为红色,采用法式袖口（军官及资深士官所用的材质为天鹅绒）。每个袖口都贴有绿色的"三点式袖章条"。领口、袖口以及袖章的缝合线都为红色。领口处装饰有金色的"Litzen"式蕾丝大贴边及黄色骆驼尾。肩章条为红色，同军官的肩章底色一致。肩章上的半月纹是镀金的。近卫猎兵营中的双簧管手的"燕巢"肩章为红黄两色，或是红色饰以金色蕾丝，近卫射击兵则为红黑两色。

便服

便服帽子在德语中被称为"feldmütze"，颜色为绿色。近卫猎兵的帽子的帽带与缝合线都是红色的，近卫射击兵的帽子为黑色帽带与红色缝合线。军官及资深士官的帽子有帽檐。军官的便服上衣为黑色，近卫猎兵营的领口为红色，缝合线为绿色。近卫射击兵营为黑色天鹅绒领口，缝合线为红色。

大衣、裤子及装备

大衣与裤子同步兵部队基本一致，大衣的肩章与领章为红色。近卫猎兵营军官的大衣内侧领口为绿色天鹅绒，外侧有红色领章条与绿色缝合线。近卫射击兵营军官大衣的领口内侧为绿色布制，外侧为黑色，饰以红色缝合线。

所有的皮革装备都为黑色，同步兵部队基本一致，只是背包上有一种非常独特的装饰物——一支獾的头颅及其皮革。士兵统一佩带标准步兵军刀，这种军刀的装饰带为绿色，缨子上的"troddels"为白色。预备军官的带子为白色，"橡子"呈黑白两色，"王冠"呈绿色。"troddels"本身则被挂在刀鞘的钩子上，而不是常见的刀格处。

线列猎兵营

1860年，当时的普鲁士线列猎兵营的高筒军帽统一采用稍小于矛尖盔帽徽的鹰徽。其中第1、2、5、6猎兵营的帽徽为"掷弹兵式"，盾牌上印有"FWR"的画押。第3、4、7、8猎兵营的画押为"FR"字样。所有的帽徽盾牌上都有"祖国"字样。在统一配发新式高筒军帽数个月后，军方又下令统一换装新式鹰徽。第1、2、5、6猎兵营的帽徽为铜质，上面印有"FWR"的画押，

◎ 近卫猎兵营与近卫射击兵营的星芒帽徽

下方卷轴上写有"祖国"字样。剩余 4 个团为垂直黄铜纽扣花边，上方卷轴上写有"祖国"字样。值得一提的是，最晚至 1864 年，仍有一些部队没有换上新式帽徽。

线列猎兵营的制服同近卫猎兵营基本相同，仅有以下几个差别：上衣为绿色，采用瑞典式袖口，领口处没有"litzen"式大贴边。此外，红色肩章上还贴有所属营的黄色数字番号（军官的数字番号为镀金，带穗肩章的底色为红色）。大衣上贴有绿色肩章条，缝合线为红色，此外同样贴有所属营的黄色数字番号。双簧管手与军号手的"燕巢"肩章底色为红色，配以黄色或金色花边。皮革装备则完全相同。

骑兵制服

第十五章

胸甲骑兵

当时的普鲁士陆军共有 10 个胸甲骑兵团，其中有两个为近卫团。这两个近卫胸甲骑兵团之一为骑马侍卫团（Gardes du Corps），该团为普鲁士骑兵的第一团（the premier regiment），同时也是国王在各种仪式中的贴身护卫。另一个是近卫胸甲骑兵团（Garde Cuirassier Regiment），所有团都是成立于 1816 年之前的老部队。

头盔

这种头盔正式列装于 1842 年，后来的 1862 年经过了一次大规模改进，很容易让人联想到 17 世纪后期欧洲重骑兵使用的"虾尾盔"。除了骑马侍卫团、近卫胸甲骑兵团以及第 6 胸甲骑兵团之外，所有团的头盔材质都为抛光钢。上述 3 个

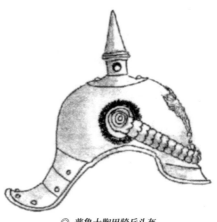

◎ 普鲁士胸甲骑兵头盔

团的头盔的材质为铜锌合金。头盔前方的"遮阳板"（Visor）呈阶梯状或脊状，后部护颈由多块单独的金属甲片环结而成，铆接在两侧，形似龙虾尾，底部向上弯曲。头盔的矛尖通过前面的两个铆钉和后面的两个铆钉固定到椭圆形底座上。矛尖底部两侧各有一个小孔。头盔的盔链和固定铆钉用的侧柱的材质均为黄铜。前遮阳板的下面被涂成了黑色。除了双簧管手的头盔插红色盔饰之外，胸甲骑兵团的其他官兵的头盔都不插盔饰。除了第6胸甲骑兵团之外，其他所有线列团的头盔统一使用铜质线列鹰徽，第6团使用白色金属鹰徽。2个近卫胸甲团的帽徽为近卫大星芒，上面刻有"祖国"字样。

军官的头盔装配零件更为精致，通常为镀金或银质。矛尖安装在头盔顶部的一个十字形底座上，两侧有4个三角形小孔。矛尖带有凹槽，头盔的前帽檐下贴有绿色台面呢（Baize）。

无纽扣骑兵袍

胸甲骑兵不穿步兵的常服上衣，而是穿一种没有纽扣的骑兵袍——"Koller"。他们使用袍子正面的14个钩子及衣带扣来系紧衣服。这种袍子的材质为稍显粗糙的浅白色克尔赛薄绒呢，带有圆领，袖口为瑞典式。领章及袖口贴有团属色，袖子侧后的缝合线、背部周围的袖窿以及边缘的三角形后裙摆的贴边也是团属色。上衣正面的衣领贴有团属色贴边装饰，这条贴边从上衣两侧一直延伸到后裙摆处。胸甲骑兵制服上的这条特殊贴边被称为"kollerborte"，其材质为白色亚麻织物，宽约2cm，其两侧边缘各装饰有1条宽约0.5cm的编织条纹，两道条纹中间则为0.5cm宽的白色。袖口顶部及侧后方都有同样的贴边，纽扣则根据所属团的情况分为银质及铜锌合金两种。肩章为白色，边缘有花边。胸甲骑兵部队士官的军衔贴边稍薄些，位于领口及袖口处的白色花边条上。

军官的上衣同士兵一致，但其材质为更加精致的白色梅尔顿布。领口及袖口的颜色同贴边色一致。"kollerborte"则根据所属团分为银质或金质两种。贴边宽约3cm，两道条纹中间则为1cm宽的银色或金色。纽扣和贴边色一致。肩章底为白色，半月纹和肩章里子与贴边色一致。

小号手和双簧管手佩戴燕巢肩章，上面有斜纹贴边，其颜色同纽扣色一致。

为了与一般士兵相区别，号手士官及双簧管手士官的大肩章上会带有肩穗。

胸甲

　　骑兵胸甲分为前胸与后背两大块护甲板，其材质会根据所属团分为抛光钢或铜锌合金两种。两块板都有宽约2cm的钢边（钢质或铜锌合金），钢边上的36根黄铜螺柱均等间隔。两块护甲板由铜质金属铰链带拼接在一起，通过

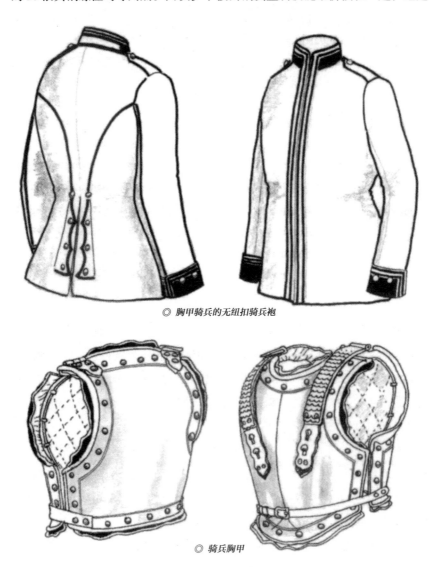

◎ 胸甲骑兵的无纽扣骑兵袍

◎ 骑兵胸甲

钩子固定在后背护甲板上，并由皮带支撑。两条带子上各有一个黄铜法兰，钩于胸板钢边长度的约三分之二处的螺栓之上。后背板的下侧还用螺栓固定着一条薄皮带。这条薄皮带大约位于骑兵的腰部位置，并通过一个皮带扣固定。两块护甲板内侧都有天然亚麻布制内衬，脖子及袖窿处贴有一块黑色粗布，周围有白色褶边。小号手和双簧管手不穿胸甲。

军官的胸甲材质比士兵们稍好些。肩膀处的固定带的扣子上刻有狮首图案，胸板的螺柱上刻有橡叶图案。

上衣

胸甲骑兵部队的士官及士兵在驻地日常执勤时，可以穿一种蓝色便服上衣。它通过正面的 8 个纽扣系紧，侧后处有 2 枚纽扣。领章色同贴边色一致。两个近卫胸甲骑兵团的便服上衣形制稍有不同（详见后文）。军官上衣为蓝色布制，其瑞典式袖口同贴边色一致，装饰有银色或金色的 "kollerborte" 贴边。军官上衣正面同样有 8 枚金质或银质纽扣，背面的三尖裙摆贴盖有 2 枚纽扣，其缝合线同贴边色一致。上衣佩戴有白底肩章。自 1866 年起，这种肩章被替换为肩穗。

士兵在驻屯地所穿的夹克，很快就演变为同军官便服上衣极为相似的形制，只是士官及士兵的便服夹克上贴有 "kollerborte"，而不是军官的制服贴边。1866 年以前，有若干胸甲骑兵团会在驻地执勤时穿这种制服，但直至 1874 年，这种制服才演变为军方承认的正式穿着。

便服、裤子与大衣

便服帽子为白色，上面装饰有与贴边色一致的帽带及缝合线。资深士官的便服帽子带有帽檐。裤子为加强皮革制，颜色为深灰色，周围带有红色缝合线。近卫团在此之前采用的是白色克尔赛薄绒呢马裤以及稍高一些的皮革马靴，而这种制服在后来逐渐普及到线列胸甲骑兵团中。一些人甚至还穿着这种制服参加了 1866 年战役，但直至 1868 年，它才被军方承认为正式制服。大衣有白色肩章，但没有缝合线，领口色同贴边色一致。

军官使用的长上衣为蓝色，其贴边及缝合线的颜色为所属团的传统色（关于各团的传统色详见下文）。在实战中，军官基本都会装备头盔及胸甲，但他们在战场上戴便服帽子的现象依旧很普遍。为了便于骑马，上衣后裙摆还可以通过一个衣带钩子折叠起来。军官大衣的领口的里子为蓝色，领口外侧为贴边色。一些制服的缝合线同长上衣十分相似。

在步行执勤的时候，官兵们可以穿一种带有红色贴边的灰色裤子。到1866年战役期间，绝大部分军官还是穿着这种裤子上战场的。在特殊的宫廷集会场合中，军官可以穿白色克尔赛薄绒呢制或梅尔顿布制裤子。这种裤子两侧的缝合线的颜色，与"kollerborte"贴边的颜色一致。

装备与鞍具

胸甲骑兵左肩戴一个白色武装带，右臀上方挂一个巨大的黑色皮革包。皮革包的贴盖装饰有一个巨大的圆形金属徽章。用于悬挂佩剑的白色腰带戴在"Koller"无纽扣骑兵袍的外侧，副武器为胸甲骑兵阔剑。骑兵团麾下各中队的佩剑剑穗配色规范，是所有骑兵团（骑马侍从除外）的统一标准，其详细规范如下：

骑兵佩剑剑穗的配色规范

中队番号	1	2	3	4
"土冠"色	白	红	黄	亮蓝
缨子色	白	白	白	白

注：军官学员佩剑的剑穗上有一条红色带子以及和缨子色相同的"橡子"。

两个近卫团的所有军官与士兵都可以从军方接收到一对白色皮革制骑马手套（gauntlets），而线列团的人员则获准自费或是使用团属经费来购买这种骑马手套。1850式骑兵手枪可以佩挂在武装带上，或是放在侧鞍处的皮革包中。在实战及训练时，大衣都会被卷起来，放置于马鞍侧后方。根据传世照片及当时的一些插画，我们可以得知，骑兵除了上述几样装备之外，似乎不会再随身佩戴任何物件了，面包袋这样的杂物会放置在马具上。

军官佩戴一种皮革制武装带，上面装饰有银色贴边，边缘处的颜色同贴边色一致。军官的武装带稍小于士兵的，其金属扣子上有镀金王冠及王室画押。在日常执勤时，"koller"外侧可以佩挂腰部绶带（绶带压在胸甲底下，但绶带的缨子可以伸出胸甲之外）。在穿胸甲时，制服上不可佩戴副官绶带。军官的佩剑腰带挂在"koller"底下，缨子的颜色同纽扣色相同，

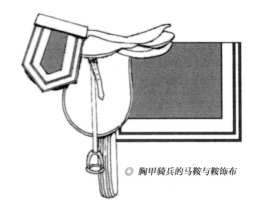

◎ 胸甲骑兵的马鞍与鞍饰布

剑穗边缘的颜色与贴边色一致。副武器是供军官使用的阔剑。

战马与马具

自 1857 年起，所有的胸甲骑兵及重骑兵团的战马体格都必须达到 15 掌[1]及以上。制服条例规定，不准使用任何黑白花色马[2]与暗褐色马[3]，各个骑兵团钟情于各种黑色马以及毛色较深的棕色马。更加有意思的是，在各团官兵中，只有小号手可以骑乘灰马[4]出行。自 1864 年起，普鲁士军中的这条无形规矩，竟然还成了强制性的制服条例。胸甲骑兵的马鞍及缰绳都是标准的重骑兵马具，其形制已在通用制服条例中描述过。大型皮革包中装有士兵在战场上的所有个人用品（包括手枪），旁边（马鞍左侧）则装有手枪弹药以及一个皮革制鞋盒。马鞍右侧的皮箱中装有饭盒。卷起来的大衣放置于骑手的后方。左侧悬挂有一个带金属环的绳子。士兵们可以共同合作，将各自的绳子串联在一起，快速搭建临时帐篷。

---

①译注：hand，一种专门描述战马身高的英国计量单位，缩写标记为"h"或"hh"，1掌约合4英寸，也就是101.6mm。

②译注：piebalds，一种马术词语，专门指代身上带有黑白两色花纹体征的马，也被戏称为"奶牛马"。

③译注：duns，同样是马术词语，是马的一种特殊毛色，主要由枣色、黑色或栗色演化而成。暗褐色同时也是史前马的一种毛色，按照古生物学的某些观点，这种体征可能有利于远古野马的伪装。

④译注：greys，同样也是马的特殊毛色之一，近代最著名的同灰马有关的骑兵部队是英国陆军的"苏格兰灰马"。

胸甲骑兵的鞍饰布极为特殊。马鞍后方的鞍饰布呈制服贴边色的长方形，其内部边缘则是横向 4cm 宽的贴边，隔着一条贴边色之后的，是宽约 2cm 的宽条纽扣色花边。皮革包覆盖有贴边色的布料，这块布三个边呈直线形，底部为尖形，位于底部的两条贴边则仅为 3cm 及 2cm 宽。军官的鞍饰布与此类似，只是其贴边为金色或银色。

军旗与定音鼓

　　两个近卫胸甲骑兵团及第 1、6、7 胸甲骑兵团的军旗呈方形，第 2、3、4、5、8 胸甲骑兵团的军旗为燕尾形。

　　所有的团都配有鼓手及定音鼓。围在鼓身上的那一圈小旗的旗面上，饰有 7 块团属色的金属贴箔，以及两端呈尖形的椭圆形或正方形装饰物，旗面边缘则有贴边流穗或缨子。每一块贴箔上都装饰有王室画押、普鲁士鹰纹章、各种字母组合或王冠图案。

各胸甲骑兵团制服贴边色区别

团番号	无纽扣上衣		常服上衣	军官长大衣	大衣		鞍饰布
	镶边色	纽扣及贴边色	领口、袖口及上衣缝合线色	领口及缝合线色	军官领口外侧及缝合线色	士兵领章色	
骑马侍卫团	红	银	红	红	红	红	红
近卫胸甲骑兵团	矢车菊蓝	银	矢车菊蓝 / 红	矢车菊蓝 / 红	矢车菊蓝 / 红	矢车菊蓝	矢车菊蓝
西里西亚胸甲骑兵团（第 1 团）	黑	金	黑 / 白	黑 / 白	黑 / 白	黑	黑
王后（波美拉尼亚）胸甲骑兵团（第 2 团）	赤红	银	赤红	赤红	赤红	赤红	赤红
东普鲁士胸甲骑兵团（第 3 团）	亮蓝	银	亮蓝	亮蓝	亮蓝	亮蓝	亮蓝
威斯特伐利亚胸甲骑兵团（第 4 团）	橙	银	橙	橙	橙	橙	橙
西普鲁士胸甲骑兵团（第 5 团）	玫瑰红	银	玫瑰红	玫瑰红	玫瑰红	玫瑰红	玫瑰红
勃兰登堡胸甲骑兵团（第 6 团）	俄国蓝	金	俄国蓝	红	俄国蓝	俄国蓝	红
马格德堡胸甲骑兵团（第 7 团）	柠檬黄	银	柠檬黄	柠檬黄	柠檬黄	柠檬黄	柠檬黄
莱茵胸甲骑兵团（第 8 团）	亮绿	金	亮绿 / 白	亮绿 / 白	亮绿 / 白	亮绿	亮绿

各团制服的区别

骑马侍卫团

头盔

该团官兵佩戴的是铜锌合金质胸甲骑兵盔，上面装饰有近卫星芒。在阅兵及宫廷聚会等正式场合中，头盔上的矛尖被替换为一个巨大的德意志展翅银鹰。军官的鹰像头上戴有镀金王冠，士兵的鹰像则没有。

无纽扣上衣

上衣同其他胸甲骑兵团基本一致，只是领口有白色"litzen"式贴边，袖口则有两条。军官的"litzen"式贴边为银质。

胸甲

军官及士兵统一装备锌合金质胸甲，上面带有钢边。在极为特殊的场合中（例如新年阅兵），该团甚至还会穿黑铁胸甲出行，而这种黑铁胸甲是1814年俄国沙皇赠送给普鲁士的。制服的手臂、脖子和腰部装饰有红色羊毛线。金属铰链与普通胸甲相同，但边缘没有铆钉。

自1841年起，当骑马侍卫团的官兵在王室宫殿等特殊场所站岗时，可以在自己的"Koller"之上再套一层名为"supraveste"的特殊背心。这件背心的形制模仿骑兵胸甲，却是用红色布料制成。夹克的肩部、颈部和腰部都有白色贴边。前胸及后背的正中央都有一个白色的近卫大星芒，星芒中央有一个普鲁士黑鹰。军官的星芒及背心边缘处贴边为银色。肩带、武装带以及佩剑带则与阅兵场合所用的基本一致。头盔上面往往会有一个鹰像。

上衣

常服上衣为暗蓝色，带有红色领章，袖口处装饰着同"koller"一样的"litzen"式贴边。上衣正面及裙摆处有红色缝合线。军官的上衣也与此类似，但带有银色贴边，肩章处同"koller"一样，带有肩穗。士官及士兵的"litzen"式贴边为白色。其他军阶章以及军乐手的"燕巢"配色规范，则与"Koller"一样。

大礼服上衣

1856 年，骑马侍卫团的军官获准在宫廷集会及重大仪式场合中穿一种红色礼服上衣。这种上衣有红色领口及瑞典式袖口。此外，领口及袖口处还各有两道银色"litzen"式贴边。制服正面及后裙摆处的缝合线为蓝色，带穗大肩章的配色规范同"Koller"一样。

大衣、裤子与靴子

上衣领口内侧为红色。自 1861 年 12 月起，骑马侍卫团便被强制要求穿白色的克尔赛薄绒呢马裤。马裤的裤脚会收进高筒皮革马靴里。在步行时，他们可以穿一种灰色工作裤。在训练及实战中，他们会穿一种被称为"老勃兰登堡靴"的软质马靴。他们的大腿刚好被遮盖在上衣或"koller"的底下。在参加宫廷集会与重大仪式时，军官们也可以穿高筒马靴或带有"kollerborten"贴边的白色裤子。

装备

骑马侍卫团的编制与其他骑兵团不相同。该团共分为 8 个骑兵连，而非常见的 4 个中队。该团的剑穗配色规范如下：

骑马侍卫团各连佩剑剑穗着色规范

连番号	1	2	3	4	5	6	7	8
"橡子"色	白	黑	红	红	黄	黄	亮蓝	亮蓝
缨子色	白	白	红	白	黄	白	亮蓝	白

注：军官学员的"橡子"上有一枚同缨子颜色一样的圆组扣，而第 2、4、6、8 连的"橡子"周围有锯齿状的白色线条。

军官在穿蓝色或红色上衣时会戴一根腰带。这根腰带有两条黑色贴边，并带有红色缝合线。肩带上悬挂的皮革包的贴盖上有近卫星芒。

鞍饰布

鞍饰布为常规样式的红布，边缘处有白色镶边，四角处有近卫星芒及王冠，马鞍上的红色带子的装饰也与之大体相似。

军旗与定音鼓

骑马侍卫团于 1798 年正式从普鲁士国王手中接过团属军旗，这面旗帜上的飘带则为 1813—1815 年式样。定音鼓是该团于 1810 年从国王手中接过的，专门用于替换在耶拿会战中不幸损失的原有的定音鼓。这些定音鼓依旧遵循着（该团的前身，腓特烈大帝时代的）第 12 胸甲骑兵团的基本形制。围在定音鼓上的旗面的变化相当大，但可以肯定的是，上面一定有红色与银色的金属贴箔、近卫大星芒、威廉一世的画押以及一个普鲁士黑鹰。

近卫胸甲骑兵团
头盔、无纽扣上衣与胸甲

头盔形制同骑马侍卫团一致，阅兵礼服的头盔上也有鹰像。"Koller"上有亮蓝色贴边以及白色的团属色"kollerborte"贴边，领口及袖口有"litzen"式贴边。

上衣

蓝色上衣形制也与骑马侍卫团一致，带有亮蓝色领口，袖口装饰有"litzen"式贴边，边缘缝合线为红色。上衣正面及侧后裙摆同样有红色缝合线。自 1862 年 2 月起，近卫胸甲骑兵团的军官还被获准在身穿红色大礼服时佩戴自己的勋章与奖章。同自己的前身老团不一样的是，该团的大礼服采用了亮蓝色领口，袖口边缘装饰有白色缝合线。上衣正面及后裙摆贴盖处同样有白色缝合线。领口及袖口处的"litzen"式大贴边为银色。

长上衣、大衣与靴子

长上衣的领口为亮蓝色，带有红色贴边，袖口缝合线为红色。与骑马侍卫团一样，大衣及宽松外套（paletot）的领口里子都为红色，领口外侧的领章为亮蓝色，带有红色缝合线。同骑马侍卫团所不一样的是，近卫胸甲骑兵团的裤子为暗灰色的皮革加强裤，两侧有红色贴边。直至1866年之后，该团才开始使用白色的克尔赛薄绒呢以及高筒马靴。

鞍饰布、军旗及定音鼓

鞍饰布为亮蓝色，皮革袋的贴盖上装饰有戴王冠的近卫星芒，但周围的两条白色或银色大贴边的缝合线中间为红色而非亮蓝色。

该团军旗为正方形，上面缠绕有1813—1815年式样的彩飘带。定音鼓为银质，1822年由普鲁士国王亲手授予。

第1胸甲骑兵团

军官制服的黑色领口与袖口的缝合线的材质为天鹅绒。大衣领口里侧为黑色天鹅绒质而不是蓝色。蓝色上衣的正面及后裙摆有白色贴边，长上衣的领口与袖口同样为白色贴边。

军旗呈方形，缠有1813—1815年式样的飘带。该团使用的定音鼓为银质，是全普鲁士陆军历史最悠久的定音鼓，1718年由普鲁士国王亲手授予。

第2胸甲骑兵团

头盔上的鹰徽带有一个卷轴，上面写有该团的军事荣誉——"1745年6月4日霍亨弗里德堡会战"（Hohenfriedburg 4.Juni 1745）①。该团的士官装备铜锌合金质胸甲，黑色皮革包的贴盖上装饰有圆板及鹰徽。所有官兵的皮革包的左右两侧角落处各装饰有1枚铜质的燃烧手榴弹徽章，上面的火焰图案朝着正中间的圆板。

军旗的旗面为燕尾形，上面带有1813—1815年式样的飘带，1848—1849年的军旗上还会佩挂勋剑。该团的银质定音鼓由国王授予于1820年。

---

① 译注：发生于奥地利王位继承战争期间，普军在此役中击败了奥军，第2胸甲骑兵团的前身——第5"拜洛伊赫"龙骑兵团在这场战役中的表现更是尤为突出，这种专属帽徽便是为表彰该团的光荣历史而设计的。

◎ 第2胸甲骑兵团（波美拉尼亚胸甲骑兵团）的"燃烧手榴弹"皮革包

◎ 第2胸甲骑兵团头盔上的专属鹰徽

第3胸甲骑兵团

军旗为燕尾形，上面有1813—1815年式样的飘带。该团的专用银质定音鼓也有非同小可的意义，是1758年佐恩道夫（Zorndorf）战役期间从敌对的俄国军队中缴获而来的。

第4胸甲骑兵团

该团携带着燕尾形军旗（专门用于纪念该团的前身——第2龙骑兵团），飘带为1813—1815年式样，1848—1849年期间佩挂有勋剑。该团的专属定音鼓为银质，1822年由国王亲自授予。

第5胸甲骑兵团

该团采用的是龙骑兵样式的燕尾形军旗，上面的飘带为1813—1815年式样。专属的银质定音鼓来自于自己的前身——第4龙骑兵团。

第6胸甲骑兵团

该团所有官兵统一佩戴铜锌合金质头盔。中低阶士官还穿铜锌合金质胸甲。"Koller"及常服上衣的肩章处，还都印有俄国沙皇亚历山大一世的画押。蓝色常服上衣的领口、袖口与缝合线，长大衣、大衣的领章都为红色。鞍饰布和皮革袋也是红色，边缘处有黄色贴边。

该团携带着方形旗面的军旗，飘带为
1813—1815 年式样，1864 年曾佩挂过勋剑。
此外，在 1823 年 6 月 11 日的一场特殊阅兵
式上，该团的团属军旗上还曾悬挂一根由沙
俄皇后亚历山德拉·费奥多罗芙娜·罗曼诺
娃①亲手授予的阅兵飘带。该团专属的定音鼓
由国王授予于 1810 年，同样为银质，这面鼓
在 1806 年之前属于第 10 胸甲骑兵团（即骑
马宪兵团）。

◎ 第6胸甲骑兵团的肩章画押，由沙
皇亚历山大一世亲笔书写

第 7 胸甲骑兵团

该团是 1819 年由第 4 胸甲骑兵团改编而来，携带方形军旗，飘带为
1813—1815 年式样，定音鼓为银质，获赐于 1818 年。在此之前，这个定音鼓
属于第 2 王室警备团。

第 8 胸甲骑兵团

蓝色常服上衣的正面及后裙摆贴盖处装饰有白色缝合线。长大衣的领口
及袖口有白色缝合线。

该团的历史非常悠久，是除骑马侍卫团之外，唯一一个仍旧保留 1819 年
大改编之前的番号的部队。除此之外，该团还携带着龙骑兵部队风格的燕尾形
旗面，以及 1813—1815 年式样的飘带，1848—1849 年期间曾佩挂勋剑。

定音鼓同样为银质，1827 年由国王亲手授予。此外，该团还拥有一对铜
质定音鼓。

---

① 译注：Императрица Александра Фёдоровна Романова，是霍亨索伦王朝的公主，普鲁士国王腓特烈·威
廉三世与王后梅克伦堡－施特雷利茨的路易丝的长女，后来成为俄皇尼古拉一世的皇后，也是亚历山
大二世之母。

龙骑兵

当时的普鲁士陆军共有 10 个龙骑兵团，其中 2 个为近卫团，资历很浅的新近卫团是成立于 1860 年的新部队。在 8 个线列团中，有 4 个也成立于 1860 年。1862 年 1 月，第 7 龙骑兵团（威斯特伐利亚龙骑兵团）与第 8 龙骑兵团（第 2 西里西亚龙骑兵团）交换了部队番号以及专属制服标识。

◎ 龙骑兵团头盔上的鹰徽

头盔

龙骑兵佩戴矛尖盔，并会根据所属团的情况装配黄铜零件。军官的头盔零件为金质或银质。头盔上的帽徽被称为"龙骑兵鹰"，鹰的左爪握有权杖，右爪握有利剑。普鲁士鹰的双翼作展翅状。第 1 龙骑兵团使用的是掷弹兵鹰徽。近卫团的头盔上可以插白色马尾盔饰，线列团的盔饰也为白色，但双簧管手的头盔上插的是红色盔饰。

常服上衣

常服上衣为矢车菊蓝色，正面有 8 颗纽扣，领口为圆领，袖口为瑞典式。2 个近卫团制服有红色领章，袖章也是红色。剩余的线列团的领章为贴边色，袖口颜色与上衣一致。线列团的常服上衣正面与后侧裙摆都有贴边，其袖口顶部的颜色与侧后处相同。近卫团的袖口与领口贴有两条与纽扣色一致的"litzen"式贴边。肩章为团属色。军官的大肩章的底色为贴边色，半月纹为纽扣色，大肩章上不带流穗。除了第 3 及第 7 龙骑兵团之外，各团肩章的里子为红色，而这 2 个团为玫瑰色（或粉红色）。小号手与双簧管手同样佩戴"燕巢"肩章，装饰有倾斜成一定角度的贴边，颜色与纽扣色一致。

◎ *线列龙骑兵团的挎包*

便服、大衣与腿部穿着

便服帽子为矢车菊蓝，帽带与缝合线为贴边色。自 1861 年起，第 2 龙骑兵团在帽花与王冠徽的上方加了一个铜质小型鹰徽。除了第 3 及第 7 龙骑兵团之外，军帽的外侧缝合线都为红色，而这两个团的缝合线为玫瑰色。大衣肩章为矢车菊蓝色，装饰有贴边色的缝合线。领章的颜色也为贴边色。

第 2 及第 6 团军官制服的贴边及缝合线色全都为黑色天鹅绒质。长大衣为矢车菊蓝色。领口、胸口的贴盖以及袖口的缝合线的颜色同贴边色一致。领口的缝合线为矢车菊蓝色。军官大衣的可折叠领口的颜色与常服上衣相同，其他物件的颜色也与一般士兵的制服相同。在宫廷集会与重大仪式场合中，军官可以穿矢车菊蓝色的裤子。这种大礼服裤子的两侧各有一条贴边，其颜色与上衣贴边色一致，手套为白色。

普鲁士陆军各龙骑兵团的制服标识（自 1862 年 2 月起）

团番号	贴边色	领章色	袖口色	袖口缝合线色	灰色裤子缝合线色
第 1 近卫龙骑兵团	银	红	红	–	红
第 2 近卫龙骑兵团	金	红	红	–	红
立陶宛龙骑兵团（第 1 团）	金	红	矢车菊蓝	红	红
勃兰登堡龙骑兵团（第 2 团）	金	黑	矢车菊蓝	黑	红
纽马克龙骑兵团（第 3 团）	银	玫瑰色	矢车菊蓝	玫瑰色	玫瑰色
第 1 西里西亚龙骑兵团（第 4 团）	银	亮黄色	矢车菊蓝	亮黄	红
莱茵龙骑兵团（第 5 团）	银	红	矢车菊蓝	红	红
马格德堡龙骑兵团（第 6 团）	银	黑	矢车菊蓝	黑	红
威斯特伐利亚龙骑兵团（第 7 团）	金	玫瑰色	矢车菊蓝	玫瑰色	玫瑰色
第 2 西里西亚龙骑兵团（第 8 团）	金	柠檬黄	矢车菊蓝	柠檬黄	柠檬黄

装备与马具

士兵戴白色腰带，上面有一颗黄铜纽扣。他们同时还佩戴一条白色肩带，用来挂卡宾枪钩及黑色皮革袋。两个近卫团的袋子贴盖上有近卫大星芒徽章，其余团为铜质线列鹰徽。军官戴银色武装带，近卫团的武装带的皮革贴盖上有近卫星芒，线列团为镀金王冠及"FWR"字样画押。佩挂军刀用的剑带戴在上衣底下。

龙骑兵团的士兵统一装备 1852 式骑兵军刀（第 2 团的军刀带有铜质剑格）及 1857 式卡宾枪。军官及资深士官佩带军刀的样式与士兵一致，但其刀柄的材质为（鲛）鱼皮而非一般的皮革包木。自 1861 年 2 月起，第 1 龙骑兵团的军官及资深士官便获准在军刀的刀格处刻一个小的银色鹰徽图案。军官在穿便服时可以随身佩带狮首军刀。在实战中，军官更倾向于自费购买手枪。龙骑兵团有关战马的规范同胸甲骑兵团一致，只是龙骑兵团更钟情于亮色马匹，但不会用苍白色的军马。马鞍与缰绳是标准的重骑兵式样，鞍饰布为矢车菊蓝色，边缘有上衣贴边色的装饰条。近卫团鞍饰布的前方及后方有近卫大星芒。

龙骑兵团的官兵会将自己的大衣和其他各类装备放置于马具上，放置方式与胸甲骑兵团基本相同，但卡宾枪会以一种极为特殊的方式佩挂起来。

卡宾枪会被倒置，枪管穿过鞍饰布前面的一个小洞，深入马鞍右侧的皮革袋的背面，并被收容起来。一条带子勾着卡宾枪，另一头连接卡宾枪环，然后再绕右侧马鞍的顶部将其盘起来。

军旗与定音鼓

近卫及第 5、6、7、8 龙骑兵团都采用方形旗面的军旗，而第 1—4 龙骑兵团采用燕尾旗面的军旗。旗面上的图案全都遵循当时的条例规定。第 1 近卫龙骑兵团及第 1—4 团缠绕有 1813/1814 式飘带，第 7 团缠绕 1864 式飘带。仅有 2 个团可以携带定音鼓。其中第 1 团的定音鼓是在 1758 年的克赛尔道夫（Kesseldorf）战役中从敌对的萨克森近卫卡宾枪骑兵团（Saxon Guard Carabiniers）缴获来的，而第 2 团的定音鼓是在 1810 年战役期间从巴伐利亚国王龙骑兵团（The Bavarian King's Dragoons）缴获来的。

骠骑兵

在当时的普鲁士陆军中，只有 5 个骠骑兵团宣称自己的历史渊源可以追溯至腓特烈大帝时代的老骑兵团，其中有 4 个团甚至还活过了当年的耶拿惨败。这 4 个团当中有 1 个团在后来被分为两个王室警备团（Leib regiments）。剩下的骠骑兵团，都是 1808—1815 年间抽调志愿兵及国民卫队组建起来的。1862 年的普鲁士陆军包括近卫骠骑兵团在内共有 13 个骠骑兵团。

头部装备

所有的骠骑兵团官兵都会佩戴骠骑兵毡帽（Husar-Mütze/Pelz-Mütze）。士兵所用的这种毡帽材质为黑色海豹皮，前后全高大约在 20cm 左右。前面和后面都有一个可翻折的帽檐，边缘有一条非常薄的黑色皮带。帽子左侧悬挂有一个布制的袋子，在英语中被称为 "busby bag"，德语则为 "Kolpak"。这个袋子的颜色为团属色，毡帽顶端附有帽线，其中士兵的帽线为白色，士官的帽线为黑白两色。线列团的帽线可以一直垂到他们的脖子处，没有流穗或其他装饰物。近卫骠骑兵的帽线从 "Kolpak" 的背面绕圈缠到军帽右边，并挂在右侧，帽线的另一头垂有两根大流穗，流穗下面是金属帽链。

毡帽顶端正中间有一个椭圆形帽花，其颜色为外面一圈白，中心为黑色。帽花下方是骠骑兵团的帽徽，其颜色为纽扣色。近卫骠骑兵团的帽徽是铜质近卫大星芒以及 "祖国" 字样的卷轴。第 1 及第 2 王室警备骠骑兵团是 "祖国" 字样的卷轴及巨大的白色骷髅帽徽。第 7 骠骑兵团是 "FWR" 字样的画押及 "祖

◎ 骠骑兵团的 "祖国" 格言卷轴帽徽

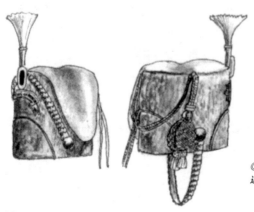

◎ 骠骑兵毡帽，左为线列团的毡帽，右为近卫骠骑兵团的毡帽

国"卷轴。其他骠骑兵团则只有"祖国"字样的卷轴。帽链附于毡帽两侧,其材质统一为黄铜。在阅兵时,毡帽的帽花后方可以插一根白色马尾盔饰,并用一个宽约4cm的黄铜环将其固定。士官毡帽上插黑白两色盔饰,小号手与双簧管手插红色盔饰。

◎ 第7骠骑兵团的画押帽徽

军官戴一种暗棕色的水獭皮制毡帽,帽子前后都有可折叠的帽檐。近卫团的帽线为金色,其他团为银色。军官盔饰比士兵所用的高得多,盔饰用镀金郁金香形基座环固定起来。近卫骠骑兵团以及第1、2、3、7骠骑兵团的毡帽上还可以插苍鹭(heron)的羽毛作为装饰,余下的团的毡帽上插有秃鹫(vulture)的羽毛。骠骑兵团的军官的帽徽与士兵一样,其材质为银质或镀金,近卫骠骑兵团的星芒徽中心为珐琅质。

◎ 第1与第2王室警备骠骑兵团的骷髅徽

骠骑兵夹克(Attila)

普鲁士陆军的骠骑兵夹克参照的是奥地利式样,于1853年首次配发给各部队,取代了使用超过60年的老式及腰短夹克(dolman)及骠骑兵半边袖袍(pelisse)。在德语中,这种骠骑兵夹克被称为"Attila",这一名字可能是起源于骠骑兵这一兵种的诞生之地——匈牙利的那位传奇征服者的名字[1]。这种衣服比一般的常服上衣及长大衣稍短,其领口纽扣周围装饰有贴边,上衣正面与后裙摆处同样有贴边,贴边的颜色根据纽扣的颜色分为白色与黄色两种。上衣正面共有五排匈牙利环形衣带扣(frogging),在环形衣带扣两侧末端各有一个纽扣,上衣可以使用衣带扣上的棒形纽扣系紧。上衣后裙摆有花边装饰,后背

---

[1]译注:指公元5世纪的匈人领袖阿提拉。现代人类学对匈人与匈牙利人两者之间的关系无法得出任何令人信服的论断,甚至连匈人的种族、语系都无从考证。但由于匈牙利是迁徙中的匈人的最后一个落脚定居的地方,所以在19世纪的欧洲,人们普遍将匈牙利人视作匈人后裔,甚至是"土耳其人的同类"。匈牙利最著名的爱国诗人裴多菲,也在诗中称祖先"从遥远的亚洲而来"。

处肩部下方有三叶草状的贴边，两个后裙摆同样有三叶草状的贴边。后腰有两颗橄榄状纽扣，每个袖口都装饰着"奥地利结"。

骠骑兵佩戴单条肩穗，肩穗颜色与纽扣色一致，而非肩章色。一年志愿兵的肩穗外侧围有一条黑白相间的羊毛带，军官学员肩穗末端围有一圈黑白相间的短羊毛带。士官的军阶条贴于袖口处的奥地利结的下方以及领口周围。双簧管手以及小号手的"燕巢"肩章的颜色同"Attila"颜色一致，肩章上的倾斜贴边的颜色与纽扣色一致。军官的"Attila"的布料材质较为精致，上面的环形衣带扣为金色或银色。军官的"Attila"正面有一个用贴边编织而成的斜角"假口袋"（angled false pocket），上面带花边，两侧还装饰有三叶草状的贴边。领口及袖口的贴边会根据他们的军衔而有所不同。上校的领口顶部贴条宽约 3.5cm，中校为 3cm，少校为 2.5cm，上尉及以下军衔为 1.3cm。领口处的下端贴边为 1.3cm。袖口处有一根 1.5cm 宽的装饰带，其上是 0.75cm 宽的奥地利结。除了肩章之外，骠骑兵军官还会佩戴剑穗。他们使用的这种肩穗，最终演变成遍及全陆军的便服肩板（undress shoulder boards）。肩穗材质为黑色丝绸，并装饰有银色贴边。上校佩戴的是双环穗带，中校和少校佩戴的是单环穗带，上尉以下佩戴的是两条扁平双穗带。所有人的肩章都根据自己的军衔贴有对应数量的星章，但中尉肩章上没有任何星章。

第 2 王室警备骠骑兵团的团级军士长（Wachtmeister）的"Attila"上的衣带形制与军官相同。

自 1861 年 2 月起，第 5 骠骑兵团的军官获准使用一种全新的夹克，其衣带环上的纽扣两侧拼接有宽约 3cm 的银色穗边。

1865 年，近卫骠骑兵团获准穿骠骑兵半边袖袍——这是一种在 1853 年曾被所有骑兵团废弃的老式服饰。这种半边袖袍为暗蓝色，边缘处装饰有奢华的白色狐狸皮草。同"Atilla"一样，袖袍上面同样有黄色衣带环，并使用围绕在颈部的一根链子固定在官兵的左肩。这种老式军服仅在阅兵场使用。自 1857 年起，骠骑兵团的首长（上校团长）还必须穿一种特殊的半边袖袍，其边缘缝合有昂贵的勘察加海狸皮。

在"Atilla"短夹克上还可佩戴一种卷起来的短绶带，绶带上面缠绕 4 根衣带环扣，其颜色为团属色，并插有黄色或白色的装饰带。绶带通过一根绳索固

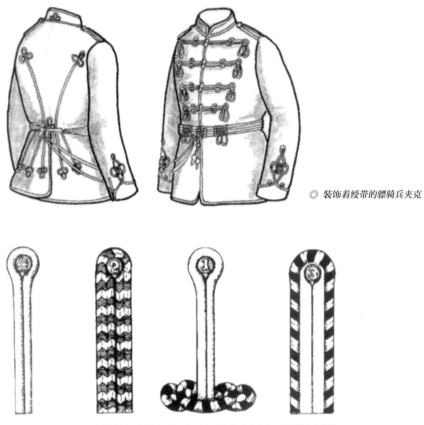

◎ 装饰着绶带的骠骑兵夹克

◎ 骠骑兵团士兵与士官的肩穗，从左起分别为：士兵与士官的肩穗、军事骑术学校
毕业生的肩穗、再次应征入伍者（kapitulant)的肩穗以及一年志愿兵的肩穗

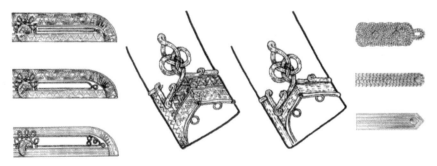

◎ 左：线列骠骑兵团军官的制服领口，从上至下分别属于上校（团长）、中校及少校、中尉
中：骠骑兵团军官的袖口，左为中校及少校的袖口，右为上校及中尉的袖口
右：骠骑兵团军官的肩穗，从上至下分别属于上校（团长）、中校及少校、上尉及中尉

定在制服后侧，环绕在臀部周围，并最终系在正面的
绶带之上。军官使用的装饰绳为金色或银色。

腿部制服、便服以及大衣

骠骑兵团的士兵统一穿标准的加强皮革裤。除第
5 团及第 10 团之外，其余各团的裤子两侧的缝合线为
红色。其中第 5 团的缝合线为血红色，第 10 团为"彭
巴杜尔红色"（pompadour red）。除了近卫骠骑兵团之
外，便服帽子的颜色与上衣一致。帽带为团属色，王
冠徽贴边与帽带下方的缝合线为纽扣色。第 1 及第 2
王室警备骠骑兵团的军帽帽花上方还有一个银色的小
骷髅头徽章。在上身穿"Atilla"，头戴便服帽子的情
况下，制服上不佩戴任何绶带。大衣肩部的颜色同
"Atilla"一致，肩章的颜色为团属色。

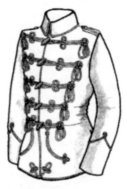

◎ 骠骑兵军官的临时短夹克

军官腿部穿着与士兵一样，但在步行外出及其他
不骑马的场合中穿的裤子的材质要更精致一些（皮革
材质没有经过加强）。便服帽子上有帽檐。大衣领口
外侧的颜色与领章一致。领口内侧的颜色与肩章一致，
缝合线为纽扣色。第 1 团军官的领口内侧的材质为黑
色天鹅绒，而第 2 团军官的领口外侧的材质为黑色天
鹅绒。

◎ 骠骑兵军官大礼服裤子的
贴边装饰

在穿大礼服时，军官获准穿一种特殊颜色的梅尔顿布制的紧身骑马裤。裤子
正面装饰有方向朝下的奥地利结，其颜色与纽扣色一致，周边装饰有眼孔花边。
除了这种马裤之外，军官还会穿一种柔软的漆皮靴，其长度刚好及膝，鞋顶有宽
约 2cm 的纽扣色花边，靴子正面还有一小段缨子。此外，马靴后面还装有马刺。

骠骑兵团的军官不穿长大衣，而是穿一种便服上衣。这种制服的基本形制
与常服"Atilla"夹克相同，其颜色也基本相同（但近卫骠骑兵团及第 3 骠骑兵
团除外，这几个团的"Atilla"夹克是蓝色的），贴边为白色或黄色，还装饰有
黑色骆驼尾。这种制服的贴边比常服"Atilla"稍薄，贴边还和常服一样穿过了

制服的正面。翻领只有正面及下缘有贴边，袖口非常厚实，上面只有一圈贴边。肩章与骠骑兵的常服上衣非常相似，颜色仅为黑色，并装饰有白色骆驼尾。

普鲁士陆军各骠骑兵团制服标识 1

团番号	"Attila"色	"Attila"贴边及缝合线色	"Kolpak"色	便服帽色	便服帽带色	大衣色	大衣肩章色
近卫骠骑兵团	红	黄	红	蓝	红	红	红
第1王室警备骠骑兵团	黑	白	红	黑	红	红	黑
第2王室警备骠骑兵团	黑	白	白	黑	黑	黑	黑
勃兰登堡骠骑兵团（第3团）	红	白	红	红	蓝	蓝	蓝
第1西里西亚骠骑兵团（第4团）	棕	黄	黄	棕	棕	棕	棕
波美拉尼亚骠骑兵团（第5团）	蟹红	白	蟹红	蟹红	黑	蟹红	蟹红
第2西里西亚骠骑兵团（第6团）	暗绿	黄	红	暗绿	红	红	暗绿
第7"国王"骠骑兵团（第1莱茵骠骑兵团）	俄罗斯蓝	黄	红	俄罗斯蓝	红	红	俄罗斯蓝
第1威斯特伐利亚骠骑兵团（第8团）	暗蓝	白	亮蓝	暗蓝	亮蓝	亮蓝	暗蓝
第2莱茵骠骑兵团（第9团）	矢车菊蓝	黄	矢车菊蓝	矢车菊蓝	矢车菊蓝	矢车菊蓝	矢车菊蓝
马格德堡骠骑兵团（第10团）	暗绿	黄	彭巴杜尔红	暗绿	彭巴杜尔红	彭巴杜尔红	暗绿
第2威斯特伐利亚骠骑兵团（第11团）	暗绿	白	红	暗绿	红	红	暗绿
图林根骠骑兵团（第12团）	矢车菊蓝	白	白	矢车菊蓝	矢车菊蓝	矢车菊蓝	矢车菊蓝

普鲁士陆军各骠骑兵团制服标识 2

团番号	贴边色	绶带色	临时短夹克色	大礼服马裤色	军刀袋色	鞍饰布花	鞍饰布花边色
近卫骠骑兵	金	红	蓝	蓝	红	蓝	红
第1骠骑兵团	银	红	黑	黑	红	黑	红
第2骠骑兵团	银	白	黑	黑	黑	黑	黑
第3骠骑兵团	银	红	蓝	蓝	红	蓝	红

第4骠骑兵团	金	黄	棕	矢车菊蓝	棕	棕	黄
第5骠骑兵团	银	蟹红	蟹红	黑	黑	蟹红	黑
第6骠骑兵团	金	红	暗绿	红	红	暗绿	红
第7骠骑兵团	金	红	俄罗斯蓝	红	红	俄罗斯蓝	红
第8骠骑兵团	银	亮蓝	暗蓝	暗蓝	暗蓝	暗蓝	暗蓝
第9骠骑兵团	金	矢车菊蓝	矢车菊蓝	矢车菊蓝	矢车菊蓝	矢车菊蓝	矢车菊蓝
第10骠骑兵团	金	彭巴杜尔红	暗绿	彭巴杜尔红	亮蓝	暗绿	彭巴杜尔红
第11骠骑兵团	银	红	暗绿	红	暗绿	暗绿	红
第12骠骑兵团	金	彭巴杜尔红	暗绿	彭巴杜尔红	亮蓝	暗绿	彭巴杜尔红

装备

骠骑兵团所有官兵都统一将剑带佩挂在"Attila"的底下，剑带上的副武器是1852式军刀，刀鞘上有皮革带并缠绕着剑穗，剑穗的颜色与所有骑兵部队的基本着色规则一致。此外，所有官兵还随身携带一个被称为"军刀袋"（sabretache）的皮革包。这个皮革包的顶部刚好够到他们的膝盖。"军刀袋"的贴盖上装饰有铜质王冠及"FWR"字样画押徽章。近卫骠骑兵团的军刀袋的贴盖为红布制，边缘有黄色花边，中央绣有黄色王冠及"FWR"画押。骠骑兵还佩戴白色皮革制的标准型骑兵武装带，上面装有卡宾钩。线列团的黑色皮革包的贴盖上没有任何装饰物，但近卫团及2个王室警备团的贴盖上有近卫星芒。骑兵携带的枪械为1857式骑兵卡宾枪。

军官的剑穗以及军刀袋上的缨子为银色，边缘处有"Attila"夹克色的花

◎ 骠骑兵的军刀袋，左为军官所用样式，右为士兵及士官所用样式

◎ 近卫骠骑兵与王室警备骠骑兵的皮革包

边。常服所用的军刀袋为红色皮革制，其颜色为团属色，边缘处还有一条 2cm 宽的纽扣色花边，外侧有一条非常薄的缝合线。贴盖处有一个巨大的王室画押及王冠。军刀袋顶部有 3 个红色皮革制的扣环，贴盖周围的薄薄一层边缘也是红色皮革制。在实战中，军官会使用一种黑色皮革制的军刀袋，上面有镀金或银质的王室画押。武装带上贴有同 "Attila" 夹克的颜色一致的花边及银色贴边。黑色皮革制的武装带上还有镀金的 "FWR" 字样画押，近卫骠骑兵团则为镀金的近卫星芒，第 1 团与第 2 团为银质画押。

军官佩带 M1852 式骑兵军刀，其中近卫团及 2 个王室警备团的军刀刀格处还有星芒（士官同样也可佩戴）。在实战中，军官更倾向于自购手枪。

马具

比较有意思的是，骠骑兵团对于战马的毛色并没有做出任何明确的规范。但官兵们却更倾向于使用毛色更明亮一些的坐骑，每个骑兵中队还非常喜欢使用同一种毛色的军马，这似乎成了各骠骑兵团内部的一种无形规矩。士兵的鞍具及缰绳是骑兵标准式样，马鞍上的个人装备的悬挂方式也与上文介绍的基本一致。卡宾枪的佩挂方式与龙骑兵一致。鞍饰布侧后两角为燕尾形，前方两角为圆形。四周有团属色的锯齿状边缘，外缘贴边为纽扣色，锯齿状外缘的颜色与之基本相同。贴边外缘的每个装饰带还会被编成一个个小环或是眼孔状。近卫骠骑兵团的鞍饰布侧后方印有星芒。

骠骑兵军官的缰绳较为特殊，遵循各团的特殊式样。两个王室警备团使用黑色皮革制挽具，其他团使用亮棕色挽具。所有团的马具都有皮革面带，面带中央有黄铜扣。近卫骠骑兵团及第 5、9、10、11、12 骠骑兵团的缰绳上的银质或镀金半月状金属扣子上可以插羽饰。其中近卫骠骑兵团与第 9、10、11 骠骑兵团的羽饰为黑色，第 4 骠骑兵团与第 12 骠骑兵团为白色。第 4、6、7 骠骑兵团仅有半月状金属扣子，2 个王室警备团及第 3、8 骠骑兵团则有装饰性的星芒徽。在当时，第 3 骠骑兵团的挽具上还有贝壳。1867 年，近卫骠骑兵团也采用了这种挽具装饰，一年后其他各团也相继采用。

军官的鞍饰布与士兵基本相同，只是其侧后角贴边为金色或银色，并带有花卉叶子等装饰性图案。近卫骠骑兵团的军官的鞍饰布外缘有一根宽约 3cm

的贴边，前后方装饰有星芒，后方还有花卉图案。

◎ 骠骑兵的鞍饰布

军旗与定音鼓

1861 年，所有的骠骑兵团都采用 1814 年样式的方形军旗，旗面图案遵循通用制服条例。近卫团的旗面底色为白色，其余为黑色。到了 1860 年，第 4、5、9、10 骠骑兵团修复并翻新了破旧不堪的旧军旗（宪法规定军旗神圣不可侵犯，不可随意替换或遗弃），在四周角落添加了白色的楔型贴边。所有团都携带 1813—1815 年样式的飘带，第 3、8、11 及 12 骠骑兵团携带 1849 年样式的飘带，全都佩挂有勋剑。1864 式飘带后来由近卫骠骑兵团（挂有勋剑）、第 3 骠骑兵团（挂有奥尔森十字勋章）以及第 8 骠骑兵团（挂有勋剑）携带。

第 1、2、3 骠骑兵团还携带定音鼓。其中第 1 王室警备骠骑兵团的定音鼓为银质，是该团的前身"冯·鲁斯克"（von Reusch）骠骑兵团于 1758 年的卡托里克 - 汉诺斯道夫（Katholisch-Hennersdorf）战役中从敌军手里缴获来的。其姐妹团第 2 王室警备骠骑兵团的定音鼓是 1858 年由国王亲手授予的，形制同第 1 团的十分相似，但材质为铜。第 3 团的定音鼓是国王于 1857 年授予的（同样也是在卡托里克 - 汉诺斯道夫战役中从敌军手里缴获来的）。

枪骑兵

普鲁士枪骑兵的历史可以一直追溯至腓特烈大帝时代的"波斯尼亚人部队"以及法国大革命期间的"波兰伴随骑兵"①。到了 1861 年，枪骑兵成为普

---

①译注：Towarczys，在波兰语中有"伙伴"或"跟随者"的意思。在波兰 - 立陶宛联合王国时代，这个词专门指代王国中那些可以携带 1—4 名仆役出征的低军龄贵族。贵族本人主要负责掌军旗，仆役多为匈牙利骠骑兵、瓦拉几亚轻骑兵、立陶宛轻骑兵、鞑靼骑兵、哥萨克骑兵或克罗地亚骑兵，并逐渐成为一种特殊的骑兵代名词。三次瓜分波兰之后，普鲁士继续沿用这一词汇，组建了自己的"伴随骑兵团"。

鲁士骑兵当中规模最大的一个兵种，共有 15 个团。其中有 1 个近卫团及 4 个线列团是 1860 年成立的新部队。

枪骑兵帽

枪骑兵专用的帽子被称为"Tschapka"，这是一个波兰语词汇。普鲁士首次使用这种帽子是在 1815 年，而后来使用的是 1843 式。两者之间仅有极少数改动，上面的装饰物也基本相同。帽身由经过水煮处理的黑漆皮革制成，正面带有圆边皮革帽檐。固定在帽身上的是一个圆形皮革杆柱，上面顶着一个前后方正平坦的皮革板。这块皮革板的大小与帽身基本相同，板上还缠绕着团属色的罗纹布条。皮革板的边缘贴边略高于皮革板本身。枪骑兵帽左上侧前缘附有一个椭圆形的黑 / 白色帽花，后面装有一个黄铜杆，杆子上可以插白色羽饰。军帽上的帽线全团统一为白色。帽线先是在帽身上缠绕一圈，然后再环绕到皮革板处一圈并贴附在皮革板右侧的一个环上。帽线的另一头会绕过官兵的脖子，并打结系成一个缨子，从左肩处垂下来。所有团的帽链皆为铜质。士官的羽毛帽饰为上黑下白，帽檐边缘有黄铜贴边，帽线为黑白两色羊毛绒制。自 1822 年起，近卫枪骑兵团的团级军士长开始统一使用由银丝及黑色羊毛绒制成的帽线及缨子。小号手与双簧管手的军帽同士官一样，只是使用红色羽毛帽饰。

军帽上的帽徽贴于顶板边缘至帽身顶部。第 1 及第 3 近卫枪骑兵团的帽徽为银色的近卫鹰徽与大星芒。第 2 近卫枪骑兵团为铜质鹰徽及银质星芒。第 1、2、3 枪骑兵团使用铜质线列鹰徽，其上带有"祖国"字样的卷轴以及 FWR 画押。第 4、9、10、11、12 枪骑兵团使用铜质线列鹰徽，其上带有"祖国"字样的

◎ 骠骑兵的帽饰，从左至右分别属于军官、士官与士兵

◎ 枪骑兵帽"Tschapka"，左为第3团军官所用，右为第3团士兵及士官所用

卷轴以及 FR 画押。第 5、6、7、8 枪骑兵团使用白色金属制线列鹰徽，其上带有"祖国"字样的卷轴以及 FR 画押。军官的枪骑兵帽同士兵一样，只是其材质更精致。帽身背面呈圆瓣型，被称为"假帽檐"，假帽檐顶端可以高过军帽正面杆柱的底部。军帽的皮革板顶部贴边、帽线以及缨子为银黑两色制，帽花为外银内黑。帽链材质镀金，正面帽檐的贴边也为镀金。正面的鹰徽为银质或镀金，上面的近卫大星芒同样为银质，星芒中央为珐琅质。

1862 年，第 3 团的军官从国王处获得恩准，从此可以在帽身顶部缠绕一根 4cm 宽的金色荣誉帽带，侧后方的"假帽檐"上同样也可贴有一条薄薄的金色贴边。

在战场上，军官与士兵都必须移除自己军帽上的羽毛帽饰，并通过帽身上的一个眼孔在军帽上披盖一层黑色的油布套，其外观材质给人的感觉就像马靴一样。不过，制服条例还是允许枪骑兵团的官兵将自己的帽花及帽线外露出来。一些团的军官还会在实战中使用自费购买的亮黑色皮革军帽。

枪骑兵夹克

当骠骑兵于 1853 年正式采用"Attila"夹克的时候，枪骑兵也奉命换上了一种新式制服——双排扣的"Ulanka"夹克，这种制服也师承奥地利陆军中的同行，取代了拿破仑时代的旧式"Kollet"。这种暗蓝色的夹克为双排扣，每排各有 7 颗纽扣。顶部一颗纽扣位于肩中部以下，另外 6 颗位于胸部中部及以下。夹克的龟腹周围有贴边装饰（同位于顶部的两颗纽扣合在一起看，龟腹部的形状很像一个大扇贝）。正面裙摆、侧后面的接缝处以及裙摆边缘的颜色与贴边色一致。根据 1854 年 2 月军方发布的一份制服条例，枪骑兵可以在阅兵等重大场合中在 Ulanka 上装一个"可拆卸龟腹"（paraderbatten）。龟腹、领口、"波兰袖"的袖口及其纽扣的颜色都与各团的团属贴边色一致。枪骑兵夹克不使用常服肩章，而是使用一种可拆卸的大肩章，其形制与其他兵种的大肩章相似，只是枪骑兵的大肩章边缘贴有黄铜板，其底色为团属色。除了近卫第 1 及第 3 团之外，肩章板的材质都为黄铜，而这两个团的材质为白色金属。第 3 团的肩章上有铜质的沙皇亚历山大二世的画押。所有团的"半月纹"里子都为红色。此外，枪骑兵夹克上通常还会佩戴有一根名为"Päßgürtel"的带子，其颜色为

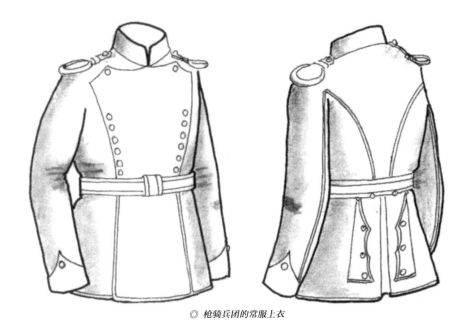

◎ 枪骑兵团的常服上衣

◎ 枪骑兵军官的便服皮革帽

◎ 枪骑兵团的大肩章，从左至右分别属于一年志愿兵、自愿超期服役兵（Kapitulant）以及第3枪骑兵团

蓝色，周边装饰有贴边色，还带有一个垂直环，其宽度与颜色和"Päßgürtel"本身一致。领口处有两条"litzen"式大贴边。近卫团的袖口也有一条"litzen"式大贴边。第1及第3近卫团的大贴边颜色为白色，第2近卫团为黄色。士官的制服领口及袖口同其他官兵一致。小号手及双簧管手佩戴燕巢肩章，同时还要佩戴带穗大肩章。

军官的常服上衣同士兵基本相同，只是其材质更奢华精致。大肩章的"半月纹"为镀金（第1及第3近卫枪骑兵团为银质），常服上不佩戴"Päßgürtel"，而是佩戴银色军官绶带及黑色饰带。

各枪骑兵团的制服区别

团番号	贴边/纽扣色	领口、袖口、大衣领章、缝合线色	龟腹/阅兵龟腹色	大肩章底色、枪骑兵帽以及大衣肩章色
第1近卫枪骑兵团	银	红	白（缝合线为红）	白
第2近卫枪骑兵团	金	红	红	红
第3近卫枪骑兵团	银	黄	黄	黄
西普鲁士枪骑兵团（第1团）	金	红	红	白
西里西亚枪骑兵团（第2团）	金	红	红	红
第1勃兰登堡枪骑兵团（第3团）	金	红	红	黄
第1波美拉尼亚枪骑兵团（第4团）	金	红	红	亮蓝
威斯特伐利亚枪骑兵团（第5团）	银	红	红	白
图林根枪骑兵团（第6团）	银	红	红	红
莱茵枪骑兵团（第7团）	银	红	红	黄
东普鲁士枪骑兵团（第8团）	银	红	红	亮蓝
第2波美拉尼亚枪骑兵团（第9团）	金	白	白	白
波森枪骑兵团（第10团）	金	赤红	赤红	赤红
第2勃兰登堡枪骑兵团（第11团）	金	黄	黄	黄
立陶宛枪骑兵团（第12团）	金	亮蓝	亮蓝	亮蓝

★近卫枪骑兵团的大衣的肩章上没有缝合线

便服、大衣以及腿部装备

便服帽子为暗蓝色，带有帽檐，帽带的颜色同贴边色一致。所有团统一穿皮衬骑兵工作裤。除第10团之外，所有团的裤子外侧缝合线颜色都为红色，而该团为赤红色。（线列团的）大衣肩章为蓝色并带有同大肩章颜色一样的缝合线，而近卫团的大衣肩章上没有缝合线。

军官长大衣为暗蓝色。领口、胸部贴盖以及袖口缝合线的颜色同贴边色一致。领口带有暗蓝色贴边。军官大衣及"mantel"的可翻折领口的内侧颜色为常服上衣的颜色，长大衣的配色规范也与之一致。在宫廷集会以及其他重大场合中，军官们穿暗蓝色裤子，上面有3条同上衣贴边色相同的贴边。第1近卫枪骑兵团的缝合线为白红两色。手套为纯白色。

装备及马具

士兵佩戴白色肩带，带子上挂有卡宾钩及黑色肩包。3个近卫枪骑兵团的肩包的贴盖上装饰有近卫星芒，其他团的贴盖上没有任何装饰物。军刀的刀鞘上的悬挂带也为白色，剑穗的着色规范与其他骑兵一致。军官使用蓝色布制衬里的银色或金色的武装带，上面悬挂的皮革袋为黑色。近卫团的皮革袋贴盖上有银质近卫星芒，线列团军官为镀金王冠及"FWR"字样画押。剑带及缨子同样佩挂于常服上衣之下。

士兵携带1828式灰色骑兵矛，这种骑兵矛的杆子上有一个黑色的手挂带，矛尖为钢质。挂在枪尖处的小旗（pennant）由白色的帆布及黑色的美利奴羊绒制成，旗面形状为燕尾形。

1865年以前，枪骑兵团的士官都不会携带骑兵矛。但从这一年起，枪骑兵团的所有官兵都被强制命令携带一杆骑兵矛。士官的小旗为白色帆布制，两边的旗面都缝着一只黑色的普鲁士鹰。

副武器为1852式骑兵军刀。1860年3月1日，内阁允许第1枪骑兵团的团级军士长随身佩带法式军刀。随身枪械为M1851式骑兵手枪而非卡宾枪。

与龙骑兵团一样，枪骑兵团的军官与资深士官可以随身佩带1852式佩剑，其剑柄为精致的鱼皮而非单纯的皮革包木。军官在穿便服时，还可佩带狮首军刀。与其他所有兵种的骑兵军官一样，枪骑兵团的军官也很喜欢自费购买手枪。

枪骑兵团的军马都是经过层层筛选而最终得来，马匹毛色的选择规范与龙骑兵团相同，但许多枪骑兵团的小号手更加倾向于骑灰色或白色的军马。马鞍与缰绳为标准的轻骑兵样式。鞍饰布为暗蓝色，其装饰性花边为上衣贴边色。近卫团的鞍饰布前方及侧后各角都装饰有近卫大星芒。大衣及其余各类装备的挂载于马鞍之上的方式，同上文介绍的龙骑兵团基本相同。

军旗及定音鼓

3个近卫枪骑兵团以及第1、3、9、10、11、12枪骑兵团的军旗旗面为方形，而第2以及第4—8枪骑兵团的军旗旗面为燕尾形。第1—8近卫枪骑兵团缠的是 1813—1815 年样式的飘带。第 6、7、8 团采用 1849 年样式的飘带并佩挂勋剑。除此之外，第 3 枪骑兵团还有一根 1857 年由俄国皇后玛丽亚授予的特殊飘带。在当时普鲁士陆军的所有枪骑兵团中，仅第 7 团携带定音鼓。这面银质定音鼓是 1827 年 5 月 26 日由萨克森 - 魏玛 - 艾森纳赫的卡尔大公赠送的。

陆军辅助兵种制服

第十六章

炮兵

普鲁士陆军将炮兵部队编为旅级建制，这一点有别于步骑兵部队的团级建制。一个炮兵旅下辖 3 个野战炮分队，每个分队下辖 4 个步炮连、2 个要塞炮连。此外，每个炮兵旅还下辖骑炮分队，每个骑炮分队下辖 6 个骑炮连。1861年，普鲁士的炮兵部队被分为 1 个近卫炮兵旅与 8 个地方炮兵旅。其详细编制状况如下：

（第 1 ）东普鲁士炮兵旅	（第 2 ）波美拉尼亚炮兵旅
（第 3 ）勃兰登堡炮兵旅	（第 4 ）马格德堡炮兵旅
（第 5 ）下西里西亚炮兵旅	（第 6 ）西里西亚炮兵旅
（第 7 ）威斯特伐利亚炮兵旅	（第 8 ）莱茵炮兵旅

头盔

炮兵部队统一采用 M1869 式头盔，只是顶上的矛尖被替换成圆球，头盔的其他部位则同步兵部队的矛尖盔基本一致。近卫炮兵的头盔零配件材质为铜梓合金，上面的帽徽为近卫鹰徽并配有白色金属大星芒。自 1861 年起，近卫要塞炮分队的第 4 连的帽徽星芒底下的卷轴上还刻有"科尔贝格 1807"的字样，以表彰该部队在战役中的突出表现。近卫炮兵旅在阅兵式等正式场合中，还要在头盔上插白色盔饰，而该旅的小号手则要插红色盔饰。

线列炮兵旅的头盔上的零配件及线列鹰徽的材质为黄铜。第 1、3、6 炮

◎ 普鲁士线列炮兵部队的头盔   ◎ 有"科尔贝格1807"字样的普鲁士近卫炮兵鹰徽

兵旅的鹰徽中间的盾牌上刻有"FWR"字样的国王画押。剩余几个炮兵旅的鹰徽胸口处画押为"FR"。（第2）波美拉尼亚炮兵旅的第2、4、6步炮连，第3要塞炮连以及第1及2骑炮连的头盔鹰徽上也带有"科尔贝格1807"字样的荣誉卷轴。（第3）勃兰登堡炮兵旅的第1步炮连也是同样的情况。军官的头盔与士兵基本相同，通常情况下仅仅是质量上的差别。

上衣

炮兵部队的常服上衣同步兵部队基本一致，领章与袖口为黑色。上衣正面、裙摆、领章以及袖口边缘处的缝合线为红色。近卫炮兵连及所有的骑炮连的袖口都为瑞典式。在近卫炮兵旅中，领章及袖口处还要贴上黄色骆驼尾材质的近卫"litzen"式大贴边。线列炮兵旅的步炮连上衣采用勃兰登堡式袖口，袖章色为蓝色。肩章为红色，所有的近卫炮兵部队的肩章上无肩章条，而线列炮兵旅的肩章上则贴有所属部队的黄色数字番号。每个炮兵旅还下辖一个"军械处"（Feuerwerksabteilung），该处人员的肩章上贴有"F"字样的肩章条。近卫部队的小号手与双簧管手配有黑色"燕巢"肩章，其边缘有黄色贴边。步炮及要塞炮部队的"燕巢"为白色贴边（双簧管手士官为金色），所有骑炮部队的小号手为金色贴边（号手士官的肩章上还会带肩穗）。

炮兵军官的黑色领口及袖口的材质为天鹅绒，肩章为红底，肩章上的半月纹材质为镀金，线列炮兵部队的肩章数字番号同样也镀金。

便服、靴子与大衣

士兵的便服帽子为蓝色，上面有黑色帽带，帽带两端有红色镶边。王冠帽徽周围同样也有红色缝合线。军官的帽带材质为天鹅绒，帽子前端还有帽檐。步炮及要塞炮部队的裤子式样与步兵部队一致，骑炮部队为骑兵式样的裤子。大衣领章为黑色，近卫炮兵的肩章条为红色，线列炮兵肩章为蓝色配以红色缝合线，上面贴有黄色数字番号。骑乘部队穿骑兵式样的大衣。

◎ 炮兵部队军械处人员的肩章

步炮及要塞炮部队军官的长大衣为黑色，上面贴有黑色的天鹅绒质领章，领章的缝合线为红色。正面纽扣无须系上，袖口的缝合线也为红色。骑炮部队军官的长上衣为蓝色，但制服标识与步炮及要塞炮部队相同。军官的裤子同士兵一样，但在宫廷等要求穿大礼服的场合，非骑乘类的炮兵部队军官会穿白色羊毛布质地的裤子。骑炮部队的大礼服裤子为蓝色，每一侧各有两条宽约 4cm 的黑色天鹅绒贴边，这两条"黑杠"中间是一条红色贴边，裤子两侧的缝合线同样为红色。大衣领口内侧的材质为黑色天鹅绒，有红色缝合线，领口外侧为蓝色。

装备

步炮及要塞炮部队身上的"皮革装备"同步兵部队相同，材质为白色皮革。背包上的带子与近卫步兵类似，通过两个手榴弹状的钩子挂在官兵的背上。腰带上装有 M1849 式工具短剑（fascine）。

步炮部队的剑穗

步炮分队	"橡子"色	炮兵连番号	缨子及皇冠色
第 1 步炮分队	白	第 1 重步炮连 第 2 野战炮连 第 3 榴弹炮连	白 红 黄
第 2 步炮分队	红	第 1 重步炮连 第 2 野战炮连 第 3 榴弹炮连	白 红 黄
第 3 步炮分队	黄	第 1 重步炮连 第 2 野战炮连 第 3 榴弹炮连	白 红 黄

★某些炮兵旅还下设第4步炮分队，该分队的剑穗"橡子"色为亮蓝色

要塞炮兵部队的第1营的"橡子"色为亮蓝色，第2营为亮绿色。每个营的4个连的缨子及皇冠色分别为白/红/黄/亮蓝。值得一提的是，步炮部队不会随身携带任何枪械。

骑炮部队佩戴白色腰带，上面有黑色皮革弹药包，弹药包的贴盖上印有铜质的燃烧手榴弹徽章，徽章中央印有"FWR"字样的画押。步炮部队的腰带与之基本一致。副武器为1852式马镫状刀格的军刀，上面配有剑穗缨子。除此之外，他们还装备了M1850式骑兵手枪。

骑炮部队剑穗

炮兵连番号	1	2	3	4	5	6
"王冠"色	白	红	黄	亮蓝色	亮绿色	白
剑穗色	白	白	白	白	白	红

炮兵部队的军官，无论是步炮还是骑炮，都统一戴蓝色的带金色贴边的腰带，上面挂有黑色漆革弹药包。近卫炮兵旅军官弹药包上还装饰着银质的近卫大星芒徽章，线列炮兵部队为镀金的"FWR"画押，字样上面有王冠。随身副武器为1852式骑兵军刀，上面的缨子为蓝色，贴有金色镶边，佩剑腰带挂在上衣底下。

马具

骑炮部队的鞍饰布与通用制服条例的规范基本一致，两侧边缘为圆形，侧后处的两个角有黑色贴边，缝合线为红色。圆形边缘有一条薄薄的红色贴边。军官鞍饰布与其基本一致，但贴边有了明确的规定——红色贴边宽度为1.5cm，黑色贴边宽度为4cm。此外，近卫炮兵旅的鞍饰布侧后方的两个角上还装饰有近卫星芒徽。

◎ 骑炮部队弹药包上的"燃烧手榴弹"徽

军旗

炮兵部队的军旗旗面同步兵部队一致，且每个炮兵分队都携带专属军旗。近卫炮兵旅、第 1 炮兵旅、第 2 炮兵旅的所有炮兵连都是用 1813—1815 年样式的军旗饰带。第 4 炮兵旅第 2 分队采用 1849 式饰带，并挂有专属佩剑。近卫炮兵旅的第 2 分队、第 3 炮兵旅的第 3 分队（挂有专属佩剑）、第 7 炮兵旅的第 1 分队（挂有专属佩剑）以及第 8 炮兵旅的骑炮分队采用 1864 式饰带。

军械部队

军械部队人员隶属于各军总指挥部，其制服同线列炮兵部队一致，袖口为瑞典式。军官的肩章里子为黑色天鹅绒质，并随身佩带步兵军官佩剑。军械下士及军械上士的领口与袖口贴有金色花边，下士携带军官佩剑，上士携带步兵副武器，副武器上缠绕白色羊绒剑穗。

工程与战斗工兵部队

普鲁士战斗工兵部队拥有相当悠久的历史，可以一直追溯至腓特烈大帝时代的普鲁士矿工及工兵们。1861 年，这一兵种被编为若干个营级建制，近卫军及每个地方军各下辖 1 个战斗工兵营，这一点与炮兵部队非常类似。第 1 营隶属于东普鲁士军区，第 2 营隶属于波美拉尼亚，第 3 营隶属于勃兰登堡，剩余几个营的编号规则也同炮兵旅一致。每个战斗工兵营下辖 4 个连。工程部队的成员都是军官，隶属于各军的总指挥部。制服与炮兵部队基本相同，少数几个差别如下：

头盔

头盔顶部为常见的矛尖，而不是炮兵部队的球状。零配件都为白色金属制，近卫战斗工兵部队的帽链为铜锌合金，线列部队的帽链为铜质。近卫战斗工兵部队的头盔鹰徽上装饰有银质近卫大星芒；第 1、3 线列战斗工兵营为常规鹰徽，中央盾牌上印有 "FWR" 字样的画押，剩余几个战斗工兵营的画押为 "FR"。在阅兵时，近卫部队的头盔插有黑色盔饰。所有营的军号手与双簧管手统一插有红色盔饰。军官的头盔零配件为银质，帽链材质为镀金。

上衣

上衣的样式与步兵部队一致，带有黑色领口及瑞典式袖口，边缘的缝合线为红色，与炮兵部队相同。近卫部队的领口与袖口还有白色"Litzen"式大贴边，纽扣为锡制。肩章为红色，上面贴有所属营的黄色数字番号（近卫营没有类似的肩章条）。士官的制服贴边都为银色，双簧管手的肩章为黑色"燕巢"式。线列部队双簧管手士兵的"燕巢"肩章配以白色贴边，近卫营的双簧管手及线列部队的双簧管手士官的贴边为银质。

所有的工程及战斗工兵部队的军官统一采用黑色天鹅绒质。无论是近卫还是线列部队，所有军官的制服领口处都贴有 2 条银质"litzen"式贴边。线列部队的军官制服袖口为参谋式样的"litzen"式大贴边。肩章上的半月纹同样为银质，贴有镀金的所属营数字番号。肩章面及里子为红色。

制服的其他物件

便服帽子、裤子以及大衣同步炮部队基本一致。值得一提的是，大衣采用锡制纽扣。军官的长大衣、裤子、阅兵用的白色裤子以及大礼服的裤子都与步炮部队相同，只是贴边色及纽扣色为银色而非后者的金色。工程部队的军官大礼服裤子为暗蓝色，同骑炮部队一致，两侧有黑色及红色的贴边。

装备与马具

所有的装备同步炮部队基本相同，只是皮革的颜色为黑色。背包带上的钩子为铜质，其中线列营采用线列步兵团样式的扣子，近卫营为铜质手榴弹状扣子。副武器为战斗工兵的短剑，剑身背面有锯齿状边缘。士官及士兵的"troddel"的配色规范，与各步兵团的第一步兵营的各连配色规范一致。

工程部队"troddel"配色

连番号	1	2	3	4
缨子色	白	红	黄	蓝
"橡子"色	白	白	白	白
"王冠"色	白	红	黄	蓝

士官的副武器及剑穗式样，与步兵部队相同。战斗工兵部队使用 M1849 式米涅弹线膛卡宾枪。尽管军方自 1865 年起规定部队使用 M1854 猎兵线膛枪，但许多战斗工兵部队在 1866 年战役期间没能用上这种枪械。军官的武装同步兵部队的军官十分相似，有权骑马出行的军官的鞍饰布与炮兵部队相同，近卫部队的鞍饰布侧后方同样有大星芒。

军旗

战斗工兵携带的军旗旗面与炮兵部队基本相同，军旗上的装饰物与各炮兵旅麾下的战斗工兵营的旗面规范大体相同。

军事运输部队

普鲁士的军事运输营成立于 1853 年，编制规则与炮兵及战斗工兵颇为类似，各地方军与近卫军各下辖 1 个营。每个军事运输营又被分为 2 个连。

头部装备

军事运输营的士官及士兵统一戴猎兵的高筒军帽。军帽上带有铜质线列鹰徽，雄鹰的胸口印有"FR"字样的画押，帽子其他部分与猎兵部队基本一致。近卫运输营的军帽正面的星芒徽与近卫猎兵部队相同。近卫营在阅兵场合中插有白色盔饰，双簧管手插红色盔饰。

军事运输部队的军官不戴高筒军帽，而是戴步兵部队的矛尖盔，头盔顶部是标准的矛尖。线列营的军官鹰徽及零配件为镀金，中间写有"FR"画押字样，近卫营是镀金的展翅雄鹰及星芒徽，其材质为"德国银"。

上衣

常服上衣为暗蓝色，前方有 8 颗纽扣，领口为圆边，袖口为瑞典式。近卫运输营的领章及袖口为亮蓝色，线列营的领章也为亮蓝色，但袖口色与上衣颜色一致。上衣的前后裙摆有浅蓝色缝合线，袖

◎ *近卫运输营的高筒军帽*

355

口顶部的样式规范也与线列步兵团一致。近卫运输营的领口与袖口上贴有 2 条白色的"litzen"式大贴边。近卫营纽扣材质为铜锌合金，线列营为铜质。线列营的肩章上贴有所属军的红色数字番号。士官的军衔用金色花边区别。军鼓手的"燕巢"肩章为亮蓝色，配有白色贴边（近卫营的肩章还会带穗）。骑马出行的下号士官的"燕巢"肩章为亮蓝色配以金色贴边。军官穿步兵部队样式的上衣，制服上的标识与士兵一致，但材质更精致。近卫运输营的军官领口与袖口处贴有 2 条金色的"litzen"式大贴边。肩章里子同样也是亮蓝色。此外，所有军官还需佩戴银黑两色的绶带。

制服上的其他物件

便服帽与大衣形制也同步兵部队基本一致，只是贴边的颜色为亮蓝色。其中大衣还有暗蓝色的肩章及亮蓝色的贴边，肩章上面还贴有所属军的番号。步行部队的裤子同常规步兵部队的裤子基本一致，同样都有红色的贴边，骑乘部队则同骑兵部队一致。军官们所用的长上衣同样为暗蓝色，领章色为亮蓝色，阅兵场合中所用的白色裤子也同步兵部队一致。大衣的外侧领口为暗蓝色，翻下来的里侧领口则为亮蓝色。非骑乘部队（如战地面包屋及其员工等）所用的装备也都同步兵部队一致。腰带上有个铜质扣子。此外，他们还携带有步兵部队的副武器，"troddel"的配色规范也同各战斗工兵连的规范一致。

骑乘部队（如纵队马车的驾驶员及所有士官）佩戴白色武装带并挂有黑色皮革制弹药包，线列部队的弹药包上没有任何装饰，而近卫部队有一个星芒徽。此外，他们还随身佩带马镫状刀格的军刀，刀鞘上有黑色皮革制带子并缠绕有剑穗。各连的剑穗配色规范按照条例的描述，是"同骠骑兵部队一样"。

军官佩戴蓝色的武装带，袋子上有金色贴边，弹药包的贴盖上印有镀金王冠及"FWR"字样画押（近卫营则是银色星芒徽）。鞍饰布同有权骑马出行的军官基本一致。鞍饰布边缘呈圆形，同时还有亮蓝色的贴边。近卫部队的鞍饰布侧后方还有星芒徽。

地方民兵

地方民兵中的步兵

在经历 1859 年的军事改革之后，绝大部分的地方民兵部队都遭到了裁减。其中步兵仅剩下 4 个近卫地方民兵步兵团（2 个近卫步兵团、2 个近卫掷弹兵团）、32 个混编地方民兵团及 8 个独立线列步兵团。

制服

常备军与地方民兵部队的制服之间的差别主要体现在头部制服上。地方民兵统一戴猎兵式的高筒军帽，上面装饰有金属制黑色椭圆形帽徽，周边又有白色边框。近卫民兵的帽徽中央印有近卫星芒以及"民兵十字"，此外还刻有"祖国"银字。一些民兵步兵营甚至连高筒军帽都没有，仅有带帽檐的便服帽子，上面的帽徽为普鲁士王冠及"民兵十字"。

制服的其余部分同常备军各团一一对应，其中线列部队对应的是各军的前 4 个线列步兵团。所属连番号被印在肩章纽扣处，只是采用的是罗马数字而不是阿拉伯数字。"Troddels"的配色规范与步兵部队一致。皮革装备也基本相

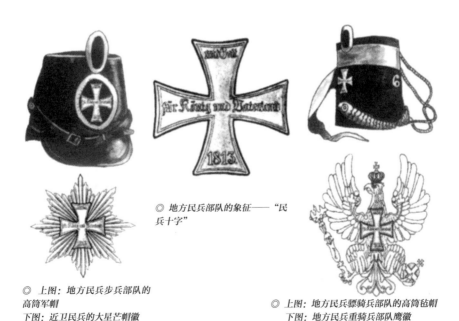

◎ 地方民兵部队的象征——"民兵十字"

◎ 上图：地方民兵步兵部队的高筒军帽
下图：近卫民兵的大星芒帽徽

◎ 上图：地方民兵骠骑兵部队的高筒毡帽
下图：地方民兵重骑兵部队鹰徽

同，只是许多民兵营仍在使用（拿破仑时代的）"X"状大皮革武装带，弹药包固定在腰带背面，而不是（像新式武装带那样）在腰带正面。大衣与便服帽子的规范也是同理，只是便服帽子上还有一个王冠加"民兵十字"的帽徽。

地方民兵中的骑兵

地方民兵中的骑兵经历了大规模重组，绝大部分部队遭到了裁减。剩下的骑兵部队有：第7重骑兵团（胸甲骑兵）；第2龙骑兵团；第1、2、5、6、10骠骑兵团以及第1、2、3、4、8枪骑兵团。在1866年战争期间，普鲁士还临时组建了7支新的骑兵部队，但在战争结束后，所有的民兵骑兵部队都遭到了解散。

除了头部装备之外，民兵骑兵部队的制服同常备军的骑兵部队一一对应。第7重骑兵团戴胸甲骑兵的头盔，头盔上面有铜质鹰徽，雄鹰正中央为"民兵十字"，但该部队的官兵实际上并不装备骑兵胸甲。骠骑兵戴老式高筒毡帽，上面插的羽翼状帽饰的颜色为团属色（跟常备军中的骠骑兵团的"巴士"包的颜色一致）。毡帽右侧有一个"民兵十字"，正面写有所属团的数字番号。帽链同样为铜质。军官的羽翼状帽饰有银质花边。

枪骑兵部队戴步兵或龙骑兵的头盔，上面贴有铜质鹰徽。"民兵十字"位于帽徽中央。自1861年起，军方开始规定民兵枪骑兵统一使用"tschapka"式枪骑兵帽，但极少数骑兵团直到战争爆发前才接收到这种新帽子。

陆军各部门

普鲁士陆军的非战斗部门在德语中被称为"Beamte"。这些部门在当时甚至还被或多或少地视为民间组织。这些部门的军官也因此被分为两大种。第一种被称为"高级军事文职人员"（Obere Militärbeamte），他们的职衔及地位可以和现役军人的军衔一一对应。后一种被称为"军事部门中的民间文职人员"（Zivilbeamte der Militär-Verwaltung），这些人没有任何职衔，其地位不可以和现役军人相对应。在医护部门这样的组织中，往往会同时有两种文职人员，彼此之间的身份非常容易混淆。下文将根据所属部门对制服进行区别，而不是通常的职衔。

医护部门

医师

根据 1865 年 7 月 25 日颁布的一份陆军制服条例,所有职衔低于卫生总监(surgeon general)的医护部门医师必须统一佩戴军阶章,军阶章比自己对应的军衔高一级。1866 年,陆军医护部门职衔对应军衔的规则如下:

陆军卫生总监(Generalstabsärzte de Armee)对应现役军人的上校。

军卫生总监(Corps-General-Ärzte)对应现役军人的中校。

高级卫生主管(Oberstabsärzte)对应现役军人的少校。

卫生主管(Stabsärzte)对应现役军人的上尉。

外科医师(Oberärzte)及医师助理对应现役军人的中尉。

医官(Unterärzte)为民间职位,无任何对应军衔。

制服

统一采用步兵部队样式的头盔,头盔零配件材质为镀金,同时贴有带"FR"画押字样的线列鹰徽。上衣为步兵部队式样,"瑞典式"袖口的颜色为蓝色,饰有红色缝合线。上衣的所有纽扣都为镀金。肩章为蓝底,肩章条为蓝色,并有与现役军衔对应的星徽。此外,制服的领口及袖口处还根据职衔贴上相应的金色"Litzen"式贴边。

医护部门的职衔标识

职衔	领口"Litzen"式贴边数量	袖口"Litzen"式贴边数量	肩章
陆军卫生总监	2	2	金色肩穗 /2 枚星章
军卫生总监	2	2	金色肩穗 /1 枚星章
高级卫生主管	2	2	金色肩穗 / 无星章
卫生主管	1	无	2 枚星章
外科医师	1	无	无星章
助理医师	无	无	无星章

陆军卫生总监的制服领口与袖口的材质为天鹅绒。卫生主管的制服不佩

戴任何银 / 黑色绶带。初级医官对应的现役军人的军衔为士官，穿的是助理医师的制服，肩章条为蓝色，附有金色缝合线。

便服帽呈蓝色，有帽檐，帽带及帽徽周围的缝合线为红色。帽徽是一个位于王冠上方的金色小型鹰徽，帽徽位置则要高于帽花。黑色长大衣有蓝色领口，其缝合线与袖口处的缝合线一样，都为红色。裤子及其他物件的佩戴规范也都同步兵部队一致。佩剑腰带挂于上衣底下，副武器为步兵剑或礼服佩剑（Degen）。在骑马出行的时候，卫生主管及其以上职衔的文职人员都会配有步兵部队式样的鞍饰布。

自 1866 年 5 月 1 日起，所有在战场上活动的普鲁士陆军医护人员的左臂都必须缠上一个印有红十字图案的白色臂带。

药剂师

这是普鲁士陆军中的一个纯民间性质的部门。高级主任药剂师（senior staff apothecary）及药剂师们统一戴步兵部队式样的头盔，头盔零配件材质为镀金，上衣有蓝色领口及瑞典式袖口。袖口领口与上衣裙摆贴盖周围的缝合线为矢车菊蓝色。领口及袖口处同样也有两条金色"Litzen"式大贴边。纽扣材质为镀金，印有普鲁士王国的盾形纹章。肩章底色为矢车菊蓝，其里子为暗蓝色，肩章处的装饰带为金色，两条肩章条则为蓝色。便服帽子为蓝色，有帽檐，帽带及王冠周围的缝合线色为矢车菊蓝色。帽子上同样有一个立于王冠之上的金色鹰徽。长大衣的形制同上述的医护部门基本一致，有矢车菊蓝色的缝合线。其他物件也同医官基本一致。尽管这个部门的人员为民间人士，他们依旧有权随身携带佩剑。

陆军医院职员

这一部门主要负责普鲁士陆军各处驻地医院的财务及行政管理。其制服同上述的药剂师部门基本一致。但只有陆军总医院总监（chief hospital inspector）的制服领口及袖口可以戴 2 条金色"Litzen"式大贴边。医院检察（hospital inspector）及其助理的制服领口及袖口没有任何装饰物。

野战医院勤务

该部门成员都为接受过训练的医护人员，自愿在野战医院中紧急救护战场上的伤者。尽管部门中的人员为陆军士官，但军官却来自各医护部门。

制服

野战医院勤务戴步兵部队的头盔，盔上鹰徽印有"FR"字样画押。统一穿蓝色的步兵上衣，领口及瑞典式袖口为蓝色，周围缝合线全都为红色。纽扣材质为铜锌合金，没有肩章。便服帽为蓝色，没有帽檐，有红色缝合线。上衣有暗蓝色领章，但依旧没有肩章。下身统一穿步兵裤子，只是骑马出行的医院勤务可以穿骑兵裤。士官们的裤子有金色贴边。

在行军时，统一装备有黑色皮革带子的步兵背包，但不装备步兵的弹药包，而是一种黑色皮革制的腰包（略大于弹药包）。这种腰包存放着绷带及药膏。那些陪伴在骑乘部队身边的勤务，则会在肩膀处随身挂一个黑色皮革制肩挎包。在实战中，左臂处同样缠一个印有红十字图案的白色臂带。

担架组

战时紧急动员起来的部门，其成员都来自于地方民兵部队。担架组被分为若干个连，分别隶属于各个军的麾下。

制服

担架组不戴头盔，而是使用一种有帽檐及黑色皮革帽链的便服帽子。帽带及缝合线为赤红色。隶属于线列部队的担架组的军帽帽花之上的王冠徽还有"民兵十字"及"祖国"的字样。近卫部队的军帽仅有帽花。上衣为暗蓝色，有赤红色领口，裙摆与瑞典式袖口顶部的缝合线同样为赤红色。近卫部队的领口及袖口为赤红色，两部位都装饰有近卫"Litzen"式大贴边。肩章处为赤红色，隶属于线列部队的担架组的肩章上有所属军的黄色数字番号，近卫军则无任何数字。裤子同步兵部队一致，只是裤子两侧的缝合线为赤红色。大衣有赤红色领章及蓝色肩章。肩章边缘的缝合线为赤红色，线列部队肩章上面同样贴有所属军的番号，近卫部队则依旧无任何数字。士官的制服贴边为银质。

担架组的装备同步兵部队基本一致，材质为黑色皮革。通常情况下，他们会携带一个子弹包。此外，担架组的成员还获准随身携带一把M1851骑兵手枪。这把手枪装于身体右侧的一个黑色皮革手枪套中。后来，军方又为担架组配发了米涅弹卡宾枪，通过一个棕色皮革吊带挂在身上。此外，他们还会随身携带步兵部队的副武器。佩剑上的"troddel"的配色，可能同线列部队中的其他辅助单位第1营的配色规则基本一致，但这一观点缺乏确切信息及证据的支持。与其他救护部队一样，担架组的左臂也会缠一根白底红十字臂带。

兽医

在1862年之前，普鲁士陆军对兽医方面的需求始终都只能靠各团当中的蹄铁匠及鞋匠们自行解决。自1862年开始，军方从各团的蹄铁匠中专门抽出一批士官组建兽医部门，一年后该部门的规模得到进一步扩大。兽医的最初一套制服包括：步兵式样的头盔，盔上有黄铜鹰徽及铜质零配件，鹰徽上的画押为"FR"；蓝色的长上衣，有黑色领口，缝合线为红色，又有深折背袖；便服帽有帽檐，颜色为蓝色，饰有黑色帽带及缝合线，王冠徽上没有普鲁士鹰图案。1865年，随着兽医部门的规模的进一步扩大，它也被归属到了战争部之下，同时还换装新式制服。兽医的新式制服同炮兵部队基本一致，头盔上的矛尖被替换为圆球。"马厩医师"（Stabs-Roßärzte）及"兽医师"（Roßärzte）的地位仍旧等同于士官，肩章仍为黑色，边缘处有金色贴边。军官携带佩剑，剑上缠绕剑穗。制服上的其他物件仍同先前一样。但有关于"马厩医师"、"高级兽医师"与"兽医师"之间的职衔肩章差异的情况，缺乏明确的文献记录。

1872年，兽医部门又经历了一次大规模改编，全新的"兽医处"（veterinary staff）被配属到各军麾下。比较有意思的是，尽管"兽医师"的地位在1882年被正式（从原先的士官）提拔到等同于军官一级，但直至1910年以前，并没有任何现役部队的军官会主动选择在兽医部门（文职）服役。

行政管理部门

正如前文提到的那样，普鲁士陆军中还存在多种多样的民间文职部门，他们中的一部分人的职衔可以对应现役军人的军衔，但也有不能对应军衔的。

这些部门的制服基本一致，详细情况如下：

头盔

头盔采用步兵部队式样，上面的装配件材质为镀金或是银质，盔链则根据制服纽扣的颜色，同样也分为镀金及银质两种。

制服

衣为暗蓝色，正面有 8 颗纽扣，领口及瑞典式袖口同样为暗蓝色。上衣正面、领口顶部、袖口背部及制服后侧裙摆都有部门专属色。肩章、肩章条及其底子同样为缝合线的颜色。肩章上还印有一个立于白色王冠图案的盾牌之上的黑色普鲁士鹰徽。他们不使用星徽型军阶章，而是使用盾牌两侧的镀金或银质的花环来标明职衔高低。纽扣、领口的"litzen"式贴边、大肩章的半月纹以及装饰带同样为金质或银质。肩章的半月纹是用肩章花边压在肩章条的菱纹上形成的。部门的学徒（Apprentices）及初级职员无权佩戴带穗大肩章，但肩章条上却可以配一条 1.5cm 的金色或银色镶边。

◎ 高级军官的领口，拥有与其对应职衔的各部门高级文职人员同样也可佩戴

长上衣为黑色，有蓝色领口。袖口及领口的缝合线为部门专属色，便服帽子为蓝色，有帽檐，同时缠绕有帽带。帽花上方的王冠及鹰徽的材质为镀金。步兵军官的腰带需戴在上衣底下。制服的其他物件同步兵部队一致。

各个部门、各种职务之间的制服区别

行政部门（Intendatur）

制服标识——所有人员的制服统一使用蓝色天鹅绒质领口及袖口，裤子两侧的缝合线为赤红色。贴边及纽扣为银色。

高级行政官（Intendanten als Kreigsräte）：领口有银色贴边，领口及袖口有两条"litzen"式贴边。除此之外，高级行政官的肩章有银色穗带，职衔标识为一枚金色花环。

◎ 高级文职人员的便服帽与肩章

行政官（Intendanten）：领口及袖口有两条"litzen"式贴边，肩章带为银色穗带，职衔标识为一枚金色花环。

二级行政员（Intendanten-Räte）基本同上，但没有花环职衔标识。

评估员（Assessoren）：领口及袖口有两条"litzen"式贴边，职衔标识同样为一枚金色花环。

行政文秘（Administration secretary）：职衔标识为 1 枚金色花环。

文秘助理（Secretarial assistants）及学徒（apprentices）：没有任何花环职衔标识

军事司法部门（Militär-Justiz）

制服标识——红色缝合线、银色贴边与纽扣。

总督察（General-Auditeur）：蓝色天鹅绒圆领，有银色贴边，袖口及领口各有两条"litzen"式贴边，肩章带银穗，2 枚金色花环。

副总督察（Ober-Auditeur Den Gen. Auditoriats）：领口及袖口有两条"litzen"贴边，肩章带银穗，1 枚银色花环。

军监察（Korps-Auditeur）：领口有两条"litzen"式贴边、2 枚银色花环。

监察官（Auditeur）：领口及袖口有两条"litzen"式贴边、1 枚银色花环。

军事法院文员（Militär Gerichts Aktuarian）：没有"litzen"式贴边，没有花环。

军需财会部门（Zahlmeister）

制服标识：白色缝合线、银色的贴边 / 纽扣、暗蓝色的肩章底面。

一级军需出纳员（Zahlmeister 1 Klasse）：一枚金色花环。

二级军需出纳员（Zahlmeister 2 Klasse）：无任何花环。

要塞工程部（Fortifikations-Beamte）

制服标识：红色缝合线、银色的贴边 / 纽扣。

要塞工程部文秘（Fortifikations-Secretäre）：黑色天鹅绒质袖口及领口，无花环。

军事部门中的民间文职人员

制服的所有纽扣都印有普鲁士盾形纹章及王冠，所有人的肩章底色都为蓝色，肩章条为金色，肩章两侧有 2 条蓝色的薄贴边。

战地临时补贴薪资出纳员（Feld Kriegkassen）

制服标识：白色缝合线、金色贴边及纽扣。

战地军需出纳员（Kriegs-Zahlmeister）：1 枚金色花环。

出纳员（Cashier）及簿记员（Kassiere-Buchhalter）：无花环。

制服部门（Bekleidungs-Depot）

制服标识：红色缝合线、金色贴边及纽扣。

部门主管（Rendant）：1 枚金色花环。

财务主管（Kontrolleur）：无花环。

军需部门（Magazin-Personnel）

制服标识：黄色缝合线、金色贴边及纽扣。

军需官（Proviantmeister/Magazin-Rendant）：1 枚银色花环。

财务主管（Kontrolleur）：无花环。

驻地行政（Garnison-Personnel）

制服标识：亮蓝色缝合线、金色的贴边及纽扣。

行政主任（Direktor）及行政总监（Ober-Inspektor）：1 枚银色花环。

行政监察（Inspektor）：无花环。

财务主管（Kontrolleur）及助理：无花环。

军械库管理人员（Zeughaus-Büchsenmeister）

军械部门（Büchsenmeister）人员统一戴灰色带帽檐的便服帽，帽带上方及下方都有红色缝合线。长上衣有 2 排铜质纽扣，领口同样为灰色，有红色缝合线。袖口侧后方及 3 尖状后裙摆贴盖同样有红色缝合线。他们没有肩章，随身佩带燧发枪兵部队的副武器。纽扣及环带戴于大衣底下，上衣有一个专为展示佩剑而设计的缺口。"troddel"为金色。骑乘出行的人员佩带骑兵军刀。军刀用黑色皮革带佩挂，上面有金色剑穗。

附属部队及其组织

王宫近卫连（Schloß-Garde-Kompanie）

王宫近卫连成立于 1829 年，起初的名字是"近卫士官连"（Garde-unterofficier-companie），主要负责在王室宫殿及城堡中担任仪式性警卫及仪仗的职责，其成员为具备良好品行及长期服役记录的退役士官。1861 年，该部队正式改名为"王宫近卫连"，同时该连确立了全新的军衔制度及编制——全连共有 1 名"中级军士长"（Feldwebel-Lieutenant）、2 名军士长（Feldwebel-sergeant）、5 名"军士官"（Feldwebel-unteroffizier）以及 62 名士官。

制服

在需要穿全盛装及大礼服的场合中，王宫近卫连统一戴掷弹兵的第 1 近卫步兵团主教帽，但帽子上的所有黄铜装饰物（包括手榴弹徽章及帽链在内）都被替换为银质。统一的制服上衣首次配发于 1861 年，这种新制服取代了以往（1829—1861 年以前）的拿破仑时代长上衣，其后裙摆稍长于当时的步兵上衣的后裙摆，整体形制更像是 1843 年的普鲁士老军服。上衣有红色领口及袖口，后裙摆贴盖有红色缝合线但上衣前方没有。上衣正面从胸口至上衣下缘共有 14 条白色羊绒质贴边，每一条大约 3cm 宽，彼此之间的间隔相等。距离腰部稍近的贴边长度稍短些，而靠近上衣下缘的要稍长些。上衣本身则通过数个钩子系紧。贴边两端各有一小簇带条纹的白羊毛布块，上面有一枚银质纽扣。领口没有任何贴边，肩章为白色，有一个王冠，还有"FWR"字样的画押以及金色贴边。"中级军士长"以及军士的制服领口及袖口处则会有银色装饰条。

◎ 王宫近卫连的肩章

阅兵与宫廷集会的礼服裤子依旧与1861年之前的裤子相同，依旧是近卫步兵部队自1815—1843年使用的带口袋的白色克尔赛薄绒呢连体裤。裤腿被白色亚麻布覆盖的纽扣固定在了膝盖下至脚踝的一侧，并用皮带固定在脚背下面，被称为"鞋套"的裤腿部分则覆盖了靴子的顶部。上身还佩戴白色"X"状宽武装带，左臀处佩挂"老普鲁士"步兵军刀。右臀处佩挂一个大号的黑色皮革制子弹包，其贴盖处装饰有近卫星芒。1855年10月15日，国王腓特烈·威廉四世正式宣布军衔为"军士"及"中级军士长"，服役军龄超过25年的资深士官，都有权佩带军官使用的礼服佩剑"Degen"。

该连有一种硬化处理过的带檐帽，上面有红色帽带及缝合线。全体官兵都穿长大衣，上面有两排白色金属制纽扣，领口色为红色，袖口缝合线及后侧裙摆贴边为红色，没有肩章条。士官会在领口处贴上花边。冬季使用带红色缝合线的灰色裤子，夏季穿白色克尔赛呢裤。在出勤时，官兵会随身佩带军刀或佩剑，但在站岗时却不会佩带。在无须穿大礼服的情况下，该连官兵统一穿和第1近卫步兵团相同的头盔，上面有近卫鹰徽以及星芒，并配以长大衣。灰色大衣与常服一样，配有白色衣带以及红色领章。

抚恤金领取者（安置残障军人的荣军院）

当时的普鲁士共有两个安置残障军人的荣军院：一个位于柏林，另一个位于斯托普（Stolp）。此外，还有1个近卫连及6个地方军的连负责看守两地。

制服

头部戴有帽檐的便服军帽，军帽上缠有红色帽带，帽花周围有红色缝合线。上衣是"Litewka"式，这是一种短上衣，在拿破仑战争期间曾被德意志地区的各类志愿军部队（自由军团）广泛使用。穿这种军服的风尚，要到1880年才会卷土重来（但在某种程度上还是经过了重新设计）。这种"Litewka"制服为蓝色单排扣式样，领口呈正方形，有红色领章，但没有缝合线。前方有8颗黄铜纽扣，两侧各有1个口袋，口袋上各有1颗纽扣。荣军院的王室警备及掷弹兵连以及"近卫荣军院连"（Guard Invalide Company）中的士兵们的肩章条为白色。王室警备连的肩章上有王冠及"FWR"字样的红色画押，掷弹兵连则为手榴弹及同样字样的画押。剩余的连使用蓝色带红色缝合线的肩章。柏林荣军院的肩章上有拉丁字母"B"。斯托普荣军院则为拉丁字母"S"，剩余各连则采用阿拉伯数字。此外，只有3个连的部队士官可以在制服领口贴银色贴边，剩余各连的领口处不能有任何装饰物。

部队士官在夜间站岗执勤时佩带老式普鲁士步兵军刀，通过一条黑色皮革制肩带戴在身上。这些士官同时可以携带滑膛枪，左肩的黑色子弹袋也可佩挂一个黑色的弹药包。资深士官有权佩带军官佩剑并缠绕剑穗。部队中的双簧管手采用"燕巢"式肩章，上面有白色贴边装饰。

军事院校

1861年，全普鲁士共有5所军事类院校或者说军校，这些学校以连为单位分班。柏林军事院校共有4个学员连，波茨坦、库尔姆、沃斯塔特和本斯贝格等地的军事院校则各有2个。

柏林的军校学员连统一戴第2近卫步兵团的头盔，在阅兵时头盔上统一插蓝色盔饰。上衣同步兵部队一致，正面有6颗铜锌合金质纽扣。领章为红色，瑞典式袖口上贴有2条"litzen"式黄色骆驼尾大贴边，肩章条为白色。军官学员的"litzen"式贴边是用金色花边和流穗交织而成的。裤子同样与步兵部队一致，武装带为黑色皮革制，上面的扣子也为步兵部队式样。士官学员统一佩带步兵副武器，其"troddel"及"橡子"色仅为白色。第1连的缨子及王冠色为白色，第2连为红色，第3连为黄色，第4连为亮蓝色。

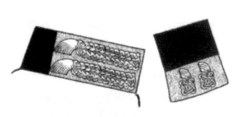

◎ 柏林军事学院军官学员的领口与袖口

剩余各连不戴任何头盔，仅使用带帽檐的便服军帽，其上缠有红色帽带，饰有红色缝合线。上衣领章仅有一条"Litzen"式贴边。波茨坦连的肩章为红色，库尔姆为白色，沃斯塔特为黄色，本斯贝格为亮蓝色。地方院校的士官学员的领口没有任何特殊的装饰贴边。作为替代，他们的肩章条上贴有一条黄色的"litzen"式贴边，贴边中心为红色。仅第 1 连与第 2 连的士官的副武器上可佩戴"troddel"。大衣同样为步兵式样，其肩章同常服上衣的佩戴规范一致。

柏林军校中的军官衔工作人员统一穿第 2 近卫步兵团的制服，头盔上插黑色盔饰。地方军校的军官衔工作人员穿常规步兵军官制服，但不戴银 / 黑色的绶带。

士官院校

当时的普鲁士共有两所这样的院校，分别位于波茨坦与于里希（Jülich），两所院校各有 4 个连。

制服同线列步兵部队一致，院校中的士官衔教官的头盔上贴有近卫鹰徽及银色近卫大星芒，学员头盔上为常规线列鹰徽。上衣同线列步兵部队的区别，仅在于其袖口为勃兰登堡式，有蓝色袖章。波茨坦学院的肩章条为白色，于里希学院则为红色。军刀的"troddel"配色规则与步兵营的第 1—4 连的配色规则一致。从常规部队退下来的军官，仍穿原先的团属制服。

步兵教导营

被配属到该营的士兵在名义上隶属于近卫军。成员穿原有的团属制服，但其肩章边缘统一佩戴黑 / 白两色的荣誉穗带。部队军官则没有特定的军衔标识。

陆军军官

部分军官脱离了原先的团，却因一些特定原因而长期未能配属到新的部队。在这种情况下，他们不可穿原有的团属制服。而只能穿有红色领章及瑞典式袖口的步兵制服。原属于步行部队（步兵、步炮、战斗工兵、军事运输部队）的军官的上衣裙摆有红色缝合线。原属于骑乘部队（骑兵、骑炮）的军官上衣缝合线为白色。步兵军官穿步兵头盔，骑乘部队军官戴龙骑兵盔。所有现役军官在阅兵时插白色盔饰。肩章为蓝色，有红色里子。纽扣及贴边为金色。裤子为灰色及白色两种。

陆军退役军官

退役军官可以在强制要求穿制服的特定场合中穿自己原有的团属制服。自 1833 年起，区分退役及现役的唯一制服标识，便是肩章条上的一根被称为"Passenten"的黑银两色饰带。

普鲁士皇家海军制服

　　尽管建军已有 40 年之久，但普鲁士皇家海军直至 19 世纪 60 年代依旧是一个非常原始低级的落后军种——直到 1864 年，该军种的总人数仍少于 3000 人。1848 年以前，海军制服始终沿用陆军蓝色上衣，缝合线为红色，最常见的军种标识为船锚图案。1850 年之后，衣服贴边变为白色。随着海军陆战营（Seebattalion）的炮兵及步兵部队的相继成立，海军制服开始变得规范，普鲁士的海上力量也随之增强。第二次石勒苏益格战争爆发伊始，整个普鲁士海军仅有一位上将，他便是阿达尔贝特亲王本人，海军军官则仅有 70 人左右。1865 年，被后世尊奉为普鲁士 - 德意志海军的缔造者之一的爱德华·约赫曼正式晋升为海军副司令。1866 年，普鲁士海军将自己的军官军衔分为以下数种：

海军上将（Admiral）

海军副上将（Kontre-Admiral）

海军大尉（Kapitan-Zur-See）

海军上尉（Korvetten Kapitan）

海军中尉（Lieutnant-zur-Zee）

海军少尉（Ensign）

海军学校见习生（Midshipman）

海军军官制服

军帽

在宫廷集会及其他各类官方场合中，普鲁士海军军官戴一顶低垂的黑色毛毡制三角帽。舰队司令（海军上将及副上将）的三角帽上则装饰有铂金蕾丝花边。帽子右侧有一根很大的金色饰带，从帽子右侧边缘一直垂到帽子中央。饰带上方贴有一个巨大的帽花，下侧扣着 1 颗纽扣，纽扣上印有普鲁士王冠图案。饰带中间则被编成了辫子状。军衔低于舰队司令的海军军官的三角帽上贴有黑色丝绸制花边，饰带上没有任何装饰性纹样。

制服

海军军官制服上衣为暗蓝色双排扣大衣，全盛装出行时的上衣背面有燕尾。制服领口为蓝色，袖口为瑞典式，同样也是蓝色。领口顶部及正前方同袖口前端一样，都有 1 条宽约 1cm 的金色贴边。袖口贴边下方有 2 颗纽扣。舰队司令的制服领口及袖口处还会同陆军将官制服一样，贴有金色橡树叶贴边。大衣背后有白色缝合线的贴盖。贴盖上的纽扣无须系上，边缘处有金色蕾丝花边。同陆军的同行一样，海军舰队司令制服上贴有金色带穗大肩章，右胸缠有金色装饰带。制服后侧腰部有数个垂直口袋。深蓝色裤子两侧各贴有 1 条金色花边。制服腰带也有金色花边，材质为黑色皮革制。随身佩剑的形制与陆军的礼服配剑"Degen"基本一致，剑首为德意志传统的狮首形象，狮首的右眼为

◎ 从左至右分别为海军上将的大礼服燕尾上衣、海军大将的三角帽、海军中尉的大礼服

绿色，左眼为红色。军衔低于舰队司令的海军军官同样穿类似的大衣，只是他们的制服上并没有金色橡叶贴边，领口上仅有 1 条很粗的金色蕾丝贴边。袖口纽扣下方为中等宽度的金色贴边。贴边的形制规范如下：海军大尉为 4 条杠，海军上尉为 3 条杠，海军中尉为 2 条杠，海军少尉为 1 条杠。白色翻领上还镶嵌 1 条细细的金色贴边，制服上戴有金色带穗大肩章。肩章上还印有银色船锚图案。其他裤子的佩剑与腰带的佩戴规范，同舰队司令基本一致。

临时制服

普鲁士海军军官在海上及地面执行日常任务的时候，会统一穿临时制服。这是一种蓝色的双排扣常服。在不要求穿大礼服的正规场合中，他们可以在这种制服上佩戴肩章，舰队司令官则可以在右胸挂装饰带，其他各级海军军官则统一佩戴肩穗。在这种场合中也可戴三角帽。值得一提的是，当时普鲁士海军的这种制服的袖口并不会贴任何花边（尽管阿达尔贝特亲王的一张存世照片上的制服袖口处有 4 条杠贴边）。上衣里面为白色衬衫，衬衫上有翼领及黑色领带。裤子为蓝色。在出海及停留在港口的时候，海军军官一般都不会系上双排扣常服纽扣，头上会戴一种蓝色的带帽檐的便服帽。帽子上有金色贴边并饰有金色帽带。帽带上同样有国旗色帽花。在更加恶劣的气候环境中，军官们会统一穿一种暗蓝色的耐磨短夹克。

海军学校见习生制服

普鲁士的海军学校见习生穿一种绰号为"猴子"的蓝色及腰双排扣短夹克。这种夹克的两侧各有 4 颗黄铜纽扣。在通常情况下，他们不会系上制服纽扣。此外还有 1 根白色的装饰环被 1 颗纽扣固定在开领的顶部。在这件夹克的下面则是一件蓝色及腰背心，背心上面有 6 颗黄铜纽扣，底下的白衬衫上则有一个黑色大领结。在日常执勤时，他们会戴有帽檐的便服帽子。尽管制服条例规定海军学校见习生在正式场合中必须戴一顶蓝色毡帽，但实际上并没有多少人会遵循条例规定戴这种帽子。

◎ 普鲁士海军士官的军阶章。上图为海军下士，下图为上等水兵

准尉与水兵制服

当时的普鲁士海军的准尉被称为"Deck Offizier"，以示与船坞中（不出海执行任务的）同行准尉们的区别。"准尉"这一军衔分为水手长（Bootsmann）与舵手（Stuermann）两种。海军士官（Feldwebel）分为海军上士（Obermaate）与海军下士（Maate）两种。随着普鲁士海军及后来的德意志帝国海军规模的急剧扩张，海军的军衔制度也随之逐渐完善。到了1914年，海军更是发展出超过40种海军准尉及海军士官的军衔。水兵则分为上等水兵（Obermatrose）与水兵（Matrose）两种。

海军准尉穿与海军军官类似的双排扣大衣及夹克，领口上有一枚缝制的铜质船锚徽章。此外，他们还会穿同样的白色衬衫，并戴蓝色的带帽檐便服帽。帽子顶部贴有一条较细的金色贴边。海军士官与水兵在重大场合中会穿一种及腰长度的双排扣夹克，搭配白色衬衫及黑色领带。夹克正面两侧各有4颗铜质纽扣。金色的军阶章戴在左袖上。海军上士戴一种印有船锚图案的徽章，船锚上方为普鲁士王冠，船锚周围有绳线缠绕。海军下士的徽章上印有被绳线缠绕的船锚，上等水兵仅为一个船锚。已知的1864年普鲁士海军兵种识别标识为信号兵使用的"两柄交叉的信号旗"图案与供炮手使用的"两门交叉火炮"图案。在阅兵时，他们统一戴一种黑色漆涂帽，这种帽子有略带凸起的帽檐，周围缠绕着黑色丝绸帽带。帽带上印有王冠及金色哥特字体的"普鲁士皇家海军"（KÖNIGLICHE MARINE）字样。帽带所系的结留在帽子后侧，帽带两端会垂下来。裤子同样为蓝色。在出海执行任务时，他们统一穿一种暗蓝色或白色的衬衫，衬衫领口为方形的暗蓝色海军大领章。此外还会戴一种有黑色帽带的软帽，帽带上的字样同上文介绍的全盛装帽带字样一致。1870年战争之后，普鲁士海军不再戴黑色帽子，改为使用一种质地更硬的深蓝色便服军帽，上面的帽带为黑色丝绸制，同样写有金色字样。此外，在全盛装场合中，夹克及其他各类制服的领口变为中等宽度，其颜色为蓝色，上面有3条白色领章条。

海军陆战营制服

1850 年，普鲁士海军新成立了"海军陆战部队"（Marinier Korps），下辖有 2 个连。1852 年 5 月 13 日，该部队改名为"海军陆战营"，下设第 3 炮兵连，随后的 1859 年又新设了第 4 连。该营官兵的制服同普鲁士陆军的步兵制服极为相似。值得一提的是，有关海军陆战营的制服规范条例的存世文件极为稀少，且没有任何实物照片证据，因此笔者只能对该营的制服提出一些合理的猜测。

头盔与军帽

直至 1862 年以前，海军陆战队始终都采用陆军炮兵部队的球形样式矛尖盔。帽徽为标准型普鲁士鹰徽，只是下方多了一个被绳索缠绕的船锚。1862 年之后，这种头盔被全新的深蓝色带帽檐的法式皮革高筒军帽取代。高筒军帽的正前方有一个被绳索缠绕的船锚帽徽。帽带中间写有普鲁士军队的格言"（我们）与上帝同在，为了国王和祖国"（Mit Gott für König und Vaterland）。这种军帽还有一条皮革制的帽链。军官的帽链为镀金，帽徽为展翅雄鹰与被绳索缠绕的船锚。1875 年，海军陆战营的士兵及士官都用上了这种铜质帽徽。

制服

上衣为暗蓝色，袖口为勃兰登堡式。领口与袖口的缝合线为白色。制服正面有 8 颗纽扣，每个袖口各有 3 颗纽扣，后侧贴盖各有 3 颗纽扣，肩带上各有 1 颗纽扣。肩章为白色，上面有黄色绳索缠绕着的船锚肩章条，炮兵连的肩膀上是两门交叉的火炮。裤子为暗蓝色，两侧有白色缝合线。士官的军衔标识与陆

◎ 海军陆战营高筒军帽的帽徽

◎ 从左至右分别为海军陆战营中尉大肩章、海军陆战营炮兵连肩章、海军陆战营各常规连肩章

军完全相同。

军官制度与士兵类似，只是布料材质更好。领口处贴有金色"litzen"式大花边。袖口贴盖的边缘有白色缝合线。带穗肩章为白色，边缘贴有金色花边，肩章条为白色，半月纹材质为镀金。肩章底子也是白色，上面还会佩戴被绳索缠绕着的镀金船锚。蓝色的裤子两侧同样有白色缝合线。腰部绶带为银黑两色，同陆军一致。佩剑的形制及配剑腰带的规范也同陆军一致——海军陆战营的军官要一直等到 19 世纪 70 年代才获准佩带海军佩剑。

便服

海军陆战营的便服帽子为暗蓝色。自 1860 年起，这种帽子开始有了白色缝合线与王冠帽徽。帽带上缘也有了白色花边。帽带正前方有国旗色帽花。在执行各类杂务的时候，士兵及低阶士官可以穿白色的粗制夹克及裤子。大衣为灰色，形制同陆军一样。1871 年，海军制服条例对这种制服做了如下规范：领章色为暗蓝色，有白色贴边，肩章条为暗蓝色，同样有白色贴边，兵种标识章与常服一样。但我们不得而知的是，1864—1866 年期间普鲁士的海军陆战营是否存在上述这样的兵种识别章佩戴规范。军官与资深士官可以戴一种质地更为坚韧的带帽檐军帽。他们的便服与陆军完全相同，只是当时的暗蓝色便服上衣没有任何贴边色。

武器装备

1864 年，海军陆战营统一装备前装线膛枪（在滑膛枪上刻制膛线改装而成）。在 1866 年以前，军方就可能为该营配发了击针枪，但相关的记录不甚明确。腰带、背包以及副武器与陆军完全相同，"troddel" 的颜色规范也同陆军步兵营的 1—4 连的颜色规范完全相同。炮兵连的副武器为陆军炮兵部队的样式。

插画的注释

第十八章

插图1

　　威廉一世为前任国王腓特烈·威廉三世与路易丝王后最小的儿子，出生于 1797 年 3 月 22 日。尽管他自幼体弱多病，但出身及命运却注定他将要在军队中开创出一片事业。他在 16 岁时成为陆军军官，随军参加了莱比锡会战。1814 与 1815 年随反法联军两次胜利进入巴黎。在拿破仑的"百日皇朝"期间，他因为自己的优异表现而赢得一枚铁十字勋章。之后，他迎来火箭般的晋升：20 岁成为上校，21 岁成为少将，23 岁就任师长。等到正式晋升为中将时，他已是近卫军的军长。威廉在当时的普鲁士陆军中是一名新科技及新军事理论的鼎力支持者，同时还是研究欧洲各国陆军的权威人物。他的兄长腓特烈·威廉四世于 1840 年继位后，他被立即立为王储。在 1848 年革命期间，他应兄长的要求流亡到伦敦，但很快又回到国内，率军镇压 1849 年的巴登叛乱。当国王腓特烈·威廉四世出现精神问题后，他于 1858 年 10 月就任摄政王，又在 1861 年正式继承王位。

　　他是一名真正的"士兵国王"，亲自领导了普鲁士陆军的大规模军事改革，同时还任命冯·罗恩负责军事改革的具体事宜。在政治上，他也是一位极为精明的人物，能够识别俾斯麦的过人才干，于 1862 年任命俾斯麦为首相。作为一位国王，他有着近乎不可动摇的荣誉感，这使他经常与俾斯麦发生冲突，两人在石勒苏益格-荷尔施泰因两公国问题上的分歧更尤为严重。他是王权的坚定拥护者，当普奥战争迫在眉睫的时候，他赋予俾斯麦政府克服一切政治反对的绝对权力。虽然普奥战争的具体作战计划都是由老毛奇与普鲁士总参谋部执行的，但他依旧亲临战争第一线，甚至还在 1866 年 7 月 3 日的柯尼希格雷茨会战中身先士卒，冲在部队的前面。

图中的威廉一世骑在自己的专属坐骑上，身穿步兵将军的礼服。尽管他在 1854 年就已经成为陆军元帅，但在当时的普鲁士陆军当中，尚没有更高军衔的将领专用的制服。将官制服的两肩通常不会有"丝饰带肩章"（Bullion Epaulettes），但有其他军衔的野战制服上绝对不会出现的各类饰物。图中的国王制服有骑士红鹰勋章[①]的绶带，除此之外还有许多与他的军衔及身份相称的勋章及奖章。在柯尼希格雷茨会战中，身临战场第一线的国王头戴自己的专用矛尖盔，但并没有像图中这样在头盔上插羽毛饰物。当时的他还在常服外面披了一件暗蓝色大袍。裤子与袖口的镶边为红色。

图中的那位未骑马的军官是当时普鲁士的亲王们的副官，通常由参谋军官担任，在不同情形下要担负各类职责。他很可能是某位在陆军中服役的亲王的私人助理。除了日常的文秘工作之外，他在战时还要陪同自己的长官身临战场第一线，并协助长官传达命令。他身穿在野战部队中并不多见的全盛装常服，袖口处的袖章是骑马宪兵部队与枪骑兵部队使用的波兰式袖章。他随身佩戴包括战争功勋奖章（War Merit Award）及石勒苏益格战争纪念章在内的多种奖章与勋章。

插图2

自 1863 年起，普鲁士王国发展出当时世界上最发达的总参谋制。由冯·罗恩与老毛奇两人推动的军事改革，将普鲁士军队改造成全欧洲最高效的军事机器。作为普鲁士军事理论的绝对核心，总参谋部的工作重心是探究未来战争的走势，制订作战计划，开展准备工作。

在当时的普鲁士军队中，整个参谋决策机制被分成三大部分，分别是副官、战争部与总参谋部。战争部负责管理军队，包括后勤补给、运输与军事装备。

---

①译注：Order of Red Eagle，是普鲁士王国为表彰骑士精神而设立的一个勋章。它主要授予在战斗中英勇作战的军人与优秀军事领导人。与普鲁士的大多数勋章一样，文官与平民一样有资格获得。

副官会陪伴在旅或军一级的首长身边，为其提供参考性意见，其地位与职责约等同于英国陆军中的"旅少校"。

侍从武官的地位则要高得多，其军衔为将官级，将来很有可能成为军的参谋长。图中侍从武官的穿着与将官常服基本相同，但其头盔上的（专供礼服使用的）羽毛盔饰会换成白色马尾盔饰。在制服的两肩处，他佩戴着镶银丝肩章。随身佩剑为专供线列步兵部队的军官们使用的形制。

王室警备骑马宪兵部队成立于1820年，其成员是国王的贴身侍卫，全都是国王本人认可信赖的士官。1860年，这支部队的人数增加到大约30人，由一名资深士官指挥。他们不仅是国王的贴身侍卫，还是他的传令兵。1860年的王室敕令规定，这支护卫部队的指挥官穿镶有金丝边的奢华礼服，以取代原先的普通材质军服。从形制上看，他们的制服与近卫军中的骑兵警卫（Stabswachen）几乎完全相同。两者的唯一不同之处在于，王室警备骑马宪兵的星状帽徽是近卫猎兵部队及近卫射击兵部队的帽徽，其头盔上还有白色盔饰。

"王宫近卫连"成立于1829年，最初的称呼是"近卫士官连"（Garde-unterofficier-companie），专门负责王宫与王室城堡的守备以及各类礼仪性质的任务。其成员都是曾在军队中长久服役，具备良好品质及人格的退役士官。1861年，这支部队被更名为"王宫近卫连"，其基本建制为：1名中尉担任指挥，下辖2名中士长、5名中士以及62名其他各级士官。

图中的这名中士长穿着全盛装常服，头戴专供掷弹兵部队使用的帽子。其帽徽与第1近卫步兵团的掷弹兵营的帽徽完全相同，只是其材质从黄铜换成了白银。他的胸口处有形制极为独特的白色镶边，胸口的X状交叉带也是（拿破仑时代的）"古旧制服风尚"。黑色弹药袋被放置于右臀附近，袋子正中间有一个银质徽章。他的裤子极为特殊，两侧有纽扣，裤腿更是非常之长，几乎到鞋跟处。

插图3

1864年的普鲁士近卫军共有4个近卫步兵团、1个近卫燧发枪兵团、4个近卫掷弹兵团、1个近卫猎兵营及1个近卫射击兵营。除此之外，出于行政目的，近卫军还下辖步兵训练营。

第 1 "亚历山大皇帝"近卫掷弹兵团成立于 1814 年，在普鲁士陆军中是一支相当老资历的掷弹兵团，隶属于第 3 近卫旅麾下，是王储的第 2 集团军的第 2 师的下辖部队。这支掷弹兵团曾在索尔地区同奥军有短暂交手，之后又作为第 2 师的前锋部队于 7 月 3 日下午率先冲入柯尼希格雷茨战场，及时而又有力地支援了第 1 近卫师的先锋部队，在赫卢姆山与霍罗诺维斯两地同奥军接连展开极为血腥的激战。

这名军鼓手身穿夏季礼服，矛尖盔上插有红色马尾盔饰，双肩处为专供军鼓手使用的红白两色肩章。值得一提的是，肩章两旁的白色流穗是近卫部队的鼓手使用的。

第 1 近卫步兵团的历史极为悠久，成立于 1688 年，其渊源可以追溯至腓特烈大帝时代的第 6 及第 15 近卫步兵团。他们是第 2 集团军的尖刀部队，曾在赫卢姆山与奥军激战，在奥军炮兵的打击下损失惨重，但最终还是完成了这项艰巨的任务。在洛斯贝里茨村的战斗中，该团的第 4 连除一名军官侥幸存活外，其余官兵壮烈牺牲。

图中近卫兵身穿一套极为特殊的礼服，这是仅在阅兵或游行时穿的服装。这种掷弹兵帽于 1824 年正式列装部队，曾有民间传说称这种帽子是俄国沙皇送给普鲁士的礼物，但该说法禁不起推敲。这种极为夸张的帽子仅供步兵团的第 1 营的官兵戴，而稍小一些的型号则自 1842 年起由该团近卫燧发枪兵营的官兵佩戴。除了这顶帽子外，官兵还统一穿白色裤子。在常规状态下，该团官兵并不会像图中这样打扮，而是统一戴矛尖盔，头盔正中为银质鹰徽。这是他们在柯尼希格雷茨会战中的实战状态下的装束。

第 4 近卫步兵团成立于 1860 年，在 1866 年战争期间隶属于美因河集团军，在兰根萨尔察镇会战中部署于普军右翼。图中的这名军官身穿礼服，双肩上的"半月状肩章"表明了他的军衔。他随身佩军官佩剑，剑鞘插在腰带上。

插图4

第 1 近卫猎兵营成立于 1744 年，是普鲁士陆军资历最老的轻步兵部队之一，曾参与自奥地利王位继承战争起的一系列战争。该营参加过第二次石勒苏益格战争，曾在丹麦王国境内多次作战，参与了对奥尔森岛的突袭。在普奥战争期间，该营在索尔一战中表现极为英勇。在后来的柯尼希格雷茨会战中，该营又在赫卢姆山附近同敌军苦战良久。

这名近卫猎兵部队的中尉身穿长袍服。普鲁士陆军并没有像英国陆军那样为军官配发专门用于非正式场合穿的便服。这种军服的基本色调为黑色，袖章为暗绿色。他头戴第1营的军帽，军帽的帽檐为绿色，帽檐中间为红色。

图中另外两人所属的部队，都是1860年陆军大整编后所新成立的。图右的军官隶属于第3"伊丽莎白公主"近卫掷弹兵团，其军衔为少校。图中的他身穿常服，这是普鲁士陆军官兵的日常穿着。他在自己的制服上佩戴了三级红鹰勋章以及1864年第二次石勒苏益格战争纪念章，不过并没有佩戴与勋章相对应的绶带。1866年，隶属于第2军的该团的一个营与第4（预备）近卫旅一道参加了索尔与柯尼希格雷茨两地的战事。该团绝大部分部队被编入美因河集团军的预备军中。

图左的第65步兵团的这名军鼓军士长是这一兵种的典型军人。他身材高大魁梧，在军队中服役了相当长的一段时间，胸口的服役奖章是他的荣誉证明，每个步兵团的军鼓军士长都是特立独行的人物。与法国、奥地利或英国的同行相比，他们的制服极为特殊，不像欧洲其他国家军队那样随身佩戴绶带或穗带。其最为显著的独特之处是制服双肩处的金色"燕子巢"肩章。他的袖章及领章表明了他的士官身份。除此之外，他还随身佩带一柄缠有剑穗的士官佩剑，手里握着专门用于指挥军乐队的指挥棒。在某些场合中，军鼓军士长使用的指挥棒极度奢侈华丽。但图中这位所属的步兵团资历尚浅，所以他的指挥棒是最常见的铜质，由军需部门统一采购。

插图5

这三个人所属的部队是普军资历最老的几个步兵团。在陆军序列中，排最前面的12个团都是掷弹兵团，这些团的官兵的头盔与军帽上都有一个特殊鹰徽，还会插黑色盔饰。

图中间的这位中士隶属的第1东普鲁士掷弹兵团，是整个东普鲁士地区历史最悠久的步兵团，成立于1655年。他的领章与袖章表明了他的中士军衔，军官使用的佩剑及剑穗更进一步表明他在部队中的重要身份。该团官兵统一佩戴一种特殊头盔，其鹰徽上印有"1619"字样。这是对该团的前身——成立于德意志三十年战争期间的勃兰登堡的几个老步兵团的纪念。他的肩章上写有一个红色的数字"1"，标明他的部队隶属于第 1 军。他是部队中资历最老的士官之一，对整个部队非常重要。他的上衣的第 2 及第 3 颗纽扣中间塞有一本（考察部队官兵的）执勤记录表。一旦有人犯罪或是严重违纪，其罪行就会被记录到这本小册子上，成为永久的"人生印记"。对于普通士兵来说，他就是一名德高望重的"老爹"。他的袖口的纽扣还贴有专供部队中的"一级神射手"（first-class marksman）使用的袖章条。除此之外，他还随身佩戴长期服役奖章。1866 年，第 1 掷弹兵团作为前锋部队参加了特鲁特瑙镇的会战。尽管该团在战斗中表现英勇，率先冲入小镇内，但由于军长冯·博宁将军的错误指挥，最终还是被奥军逐出小镇。在这之后的战事里，该团只能作为预备部队居于第二线。在后来的柯尼希格雷茨会战中，该团支援了近卫军对赫卢姆山与霍罗诺维斯的进攻行动。

图左的这名掷弹兵隶属于第 7 掷弹兵团（又称第 2 西普鲁士掷弹兵团）麾下，该团成立于 1797 年。他的头盔上插有黑色盔饰，穿着冬季礼服。他的黄色肩章及白色的袖章条表明该团隶属于第 5 军麾下。他肩章上的红色画押"W"是国王威廉一世的姓名缩写。这张背部特写十分清楚地展示了他的背包及金属饭盒。剑穗的颜色表明，他隶属于该团第 2 营第 7 连。这套利用剑穗颜色来区分部队的习惯是普鲁士陆军独有的创制，一直保存到第二次世界大战结束才彻底消失。在当时的普鲁士陆军中，由于军队没有统一配发刺刀套，所以士兵在平时往往会将刺刀插到步枪上。1866 年，该团隶属于史泰因梅茨的第 5 军麾下，参加了纳霍德、斯卡利采以及柯尼希格雷茨等一系列战役。

1808 年，第 5 猎兵营成立于西里西亚当地，在反抗拿破仑的"解放战争"中，该营表现极为突出。图中的这名下士所处时间大约在 1864 年左右，他身穿冬季礼服，头上所戴的高筒军帽上插有黑色帽饰。这种猎兵使用的军帽在 1854年正式淘汰头盔，并在 1860 年缩短了高度。在第 1、2、6 猎兵营的军帽的黄铜帽徽上还会印有"FWR"字样的画押。1865 年，所有猎兵营统一换装新型高筒军帽，上面的帽徽与矛尖盔的帽徽完全相同。除此之外，猎兵营还要在帽子上插一小片白色帽花。深绿色的常服以及红色的瑞典式领章是 8 个猎兵营的标准配置。他的袖口纽扣附近的袖章标明了他的军衔，袖口处还贴有"三级神射手"的袖章条。所有猎兵部队还有一大特征，那就是他们的随身背包的两侧还会包裹一层獾皮。1866年普奥战争期间，该营与史泰因梅茨的第5军的第7掷弹兵团并肩作战。

插图6

当时的普鲁士陆军共有10个胸甲骑兵团，其中有2个团是近卫团。自1815年拿破仑战争结束起，普鲁士陆军就再没有组建新的胸甲骑兵团。

骑马侍卫团组建于1740年，他们在各种重大场合担任国王的私人护卫。不过非常有意思的是，他们在战场上并不会担任国王的护卫。1841年，他们获得王室的恩准，肩负起警卫王室宫殿及居所的重大使命。他们的头盔上并不是常见的矛尖，而是一只头戴王冠的普鲁士鹰。在胸甲骑兵部队中，除了军号手在头盔上插红色马尾盔饰以外，其余官兵都不会佩戴盔饰。作为骑兵胸甲的替代物，他们有时候会穿红色背心，上面有极为硕大的星芒。他还穿着白色马裤，以及带有马刺的"勃兰登堡式"长筒皮革马靴。他的随身武器是1852式重骑兵阔剑。1866年战事期间，该团与近卫胸甲骑兵团一道被编入第1重骑兵旅中，隶属于近卫骑兵预备部队。他们于5月7日开始动员，6月16日在科特布斯（Cottbus）同第2军会师。他们利用铁路运输，十分快速地攻入萨克森王国的格拉茨境内，并随第2军一起作战。按照该团官方军史的说法，这是一次极为艰巨的行军过程。实际上，该团在7月3日这一天近乎完好无损地赶到了柯尼希格雷茨。该团曾在赫卢姆山附近为策应友军的进攻而做过一次战场机动，但遭到山上的奥军的炮击，损失了3名士兵与4匹马。在决战结束后，该团肩负起留守后方以及追击奥军等任务，直至战争结束。除了上述战斗伤亡之外，该团还因为霍乱而损失了数名士兵。该团官方战史高度赞扬自己的军马，极力称赞这些战马的顽强精神——"在战争期间，有大量马蹄铁被磨坏"。

图左的这名骑在马上的勃兰登堡胸甲骑兵团的士官身穿礼服。该团历史可以一直追溯至成立于1691年的老骑兵团。除此之外，该团还荣获一项极为特殊的恩宠——（出访普鲁士的）俄罗斯沙皇尼古拉一世亲自为该团加上了"俄国沙皇"这一荣誉头衔，该团官兵的肩章上还印有沙皇本人的画押。他们的制服镶边颜色为"俄罗斯蓝"。头盔为铜质而非钢质，马鞍布为红色，与制服镶边的颜色并不一致。在普奥战争期间，该团与阿尔文斯莱本少将麾下的第1骑兵师的第7胸甲骑兵团共同组成了第2重骑兵旅。在7月3日会战当天，第1骑兵师转移到赫沃斯·冯·毕登菲尔德的易北河集团军麾下，以支援该集团军的行动。但是，该师行动迟缓，令腓特烈·卡尔亲王大为恼怒。这些骑兵的姗姗来迟以及抵达第一线后也依旧漫不经心的态度，更是差一点就吓坏了这位集团军统帅。

插图7

在欧洲各国，胸甲骑兵团往往是整个军队中最帅气与抢眼的部队，吸引了大批贵族或高官子弟参军入伍。在19世纪60年代以前的很长一段时间里，军旅生活都是极度枯燥与乏味的，只有舞会或宫廷聚会能够勉强缓解一点痛苦。胸甲骑兵部队的军官的经济条件要好得多，总会身穿其他兵种无法比拟的华丽制服。图中间的这位是第2"女王"胸甲骑兵团的一名中尉。这是一支历史悠久的部队，曾取得无数的军事荣誉，如1745年霍亨弗里德堡会战中的光荣胜利。这支部队的矛尖盔上的鹰徽甚至还印有"霍亨弗里德堡"的字样，以示与其他部队的区别。图中的他身穿宫廷礼服，这是专门为柏林或波茨坦的高级宫廷聚会准备的。他在制服上佩戴领章，但没有穿骑兵胸甲。他的白色长裤极为华丽，能够使他显得更加挺拔。即使在宫廷聚会中，胸甲骑兵也要将头盔戴在头上，或者拿在手上。在任何时候，他都要随身佩带军官使用的阔剑。再后来，胸甲骑兵也开始佩带轻骑兵的军刀。在柯尼希格雷茨会战中，第2胸甲骑兵团与第9枪骑兵团构成了冯·德·格尔泽（von de Golze）将军的第3重骑兵旅，是第4步兵师的预备兵力。作为腓特烈·卡尔亲王的第1集团军的一部分，他们最早渡过比斯特里查河。然而，他们在奥军炮火的打击下损失惨重，没能参加多少战斗。

图右的马格德堡第7胸甲骑兵团士官展示的是官兵的日常兵营生活的一面。作为一支骑兵部队，他们需要照料自己的马匹。图中的他穿着的作训服是日常工作服装，帽子是普通军帽。上身的暗蓝色袍的材质为羊毛制。他的领章与袖章标明了他所属骑兵团的番号。一些拍摄于第一次石勒苏益格战争时期的照片显示，该团官兵也会戴图中这样的黄色袖章。除了缰绳之外，他的手上还拿着一把 M1851 式骑兵击发手枪，这在当时是所有胸甲骑兵部队的标准武器。在柯尼希格雷茨会战中，第 7 团被调到易北河方面军麾下，与第 6 胸甲骑兵团组成了第 1 骑兵师的第 3 骑兵旅，但并没有参加多少实际战斗。

图左的这名诺伊马克龙骑兵团军官身穿长袍服，头戴一顶颇为高级的头盔，这表明他在兵营中会承担起相当重大的职责。袖章与领章为玫瑰红，裤子上的缝合线乃至肩章同样是这个颜色，这是该团的传统标识色。诺伊马克龙骑兵团在拿破仑战争期间表现优异，是普鲁士陆军的荣誉团。在柯尼希格雷茨会战中，该团作为第 2 骑兵师的一部分参加了当天最后一场极惨烈的骑兵大战，奥军 40 个骑兵中队与普军 31 个骑兵中队全都参与了这场战斗。由于奥军胸甲骑兵的攻击，该团损失极为惨重，但还是成功支援第 4 枪骑兵团，最终赢得了这场血战的胜利。

插图8

第 2 近卫龙骑兵团成立于 1860 年，该团制服同其他老资历龙骑兵团一样，都采用金质纽扣及衣缝。图中这名军号手的头盔上插有红色盔饰，这是近卫部队军号手的特有标识。他的"燕子巢"肩章为红金两色，同时还有金色短流穗。他的军号挂在右肩后背处，这是一种自 1817 年起在军中使用的军号，一直被普军与德意志帝国军队沿用到 1918 年。军号缠绕的白黑两色绳带是所有步骑兵团通用的。在柯尼希格雷茨会战中，该团隶属于第 2 骑兵师的第 2 轻骑兵旅，承受了极为严酷的血与火的考验。他们参与了进攻施特雷瑟提茨，之后又追击奥军残兵。

图中间的这位莱茵胸甲骑兵团军官穿的是长袍服，头戴日常矮鸭舌帽。与其他几个胸甲骑兵团不同的是，他的制服镶边为绿色，领章与袖章为白色。这是一支表现极为优异的团，成立于 1815 年，最初为第 8 龙骑兵团，于 1819 年被改编为胸甲骑兵团。他们参与了 1848 年第一次石勒苏益格战争及一年后镇压巴登起义的行动。在柯尼希格雷茨会战中，该团作为易北河集团军第 15 师的预备骑兵参加了战斗。在普洛布卢斯附近的战斗中，该团因奥军炮兵的猛烈打击而蒙受极为惨重的损失。

图右是一名身穿聚会礼服的第 2 西里西亚龙骑兵团军官。他的上身与下身制服的颜色都是矢车菊蓝，裤子上有 3 条黄色镶边。他还是一名副官，左肩佩戴一条银色勋章绶带及一条黑色胸带，没有戴武装腰带。该团前身是成立于 1860 年 5 月的第 7 龙骑兵团。当年 7 月 5 日，该团按照内阁指示，与第 8 团"交换"了番号。1866 年战事期间，他们隶属于王储的第 2 集团军的维克曼混编骑兵旅。他们在波希米亚地区经历了连番苦战，参与了包括纳霍德之战与斯卡利采之战在内的一系列会战。7 月 3 日下午，该团参与了对败退奥军的总进击。

插图9

1741 年，腓特烈大帝新建了 2 个骠骑兵中队，其名号为"黑色骠骑兵"，最初的正式番号为第 5 骠骑兵团。该团参与了 1744—1745 年的奥地利王位继承战争以及 1756—1763 年的七年战争，在佐恩道尔夫（Zorndorf）一战当中更是表现突出。该团还是在 1806 年的毁灭性军事惨败中唯一以完整建制幸存下来的骠骑兵团。1808 年，普鲁士陆军将该团分为两个全新的骠骑兵团：第 1及第 2 王室警备骠骑兵团。第 1 团参与了 1813 年莱比锡"民族大会战"，与反法联军一道胜利进驻巴黎。1817 年，该团驻地被设置在但泽港。1861 年，该团因自己的驻地而得到"但泽骠骑兵"这一别名。

该团官兵统一穿黑色制服，军帽上有一个极为著名且显眼的骷髅帽徽。作为姐妹团的第 2 王室警备骠骑兵团是为了纪念腓特烈·威廉一世而设立的部队，有民间传说称他们的黑色制服起源于腓特烈·威廉一世生前所穿的（葬礼上用的）丧服，而他的丧服肖像至今还挂在波茨坦宫殿的大厅里。为了区分这两个姐妹团，第 1 团的制服统一配红色镶边，第 2 团为白色镶边。图中的这名军官身穿礼服，正在列队骑马行进。该团有一个非常著名的"风俗习惯"，那就是他的军官与号手只会统一骑白色或灰色的军马。在 1866 年的七周战争期间，该团隶属于博宁将军的第 1 军，在特鲁特瑙镇的战斗中蒙受噩运。柯尼希格雷茨会战当天下午，该团同冯·克劳塞维茨的第 2 师一起行动，有力地支援了近卫军。

图左的第 5 骠骑兵团最初的番号是第 8 骠骑兵团，曾参加七年战争，在佐恩道尔夫及一年后的霍克希克（Hochkirk）之战中表现极为英勇。在经历

1806 年的耶拿及奥尔施塔特两场惨败之后，该团被迫在拉克劳（Ratklau）向法军投降。1808 年，该团接受了大规模整编，其番号也变成"第 5 骠骑兵团"。之后，该团参加了莱比锡及滑铁卢两场大战。由于布吕歇尔元帅曾在 1794 年当过该团的团长，所以该团获准以元帅的姓氏作为部队的头衔。这一头衔曾一度被废除，1866 年后又再度恢复。

图中这名骠骑兵身穿礼服，他的骠骑兵袍为"蟹红色"，比常见的亮红色暗得多。不过，军官制服的颜色可能会比士兵的稍微亮一些。非常有意思的是，这个团的骠骑兵袍的银质镶边与其他几个团并不相同，左右两边没有纽扣，是完全缝制在一起的。在柯尼希格雷茨会战中，该团隶属于腓特烈·卡尔亲王的第 1 集团军，是最先渡过比斯特里查河的几支部队之一。

插图10

在 1813 年"解放战争"初期，普鲁士王国成立了一支名为"易北河骠骑兵"的志愿骑兵团。随着普军正规化进程的加速，该团于 1814 年正式加入正规军序列，番号为"第 10 骠骑兵团"。后来，该团参加了滑铁卢会战，与反法联军一道入驻巴黎。1830 年，该团的驻地被设在法国边境地区。1848 年革命期间，该团又奉命镇压当地叛乱。图右的这名军官身穿极为特殊的骠骑兵礼服。袖口、裤子以及骑兵袍上贴满了密密麻麻的亮黄色镶边。裤子颜色的正式称呼为"束发红"（Pompadour Red）。同样有意思的是他手里的军刀袋，在通常情况下，骠骑兵团的军刀袋的颜色应同该团制服的镶边色或袍服色相同，而该团官兵的军刀袋统一采用亮蓝色，这是该团的前身"易北河骠骑兵"所用的颜色，是对部队光荣传统的纪念。1866 年，该团隶属于第 1 集团军的冯·弗兰岑基少将的第 7 师，参与了波希米亚地区的一系列战事，还参与了柯尼希格雷茨会战。在柯尼希格雷茨会战中，该团官兵竟在斯维普树林附近的战斗中袖手旁观，始终没能支援第 7 师的步兵部队，只能眼睁睁地看着第 7 师步兵在树林中苦战许久。

1745 年，腓特烈大帝成立了一支名为"波斯尼亚人"的骑兵部队，其成员都是装备长枪的阿尔巴尼亚人。该部队曾一度被配属到"黑色骠骑兵"麾下。1799 年，该部队接受大规模改编，新添了大量来自波兰的枪骑兵，其番号也被改成"托沃采枪骑兵团"（Regiment Towarczys）。此后，它的部队番号又被改为"西普鲁士第1枪骑兵团"，普鲁士陆军的后续几个枪骑兵团都是以它为原型设立的。

第1近卫枪骑兵团的历史始于1817年，最初是一支地方民兵的骑兵部队。1821年，该团被分成两个骑兵团：第1、2近卫地方民兵骑兵团。1826年3月，这两个团被正式确立为枪骑兵团。1851年10月2日，根据最高内阁的指示，二者中的第1团得到了最终的荣誉头衔——"第1近卫枪骑兵团"，这一番号一直保留到1918年德意志帝国终结。自1866年9月起，它的驻地设在波茨坦。

图中这名枪骑兵军官同旁边那位骠骑兵军官一样，也身穿聚会礼服。他还穿着暗蓝色裤子，上面有三道白红两色的镶边。帽饰为白色，边缘为红色镶边，这是该团的独特标识色。在柯尼希格雷茨会战中，该团隶属于阿尔文斯莱本的预备骑兵军。非常不幸的是，该团并没有参加多少战斗。

插图11

第4枪骑兵团成立于1815年3月，由原属于西普鲁士枪骑兵团、东普鲁士国民骑兵部队以及波美拉尼亚国民骑兵部队的若干个骑兵中队共同组成。该团参与了拿破仑战争最后几个月的战事。在之后的15年里，该团在普鲁士境内换过包括特里尔（Trier）、米尔伯格（Muhlberg）在内的多个驻地，甚至曾在萨克森王国境内驻扎。1830年，该团奉命巡逻（俄普奥三国控制的）波兰边界。1848年革命期间，该团在勃兰登堡及波美拉尼亚两地执行留守任务。1861年，该团终于得到"波美拉尼亚"的头衔。

图中这名枪骑兵身穿礼服，他那顶枪骑兵帽经常贴上一块防水油布（Oilskin），帽饰也会被取下来。绑在长枪上的那面小旗（Pennant）为黑白两色。在当时的普鲁士军队中，枪骑兵部队的士官并不会携带长枪。在柯尼希格雷茨会战中，该团隶属于冯·毕登菲尔德中将的第4师，是该师的前锋部队之一。该团参与了当天的主要战斗，在占领萨多瓦村与莫克洛沃斯村两地的战斗中更是损失惨重，但也大量杀伤敌人。

1860年4月，普鲁士内阁命令第6、7胸甲骑兵团以及第3、6枪骑兵团各抽出一支骑兵中队，于次年5月以这些人员为核心组建一支名为"第3混编枪骑兵团"（3rd Combined Uhlan Regiment）的部队。后来，该团的正式番号被改为勃兰登堡第 2 枪骑兵团（第 11 枪骑兵团）。

图中这名骑兵团少校身穿骑马出行专用的全盛装礼服。位于陆军序列最后 4 位的枪骑兵团的制服上都不会饰有红色镶边，也不会像前 8 个枪骑兵团那样使用"团属色"的枪骑兵帽及肩章，而是统一饰以"镶边色"。

在 1864 年的第二次石勒苏益格战争期间，第 11 团参与了突袭杜伯尔要塞与奥尔森岛的战役。在柯尼希格雷茨会战中，该团参与了施特雷瑟提茨的最后一场骑兵大战。

插图12

普鲁士王国共有 9 个军，每个军都下设 1 个炮兵旅、1 个战斗工兵营与 1 个军事车队营。其中第 5 军由第 9 师与第 10 师组成，军长为冯·史泰因梅茨，参与了波希米亚战役。由于车队在绵延不绝的山区遭遇了极严重的交通阻塞，直接导致炮兵旅未能及时赶到斯卡利采镇。普军只能单靠步兵部队来完成绝大部分作战任务。不过，在接下来的纳霍德会战中，炮兵将起到极为关键的作用。图左的这名第 5 炮兵旅下士头戴一顶与自己的军衔相称的矛尖盔，不过盔顶的矛尖被换成了一个金属圆球。作为一名步炮连的炮手，他的袖章处共有 3 颗纽扣。图中的他为"稍息"站姿，手里拿着炮兵部队的佩剑。在普鲁士陆军中，步炮部队的炮手都不会装备轻火器。图中间的这名近卫战斗工兵营的士兵的制服，与其他几个战斗工兵营制服大体一致，统一采用白色袖章及领章，矛尖盔上的鹰徽也是银白色。在波希米亚战役期间，这支战斗工兵营作为近卫军的尖刀部队表现极为突出。

自 19 世纪中叶起，军队后勤补给的状况越发复杂，直接导致专门负责运输补给的常设车队部队的诞生。除此之外，这种车队还要肩负起建设营地以及为部队提供野战面包房等重要职责。这支车队部队的制服与普鲁士步兵基本相同，图右的这位指挥员的制服镶边色为亮蓝色，这是普军运输车队自拿破仑战争起一直沿用的制服标识色。尽管这支部队的军官统一戴矛尖盔，但其余各级士官与士兵则会统一戴猎兵部队的高筒军帽。指挥员由车队营的资深士官担任。在普奥战争期间，他所属的第 2 车队营专门负责第 1 集团军的波美拉尼亚第 2 军的后勤补给。

插图13

自19世纪中叶起，欧洲各国的军队规模不断扩大。日趋复杂的军队情况，迫使各国纷纷组建各类军事行政部门。军事行动及战役的人马规模日趋庞大，所需要的补给及运输要求也日益提高。在这种新形势下，欧洲传统的"私人商业承包制"（civilian contractors）已不再适应近现代战争的后勤补给的需要，取而代之的是专业的军需部门。自19世纪40年代初期起，普鲁士王国就开始新设各类军事部门。1864年，普军中的独立行政部门的数量已达到18个之多，包括专门的（人员）医护部门及兽医部门。尽管这些辅助部门具备高度的军事化特征，但很多部门人员依旧穿着民间制服，很多地方甚至连军衔章都没有配发。非常有意思的是，这些军队文职人员的制服始终和战斗部队的军官大为不同，直到第二次世界大战结束后两者才正式统一。

高级文职人员的制服高贵华丽，一般不会佩戴领章或袖章条，也不会像作战部队的军官那样在制服上佩戴黑银两色的勋章绶带。文职人员佩剑的剑穗为黑银两色。军需部门不仅要管理发放士兵的薪水，还要负责各类财政事项。图中间的这名文员身穿长袍服，是军营及驻军管理部门的一名军事督察，专门负责监督兵营里的各类日常事务，确保部队能严格遵守规章制度。他的军帽鸭舌上有一块小小的铜质鹰徽，这是军营管理部门与其他几个辅助部门最显著的不同。坐在椅子上的文员是一名主计官。在任何一支军队中，像他这样职务的人的最主要职责，便是管理部队的后勤补给及武器装备。

当极度依赖铁路运输的波希米亚战役正式打响后，这些文职人员也是最先开始忙碌起来的人群之一，尽管不少战争记录夸大了他们的功绩，但实际上他们在管理铁路运输方面遭遇了许许多多难以克服的问题。铁路上的列车要么是突然出了故障，要么莫名变更了路线，或者根本未曾离开车站。在个别情况下，列车就算成功将物资运抵目的地，也没有人来车站卸下货物。有的列车还将错误的物资送至错误的地点。而最大的军粮问题更是始终无法得到有效解决，许多部队只能饿着肚子坚持作战，就算列车将面包成功运抵前线，也往往因为路程过远或日期过久而腐烂变质。

插图14

1864 年发生在石勒苏益格公国的战争是普鲁士王国自拿破仑战争结束以来的第一次大规模战争。在此之前的 1848 年第一次石勒苏益格战争，以及镇压巴登与萨克森两地起义的战争，规模全都非常小，持续时间也非常短。

这场战争开始于当年冬季，尽管普军的兵器及粮食补给状况还算可以，但军衣的状况可就稍差一些了。事实证明，对于大部分需要在室外长时间活动的官兵来说，部队统一配发的大袍并不能有效保暖。军方因此为前线部队准备了一种全新防寒披风。这种披风及时运抵前线，一些部队成功换上这种新军品。但是，绝大部分官兵还是必须靠自备围巾、毛衣或其他衣物来防寒保暖。一些现存的照片以及传闻记录表明，当时的普军中有许多士兵，尤其是那些必须在外站岗放哨的，普遍都会在自己的军大衣外披上一层羊皮袄。对军官来说，战场上最恼人的就是厚厚的积雪、遍地的泥泞以及极为潮湿的气候。面对这又冷又湿的恶劣气候，裤子与军靴根本不能为他们提供多少有效保护，官兵不得不将裤脚管塞进紧身袜里面，但地面上的积水往往会渗进军靴。在这场战争结束后，军方又为步兵部队统一配发了一种全新的高筒军靴。这种靴子在军队中使用了相当长的时间，并同矛尖盔一道成为普鲁士 / 德意志帝国军队的象征。

图中的 3 名士兵所属部队全都参与了当年 4 月 8 日对杜伯尔要塞的强攻。图右的第 24 步兵团的列兵是这场战争初期普军士兵的标准形象。他的头盔上插着一根松树枝 ① 为装饰。在头盔底下，他还戴了一项自制的巴拉克拉瓦帽 ②。除此之外，包括奥军在内，所有参与入侵易北河两公国的部队都会在左臂缠一根白色臂带以便于区分敌我。这幅插画十分清楚地表现出刺刀套与衣带钩的结构。在围攻要塞的战斗中，当时正隶属于冯·罗德尔麾下的该团的数个连参与了对第 5 号凸堡的强攻，以极为惨重的伤亡完成了这项艰巨任务。

---

① 译注：在制服学中，其术语为 "Sprig"，蒂罗尔山民与奥地利的山地猎兵部队喜欢在自己的军帽上插一小段这种树枝。

② 译注：英军在巴拉克拉瓦战役期间发明的一种防冻帽。

图中这名士兵来自于驻地为威斯特伐利亚的第55步兵团，为战争后期普军士兵的形象。他在自己的胸口及背包后面缠了一条黑色装备囊（Banderole）。在实际战斗打响之前，士兵们往往会抛弃这件装备囊，以减轻自己的负重。他手里拿着一根大烟斗，对于嗜烟成性的普鲁士军队来说，这是日常生活必不可缺的必需品。在第二次石勒苏益格战争期间，第55团与第53团都隶属于冯·温岑杰洛德（Winzingerode）中将的第13师。在强攻杜伯尔要塞的战斗中，第53团与来自勃兰登堡的部队进攻丹军的第4号凸堡。按照记录，该团以短短15分钟的时间就将凸堡守军彻底压垮，风卷残云般完成了这项艰巨任务。

图左是第60步兵团的一名军官，该团在战争期间隶属于第6师第11旅。他身穿一件军官大袍，头戴低阶军官的无舌帽。他身上的围巾是部队统一配发的制式型号。不过，值得注意的是，在战争期间，绝大部分军人都不像他这样留大胡子。不过，根据当时的存世照片来看，在战争爆发之前，这种叫作"Hirsute"的大胡子是当时世界各国军人的主流胡子款式。在强攻杜柏尔要塞以及登陆奥尔森岛这两场战役中，他所属的第60步兵团的表现同样极为优异。

插图15

这张插图展示了各部队的冬季制服。中间这名来自第7团的龙骑兵身穿大袍，头戴"草料帽"（forage cap）。在第二次石勒苏益格战争期间，该团主要执行侦察类任务。作为一支预备部队，该团肩负着在战斗结束后追剿残敌、扩大战果等职责。1866年普奥战争期间，该团作为坎施泰因中将的第15师的师属骑兵，隶属于易北河集团军。图右的这名西威斯特伐利亚骑乘炮连的军士穿着非常厚重紧实的高筒马靴，这种非制式靴子很可能是私自采购。不过，在围攻杜伯尔要塞的战役中，这种靴子在应对当地恶劣气候时的表现非常不错。该部队在要塞强攻战期间，是第1军的炮兵预备部队。图左的勃兰登堡战斗工兵营的士兵像步兵部队的官兵那样，将自己的裤脚管塞进了紧身袜里面。他手上拿着普鲁士陆军战斗工兵部队的标准武器——米涅线膛卡宾枪，（与击针枪相比）这是一种颇为落后的武器。在围攻杜伯尔要塞的外围凸堡的战斗中，他所属的第3战斗工兵营表现出超乎常人的英勇。官兵们冒着枪林弹雨进行土木作业，为后续步兵部队炸开了一条通路。

插图16

普鲁士王国有波罗的海的漫长海岸线，但在海权建设方面始终都没有做过多少努力。19世纪中叶，欧洲绝大部分列强，无论是大英帝国还是新生的意大利王国，都有一支比当时的普鲁士王国庞大得多的海军。在第一次石勒苏益格战争期间，普鲁士海军与德意志邦联海军暴露出人手严重不足的问题。战争结束后，普鲁士扩大了自己的海军规模，这使人手不足的问题变得更加严重。第二次石勒苏益格战争爆发后，普鲁士海军依旧没有任何能与丹麦海军抗衡的能力，只与其进行了几场小规模遭遇战，其中最主要的一场海军遭遇战，是在黑尔戈兰湾援助奥地利舰队，共同对抗丹麦舰队。1864年，整个普鲁士海军只有12艘舰船具备远洋航行能力。战争刚爆发时，一些船尚在海外执行任务。普鲁士海军在战争伊始遭遇了巨大困难，丹麦海军极为有效地封锁了王国的海岸线。普鲁士舰队不得不主动出击，试图打破丹军的海岸封锁。在这几次突袭中，最为主要的一场是由约赫曼上尉发动的亚斯蒙德湾海战。在第二次石勒苏益格战争结束，普奥战争爆发之前，普鲁士海军进一步扩大规模，但在1866年战争中的表现依旧是无足轻重。只有一些小炮艇被用于在西线战场执行一些内河巡逻任务，或是攻占汉诺威与美因河的一些河港设施。在4年后的普法战争中，海军依旧没能发挥多少作用，但普军的"流星"号炮艇却在这场战争中同法军的"布维特"（Bouvet）号发生了一场极为著名的决斗。直到德国完成统一，德意志帝国海军成立之后，普鲁士/德意志帝国才真正成为一支海上超级强权。德国的海上强国地位，将一直持续至1918年一战结束。

普鲁士王国海军的制服，与大英帝国海军很相似。军官制服更是无论上下身都和英国海军极为相似，只有袖章条与英国海军不同。蓝色的海军袍上有白色制服镶边，领章为蓝色，领章条为金色。图右二那名正坐在起锚机上的海军中尉，身穿一件深蓝色罩袍。鸭舌帽正中间的帽带为金色，上面有一个国徽。直到1856年，普鲁士海军才有第一份官方制服条例。不过，在此之前，海军还是有一些不成文的制服着装规范。图右一的这名海军士官穿的制服，是专门为阅兵或出行而准备的盛装。他的这件短夹克的纽扣每排4颗，在平时不会系上。制服袖口也有4颗小纽扣。当时普鲁士海军的军衔章的情况尚有许多不明之处，但可以肯定的是，海军士官的制服的左臂处必然有一个船锚状的金色臂章。如果是资深士官，船锚臂章上还会再加一顶王冠。他的防水帆布帽上有一条黑色丝制帽带，上书"王国海军"（KONIGLICHE MARINE）的金色字样。在执行出海任务时，他会换上暗蓝色跳线裤（Jumper）、蓝色领章以及系有黑色帽带的软军帽。

第1海军陆战营的前身是1848年成立的海军陆战部队。直到1852年，其番号才被改成"第1海军陆战营"。该营最初有2个步兵连及1个炮兵连，1864年，其规模扩张到4个步兵连及2个炮兵连。该营官兵的最初一套制服，与陆军步兵部队基本相似，只是领章和袖章换成了蓝色，制服镶边为白色。全营全体官兵统一戴炮兵部队的矛尖盔，只是将矛尖换成了圆球。1862年，矛尖盔换成法式高筒军帽，上面贴有一个展翅挺立于船锚之上的普鲁士鹰徽。1864年，军方仍未给海军陆战营士兵配发击针枪。直到1865年，该营才正式换装这种新式步枪。他右侧炮兵士官的裤子的镶边色为白色。步炮两种部队制服的唯一区别在于他们的肩章。步兵肩章上印有船锚图案，炮兵为交叉呈"X"状的两门大炮图案。在随后的几年里，海军陆战营的数量急剧增长。到了德意志帝国海军时代，其规模更是日趋扩大。在帝德时期，海军陆战营是德皇海军的急先锋，转战世界各地，为帝国争取到大片海外殖民地。他们的军服在帝德时期被继续沿用，唯一的改动是在1872年，当时军方为海军陆战营的官兵统一配发了猎兵部队的高筒军帽。

插图17

在柯尼希格雷茨会战那一天，图中这三个人大部分时间待在罗斯科堡山上的总指挥部里，陪在国王身边。俾斯麦因为战役初期的不利而深感焦虑，总是要时不时地看看自己身边这位总参谋长脸上的神情。不过，他旁边的老毛奇并不是一位特别健谈或表情丰富的人。两人在刚到达指挥部的时候，俾斯麦就曾问起老毛奇在奥军仍拼死坚守防线的情况下到底有多少合围奥军的把握，不过这位极为冷静的总参谋长始终都没有回答，可以称得上是非常淡定。插图中的这个戏剧性场景发生在决战当天中午，当时俾斯麦将自己的香烟盒递给了总参谋长，请他抽了根烟。按照俾斯麦回忆录的说法，当时的场景是这样的——"他仔细地审视了一下我的香烟盒，从里面挑出最好的一根烟抽了起来。从这一刻起，我就开始意识到，一切都会好转起来的。"当天的老毛奇得了感冒，不得不手拿一块红色手帕，时不时地擦拭自己的口鼻，同时还要不停安抚正在焦虑中的国王及自己手下的参谋军官。他们并不像老毛奇这般胜券在握，即使是在老毛奇宣布普军已经赢得这场决战之时，许多人仍不相信这位总参谋长的言辞。在柯尼希格雷茨会战当天，老毛奇干过一件十分著名的事，那便是在当天某一时刻，他在山上突然迷了路，前来寻找他的人竟发现，不知该如何回到指挥部的他居然坐下来观赏起了（周围农家未能带走的）一只牛，全然不顾附近战场传来的阵阵轰鸣声。

首相俾斯麦是一位身材极为高大的人物，他在决战当天给罗斯科堡山上的大部分人留下了深刻印象。当天他身穿地方民兵第7骑兵团的制服。由于该团是一支约等于胸甲骑兵部队的重骑兵团，因此他戴了一顶胸甲骑兵部队的矛尖盔，并在头盔后面加了一段"龙虾尾"护颈。他穿着蓝色长袍服，领章与袖章为黄色，裤子为灰色，裤脚管卷进胸甲骑兵的长筒马靴里。非常有意思的是，他在写给妻子的信中，将当天所骑的栗色马形容为"栗子"。在后来的普法战争以及担任德意志帝国首相期间，他有时还会戴一顶（染有"团属色"的）鸭舌帽。战斗结束后，俾斯麦曾骑马巡视战斗最为惨烈的几个地方。他望着堆积成山的尸体，不由得担心自己的儿子——当时正在第1龙骑兵团服役的军号手赫伯特是否战死或负伤？[1]当天的黄昏比他想象的要来得快一些，夜幕迅速降临后，他不得不骑着自己的这匹"栗子"返回霍日采村。由于天色已黑，迷了路的俾斯麦无法找到返回总部的路。在茫茫夜色中，他跌跌撞撞地跑到一户村民的牲口棚附近，不慎跌入粪池中。好不容易爬出来后，他来到一家市场正前面的走廊附近。他在走廊里铺了一些稻草做床，又搬来一个小椅子做枕头，用身上的大袍做被子，倒地大睡起来。次日清晨，首相十分幸运地获得梅克伦堡大公的救助，在晚些时候顺利回到总部。

---

[1] 译注：他的儿子赫伯特在普奥战争期间毫发无伤，但还是在1870年普法战争的马斯拉图尔战役中负伤。

老毛奇身穿步兵将军的制服,他身上的一切都符合制服条例的规范。不过,这位总参谋长有时也会像俾斯麦一样穿重骑兵的高筒马靴。他的大袍底下是将官专用常服,正面有数排极为特殊的(将官制服)纽扣。与俾斯麦不同的是,他在战役结束后一直陪在国王身边。

图片最左面的是普鲁士第 1 集团军总指挥、骑兵将军腓特烈·卡尔亲王。他出身于 1828 年 3 月 20 日,是腓特烈·威廉四世与威廉一世的侄子。与他的堂兄弟王储一样,他也受了极为严酷的正规军事教育,并在波恩大学读过书(不过他没有像王储那样成为一名自由主义者)。冯·罗恩曾多次在职业问题上给他提出各种建议,并对他进行军事指导。1848 年第一次石勒苏益格战争期间,他担任乌伦格尔手下的一名参谋军官。作为一名总参谋部的少校,他在一年后镇压巴登起义的战斗中负了伤。作为一名王室成员,他的晋升速度同样非常迅猛:1852 年成为上校,1854 年成为少将,1856 年成为中将。在 1864 年第二次石勒苏益格战争期间,他担任第 1 军总指挥。虽然后世的历史学家以及同时代的同行们普遍都不把他视为(像罗恩与老毛奇这样的)普鲁士陆军中的第一流人物,但他确实是一名极为勇敢的杰出军人。老毛奇总是批评他行事过于谨慎,所以他在柯尼希格雷茨决战这一天为了表现自己而显得极为焦虑与冒进,甚至还打算从正面压垮奥军。然而,老毛奇真正希望的是让他牵制奥军主力,直至第 2 集团军到来后,再对敌军发动总攻击。事实上,奥军也确实在亲王的部队渡过比斯特里查河后,通过斯维普树林以及霍拉树林等几场极为血腥的战斗,抵挡住了普军的进攻脚步。当天下午,亲王离开了罗斯科堡山,亲自率领骑兵对溃败中的奥军发动进击。起初,他以为自己能在追击战中取得光荣战果,但施特雷瑟提茨一战中,奥军骑兵的拼死作战以及奥军的猛烈炮火,却让他损失惨重,也让他的期望全部落空。战斗结束后,他便同国王及手下参谋们一道返回霍日采村的总部中过夜。这位亲王在 4 年后的普法战争期间任第 2 集团军总指挥,在这场战争的各大战役中都表现不俗,是一个荣获多枚勋章,取得多项荣誉的杰出军人。他去世于 1885 年,年仅 57 岁。

腓特烈·卡尔亲王身兼勃兰登堡第 3 骠骑兵团的名誉团长一职,所以他在三场德意志统一战争中都会身穿这个团的制服出行。不过,他的这件军服的领章与袖章是仅供骑兵将军使用的。在作战期间,他经常戴图中这顶鸭舌帽。

插图18

在当时的普鲁士军队高层中，作为王储的腓特烈·威廉是自由主义思想最浓厚的一位领袖。从他出生的1831年10月18日这一天起，他就命中注定要投身军旅，在部队中服役。他和霍亨索伦王室的前辈们一样，在10岁的时候已成为第1近卫步兵团的一名军官。18岁时，他在自己的母亲，普鲁士的奥古斯塔王后的安排下，与自己的堂兄弟腓特烈·卡尔一道进入波恩大学就读。他在大学中接触并最终信奉了自由主义思想，这与他父亲的理念格格不入，自由主义思想也就此成为他毕生的政治信条。作为未来的君主，他的军衔晋升速度同样非常迅猛，还在老毛奇的指导下学到了大量参谋学知识。当他27岁的时候，他的父亲摄政王威廉继位为国王，而他也就此被正式册封为王储。当时的他已经与英国维多利亚女王的大女儿维多利亚长公主结婚3年，夫妻两人都是坚定的自由主义者，而王储也在英国待了相当长的一段时间。1864年第二次石勒苏益格战争期间，他的堂兄腓特烈·卡尔亲王出任第1军军长，而他则在年老体衰的乌伦格尔元帅麾下担任参谋军官。在这场战争中，他第一次亲眼见证了真实的战场。虽然他对普鲁士王国在这场战争中的所作所为并不认同，但还是尽心尽责地完成了总指挥部的一切事务，同时还大力批判了总指挥乌伦格尔元帅的不作为。在老毛奇接过指挥大权后，这位王储的表现依旧十分出色。在普奥战争期间，他被任命为第2集团军的总指挥，集团军参谋长为冯·布伦梅泽尔少将。他在这场战争中表现优异，顺利赢得蓝色马克思勋章。在4年后的普法战争中，奉命指挥第3集团军的他又赢得了更为巨大的军事荣誉，取得威森堡（Sissemboug）、沃斯（Worth）以及色当等3场战役的辉煌胜利。1888年3月9日，他在自己的父亲去世后，正式登基为德意志帝国的第二任皇帝。不过，非常悲剧的是，他的统治时间非常之短，只有99天。1888年6月，他因喉癌而去世。他的过早逝世成为后世史学家讨论的重要议题之一。一些史学家认为，假如他统治德意志帝国的时间能更长一些，就能让德国在真正意义上实现自由化。不过，这一说法在史学界始终存在争议。

图中的王储参考的是1866年战争期间油画艺术家绘制的传世肖像画中的形象。他身上穿着将官常服，整件制服就像他的为人一样简洁且朴实无华。与此同时，他的头上还戴着鸭舌帽，脚上穿着一对高筒马靴，胸口挂着普鲁士黑鹰勋章。他是个出了名的老烟枪，在任何场合都离不开烟斗。在战场上，作为指挥官的他必须吸上几口烟，在深思熟虑之后才做出决断。

图右是卡尔·弗里德里希·冯·史泰因梅茨。他是一名非常传统的普鲁士将领，行为举止都与当年的布吕歇尔元帅非常相似。出生于1796年的他曾接受过一段时间的初级军事学院教育。1813年，在普鲁士王国同拿破仑帝国再度开战后不久，他加入了陆军。在接下来的两年时间里，他接连参加了拿破仑战争的最后几场大会战（他的兄长战死于莱比锡），多次负伤，还因英勇表现获得铁十字勋章。战争结束后，他在军队中继续服役，曾在近卫线列步兵团与近卫地方民兵团担任军官，之后再入战争学院就读。1839年，他升任少校营长，在1848年第一次石勒苏益格战争中表现极为出色，成功赢得乌伦格尔元帅的注意。由于作战英勇，当时还是亲王的威廉一世亲自为他颁发蓝色马克思勋章。1850年，他成为卡塞尔地区的军事总督，之后又担任柏林军事学员学校的校长。他于1854年升任少将，1857年成为近卫旅的旅长，1858年成为若干支骑兵部队的指挥官。1863年，他正式升任第2军的军长。不久之后，腓特烈·威廉王储正式接过第2军的指挥权，而他则转任第5军军长。他于1864年晋升为步兵将军，1866年普奥战争期间，他取得极为光荣的纳霍德以及斯卡利采两场战斗的胜利，尽可能地缩小并弥补了普军兵败特鲁特瑙镇带来的损失，十分出色地为第2集团军扫清了通往柯尼希格雷茨决战场的道路。在后来的普法战争期间，这位将军的表现就不再像先前这般出彩了，他在斯皮克伦（Spicheren）与格拉韦洛特（Gravelitte）两地的战斗险些酿成灾难性的惨败。但不论胜负如何，他始终都是当时全欧洲最受敬仰的军人之一，永远都是普鲁士王国坚定勇猛的"纳霍德雄狮"。这位将军去世于1877年，在生前还是一个以直言不讳与极难通融而出名的人物。他做事极为细致，绝不容忍任何人在他眼前干任何蠢事。除了严于律人之外，他的个性还极度严于律己，毕生都保持着一名优秀军人的良好习惯，始终坚持体育锻炼，拒绝酗酒与过度饮食等不良习惯，因而身体非常硬朗。

除此之外，史泰因梅茨还有一个著名习惯，那便是他在打仗的时候总会戴一顶前后两面都有鸭舌的奇怪而又老旧的皮革制鸭舌帽。不过一些存世照片表明，他在正规场合都会脱掉这顶奇怪的帽子，并按照制服条例的规范头戴制式鸭舌帽。除了老军帽之外，图中的他还身穿第 37 燧发枪兵团的作训服。他是这个团的名誉团长，该团在后来也被获准以他的姓氏作为部队的前缀头衔。在亲临战场视察的时候，他往往会将自己的制服换成日常的长袍服。

图左是陆军总参谋部的一名少校。像他这样的参谋军官，在战时会被配属到各个军的总指挥部中，以确保各个军的首长都能严格执行最高指挥部制订的战略计划，并确保各个军都能与总参谋部时刻保持联络。图中这名军官身穿他的所属团的专属作训服，头戴鸭舌帽，脚上这双黑色"屠夫靴"（Butcher Boots）很有可能是私人采购来的装备。

插图19

第 3 近卫步兵团是一支成立于 1860 年军事改革时期的资深近卫步兵团。在普丹战争期间，该团同第 4 步兵团一道隶属于第 3 军的混编近卫师，参与了强攻杜伯尔要塞的战役。1866 年，该团是第 2 集团军的近卫军第 1 师第 1 旅的主力部队。在波希米亚战役期间，该团参加了索尔会战。在 7 月 3 日决战这一天，该团先将当时尚在霍罗诺维斯的阿尔文斯莱本将军的先锋部队甩在后面，又穿过了普奥两军血战数小时后尸横遍野的斯维普树林，朝奥军据守的赫卢姆山发起猛攻，损失惨重却没能奏效。紧接着，该团又帮助尚被围困在罗斯贝茨村的近卫燧发枪兵部队顺利解围。值得一提的是，在当时的第 3 近卫步兵团的参战者中有一位年轻的中尉，即后来的德国陆军元帅保罗·冯·兴登堡。

很少有士兵会像图左的近卫步兵部队的一年志愿兵那样，在实战中选择戴一顶野战帽而不是矛尖盔。似乎在决战当天，他所属的第 3 近卫步兵团的绝大部分官兵也都是像他这样穿着的。该团官兵在当天并没有戴普军最具标志性的矛尖盔，导致驻守在赫卢姆山上的奥军阿皮亚诺师的指挥官把他们误认作自己的盟友萨克森军队。在普奥战争期间，绝大部分步兵都已换装他脚上所穿的那种新式行军靴，它穿起来要比旧型号舒服得多。一些当时的插画作品表明，士兵会在实战中将自己的裤脚管塞进马靴里面，并将自己的袖口卷起来。他将背包以及一些零散装备都留在了王宫镇，只留下一条黑色的装备囊与金属饭盒。肩章边缘的黑白两色条纹标明了他的一年志愿兵身份。他的这种连鬓胡，不仅是 19 世纪中叶欧美平民男性的"潮款胡子造型"，也是战场上的士兵最常留的几种胡子之一。在喝水的时候,留这种胡子的人往往都会将水故意倒到胡子上,这样就算是清洗过自己的胡子了。有意思的是,当时的普鲁士陆军尚没有任何强制剃须剃发的规定,直到 19 世纪 70 年代,仪表规范条例才明文禁止士兵蓄各类大胡子。

第 31 步兵团成立于 1812 年,其前身是拿破仑时代大名鼎鼎的"俄属德意志军团"[①]。该团的最初驻地为莱茵,后来调动至图林根州,1860 年正式获得图林根第 1 步兵团的头衔。1866 年普奥战争期间,该团与第 71 步兵团一道组成第 15 旅,隶属于霍恩的第 8 师。在第 1 集团军的行进过程中,该团在位于伊萨尔河畔的波迪尔与奥军首度交火。在柯尼希格雷茨之战中,该团首当其冲地在斯维普瓦尔德树林与奥军展开大搏杀,成功守住了防线,但也伤亡惨重。

图中这名中尉按制服条例规定穿标准常服。当时的一些插画表明,像他这样的第 1 集团军的官兵的形象,很有可能与 2 集团军相同。当时的第 1 集团军与易北河集团军的官兵在作战时仍然随身携带背包(而第 2 集团军的官兵为了减轻负重加速赶路,普遍都在战前将背包或杂物袋留在王宫镇里)。图中这名中尉手里拿的击发手枪很有可能是私人购置的。他的右臀附近的那个黑色皮革套并不是用来放置望远镜的,而是用来放置手枪子弹或其他一些琐碎物件。值得一提的是,这名军官的肩膀上佩戴硬板肩章(Feldachseltucke)。这是一种自 1866 年 6 月 7 日起配发陆军的新式肩章,但不是所有军官都获得了这种肩章,其中还有一些是个别军官私人采购来的。

第 50 步兵团成立于 1860 年,隶属于第 2 集团军的第 6 军第 11 师。在少将师长亚历山大·弗里德里希·冯·扎斯特罗的指挥下,西里西亚师(第 11 师)奉命围堵约瑟夫施塔特,防止敌军增援。然而,扎斯特罗突然改变命令,竟循着炮声的方向赶到易北河与特罗提纳河的交界处。该师以第 50 步兵团的 3 个营为先锋,迅速渡过水深可达人肘的特罗提纳河,以迅雷不及掩耳之势突袭拉兹(Racitz)村,成功驱逐村里的匈牙利守军。不久之后,该团的

---

① 译注 : Russian-German Legion, 在英国的资助下, 沙皇俄国利用莱茵邦联等地区的德意志逃兵或志愿者组成的一支部队, 1815 年被吸收进普鲁士陆军。

第2营又在冯·贝尔肯少校的指挥下，对内德列斯特村发起强攻，在第2营的打击下迅速沦陷。

1860年，军方为第50步兵团正式配发丝质军旗，旗子的尺寸和图案都是1828年确立的。掌旗官（Fahnentrager）通常由步兵营的一名资深军士担任。在战斗中，这名手持军旗的军官往往会受到3名军衔为士官的护旗官（Fahnensektion）的护卫，这4个人通常部署在预备连的第一排正中央。图右的这名军官身穿常服，当时的普鲁士陆军尚没有专供掌旗官使用的徽章或特别制服。他将防水帆布制成的军旗盒背在左肩处。旗杆顶处的铜质旗尖的收纳盒则被放置在腰带下。他的袖章条标明，他曾获得神射手奖章。普鲁士国王腓特烈·威廉三世在解放战争胜利之后立下了一条军规，明确规定军旗神圣不可侵犯，不可随意替代。所以绝大部分建军较早的步骑兵团，都不得不将破旧不堪、饱经沧桑的团属军旗带上战场。

插图20

1866年战争期间，波美拉尼亚猎兵营隶属于第1集团军第2军，该营麾下的两个连作为沃德尔中将的第3师的前锋部队，参加了6月29日的基斯钦会战。在柯尼希格雷茨会战中，这两个连后来还担任了陆军中校冯·布登布洛克男爵的前锋部队，而其余数连则与主力部队一道行动。图中这名骑在军马上的少校身穿猎兵部队军官的标准野战制服，原先的流穗肩章（Epaulettes）也换成实战用的硬板肩章。他身上这件军服的其余部分与马具都是为阅兵或游行而准备的。尽管猎兵连的步行军官全都穿过膝马靴，但骑马军官却普遍不会穿这么高的靴子。

1866年，第39燧发枪兵团参与了西部战区的战事。当时，该团隶属于冯贝耶尔少将的混编旅，参与了哈默尔堡（Hammelburg）会战。在规模更庞大的基辛根镇会战中，该团还参与了对当时正沿着图尔巴河方向撤退的巴伐利亚军队的追击。尽管驻守在小镇中的巴伐利亚士兵进行了颇为激烈的抵抗，但没过多久基辛根镇还是落入冯·沙赫迈耶少将的步兵旅之手，而39燧发枪兵团当时正隶属于这名少将的步兵旅。紧接着，该团进驻法兰克福自由市，随后又南下继续追击敌军，在黑尔姆施塔特地区与南德意志邦国的军队进行了最后一场大战并大获全胜。图左的这名下士，像丹麦人那样将自己的裤脚管卷了起来。由于当年 7 月第一周的天气极度炎热，所以美因河以南的官兵在行军过程中普遍都喜欢这么做以加速散热。值得一提的是，普鲁士陆军的燧发枪兵团及其所有下设步兵营的全体官兵的随身装具都是黑色皮革制的。

图左的这名士兵来自近卫射击兵营，该营在普奥战争期间隶属于王储的第 2 集团军的第 2 近卫师。该营作为预备部队参加了索尔会战，在之后的柯尼希格雷茨会战中，该营又在赫卢姆山及洛斯贝里茨村两地同奥军展开激烈交锋。图左这名士兵是射击兵营部队的最标准装束，他的步枪是猎兵部队使用的特殊型号德莱塞击针枪，他腰带上的长刺刀是射击兵使用的特殊武器。这支部队的常服颜色为"冬青绿"①，领章与袖章的镶边色为暗红色，袖章本身为绿色，袖口有 3 个纽扣，这在普军制服中是极为少见的，领章本身则为黄色。值得一提的是，他的背包外面还披了一层獾皮，甚至连上面的獾脑都清晰可见，随身装备这种獾皮背包是普鲁士近卫射击兵营的特权，也是他们与其余线列猎兵营或线列射击兵营的最大区别。

插图21

第 1 胸甲骑兵团成立于 1807 年 10 月 16 日，是由耶拿惨败中幸存下来的几支骑兵部队组成的。该团的官方团史宣称，自己的历史可以一直追溯至 1674 年的老骑兵团时代。1866 年，该团隶属于哈特曼少将的重骑兵旅，是第 2 集团军的骑兵预备队。不幸的是，在 7 月 3 日决战日这一天，由于博宁将军的炮兵造成的"交通阻塞"，该团竟没能及时赶到战场。以至于布伦梅泽尔少将抱怨"整个骑兵师就这么凭空消失了"。不过，该团官兵在柯尼希格雷茨会战结束后，还是获得了表现的机会。他们作为一支前锋部队，参与了对退却中的奥军的追击。7 月 15 日，胸甲骑兵在托比绍与洛克尼茨两地同奥军殿后部队正式交火，缴获了多门奥军火炮。第 1 胸甲骑兵团是波希米亚战役正式打

---

① 译注：Holly Green，是近代欧洲各国猎兵与射击兵等轻步兵部队最常用的制服颜色，大名鼎鼎的英国陆军"皇家绿夹克"线膛枪兵的制服也是这种颜色。

响之前，少数几个换装了新式高筒马靴的骑兵团之一。然而，该团只有 3 个骑兵中队及时领取到这种新式靴子。该团的军号手的着装规范多有不明之处，他们很有可能不穿这种高筒马靴。图左这名骑兵身上所穿的，就是该团的标准制服。

威斯特伐利亚胸甲骑兵团成立于拿破仑战争末期的 1815 年 3 月 25 日，最初的成员是从 3 个既存的骑兵团中抽调出来的，外加一部分加入普鲁士陆军的萨克森王国胸甲骑兵。就像其他来自威斯特伐利亚的姐妹团一样，该团也参与了 1864 年的石勒苏益格战争，1866 年则归属于美因河集团军，在西部战区作战。该团在战役期间隶属于特列斯克少将的预备骑兵旅，受冯·戈本中将指挥，胜利进驻法兰克福。此后，该团又在战争末期于阿莎芬堡及陶勃别霍海姆两地同反普联军接连交战。图中这名号手身穿该团的制服，他的身上并没有穿骑兵胸甲，领章、"燕子巢"肩章与袖章为极罕见的橙红色。

勃兰登堡龙骑兵团的前身是成立于 1690 年的（老）第 1 龙骑兵团。这是一支战功显赫的王牌部队，曾参加过 1709 年的奥登纳德（Oudenarde）之战、1710 年的马尔普拉凯（Malplaquet）之战、1745 年的霍亨弗里德堡之战以及 1757 年的洛伊滕之战等多场重大战事，在后两场战役中的表现尤为突出。耶拿惨败之后，该团尚有大量官兵挺过了这场战役，这些幸存者成为全新的第 5 龙骑兵团的骨干成员。1815 年，该团又获得勃兰登堡（第 2 龙骑兵团）这一头衔。该团的传统"团属色"——黑色则自始至终地保存下来。1866 年战役期间，该团隶属于第 1 集团军，是曼施坦因第 6 师的一部分。作为该师的师属骑兵，该团在进攻基斯钦镇一战中落在了步兵后面，直到战役接近尾声时才抵达战场。7 月 2 日，该团（连同第 3 枪骑兵团一道）被编入威赫恩少将的第 2 骑兵师，作为一支预备部队参加了柯尼希格雷茨会战接近尾声时候的那场骑兵大战。图右这名士兵是该团的标准形象，身上携带的也是他所属的这一兵种（龙骑兵）的标准装备。值得一提的是，在俾斯麦时代，龙骑兵的兵种定位已经从原先的重骑兵变成与骠骑兵类似的轻骑兵。除了军刀之外，这名士兵还携带一把短管卡宾枪版德莱塞击针枪。

插图22

上述三个骑兵团在1866年战争期间全都隶属于王储腓特烈·威廉的第2集团军。第12枪骑兵团成立于1860年，当时隶属于第1军的布雷多上校的预备骑兵旅。该团仅在进攻托比绍的布伦市时进行过一场大规模实战。图中这名枪骑兵身穿实战装备，帽子上所有华丽帽徽与帽饰都被拿了下来，帽檐贴了一层防水帆布，原先各种华丽的装饰性线条也被一并移除。

近卫骠骑兵团成立于1815年，其前身是战时组建的东普鲁士国民骑兵以及近卫轻骑兵部队的若干个骑兵中队。1866年战争期间，该团隶属于加特林根中将的第1近卫师下辖的阿尔文斯莱本少将的第二旅。在6月28日发生于索尔山附近的战斗中，该团在战斗初期并没有过多参与战斗，仅在战斗结束后的追击残敌环节有所表现。在柯尼希格雷茨会战中，该团两个骑兵中队被选为先锋部队，率先对赫卢姆山发起进攻，与奥军展开激烈交锋。团长克罗斯科上校更是一马当先冲在了前头，亲自缴获赫卢姆村附近的土木工事中的一门奥军火炮。赫卢姆的战斗结束后，该团下辖的一个骑兵中队在罗斯贝茨村附近成功驱逐奥军第7骠骑兵团，挫败了该团试图阻挡普鲁士近卫军攻势的企图。当席勒·冯·加特林根师长被敌军榴霰弹击中后，正是近卫骠骑兵团的一名士官冒着枪林弹雨把（负了致命伤的）他从前线背回后方。与一般的线列团一样，近卫骠骑兵团在实战时也只对自己的平时制服做极少改动。骠骑兵熊皮帽（Colback）上印有一个星形帽徽。虽然帽子上的帽饰被取下来了，但帽子上的各类装饰性线条却依旧保留着，即使是在实战状态中，骠骑兵的制服依旧与阅兵游行时一样奢华。

第6骠骑兵团成立于1808年，是由耶拿 - 奥尔施塔特惨败之后幸存下来的若干支骑兵部队的残余成员编成的一个新团，因其驻地为西里西亚，故又称第2西里西亚骠骑兵团。在解放战争期间，该团表现极为英勇。1866年，该团隶属于康拉德·威廉·冯·普龙热斯基中将的第12骑兵师。该团有力地支援了缪提斯将军的第6军对易北河西河岸的进攻。此后，该团又在追击残敌的行动中与敌军数度交火。当洛斯贝里茨村附近的战斗进行到最高潮时，该团又参与了对因普军第11步兵师的火力打击而节节败退的奥军骑兵的追击。在追击过程中，由于该团并未事先派出哨骑侦察地形，竟不慎冲下溪谷，摔死了多名骑兵与多匹战马。正当该团准备重整队形时，奥军第11骠骑兵团竟突然杀上前来，与他们进行了一场白刃战（施特雷瑟提茨之战）。图右这名骠骑兵是第6骠骑兵团的标准形象，其制服始终保持着建团初期就开始使用的绿黄"团属色"。图右这名军士仿佛是在监督铁路车站的工作人员卸下车厢中的军马，身上这件华丽夸张的骠骑兵制服是日常与实战中的固定穿着。在他的骠骑兵袍的袖章与领章处还有额外的装饰条。袍上的纽扣系法为奥地利式，军帽上的帽带为红色。

插图23

如果以后来的战争角度来看，1866年的欧洲战场医疗救护水平仍然十分接近拿破仑时代，并没有出现太大的技术性突破。尽管社会公众已经在克里米亚战争时期逐渐意识到为士兵准备的医疗救护条件严重落后，但整个战地救护的技术水平仍然没有出现显著改进。在索尔弗利诺战役结束后，红十字会正式成立，这一组织为医护水平的改进打下极为坚实的基础，绝大部分国家的军队也开始接受红十字会的协助并组建专门的军医类部门。自此之后，普鲁士陆军有了一支专业性质的担架部队，专门负责在战场上紧急转移负伤者，并为其提供及时救护。为了让自己免受攻击，这些救护人员往往会在自己的手臂上缠一根印有红十字图案的臂条。在柯尼希格雷茨决战中，双方在战场上前后投入将近45万兵力，是当时规模最大的战役。这场战役的伤亡数字相当恐怖：普军伤亡近10000人，奥军伤亡约45000人。这个伤亡数字超越当时世界上任何一个国家的军事医疗系统的承载能力。尽管普军的医疗体制比奥军先进得多，但如此庞大的伤兵数量还是有些难以招架。幸运的是，在柯尼希格雷茨战场上，还有一群来自耶路撒冷圣约翰骑士团的志愿者。他们不分立场，一视同仁地为伤者提供救助。该骑士团自1831年起就一直致力于救死扶伤及建设各类医院。

普军最主要的野战医院在霍日采，而在其他几个前线村庄中，普军同样匆忙设立了若干个野战医院。柯尼希格雷茨决战结束后，每一间房子都挤满了伤员。普军花了整整1个多月的时间，才最终完成死者的安葬工作以及伤者的治疗与转移。战争结束后，一直到当年9月，重返家园的村民甚至还能闻到漫天尸臭。

普鲁士每个军都有一定人数的军医、医师助理以及医务兵。他们中的绝大部分人都是在战争爆发后响应国家紧急动员令的民间人士。他们被配属到野战医院车队中，跟随军队行动。尽管存世的普鲁士军医照片非常稀少，但可以肯定的是，普军大部分军医都会穿长袍服，制服领章与袖章的镶边条为红色。图中这名军医就穿陆军常服，没有戴佩剑与勋章绶带。

他的上衣、军帽与裤子的镶边也是红色，深蓝色领章条为天鹅绒，帽带也是蓝色。在某些场合中，一些在野战医院的传染病院（lazarette）工作的军医，会在为伤员动手术的时候身穿一件短袖衬衫，再在外面披一层皮革制围裙，他们的工作环境血腥恐怖得不可描述。

除此之外，每个军设有若干个担架连，每个连大约 60 人左右。图中这名担架组成员属于第 6 西里西亚军。他的这件常服上有暗红色领章、肩章以及制服镶边。此外，他还将红十字臂条缠在左臂上。他的随身武器（刺刀）是供基本步兵使用的型号。除了近卫军之外，其余几个军下辖的担架连的官兵的军帽，都必须统一佩戴地方民兵部队的帽徽。近卫军的担架组部队的官兵统一戴暗红色肩章、领章与袖章，领口与袖口处还贴有两根近卫部队的专用饰条。

图中这名负伤士兵来自近卫骑乘炮部队，隶属于霍亨洛荷亲王手下的几个炮兵连之一，参加了支援友军进攻赫鲁姆山的行动。他在受伤之后，很快被担架组转移到后方，接受紧急救护，其待遇比奥地利的炮兵们好得多。他身上是炮兵部队的标准制服，领口与袖口还贴有近卫部队的专用饰条。他这顶破烂不堪的矛尖盔的正前方，还贴有近卫部队的专属鹰徽。

插图24

普鲁士地方民兵部队在 1859—1860 年的军事改革中接受了彻底整顿与改编，1866 年普奥战争爆发后又经历了一系列变革。地方民兵中的骑兵部队，基本上已被各个军下辖的预备骑兵取代。在战争刚爆发时，整个普鲁士王国地方民兵部队共有 12 个骑兵团，分别是 5 个枪骑兵团、5 个骠骑兵团与 2 个胸甲骑兵团。军方将这些骑兵团分别配属到各个军下辖的预备骑兵师中。其中地方民兵第 6 枪骑兵团被配属到易北河集团军的骑兵预备军。地方民兵部队中的枪骑兵团与骠骑兵团的制服，同陆军常备部队的制服基本相同，只是军帽与头盔略有不同。骠骑兵部队统一使用高筒骑兵毡帽，而枪骑兵部队戴常备军的龙骑兵头盔。

地方民兵中的步兵部队在战争期间承担驻守（普军所攻克的）萨克森与波希米亚地区的后方城镇等留守类任务。在某些场合中，他们也是会参加实战的。在西线战场上，他们的作用显得尤为重要。地方民兵部队参加了西线的兰根萨尔察会战，因在战斗中表现不佳而饱受批评。在普军通向法兰克福的路上所进行的另外几场战役中，他们的表现同样拙劣不堪。地方民兵第28步兵团下辖的一个营曾作为驻屯部队执行留守法兰克福与威斯巴登两地的任务。地方民兵中的步兵部队所用的制服，就是常备军中的线列团或近卫团的基本步兵制服，只是将原有的军帽或头盔换成猎兵部队的高筒军帽，帽徽也换成贴在圆形星芒上的"民兵十字"。此外，军方也没为他们配发过膝长靴。

当时的欧洲尚没有"宪兵"这一称呼，但在1866年战争期间，普鲁士陆军中却有一支名为"步兵督察"的部队承担着与之类似的职能。像骑乘部队中的同行一样，他这样的战地宪兵必要时会在各个部队之间传达命令，在某些时候也会被军方当作检查站的卫兵使用。他们还可能指挥交通运输，缓解行军道路过于拥挤等情况。这并不是一个轻松的任务，因为在整个波希米亚战役期间，天一直都在不停下雨，恶劣的天气极大地阻碍了他们的努力。他们的日常任务是留守后方与视察营地，依法处置那些喝醉了酒或是严重违纪的士兵。作为每个军麾下唯一一具备维持军纪功能的部队，这些战地督察还会依法对那些"急需恢复纪律"的部队的军官与士官进行调查审问，但不具备逮捕权。图右这名督察的军服上的肩章与领章为矢车菊蓝，上身与下身制服边缘处的镶边为红色。值得一提的是，他裤子上的蓝红两色饰条使他看起来极为显眼，以突出其执法部队的形象。他的军帽上的帽带同样是矢车菊蓝，帽带上下两侧的镶边为红色。在临战状态下，他会把军帽换成矛尖盔。步兵督察使用的矛尖盔与线列步兵部队完全相同，上面有矛尖及铜质鹰徽。

附录

附录A：1864年2月1日丹麦战争，普鲁士皇家陆军作战序列

普奥联军总司令部

总指挥	陆军元帅冯·乌伦格尔男爵
总参谋长	陆军中将沃格尔·冯·法尔肯施坦因

普鲁士皇家混编军（普鲁士第1军）

军长	腓特烈·卡尔亲王
参谋长	冯·布伦梅泽尔上校
炮兵部队指挥官	冯·柯洛迈耶中校
工程师部队指挥官	冯·克列格谢姆中校

第1军下辖

第6（勃兰登堡）师　　　　　师长冯·曼施坦因中将

第11旅　　　　　　　　　　旅长冯·坎施泰因少将

　　　　　　　　　　　　　第35燧发枪兵团

　　　　　　　　　　　　　第60步兵团

第12旅　　　　　　　　　　旅长罗德尔少将

　　　　　　　　　　　　　第24步兵团

　　　　　　　　　　　　　第64步兵团

其余师属部队

　　　　　　　　　　第 11 枪骑兵团（4 个中队）

　　　　　　　　　　第 3 炮兵旅（第 3 步炮分队）

　　　　　　　　　　第 3 战斗工兵营

第 13（威斯特伐利亚）师　　师长冯·温岑杰洛德中将

第 25 旅　　　　　　　旅长冯·施密德少将

　　　　　　　　　　第 13 步兵团

　　　　　　　　　　第 53 步兵团

第 26 旅　　　　　　　旅长冯·戈本少将

　　　　　　　　　　第 15 步兵团

　　　　　　　　　　第 55 步兵团

其余师属部队

　　　　　　　　　　第 7 猎兵营

　　　　　　　　　　第 7 龙骑兵团（4 个中队）

　　　　　　　　　　第 7 炮兵旅（第 1 步炮分队）

　　　　　　　　　　第 7 战斗工兵营

混编骑兵师　　　　　　师长冯·芒斯特 - 闵豪威尔伯爵中将

第 6 旅　　　　　　　　旅长弗列斯上校

　　　　　　　　　　第 6 胸甲骑兵团（4 个中队）

　　　　　　　　　　第 3 骠骑兵团（4 个中队）

第 13 旅　　　　　　　旅长冯·霍贝少将

　　　　　　　　　　第 4 胸甲骑兵团（4 个中队）

　　　　　　　　　　第 8 骠骑兵团（5 个中队）

师属炮兵部队：　　　　第 1 炮兵旅（第 2 骑炮分队）

师属预备炮兵部队	第 3 炮兵旅（第 2 步炮分队）
	第 7 炮兵旅（第 1 骑炮分队）
混编近卫师	师长冯·德·穆尔贝中将
混编近卫步兵旅	旅长冯·德·戈尔茨伯爵少将
	第 3 近卫步兵团
	第 4 近卫步兵团
师属骑兵部队	近卫骠骑兵团
师属炮兵部队	近卫炮兵旅（2 个连）

1864 年 3 月赶赴前线的部队

第 5 混编师	师长冯·图普灵中将
第 10 旅	旅长卡梅恩斯基上校
	勃兰登堡第 8 掷弹兵团
	勃兰登堡第 48 步兵团
第 20 旅	旅长冯·科特勒上校
	波森第 18 步兵团
	勃兰登堡第 52 步兵团
其余师属部队	近卫炮兵旅（1 个炮兵连）

1864 年 4 月赶赴前线的部队

第 21 西里西亚旅	旅长冯·伯恩施泰特少将
	第 10 掷弹兵团
	第 50 步兵团

威斯特伐利亚第 7 炮兵旅（第 5 骑炮连）

附录B：1866年6月普鲁士皇家陆军作战序列

总指挥	威廉一世国王
总参谋长	冯·毛奇将军
炮兵总监	冯·辛德尔森中将
工程师总监	冯·瓦瑟赫勒本中将

第1集团军

集团军总指挥	腓特烈·卡尔亲王
集团军参谋长	冯·沃基斯－雷提兹中将
军需总监	冯·斯图佩纳格尔少将
炮兵部队指挥官	冯·伦斯菲尔德少将
工程师部队指挥官	冯·凯瑟尔少将

第1集团军下辖
第2军

军长	冯·施密特中将
参谋长	冯·卡梅克少将
炮兵部队指挥官	胡瑞布林克少将
工程师部队指挥官	鲁陶斯少校

第3师	师长冯·沃德尔中将
第5旅	旅长冯·雅努科斯基少将
	第2掷弹兵团
	第42步兵团
第6旅	旅长冯·温特菲尔德少将
	第21步兵团
	第61步兵团
军属骑兵部队	第4枪骑兵团

其余军属部队	第 2 猎兵营
	第 2 战斗工兵营
	第 2 炮兵旅

第 3 军

军长	无

第 5 师	师长冯·图普灵中将
第 9 旅	旅长冯·谢梅尔曼少将
	第 8 掷弹兵团
	第 48 步兵团
第 10 旅	旅长冯·卡梅恩斯基少将
	第 12 掷弹兵团
	第 18 步兵团
师属炮兵部队	来自第 3 炮兵旅的 2 个轻步炮连
	来自第 3 炮兵旅的 1 个 6 磅炮连
	来自第 3 炮兵旅的 1 个 12 磅重炮连
师属战斗工兵部队	来自第 3 战斗工兵营的 1 个连

第 6 师	师长冯·曼施坦因中将
第 11 旅	旅长冯·戈斯多夫少将
	第 35 燧发枪兵团
	第 60 步兵团
第 12 旅	旅长冯·科兹少将
	第 24 步兵团
	第 64 步兵团
	第 3 猎兵营
师属炮兵部队	来自第 3 炮兵旅的 2 个轻步炮连

来自第 3 炮兵旅的 1 个 6 磅炮连

来自第 3 炮兵旅的 1 个 12 磅重炮连

| 师属战斗工兵部队 | 来自第 3 战斗工兵营的 1 个连 |

第 4 军

军长	无

第 7 师　　　　　　　　　　师长冯·弗兰岑茨基中将

第 13 旅　　　　　　　　　旅长冯·施瓦兹霍夫少将

　　　　　　　　　　　　　第 26 步兵团

　　　　　　　　　　　　　第 66 步兵团

第 14 旅　　　　　　　　　旅长冯·戈登少将

　　　　　　　　　　　　　第 27 步兵团

　　　　　　　　　　　　　第 67 步兵团

师属骑兵部队　　　　　　　第 10 骠骑兵团

师属炮兵部队　　　　　　　来自第 4 炮兵旅的 2 个轻步炮连

　　　　　　　　　　　　　来自第 4 炮兵旅的 1 个 6 磅炮连

　　　　　　　　　　　　　来自第 4 炮兵旅的 1 个 12 磅重炮连

第 8 师　　　　　　　　　　师长冯·霍恩中将

第 15 旅　　　　　　　　　旅长冯·波瑟少将

　　　　　　　　　　　　　第 31 步兵团

　　　　　　　　　　　　　第 71 步兵团

第 16 旅　　　　　　　　　师长冯·施密特少将

师属骑兵部队　　　　　　　第 6 枪骑兵团

师属炮兵部队　　　　　　　来自第 4 炮兵旅的 2 个轻步炮连

　　　　　　　　　　　　　来自第 4 炮兵旅的 1 个 6 磅炮连

　　　　　　　　　　　　　来自第 4 炮兵旅的 1 个 12 磅重炮连

师属战斗工兵部队　　　　　来自第 4 战斗工兵营的 2 个连

骑兵军

军长	骑兵将军阿尔布雷希特亲王

第 1 骑兵师　　　　　　师长冯·阿尔文斯莱本少将

第 1 轻骑兵旅　　　　　旅长冯·莱茵巴登少将

　　　　　　　　　　　第 1 近卫龙骑兵团

　　　　　　　　　　　第 1 近卫枪骑兵团

　　　　　　　　　　　第 2 近卫枪骑兵团

旅属炮兵部队　　　　　第 2 近卫骑炮连

第 2 重骑兵旅　　　　　旅长冯·符耶尔少将

　　　　　　　　　　　第 6 胸甲骑兵团

　　　　　　　　　　　第 7 胸甲骑兵团

旅属炮兵部队　　　　　第 1 近卫骑炮连

第 2 骑兵师　　　　　　师长冯·韦赫恩少将

第 2 轻骑兵旅　　　　　旅长梅克伦堡公爵少将

　　　　　　　　　　　第 3 骠骑兵团

　　　　　　　　　　　第 11 枪骑兵团

　　　　　　　　　　　第 2 近卫龙骑兵团

第 3 轻骑兵旅　　　　　旅长格洛耶本少将

　　　　　　　　　　　第 3 龙骑兵团

　　　　　　　　　　　第 12 骠骑兵团

第 3 重骑兵旅　　　　　旅长冯·德·戈尔茨少将

　　　　　　　　　　　第 2 胸甲骑兵团

　　　　　　　　　　　第 9 枪骑兵团

第 1 集团军炮兵预备部队

部队指挥	施瓦茨少将

下辖：来自第 3 及 4 炮兵旅的 4 个 4 磅轻步炮连

来自第 3 及 4 炮兵旅的 4 个 6 磅步炮连

来自第 3 及 4 炮兵旅的 8 个骑炮连

易北河集团军

集团军总指挥	步兵将军赫沃斯·冯·毕登菲尔德
集团军参谋长	冯·施洛泰姆中将
炮兵部队指挥官	冯·罗泽斯基 – 曼格尔少将
工程师部队指挥官	冯·弗瑞尔少将

第 7 军

军长	无

第 14 师	师长冯·芒斯特中将
第 27 旅	旅长冯·施瓦茨寇本少将
	第 16 步兵团
	第 56 步兵团
第 28 旅	旅长冯·席勒少将
	第 17 步兵团
	第 56 步兵团
	第 7 猎兵营
师属骑兵部队	第 5 枪骑兵团
师属炮兵部队	来自第 7 炮兵旅的 2 个轻步炮连
	来自第 7 炮兵旅的 1 个 6 磅步炮连
	来自第 7 炮兵旅的 1 个 12 磅重炮连
第 15 师	师长冯·坎施泰因中将
第 29 旅	旅长冯·斯特克拉特少将
	第 40 燧发枪兵团

	第 65 步兵团
第 30 旅	旅长冯·格拉瑟纳普少将
	第 28 步兵团
	第 68 步兵团
师属骑兵部队	第 7 龙骑兵团
师属炮兵部队	来自第 7 炮兵旅的 2 个轻步炮连
	来自第 7 炮兵旅的 1 个 6 磅步炮连
	来自第 7 炮兵旅的 1 个 12 磅重炮连

第 8 军

军长	无

第 16 师	师长冯·埃泽尔中将
第 3 旅	旅长冯·森登少将
	第 29 步兵团
	第 69 步兵团
燧发枪兵旅	旅长冯·维格瑞尔少将
	第 33 燧发枪兵团
	第 34 燧发枪兵团
师属骑兵部队	第 7 枪骑兵团
师属炮兵部队	来自第 8 炮兵旅的 2 个轻步炮连
	来自第 8 炮兵旅的 1 个 6 磅步炮连
	来自第 8 炮兵旅的 1 个骑炮连
师属战斗工兵部队	来自第 8 战斗工兵营的 1 个连
第 1 骑兵旅	旅长冯·德·戈尔茨少将
	第 7 骠骑兵团
	第 11 骠骑兵团
预备骑兵旅	旅长冯·科兹少将
	第 8 胸甲骑兵团

	地方民兵（波美拉尼亚）重骑兵团
军属炮兵预备部队	指挥官冯·布洛少将
	来自第8炮兵旅的4个轻步炮连
	来自第8炮兵旅的4个6磅步炮连
	来自第7及第8炮兵旅的4个骑炮连

军属预备骑兵部队	指挥官冯·穆尔贝中将
预备地方民兵师	师长冯·格鲁岑斯基少将
第1地方民兵骑兵师	师长罗森堡将军
第2预备轻骑兵师	师长多赫纳少将

第2集团军

集团军总指挥	腓特烈·威廉王储
集团军参谋长	冯·布伦梅泽尔中将
炮兵总监	冯·雅各布少将
工程师部队总监	冯·施维尼茨少将

第2集团军下辖
第1军

军长	步兵将军冯·博宁

第1师	师长冯·格罗斯曼中将
第1旅	旅长冯·帕佩少将
	第3掷弹兵团
	第43步兵团
师属骑兵部队	第1龙骑兵团
第2师	师长冯·克劳塞维茨中将
第3旅	旅长冯·默尔特奇少将
	第4掷弹兵团
	第44步兵团

第4旅	旅长冯·布登布洛克少将
	第5掷弹兵团
	第45步兵团
师属骑兵部队	第1骠骑兵团
其余军属部队	第1猎兵营
	第1炮兵旅
	第1战斗工兵营
预备骑兵旅	旅长冯·布列多上校
	第3胸甲骑兵团
	第12枪骑兵团
师属炮兵部队	1个骑炮连

第5军

军长	步兵将军冯·史泰因梅茨

第9师	师长冯·洛温菲尔德少将
第17旅	旅长冯·贝洛少将
	第37步兵团
	第58步兵团
第18旅	旅长冯·霍恩少将
	第7掷弹兵团
师属骑兵部队	第1龙骑兵团
第10师	师长冯·柯西巴赫中将
第19旅	旅长冯·提埃德曼少将
	第6掷弹兵团
	第46步兵团
第20旅	旅长冯·韦赫少将
	第47步兵团

	第 52 步兵团
师属骑兵部队	第 1 枪骑兵团
其余军属部队	第 5 猎兵营
	第 5 炮兵旅
	第 5 战斗工兵营

第 6 军

军长	骑兵将军冯·缪提斯

第 11 师	师长冯·扎斯特罗中将
第 21 旅	旅长冯·汉恩菲尔德中将
	第 10 掷弹兵团
	第 50 步兵团
第 22 旅	旅长冯·霍夫曼少将
	第 38 燧发枪兵团
	第 51 步兵团
师属骑兵部队	第 8 龙骑兵团
第 12 师	师长冯·普龙热斯基中将
师辖旅	旅长冯·科兰克少将
	第 22 步兵团
	第 23 步兵团
师属骑兵部队	第 6 骠骑兵团
其他军属部队	第 6 猎兵营
	第 6 炮兵旅
	第 6 战斗工兵营
预备骑兵部队	指挥官冯·威赫曼中校
	第 4 骠骑兵团

近卫军

军长	符腾堡亲王奥古斯都

第1近卫师　　　　　　师长席勒·冯·加特林根中将

第1近卫旅　　　　　　旅长冯·欧贝尔尼茨少将

　　　　　　　　　　　第1近卫步兵团

　　　　　　　　　　　第3近卫步兵团

第2近卫旅　　　　　　旅长冯·阿尔文斯莱本少将

　　　　　　　　　　　第2近卫步兵团

　　　　　　　　　　　近卫燧发枪兵团

师属骑兵部队　　　　　近卫骠骑兵团

其余师属部队　　　　　近卫猎兵营

第2近卫师　　　　　　师长冯·普龙斯基中将

第3近卫旅　　　　　　旅长冯·布德热茨基少将

　　　　　　　　　　　第1近卫掷弹兵团

　　　　　　　　　　　第3近卫掷弹兵团

第4近卫旅　　　　　　旅长冯·洛昂中将

　　　　　　　　　　　第2近卫掷弹兵团

　　　　　　　　　　　第4近卫掷弹兵团

师属骑兵部队　　　　　第3近卫枪骑兵团

其余师属部队　　　　　近卫射击兵营

其余军属部队　　　　　近卫炮兵旅

　　　　　　　　　　　近卫战斗工兵营

近卫骑兵预备部队　　　指挥官小阿尔布雷希特亲王

　　　　　　　　　　　骑马侍卫团

　　　　　　　　　　　近卫胸甲骑兵团

第2军骑兵预备部队　　指挥官哈特曼少将

轻骑兵旅	旅长冯·维茨勒本少将
	第2骠骑兵团
	第10枪骑兵团
重骑兵旅	旅长冯·克恩少将
	第1胸甲骑兵团
	第5胸甲骑兵团
地方民兵骑兵旅	旅长冯·弗兰肯堡
	第1地方民兵骠骑兵团
	第2地方民兵骠骑兵团

美因河集团军

（斜字部分表示普鲁士的北德盟友的部队）

集团军总指挥	步兵将军冯·曼陀菲尔
集团军参谋长	/
炮兵总监	/
工程师部队总监	/

第13师	师长冯·戈本中将
第25旅	旅长冯·库莫尔少将
	第13步兵团
	第53步兵团
第26旅	旅长冯·弗兰格尔少将
	第15步兵团
	第55步兵团

里佩 - 代特莫尔德亲王国的"里佩燧发枪兵营"

师属骑兵部队	第8骠骑兵团
炮兵部队	2个轻步炮连
	1个6磅步炮连
	1个12磅重步炮连

混编预备旅	旅长冯·特列斯克少将
	第 19 步兵团
预备骑兵部队	第 4 胸甲骑兵团
预备炮兵部队	1 个骑炮连
	1 个战斗工兵连
混编步兵师	师长冯·贝耶尔少将
第 32 旅	旅长冯·沃依纳上校
	第 30 步兵团
	第 70 步兵团
师辖旅	旅长冯·沙赫梯迈耶少将
	第 20 步兵团
	第 32 步兵团
	第 39 燧发枪兵团
师属骑兵	第 9 骠骑兵团
	第 10 地方民兵枪骑兵团（2 个中队）
混编步兵师	师长冯·弗列斯中将
第 1 师辖旅	旅长冯·弗雷霍尔德少将
	第 36 燧发枪兵团
	第 25 步兵团
第 2 师辖旅	旅长冯·克斯少将
	第 11 掷弹兵团
	第 59 步兵团

萨克森 - 科堡 - 哥达公国步兵团（2 个营）

师属骑兵部队	第 5 龙骑兵团
	第 6 龙骑兵团
师属炮兵部队	1 个骑炮连
	5 个步炮连

奥尔登堡大公国及汉萨同盟联合旅　　　旅长冯·维尔奇昂少将

步兵部队　　　　　　　　　　　　*奥尔登堡大公国步兵团（2个营）*

　　　　　　　　　　　　　　　　汉堡自由市步兵团（3个营）

　　　　　　　　　　　　　　　　吕贝克自由市步兵营

　　　　　　　　　　　　　　　　不莱梅自由市燧发枪兵营

骑兵部队　　　　　　　　　　　　*奥尔登堡大公国骑兵团*

　　　　　　　　　　　　　　　　汉堡自由市龙骑兵团

炮兵部队　　　　　　　　　　　　*2个奥尔登堡大公国的步炮连*

法兰克福及威斯巴登戍防旅

步兵部队

地方民兵步兵第 17 团（5 个营）

地方民兵步兵第 25 步兵团（2 个营）

地方民兵步兵第 28 步兵团（1 个营）

地方民兵步兵第 30 步兵团（1 个营）

瓦尔德克亲王国燧发枪兵营

施华茨堡 - 鲁多尔施塔特亲王国燧发枪兵营

1 个混编猎兵营

骑兵部队

第 10 地方民兵骠骑兵团（2 个中队）

第 7 及第 11 骠骑兵团的 1 个混编中队

炮兵部队

3 个炮兵连，每连 4 门炮

第 2 预备军

军长	腓特烈·弗朗西斯大公

普鲁士师		师长冯·霍恩中将	
混编近卫步兵旅		旅长冯·特列斯克上校	
混编步兵旅		旅长冯·施寇普上校	
混编梅克伦堡 - 什末林师		师长冯比尔格内少将	
梅克伦堡旅		旅长冯·雅斯蒙德上校	
布伦瑞克及萨克森 - 阿尔滕堡联合旅		旅长基尔瑟瓦尔德上校	

★值得一提的是，布伦瑞克公国的部队在1866年战争期间完全没有进行任何动员及部署，只能留守在军营中，实际上并没有加入第2预备军协助普军作战。

附录C：普鲁士皇家海军的舰船
（1864年1月—1866年8月）

船名	火炮数	建成下水 / 采购年月	吨位
护卫舰			
"阿珂娜"号	28	1858年6月于但泽港建成下水	1900
"瞪羚"号	28	1859年12月于但泽港建成下水	1900
"宁芙"号	17	1859年6月于但泽港建成下水	1100
"赫塔"号	28	1864年10月于但泽港建成下水	2100
"美杜莎"号	17	1864年10月于但泽港建成下水	1100
"薇内塔"号	28	1864年6月于但泽港建成下水	2100
"奥古斯塔"号	14	1865年5月购于法国	1800
"维多利亚"号	14	1865年5月购于法国	1800
炮艇			
"变色龙"号	3	1860年6月于但泽港建成下水	350
"彗星"号	3	1860年6月于但泽港建成下水	350
"独眼巨人号"	3	1860年6月于但泽港建成下水	350
"海豚"号	3	1860年6月于但泽港建成下水	350

"巴西利斯克"号	3	1862 年 1 月于但泽港建成下水	350
"闪电"号	3	1862 年 1 月于但泽港建成下水	350
"龙"号	3	1862 年 1 月于但泽港建成下水	350
"流星"号	3	1862 年 1 月于但泽港建成下水	350
其他舰船			
"流浪者"号（双桅横帆船）	16	1862 年 11 月购于英国	510
"蚊子"号（双桅横帆船）	16	1862 年 11 月购于英国	510
"葛冯"号（护卫舰）	48	前丹麦海军战舰/1852 年完成修复	960
"尼俄柏"号（护卫舰）	26	1862 年 11 月购于英国	1300
"忒提斯"号	36	1855 年 5 月购于英国	1500
"阿达尔贝特亲王"号（铁壳舰）	3	1865 年 5 月购于法国，前"基奥普斯"号	1400
"阿米尼乌斯"号（铁甲炮舰）	4	1865 年 5 月购于英国	1600
"罗蕾莱"号（桨轮蒸汽船）	2	1859 年 5 月于但泽港建成下水	430
"普鲁士鹰"（桨轮蒸汽船）	4	1862 年 7 月购得的邮政船	1200
"赫拉"号（双桅纵帆船）	6	1854 年 3 月购得（后被改造成双桅横帆船）	270
"格栅"号（游艇）	2	1858 年 6 月购于法国	350

除了上述舰船外，当时的普鲁士海军尚有 15 艘二级炮艇，吨位为 240 吨，每艘都搭载 2 门火炮。此外，普鲁士海军还有 32 艘更小的舰船，例如单桅纵帆船（sloop）与快艇船等。

参考文献

———————————— • ————————————

历史与传记

Carr, Willian, *The Origins of the Wars of German Unification.* London & New York, Longmans, 1991

Clemente, Stephen E., *For King and Kaiser! The making of a Prussian Army Officer 1860-1914.* Greenwood Press,1992

Craig. Gordon A., *The battle of Königgratz.* Philadelphia, Lippincott, 1964

Craig. Gordon A., *The Politics of the Prussian Army.* Philadelphia, Lippincott, 1964.

Crankshaw, Edward, *Bismarck.* New York, Viking Press, 1981

Embree, Michael, *Bismarck's First War. The Campaign of Schleswig and Jutland 1864.* Solihull, Helion & Company,2006

Eyck, Erich, *Bismarck and The German Empire.* New York, Norton, 1964

Gillespie-Addison, A. D., *The Strategy of The Seven Weeks'War 1866* Solihull, Helion & Company, 2000

Hall, Walter Phelps and Davis, William Stearns, *The Course of Europe Since Waterloo.* New York, Appleton-Century-Crofts（3rd ed）,1947

Hozier, Sir H. M., KCB, *The Seven Weeks War. Its Antecedents and its Incidents.* London,Macmilan & Co.Ltd, 1908

Jakl, Jan, *The Battle of Königgratz 1866*(English translation). Solihull, Helion & Company, 1999

Ludwig, Emil, Bismarck, *The Story of a Fighter.* New York, Little Brown, 1927

Maguire, T. Miller, *Notes on the Campaign Between Prussia and Austria in 1866*. Solihull, Helion & Company 2000

Seaton, Albert, *The Army of the German Empire 1870–1888*（Men–at–Arms4）. Oxford, Osprey Publishing, 1973

Showalter, Dennis, *The Wars of German Unification.* London, Hodder Arnold, 2004

Showalter, Dennis, *Railroads and Rifles*. London, Hodder Arnold, 2004

Sondhaus, Lawrence, *Preparing for Weltpolitik. German Sea Power Before the Tirpitz Era*. Annapolis, Naval Institute Press, 1997

Von Brühl, F., *The History of the Prussian Garde du Corps during the Campaign of 1866*. Soliholl, Helion & Company, 2000

Voss, Wilhelm, *Illustriete Gesichte des Deutches Eingungskriege 1864–1866.* Stuttgart, Union Deutsche Verlagsgesellschaft, 1914

Wawro, Geoffry, *The Austro–Prussian War. Austria's War with Prussia and Italy 1866*. Cambridge University Press, 1996

制服、编制、武器与标识

Brown, F. W., *Unit Organizations and Orders of Battle of the Great Armies of Europe 1853–1870*. Minneapolis, Absinthe Press, 1994

Fosten D. S. V., *Cuirassiers and Heavy Cavalry 1900–1914.* Almark Publishing Co. New Malden, 1973

Grancher, Jacques, *Casques à Pointe et Coiffures Prestigeuses de L'Armeee Allemande 1842–1918*, 2 vols. Paris, Collection Uniformes, 1983

Hagger, D. H., *Hussars and Mounted Rifles 1900–1914*. Almark Publishing Co. New Malden, 1974

Hammer, F. W., *Das Königlich Preußische Heer(1861–1865) in Seiner Gegenwärtigen Uniformirung*. Berlin, 1865

Hicks, Maj. James E., *German Weapons, Uniforms & Insignia 1841–1918*. La Canada James E.Hicks & Son, 1937

Knötel, Herbert and Lezius, Martin, *Deutsche Uniformen, 1864–1914* Vol 1(cigarette card album). Dresden, Sturm Zigaretten GmbH, 1934

Knötel, Knötel & Sieg, *Handbuch der Uniformenkunde*. Stuttgart, W. Speman Verlag, 1956

Knötel, Richard, *Uniformenkunde*. 18 vols. Berlin, Rathenow & Babizon, 1904

Kube, Jan K., *Militaria–Ein Bilderbuch für–Sammler und Freunde alter Helme und Uniformmen*. Freiburg, Podzun–Pallas Verlag, 1987

Lehrbach, Werner, *Uniforms of the Austro–Prussian War 1866*(Vol 1 Prussia & Allies)USA, Hand Carved books, 2002

Marrion, R. J., *Lancers and Dragoons 1900–1914*. Almark Publishing Co. New Malden, 1975

Pietsch, Paul, *Die Formations und Uniformierungs–Gesichte des preußischen Heeres 1808–1914*. 2 volumes. Hamburg, Verlag Helmut Gerhard Schulz, 1963

Schulz, Hogo F., *Die Preußischen Kavallerie–Regimenter 1913–1914*. Freiburg, Podzun–Pallas Verlag 1985

Smith,Nigel J., 1866. *The Uniforms and Armies of the Austro–Prussian and Austro–Italian Wars*. Privately published UK, 1989

Solka, Michael, *German Armies 1870–71 Prussia*（Men–at–Arms 416）. Oxford, Osprey Publishing, 2004

插图1

◎ 左：步兵将军，普鲁士国王威廉一世，1865年
右：少校，普鲁士亲王的副官，1865年

插图2

◎ 左：侍从武官，1865年
中：王室警备骑马宪兵，军衔为军士
长，1865年
右：王宫禁卫连，军衔为中士长

插图3

◎ 左：普鲁士陆军第1"亚历山大皇帝"近卫掷弹兵团的军鼓手，身穿礼服
中：第1近卫步兵团的掷弹兵，身穿礼服
右：第4近卫步兵团的上尉，身穿礼服

插图4

◎ 左：第6莱茵步兵团的军鼓军士长（Regimentstambour）
中：第1近卫猎兵营的中尉，身穿长袍服
右：第3"伊丽莎白公主"近卫掷弹兵团的军官，身穿常服

插图5

◎ 左：第2西里西亚猎兵营（又称第5猎兵营），一名
正在列队行进的下士
中：第1东普鲁士掷弹兵团，中士
右：第2西普鲁士掷弹兵团（又称第7掷弹兵团）的一
名掷弹兵，身穿冬季礼服

插图6

◎ 左：勃兰登堡胸甲骑兵团（第6"俄罗斯沙皇尼古拉一世"胸甲骑兵团）

右：骑马侍卫，身穿"庆典服"（Gala Dress）

插图7

◎ 左：诺伊马克龙骑兵团（第3龙骑兵团），上尉，身穿长袍服
中：波美拉尼亚胸甲骑兵团（第2胸甲骑兵团），一名军官，身穿宫廷礼服
右：马格德堡胸甲骑兵团（第7胸甲骑兵团），下士，身穿作训服

插图8

◎ 左：第2近卫龙骑兵团，军号手，身穿礼服
中：莱茵胸甲骑兵团（第8胸甲骑兵团），军官，身穿长袍服
右：西里西亚第2龙骑兵团（第8龙骑兵团），军官，身穿聚会
礼服（Levée Dress）

插图9

◎ 左：波美拉尼亚骠骑兵团（布吕歇尔第5骠骑
兵团），一名骠骑兵，身穿礼服
右：第1王室警备骠骑兵团（第1骠骑兵团），
军官，身穿礼服

插图10

◎ 左：第1近卫枪骑兵团，军官，身穿聚会礼服
右：马格德堡骠骑兵团（第10骠骑兵团），身穿聚会礼服

插图11

◎ 左：波美拉尼亚第1枪骑兵团（第4枪骑兵团），枪骑兵，身穿礼服
右：勃兰登堡第2枪骑兵团（第11枪骑兵团），少校，身穿礼服

插图12

◎ 左：下西里西亚炮兵旅（第5炮兵旅），下士，身穿礼服
中：近卫战斗工兵营，战斗工兵
右：波美拉尼亚第2军事车队营，指挥员

插图13

◎ 左：军需部门，1级军需官，身穿常服
中：军营管理部，军事督察，身穿长袍服
右：军械部门，军械主计官，常服

插图14

◎ 1864年的第二次石勒苏益格战争
左：勃兰登堡第7步兵团（第60步兵团），军官
中：威斯特伐利亚第6步兵团（第55步兵团），列兵
右：勃兰登堡第4步兵团（第24步兵团），列兵

插图15

◎ 左：勃兰登堡战斗工兵营（第3战斗工兵营），战斗工兵
中：威斯特伐利亚龙骑兵团（第7龙骑兵团），龙骑兵
右：威斯特伐利亚炮兵旅（第7炮兵旅），骑炮连，军士

插图16

◎ 1864年第二次石勒苏益格战争
左一：第1海军陆战营，水兵
左二：海军陆战炮兵连，炮手
右二：普鲁士王国海军，海军中尉
右一：普鲁士王国海军，士官

插图17

◎ 中：普鲁士王国首相奥托·冯·俾斯麦
右：步兵将军，普鲁士陆军总参谋长冯·毛奇男爵
左：骑兵将军，普鲁士的腓特烈·卡尔亲王

插图18

◎ 中：步兵将军，普鲁士王储腓特烈·威廉

右：步兵将军，卡尔·腓特烈·冯·史泰因梅茨

左：普鲁士陆军总参谋部，少校

插图19

◎ 1866年七周战争
左：第3近卫步兵团，一年志愿兵
中：图林根第1步兵团（第31步兵团），中尉
右：上西里西亚第2步兵团（第50步兵团），掌旗官

插图20

◎ 1866年七周战争
左：莱茵燧发枪兵团（第39燧发枪兵团），下士
中：波美拉尼亚猎兵营（第2猎兵营），少校
右：近卫射击兵营，神射手

插图21

◎ 1866年七周战争
左：西里西亚胸甲骑兵团（第1胸甲骑兵团），胸甲骑兵
中：威斯特伐利亚胸甲骑兵团（第4胸甲骑兵团），军号手
右：勃兰登堡龙骑兵团（第2龙骑兵团），龙骑兵

插图22

◎ 1866年七周战争
左：立陶宛枪骑兵团（第12枪骑兵团），枪骑兵
中：近卫骠骑兵团，骠骑兵
右：第2西里西亚骠骑兵团（第6骠骑兵团），军士

插图23

◎ 左: 军医部, 军医
中: 近卫骑乘炮部队, 炮手
右: 野战医院部门, 担架组组员

插图24

◎ 左：地方民兵第6枪骑兵团，枪骑兵
中：地方民兵第28步兵团，下士
右：步兵督察部队，战地督察，猎兵

俾斯麦"铁血政策"下的王朝战争
德意志统一过程中的大炮和鲜血

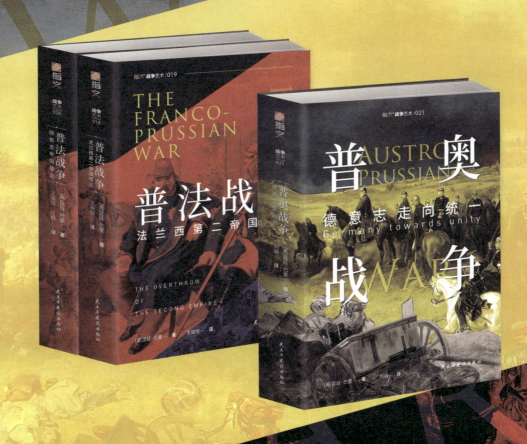

揭秘德国发动两次世界大战的底气和策略。
从此百年，德国走上战争之路，
挑战世界霸主地位，改变欧洲格局。

一场价值被**严重低估**的军事改革

一支"**扮猪吃老虎**"的顶流军队

◎ 追溯二战初期国防军"不败神话"的根源

◎ 剖析战间期德军"弯道超车"的秘密

《国防军》三部曲

- 现代德国军事史研究泰斗——罗伯特·M.奇蒂诺（ROBERT M. CITINO）奠定地位之作。

- 《国防军》第二部（THE WEHRMACHT RETREATS: FIGHTING A LOST WAR, 1943）荣获纽约军事事务研讨会（NEW YORK MILITARY AFFAIRS SYMPOSIUM）2012 年度"亚瑟·古德泽特"奖（ARTHUR GOODZEIT AWARD）、美国军事历史学会（AMERICAN SOCIETY FOR MILITARY HISTORY）2013 年度"杰出图书"奖（DISTINGUISHED BOOK AWARD）。

- 还原战场真相，解读德军"运动战"的得与失、成与败。

德国战争
的神话与现实

指文
战略战术
013

THE MYTH AND REALITY
OF GERMAN WARFARE
Operational Thinking from Moltke the Elder to Heusinger

德国
战争的
神话
与现实
GERMAN
WARFARE

德国战争
的神话与现实

〔格哈德·P.格罗斯〕著
孙希璠 译
罗伯特·M.奇蒂诺 序

格哈德·P.格罗斯 著
孙希璠 译